高等院校研究生用书

TEXTBOOKS FOR GRADUATES

实证审计理论

POSITIVE AUDITING THEORY

陈汉文 ◎ 主 编

韩洪灵 ◎ 副主编

Nan Zhou ◎ 主 审

中国人民大学出版社

· 北京 ·

导　言

一

近代会计审计史表明，资本市场的重大危机事件，会影响到会计审计的发展进程，甚至引发资本市场会计监管框架的根本性变革。1929—1933年的经济大危机及1937年的麦克森·罗宾斯案，促使美国国会通过了一系列以《证券法》(1933年）和《证券交易法》(1934年）为基础的法律，对证券交易与监管、信息披露、会计与审计准则制定和审计职业的发展等做出了规范，从而孕育了美国资本市场数十年的繁荣和会计审计行业的发展。20世纪70年代初，伴随着一系列审计失败案和公众的“期望差距”而出现了诉讼浪潮，为了避免政府部门对行业监管的全面介入，美国注册会计师协会（American Institute of Certified Public Accountants，AICPA）提出了注册会计师行业继续实行自律监管并为此建立了一套自律监管机制。1977年，AICPA与美国证券交易委员会（Securities and Exchange Commission，SEC）商议之后成立了公共监督委员会（Public Oversight Board，POB)，代表公众利益，通过同业互查等工作，监督注册会计师独立性和审计质量。然而，基于行业自律监管的审计职业并没有始终跟上变化的市场环境，POB于2001年终结其使命，退出了历史舞台。

21世纪初，全球资本市场相继爆发了一系列的公司财务舞弊和审计失败案，审计职业的治理与监管问题重新面临着严峻的挑战。安然（Enron)、世通(WorldCom)、凯马特（Kmart)、泰科（Tyco)、奎斯特通讯（Quest）和默克(Merck）等著名公司的会计丑闻“彻底打击了投资者对资本市场的信心”(Congress Report，2002)。保罗·克鲁格曼指出：“安然公司的崩溃不只是一个公司的垮台问题，它是一个制度的瓦解。”财务舞弊与审计失败案是对美国资本市场自

20世纪30年代以来的会计监管体系缺陷的集中性反映。社会公众和资本市场监管机构大多认为，审计职业的危机在很大程度上来源于一直以来都存在的审计质量问题（Arthur Levitt，2000；SEC，2000，2003）。2002年美国国会通过了《萨班斯-奥克斯利法案》（Sarbanes-Oxley Act of 2002，《SOX法案》），亦即《公众公司会计改革与投资者保护法案》（The Public Company Accounting Reform and Investor Protection Act of 2002）。《萨班斯-奥克斯利法案》对审计行业的监管、审计独立性、财务信息披露、公司责任、证券分析师行为、违法违规行为的法律责任等方面进行了重大改革和重新规范，被称为“自罗斯福总统以来美国商业界影响最为深远的改革法案”，奠定了后安然时代美国会计、审计和公司治理的整体框架。基于世界经济一体化和资本市场全球化的现状，《萨班斯-奥克斯利法案》的通过与实施，事实上对世界其他国家的证券监管和会计、审计的发展产生了深远的影响。

回顾审计职业及其监管的百年变迁史，审计职业一直处于政府的“放松管制——会计丑闻——加强管制”的循环之中。随着商业关系与市场交易的日益复杂化，审计职业常因对审计效率和效果的权衡而陷入两难境地：获取职业利益还是保护公众利益。审计职业界也许应该重温50年前罗伯特·H·罗伊（Robert-H. Roy）和詹姆斯·H·马凯利（James H. Macheill）在《职业瞭望》（Horizon for a Profession）一书中的话，“注册会计师职业的精要不在于他们的专业知识，也不在于他们的执业经验，而在于这样一些难以捉摸的要素：智慧、洞察力、想象力、判断力、谨慎性及人格上的正直”；“注册会计师必须要懂得何时沉默、何时该讲以及如何表达，必须要有足够的勇气去面对这些棘手的问题。”

二

《萨班斯-奥克斯利法案》的影响之一是在法律层次上对现代会计审计的一次功能定位和现代资本市场会计审计制度的系统安排。由此引发的问题是：现代审计到底是什么？该干什么、不该干什么，什么是现代审计生存的源泉和发展的动力？对于这些问题的重新审视和系统回答，是审计理论界面临的长期历史使命。

早期“以经验为主”和“重视技术”的传统审计理论认为，审计只不过是一系列实务、程序、方法和技术的集合，对诸如为什么会产生审计需求、审计的本质、审计的产品属性等基本理论问题无人问津。这种研究状况在一定程度上影响了审计学科的发展，使审计所面临的许多错综复杂的问题无法得到综合的、系统的、逻辑一致的解决。审计理论研究的一个重要基础就是理解审计产品，通过阐述审计需求和供给各方的动机以及审计作为一种经济服务（economic service）的性质，才能够理解审计在现代市场经济体系中的作用机理及其管制框架。大卫·福林特（David Flint）指出："审计理论是一系列有关审计活动的一贯性命题，以解释审计的社会目的与目标，进而为将审计实务与程序同审计目标联系起来提供合理的基础和依据。这种命题可以解释审计在各种社会机构以及社会、经济与政治环境中的活动空间。"

直到20世纪60年代，西方审计理论界开始对过去的理论研究进行反思，并试图探寻审计所赖以存在的一组基本假设及其完整的概念（理论）体系。莫茨（R. K. Mauts）和夏拉夫（H. A. Sharaf）出版了《审计哲学》（The Philosophy of Auditing），从哲学视角系统探索了审计理论，为规范式审计理论的发展做出了开创性的贡献。该书第一次从真正意义上提出了审计理论的基本框架，即"哲学基础—假设—概念—规则—实际应用"的理论模式，这种要素分解和层次论的思想为以后的审计理论研究奠定了坚实的基础。

继《审计哲学》以来，审计理论界开始为探寻一套"完整的、首尾相应的审计概念（理论）体系"进行不懈的努力。在此目标的驱动下，审计理论界涌现了一批研究该领域的著作，形成了多种基于不同逻辑起点的审计概念（理论）体系模式。美国会计学会（AAA，1973）发表的《基本审计概念说明书》（A Statement of Basic Auditing Concepts）构建了"审计假设一审计原则一审计准则"的理论模式并提出了著名的信息价值增值论。安德森（R. J. Anderson，1977）在《外部审计学》（The External Audit）中提出"目标—准则—概念—假设—方法—过程"的理论模式。尚德尔（C. W. Schandel，1978年）在《审计理论——评价、调查和判断》（Theory of Auditing：Evaluation，Investigation and Judgement）中提出了"假设定理—结构—原则—准则"理论模式，从信息论的角度对审计理论进行了全面的研究。汤姆·李（Tom Lee，1984）在《公司审计学》（The Company Auditing）中提出了"本质与目标—假设—概念"模式。戴维·弗林特（David Flint，1988）则在《审计哲学与原理导论》（The Philosophy and Principles of Auditing：An Introduction）中建构了"本质与目标—假设—概念—标准"的理论模式，形成了具有突破意义的审计控制机制论（control mechanism）。

上述研究成果对于规范式（normative study）审计理论的发展做出了重要的贡献，建构了较为严密的结构化审计理论（概念）体系。规范式审计理论研究采用关于审计"应该是什么"的方法论，从逻辑高度上概括或指明最优化审计实践应该是什么，其缺陷是定性描述难以识别审计问题的本质现象，其结论因不具备可检验性从而降低了可信性和可操作性。正因为如此，自20世纪80年代开始，审计理论界转而在这些规范式审计理论的基础上展开系列的实证研究，即呈现审计理论研究的实证化（positive study）倾向。

三

20 世纪 80 年代，实证研究方法首先通过金融经济学、金融理论和会计学理论进入审计研究领域，实证审计研究方法异军突起，开始慢慢成为西方审计理论研究中的主流派。与实证会计研究一致，实证审计研究基本方法论的主要内容不是逻辑实证主义，而是证伪主义。实证审计研究是描述关于审计现象“是什么”的方法论，它为解释现行审计实践和预测未来审计实务提供依据，它从数据中最大限度地吸取有用信息，减少分析中的表面化和偶然性，从而提升审计理论的科学性，特别是其具体论断的可操作性和可检验性。实证审计研究成果使得监管部门有可能摆脱审计寻租、政治游说等道德观念的外部性困扰，使其在审计职业管制政策制定的立场上保持价值中立性。同时，实证审计研究拓宽了审计研究领域，它重视对审计主体行为及其动机的研究，引进了经济学的研究成果，如产权理论、契约理论、企业理论等，为解释和预测审计实务提供了新的概念框架，把审计研究的领域扩展到资本市场研究，从而使审计理论研究得到了升华。

实证审计研究发轫于探寻自由及管制环境下审计的经济作用，它将审计视为一种经济服务，为理解审计需求、审计供给、审计管制和市场参与各方的行为提供经验证据和理论框架。在早期，Chow（1982）、Watts & Zimmerman（1983）、Oliverio & Newman（1985）、Wallace et al.（1986）研究了不受法律管制环境下的审计需求，Eichenseher & Shields（1985）研究了管制环境下的审计需求，Lomax & Wilson（1985）、Beatty（1986）调查了对审计师的选择是否传递了公司良好业绩的信号，Baber（1983）、Callaghan et al.（1985）、Pierre & Anderson（1984）检验了审计师的保险人角色，Simunic（1980）、Burton & Fairfield（1982）、Mautz et al.（1984）、Young（1986）研究了审计定价与审计市场，他们共同为实证审计理论的发展做出了开创性的贡献。30 余年来，实证审计研究以信息经济学和新制度经济学为理论基础，建构于代理（监督）假说（stewardship（monitoring）hypothesis）、信息假说（information hypothesis）和保险假说（insurance hypothesis）这三大假说之上，Wallace（1987）给出了实证审计研究的基本框架（如图 1 所示）。简而言之，实证审计研究的主要功效在于：认识与分析特定审计环境下的审计产品及其背后的供给过程，分析审计生产函数的各个方面，反映和界定审计师义务和职责，探寻准则制定委员会、管制者及法院的行为，经验地评判现有管制政策对审计投入、过程与产出的影响程度。

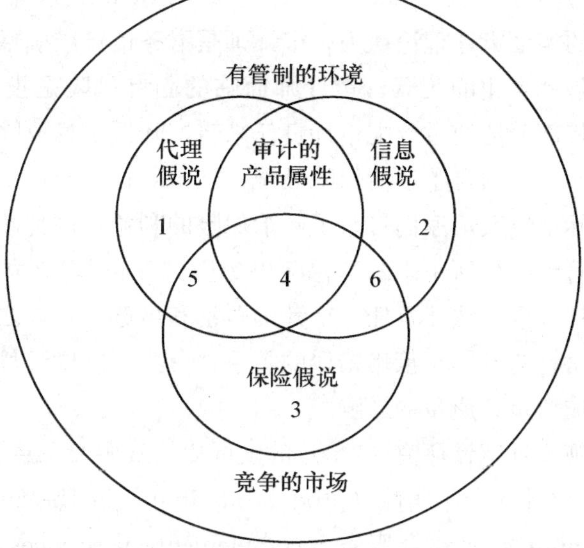

图 1　实证审计研究的基本框架

图中：1——代理人产生的审计需求；2——委托人产生的信息需求；3——为损失提供的财务保险；4——传递保持了应有关注的信号；5——减少了与道德风险有关的损失而有助于契约的达成；6——防止与道德风险有关的损失。

代理假说下的审计研究沿着两条线在发展：一条是运用数学的分析模型，推导出最优的激励契约和信息系统；另一条是用经验证据检验代理理论的预测，关注微观层面细节，通过对详细的契约、红利计划、董事会的构成等的关注，期望产生可计量的代理理论的结果。代理假说下的实证审计理论认为，会计师事务所的组织形式是审计人员与财务报表使用者之间的一种约束机制，在某种意义上，审计师是公众的代理人，会计师事务所的诉讼风险能确保审计师行为与财务报表使用者的期望一致（Fama & Jensen，1983）。信息假说下的实证审计理论认为，通过公布经审计的财务报表降低不确定性，所有参与主体的福利状况都能改善，审计既能降低市场相关的（系统性）风险，也能降低企业特定的（非系统性）风险。信息假说下的实证审计理论强调审计信息的公共产品性质，直接引致必须用强制性信息披露形式的管制来控制信息供给的不足，从而出现了审计供给水平的管制需求。然而，市场机制的失灵在多大程度上证明管制者干预的合理性，取决于两类成本的比较：(1) 管制的成本；(2) 自由契约及其实施与因免费搭车者而使信息供给减少的综合成本。针对这一问题，信息假说下的实证审计研究的结论至今悬而未决。信息假说下的实证审计研究发现，良好的声望、信号传递、服务质量的同质性都有助于解决与资本提供者有关的信息不对称问题。目前，该领域的一个明显的进展是对实验研究的运用，即在实验室环境下模拟真实市场的某些特征，探究实验对象的交易，推断差异信息、市场结构及监督工具对决策的影响，如考察了合谋（collusion）、定价（pricing）和审计质量之间的关系。保险假说下的实证审计理论认为，审计师是财务信息准确性的担保人，将审计师作为一种风险社会化的工具，审计师面临的固有风险是投资者面临的信息风险的函数，法院部分地通过分配审计责任来转嫁降低信息风险的成本。保险假说下的实证审计研究还内含了政治保险假说（political insurance hypothesis），即对审计的管制实际上给政治家们带来了政治保险的利益，这种政治利益来自于强制性审计和独立管制机构所带来的“保险以免受到责备”。该假说的实证审计研究具体考察了审计准则、法律责任、审计师财富和事务所合并之间的关系，并分析了审计师的策略行为及其与策略错误的关系，考察了制度环境，如审计师法律责任、声望的形成对审计质量的影响。

纵观实证审计研究 30 余年的发展史，其主要思想脉络包括：

1. 审计的产品属性（product attributes of the audit）包括控制属性（control attributes）、联合服务（complementary services）、可靠性（reliability attributes）和管制遵循（regulation compliance）。建立在审计产品属性之上的实证研究主要包括“溢出效应”（spillover effect）、非审计服务与审计师独立性、持续经营（going-concern）的评价、内部审计和管理服务外包、事务所相互“交易”客户组合行为、审计师轮换以及审计委员会批准的要求对审计产品属性的影响等。

2. 基于信息经济学的审计及其成本与收益问题。主要包括审计成本的影响因素（声誉成本、法律环境、审计业务内在特征、事务所分工、行业专门化等），审计的定价问题，契约中审计信息的角色与道德风险的影响，信息不对称所产生的审计师逆向选择的可能性与审计师变更，审计信号的作用与审计意见购买，审计噪声、偏差和优良度等信息属性，审计信息的私人与公共生产的动机与收益，信息质量及其与强制执行行动和审计实务之间的关系，要求审计师对会计方法进行质量评估的管制对审计师客观性的影响等。

3. 审计的供给及其生产过程的考察。主要包括审计准则与审计生产函数、审计测试（audit tests）运用的组合、审计任期与审计投入的变动，“持照”（certified）与潜在的进入壁垒对审计市场的影响，管制、竞争与审计市场结构，审计过程中的投入及过程本身（职业判断、专家系统、证据收集规划、与内部审计师的交互影响、审计师群体的性质、定量技术），事务所的组织结构与审计生产，行业专门化与审计质量，合伙人复核制度、同业互查（peer review）与审计质量等。

4. 对审计行业管制的审视。该领域的实证研究包括强制性审计与最低限价的影响，审计准则的性质与审计服务的定量配给，私人或公共管制机构的决策过程，“应有关注”（due care）与法律辩护的工具，管制措施的成本与收益，管制的政治程序、公众利益（public interest）与管制者的自我利益（self-interest）的关系，审计管制领域的国际发展，法律与经济学及审计管制问题的融合，自我管制、政府管制与独立管制的效应与后果等。

四

《萨班斯-奥克斯利法案》对21世纪审计职业及其管制的影响是革命性的。然而，正如一些学者与批评家所质疑的，《萨班斯-奥克斯利法案》到底是对会计丑闻的本能反应，还是真正意义上的理性改革甚于花言巧语？过高的职业风险和过度的政府管制是否会使审计市场形成“逆向选择”效应，并最终导致审计质量下降？《萨班斯-奥克斯利法案》所蕴含的部分解决方法是否不仅不能够解决所谓的职业问题，而且可能会无意中对市场产生严重的负面后果？由于“政治私利的偏袒”和“市场失效记忆”的放大等原因，《萨班斯-奥克斯利法案》的部分条款与实证审计研究在某些方面所累积的、较为一致的科学证据相偏离。30余年的实证审计研究在诸多领域所取得的经验证据是混合而非一致的，使得《萨班斯-奥克斯利法案》部分条款的制定实质上是无据可依或有据难依，导致其背后所蕴含的理论逻辑混乱且富争议。因此，政府管制与市场失灵这一经济学领域恒久争论的命题重新摆在审计职业界与审计研究学者面前，这一重大命题及其衍生的系列问题为实证审计理论研究者提供了研究机会与研究使命。

Mark L. DeFond，Jere R. Francis& Joseph V. Carcello（2005）详细讨论与综述了后《萨班斯-奥克斯利法案》时代最富争议且亟须解决的实证审计研究问题。简要概括如下：(1) 关于审计管制模式。是否有证据表明，自我管制的监督缺失或低质量的准则制定导致了审计失败？能否获得经验证据表明，从自我管制到独立管制（准政府管制）的变更能提高审计质量？法律在维持高质量审计上的角色和重要性如何？是否有经验证据表明，需要非常严格的法律才能保证适度的审计质量？(2) 关于审计师独立性。是否有一致的证据表明，非审计服务产生的个人关系真正威胁到了独立性？是否公司治理环境而非咨询服务更能解释审计独立性的损害？在产生的审计师对客户的财务依赖中，非审计服务费用真的与总费用存在实质性的区别吗？合伙人轮换或者会计师事务所轮换的成本和收益是什么？(3) 关于审计委员会。解释审计委员会存在动因的经济理论是什么？如何解决有关审计委员会相关研究中的内生性问题？是否有证据表明，完全由独立董事组成的审计委员会的治理效应一定高于高比例独立董事组成的审计委员会？若审计委员会中存在非独立董事，给治理改善带来的潜在好处是什么？是审计委员会的财务专家能直接改善公司治理，还是只有治理良好的公司的审计委员会的财务专家才能发挥作用?(4)关于审计质量。研究者和监管者通常认为,审计师的稳健性偏误能提高盈余质量。这对债权人也许如此,但对于股东则未必如此,那么审计与盈余质量的关系到底是什么?目前审计中的稳健性偏误是最优的吗?稳健性对权益市场的成本意味着什么?若审计中减少稳健性偏误,其影响是什么?除异常收益、收益重述和持续经营意见等指标外,未来能否发展其他新的指标以真正更有效地度量审计质量?什么是最优水平的审计?增加内控审计将增加50%~100%的审计费用,提高的审计质量所带来的收益能超过这一增量成本吗?(5)关于审计市场。已有的文献认为,规模大的会计师事务所会自动提供更高质量的审计,现在管制要求所有规模的会计师事务所提供统一的高质量审计,其增量成本是什么?这对审计市场集中度和效率会带来何种影响?这样一个改变是否会提高市场集中度、减少竞争和产生垄断价格?(6)关于审计师行为。基于公允价值(fair value)和原则导向(principle-based)的会计将如何影响审计师的行为,审计师行为的改变最终将如何影响财务报表?在这一问题上,能否取得有效的国际比较证据?

基于以上认识,可以认为21世纪的实证审计理论需要一种实质性的重构,这种重构需要实证审计研究学者在已有的研究基础上进行系统审视与梳理。为此,本书沿袭审计理论研究实证化的晚近趋势,对30余年来的实证审计研究成果进行系统的回顾与综评,并试图为实证审计理论在21世纪的重构做出初步的探索。本书以经济学理论为基础,新制度经济学、信息经济学与产业组织理论应用于各章节中,以审计产品(微观问题)——审计市场(中观问题)——审计监管(宏观问题)为总体逻辑安排,内容框架体系如图2所示。

本书在编著的过程中力求以"博采众长,融合提炼"为原则,吸纳国内外实证审计理论研究的最新成果。本书试图在以下几方面做出努力:(1)强调研究框架。如前所述,本书试图在已有实证审计研究成果的基础上为重构21世纪的实证审计理论做出初步性的探索。为此,本书特别强调对具体实证审计研究领域之研究框架的提炼与融合,本书为所有章节的研究问题提供了具体的研究框架图,从而为读者提供了一个导游图式的实证审计理论体系。(2)强调经验证据。本书秉承实证审计研究恪守价值中立之基本方法论思想,注重经验证据及证据累积的政策含义。为此,本书对各章议题的相关经验研究文献进行了较为系统的历史考察、梳理与综评(本书并不追求相关议题所有文献的全面性,而是力图做到相关议题重要文献的全面性),通过对经验研究文献的透视希望为读者提供该领域较坚实的历史背景和进行未来研究的思想框架。(3)强调研究模型。由于实证研究之假设具有尝试性、暂时性和不确定性等特征,须经由经验确证方能接受,经验检验最能体现实证审计研究的特色,而经验检验的有效性在很大程度上取决于实证研究设计,尤其是研究模型的科学构造。为此,本书在各章相关的研究领域中

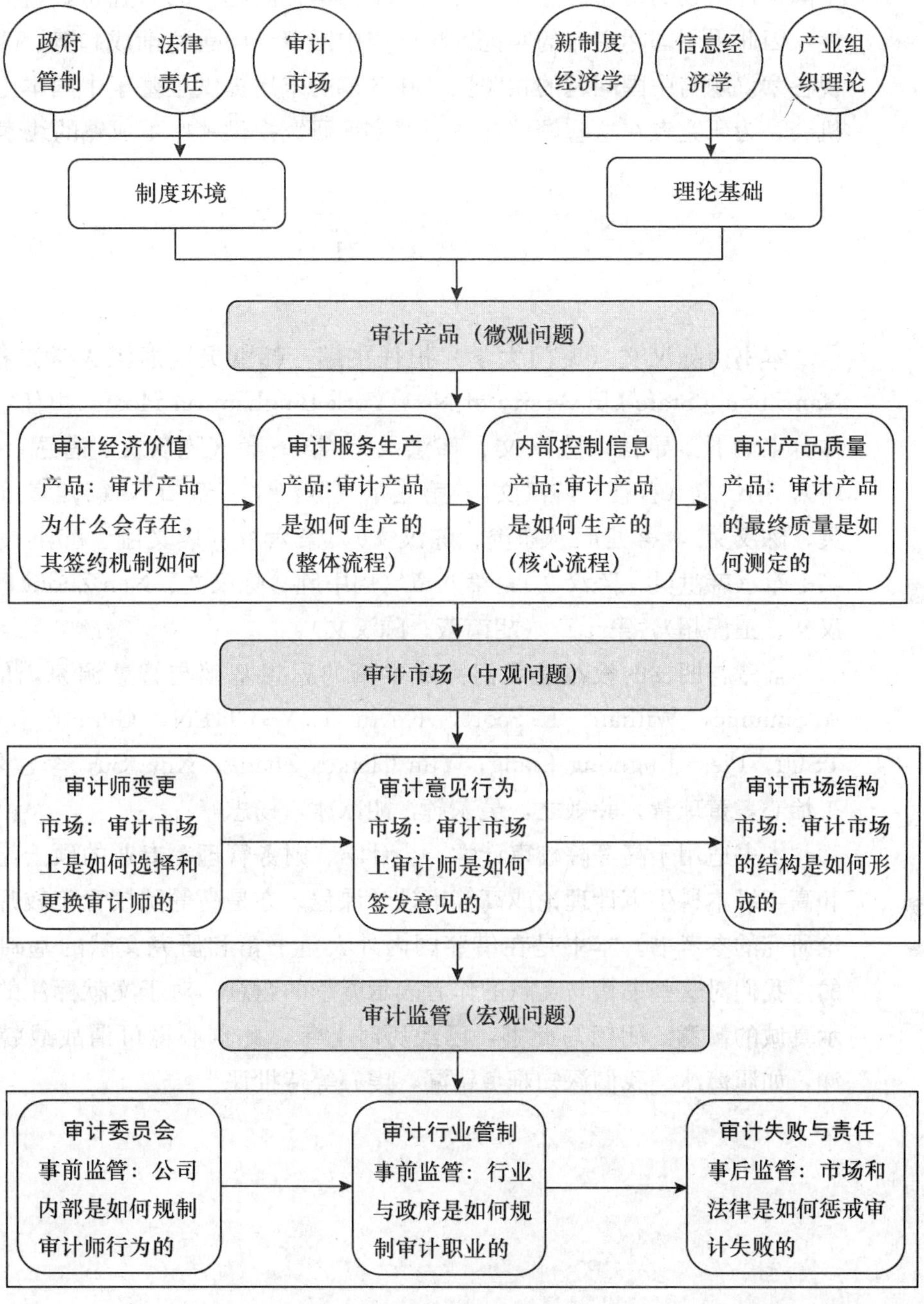

图 2　本书的内容框架

总结给出了大量的通用实证审计研究模型，以为读者进行相关的后续研究提供方便的研究设计参考与研究模型改进之基础。（4）强调研究机会。自 20 世纪 90 年代我国出现第一篇实证审计研究文献以来，中国实证审计研究已经取得了一定的进展，得出了不少富有启发性的研究结论。随着中国资本市场的不断发展壮大和中国审计市场的日益国际化，有关“中国审计问题”的研究将日益具有国际重要性，因此采用国际主流的实证方法研究中国审计问题将渐成趋势。为此，本书重视各章议题与中国问题的相关性，在各章的末尾提供了基于中国本土的未来研究机会，为研究者在这些领域开展后续实证研究提供一些不成熟的线索。

五

本书由陈汉文（厦门大学）担任主编，韩洪灵（浙江大学）担任副主编，Nan Zhou（State University of New York-Binghamton Host）担任主审。各章具体分工如下：导言（陈汉文、韩洪灵），第一章（陈汉文、曹强、韩洪灵、陈靖），第二章（曹强、陈汉文），第三章（陈汉文、董望），第四章（陈俊、韩洪灵、陈汉文），第五章（陈俊、陈汉文），第六章（廖义刚、韩洪灵、陈汉文），第七章（韩洪灵、陈汉文），第八章（周中胜、陈汉文、Nan Zhou），第九章（陈汉文、王虎超），第十章（胡南薇、陈汉文）。

前辈与朋友的教益是我们完成本书的思想基础与智慧源泉，他们是：Dan A. Simunic，William R. Scott，Kevin C. W. CHEN，Gerald J. Lobo，Judy TSUI，Piere Jinghong Liang，Yun Clemea Zhang，Xijia Su，李建然，薛敏正，王怡心，黄琼慧，薛敏之，吴东辉，胡冰冰，杨志峰。

本书适用于高等院校审计学、会计学、财务管理等专业的硕士与博士研究生和高年级本科生审计理论或高等审计学课程，亦是高等院校青年教师从事审计理论研究的参考书。本书是在借鉴国内外大量书籍和研究文献的基础上编写而成的，我们对这些书籍与文献的作者表示诚挚的谢意，对于文献标注的可能疏漏表示真诚的歉意。闭门写此书，已经历时七年，此刻心境可谓战战兢兢，如临深渊，如履薄冰。我们深知难免错漏，虔心等待批评。

目　录

第一章　审计经济价值

本章导读

代理理论、信息理论和保险理论是审计需求的三个重要假说。这些理论假说以及在假说基础上发展而来的经验检验，从理论和实证两个层面透视了审计作为一项重要制度安排所具有的经济价值。总体而言，审计并不是一种纯粹的签证机制，财务信息使用者除了寄希望于注册会计师在实质上降低财务信息风险之外，还可以通过风险转移的方式将其所面临的财务信息风险全部或者部分地转移给保险人。因此，审计兼具信息价值和保险价值。然而，审计需求仅仅是审计经济价值产生的必要条件，审计经济价值的最终实现还有赖于注册会计师与客户能否达成审计合约，以及审计合约所涉及的条款与合约双方对条款的选择。目前我国对于审计经济价值的研究更多的还停留在理论分析上，为此本章试图通过对审计需求和审计合约文献，特别是相关实证研究文献的梳理，为深入理解和研究审计经济价值的产生与实现基础提供较为全面的框架。

审计是社会经济发展到一定阶段的产物，是社会经济组织结构中的一项重要的制度安排，它通过自己特有的功能服务于经济、服务于社会。然而，早期“以经验为主”和“重视技术”的传统审计理论认为，审计只不过是一系列实务、程序、方法和技术的集合，对诸如为什么会产生审计需求、审计的本质是什么等审计基本理论问题无人问津。这种研究状况在一定程度影响了审计学科的正常发展，使审计所面临的许多错综复杂的问题无法得到综合的、系统的、逻辑一致的解决。直至20世纪60年代，西方审计理论界开始对过去的理论研究进行反思，试图探寻审计所赖以存在的一组基本假设及其完整的概念体系，其中最为重要的是对审计经济价值的理论分析。本章试图通过对审计需求和审计合约文献的细致梳理，分析审计经济价值的产生、表现形式和实现基础。图1—1给出了审计经济价值的研究框架。

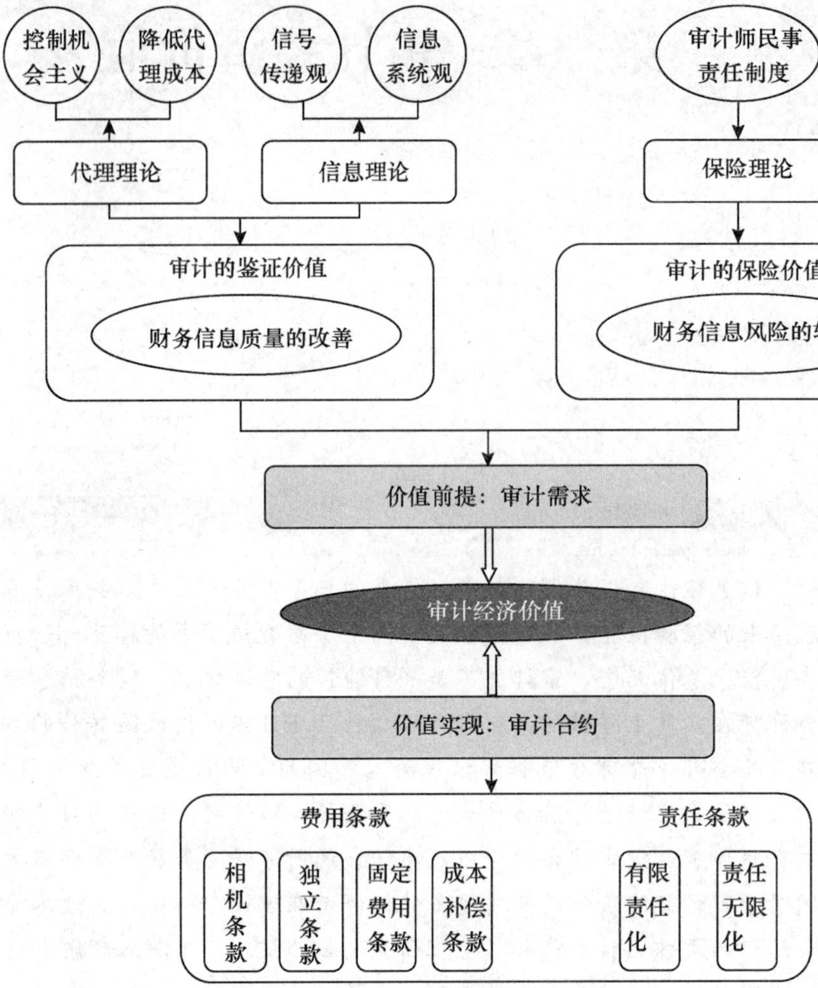

图1—1 审计经济价值的研究框架

第一节 审计需求

一、审计需求的代理理论

审计需求的代理理论是目前审计需求理论中的主流理论，它是在Jensen & Meckling（1976）所倡导的委托代理理论（principal-agent theory）的基础上发展而来的。审计需求的代理理论认为，审计的产生不是外部力量强制的结果，而是社会力量的选择所致；审计是委托人与代理人的共同需求，是为了降低委托代理关系中的代理成本。

1. 企业委托代理关系、机会主义行为与理性预期

Jensen & Meckling（1976）以企业的所有权和经营权相分离以及由此导致的信息不对称为切入点，紧紧围绕委托代理关系中的机会主义行为（道德风险）对企业价值的影响进行讨论。企业委托代理关系（principal-agent relation）是指，当一个人或更多的人（即委托人）聘用另一个人或一些人（即代理人）代表他们来履行某些服务，并因此而将若干决策权托付给受托人时，他们之间所形成的关系。基于自利的经济人假设，委托人和代理人都是以其个人效用最大化为行动目标的，这样在委托人与代理人之间，利益的冲突就会导致代理成本的出现。Jensen & Meckling（1976）将代理成本的组成归纳为：委托人的监督成本、代理人的保证成本以及剩余损失。监督成本就是委托人为了“控制”代理人的行为所花费的成本。代理人的保证成本是指代理人愿意向委托人保证他不会采取损害委托人利益的行为，否则他将向委托人进行补偿。通常对于有机会主义（opportunism）倾向的代理人来说，在监督成本和保证成本一定的情况下，代理人仍然有可能采取有别于委托人效用函数的行动，这样两者的差异就会导致委托人财富的减少，所减少的数额就是委托人的剩余损失。监督成本、保证成本和剩余损失共同构成代理成本，并具有此消彼长的关系，比如当监督成本和保证成本较大时，代理人的行为偏离委托人效用函数的可能性就要小一些，而剩余损失相应地也会少一些。

在一个经营者拥有全部股权的企业中，经营者享有全部的剩余索取权，也将完全承担由于低效或无效经营管理所可能产生的全部损失。然而，随着经营者向外融资，将其所持有的股权转让给其他投资者，他所拥有的股权比例将会下降至100%以下，这样经营者将不需要像过去一样为自己的不当行为承担完全的责任。对于经理人员来说，他将会和其他的股东一起分担他的行为后果，也就是说他的行为具有外部性。因此，他会有更大的激励去偷懒（道德风险），从事各种可能损害其他股东利益的机会主义行为。显然，由于经理人员效用函数结构的变化所导致的不同行为将会影响企业的价值。对于理性（rational）的投资者来说，同样能够预期（expect）经理人员的行为对企业价值的影响，他们将会在经理人员向资本市场融资时，降低对企业股票的出价水平。这样在一个有效的市场中，经营者将不得不承担由于企业价值降低所导致的股票价格下降所带来的损失。经营者为了避免这部分代理成本所引起的损失，就会向投资者做出额外的承诺，保证他们还会像以前拥有100%股权时那样勤勉，不滥用股东托付的资本。可见对于代理人来说，在企业合同中承诺对自身的行为进行限制是有利的。

由于委托人能够合理地预期到代理人会为了提高自身效用水平而过度地获取非货币性收益，导致直接减少委托人的投资收益及其效用，因此，委托人在制定报酬计划时会将这部分由于代理人的行动所带来的损失考虑在内，预先从代理人

的报酬中扣除，代理人所能获得的报酬将会因为委托人的这一理性预期而减少。代理人为了避免这种情况的发生，将愿意向委托人保证自己不会采取损害委托人利益的行动。如果这样的保证能够消除委托人所面临的不确定性，减少投资风险，那么委托人将获得较高的投资回报；同时，代理人也能够获得较高的报酬，双方都将因此而获益。这样代理人从自身利益出发，为了能够减少监督成本，将主动向委托人提供信息，使委托人确信代理人没有采取背离委托人利益的行动(Wallace，1980)。然而由于这些信息是由代理人自己提供的，其可信性问题尚未解决。

因此，这里的一个关键问题是：这些承诺和限制性条款是否会得到代理人的自动遵守？代理人主动提供的信息是否真实？问题的答案是：必须引入监督约束机制。Jensen & Meckling (1976) 系统地论述了在存在道德风险的情况下企业价值的确定，以及在有效市场情况下，存在机会主义倾向的代理人将最终承担代理成本，理性的代理人为了避免这种情况的发生，只要监督的收益大于监督的成本，将存在主动要求被监督的激励。审计通过对代理人所提供的财务信息及其背后所隐含的经济行为进行鉴证，可以发现和阻止代理人机会主义行为，确保代理人遵守其所做出的承诺。因此，审计正是这样一项能够实现约束机会主义行为从而能够降低代理成本的制度安排。

2. 受托经济责任、企业剩余计量与审计需求

前面的论述只是对审计在企业委托代理关系中如何发挥作用的最为一般的描述，为进一步理解审计作为降低代理成本的一项制度安排，我们有必要对审计发挥其特定功能的机理进行更为详尽的分析。

根据委托代理理论，维系企业委托代理关系的一个基本要求就是要对委托代理双方之间受托经济责任（accountability）进行界定、履行和解除。受托经济责任就是指资源所有者将其资源委托给受托者（代理人）并赋予受托者资源保管权和运用权，同时通过有关组织规则（如公司章程和法规制度等约束机制）明确规定委托者和受托者之间的权利义务关系。在受托经济责任关系的建立、运行与解除的过程中，资源委托人面临的最大困境就是与代理人之间因信息不对称而导致的代理问题。因此，必须要有一个委托人和代理人都能够接受的受托经济责任度量规则，以检验受托经济责任执行的效率和效果，保证受托经济责任履行的完整性和稳定性，而会计与审计就是人们为解决这一问题而设计的一个通过缓解委托人与受托人之间的信息不对称分布状态而降低代理成本的制度安排。

受托经济责任体现在企业的委托代理关系中，实际上就是对企业剩余控制权和剩余索取权分享安排的效率与效果进行规范与界定的一种合约关系。Ng (1978) 深入探讨了这一合约关系。他认为，由于现代企业的两权分离，导致了代理人拥有较多的信息，而作为委托人的股东反而缺乏企业所面临的各种盈利机

会的信息，因此，股东为了激励经理人员努力工作，实现激励相容，通常都愿意在补偿计划中给予代理人一定份额的股权，这样根据补偿计划，代理人将参与企业剩余的分享。① 据此，Ng 构造了三个公式来说明这一过程：

$$w=r(s,a)$$

式中：w——企业的真实收益；

a——代理人行动；

s——自然状态；

r——企业真实收益与代理人行动和自然状态的函数。

$$y=f(w)$$

式中：y——企业的会计剩余；

f——企业会计剩余与企业真实收益之间的函数。

$$x=p\times y$$

式中：x——代理人可以得到的企业剩余；

p——代理人企业剩余的分享份额。

上述的第一个公式表示企业的真实收益 w 是代理人行动 a 与自然状态 s 的函数，这两个变量对于委托人来说，都无法直接观察到，并且除非企业清算，否则委托人也不能真正了解企业的真实收益 w。这样，对于委托人来说，他所能获得的信息只是经过会计信息系统 f 处理后的企业剩余，更准确地说，是企业的会计剩余 y 的信息。由于委托人不能够真正了解到企业的真实收益 w，因此在许多需要以企业的真实收益为基础的合约条款中，只能以会计剩余 y 作为替代变量，比如经理人员的补偿计划、企业与银行之间的贷款合同等，这就导致了对于 y 的计量变得非常重要。我们知道，由于企业经营活动的复杂性，为了更好地反映企业的财务状况、经营成果和现金流量，在会计实践中就存在着不同的会计政策选择，而不同的会计政策选择就会有不同的函数 f 与之对应，会计政策的选择就成了影响各方利益的均衡器。比如，通常情况下，经理人员的补偿计划都会规定，经理人员参与企业剩余分享的份额 $x=p\times y$，相应地，股东可以从企业剩余中获得的份额就是 $z=w-p\times y$，p 在一定的区间内取某一固定的比例，这样对 y 的计量将直接影响到股东和经理人员之间的利益分割。Wallace（1980）和 Watts & Zimmerman（1986）② 指出正是企业剩余分享的制度安排使企业管理当局产生了盈余管理的动

① 委托人在追求其自身期望利润极大化时，会受到两种制约，即代理人的“参与约束”和“激励相容约束”。

② Watts & Zimmerman（1986）在提出红利假设的同时，还对债务契约假设和政治成本假设进行了讨论，即管理当局总是试图最大可能地避免违反与银行等债权人之间签订的债务契约和避免引起政府等监管部门的注意，从而减少企业的债务契约成本和政治成本。

机。最后 Ng 在其文章中得出结论，函数 f 就是实务中所运用的公认会计原则，它能够使契约各方清楚地知道作为合约条款基础的企业会计剩余是如何计量出来的，而注册会计师审计正是对代理人是否遵循公认会计原则计量企业的剩余进行鉴证。

谢德仁（2001）则从会计准则制定权合约安排的角度指出，注册会计师的作用是对管理当局是否适当地遵循了通用会计规则和合理地行使了剩余会计规则制定权进行鉴证。应该说，以 Ng 等为代表的一批研究者对公认会计原则和审计需求性质的讨论已经相当深入了，并且他们清楚地看到，在现代企业中由于对经理人员等代理人行为的直接监督是不可能的，因此企业更多的是通过制定适合的补偿计划来实现激励相容，而审计则是通过确定和解除受托经济责任为这些契约的顺利制定和履行提供了制度保证，这就是审计降低代理成本、维系委托代理关系的方式所在。正是在这一意义上，审计必须由独立于委托人和受托人的第三方关系人来执行，只有这样的制度安排才有助于审计结果为企业契约的各方所接受。

3. 审计需求的代理理论的经验检验

由于代理理论能较好地解释现代股份公司的运行机制，而现代西方民间审计正是与现代股份公司的产生与发展息息相关的，因此，审计需求的代理理论成为解释审计需求的一个主流理论。这一理论最早是由 Watts & Zimmerman（1979）在《以市场为借口的会计理论的供求》一文中提出的，由 Balachangon & Ramakriaman（1980）在《对有激励报酬计划的内部控制和外部审计》一文中对其进行较为全面的阐述。Balachangon & Ramakriaman（1980）认为：（1）审计的出现就是要求经理按契约的要求来追求自己的正当利益，抑止其具有偏见的行动动机，因此审计是保持经理与股东利益最大化的控制器；（2）审计的动力并不完全源自股东，正直诚实的经理人员也希望通过聘请外部审计人员来报告财务报告的真实性，以示其良好的经营绩效。

审计需求的代理理论较好地解释了许多公司在法规并未要求强制审计的情况下却自愿接受审计的现象。许多研究者在委托代理理论的框架基础上，采用不同的指标计量企业中存在的各种代理成本，运用如下 Logistic 模型从实证角度探讨代理成本与审计需求之间的关系。

$$\begin{aligned}\text{Demand}=&\beta_0+\beta_1\text{Mshare}+\beta_2\text{Propman}+\beta_3\text{Propdir}+\beta_4\text{Size}+\beta_5\text{Operation}\\&+\beta_6\text{Leverage}+\beta_7\text{Covnum}+\cdots+\beta_n\text{Agency}_n+\varepsilon\end{aligned}$$

式中，Demand 为虚拟变量，若企业自愿接受审计则取值为 1，否则为 0；Mshare 为经理人的持股比例；Propman 与 Propdir 分别为非家族成员占管理层和董事会的比例；Size 为企业的规模；Operation 为企业经营业务的复杂程度，它们均用于衡量所有者与经理人之间的代理成本，在此我们称之为第一类代理问题；Leverage 为债务融资占总资产的比率，Covnum 为以会计数据为基础签订的债务契约数量，它们用于衡量债权人与经理人之间存在的代理成本，在此我们称之为第二类代理问题；Agency 为衡量第一类和第二类代理成本的其他指标。

对于第一类代理问题对审计需求的影响，Chow（1982）认为经理人员的持股比例越低，则股东与经理人员之间的冲突程度就会越高，即他们之间的代理成本越大。为了减少此类代理成本，企业自愿接受审计的可能性将增大。然而，由于数据的原因，Chow（1982）未能对经理人持股比例与审计需求之间的关系做出检验。对此，Tauringana & Clarke（2000）以 92 家英国小企业为样本①，研究了企业自愿接受审计的情况，结果表明，如果经理人员持股比例越小，则企业越有可能自愿接受审计。这在很大程度上弥补了 Chow（1982）研究中的遗憾。Carey（2000）则对家族型企业自愿接受审计的情况进行了调查，他以 186 家澳大利亚家族型企业为样本②进行观察，结果表明，非家族成员占管理层比例和占董事会比例越大，企业越有可能自愿接受审计。另外，企业的规模与经营的复杂程度也会影响企业自愿接受审计的可能性，公司规模越大，经营的复杂程度越高，经理人越有空间转移资产，由此审计的需求也随之增加。对此，Tauringana & Clarke（2000）以经验数据验证了公司规模与审计需求之间的正相关关系。Kohlbeck（2005）以非公开上市的没有强制审计要求的小型商业银行为研究样本，发现银行的经营业务越复杂，越倾向于自愿接受审计。

对于第二类代理问题对审计需求的影响，Chow（1982）认为企业资本结构中债务比例越高，则债权人的风险越高，为了降低债权人的风险预期，减少融资成本，经理人员就越有可能聘请外部审计人员。对于那些签订了以会计数据作为基础的债务契约的公司来说，外部审计师具有降低企业与债权人之间利益冲突的作用。Chow（1982）以 1926 年强制性审计之前的 165 家上市公司为研究样本对其提出的假设进行了经验检验，结果发现企业自愿接受审计的可能性将随着企业债务比率和以会计数据为基础的债务契约的数量增加而提高。以上这些经验研究的结果与审计需求的代理理论基本一致，即审计具有控制代理人的机会主义行为、降低企业代理成本的作用。对于委托代理问题与高质量审计需求的关系我们将在审计师选择部分详细论述。

二、审计需求的信息理论

审计需求的信息理论认为，之所以存在对审计的需求，是因为审计具有改善财务信息质量和通过信号传递有效配置财务资源的作用，审计的本质功效是提高财务信息的可信性和增进财务信息价值。审计需求的信息理论又具体分为信号传递理论（signaling theory）和信息系统理论（information system theory）两个分支。审计需求的信息理论将企业的财务信息使用者扩大到所有现有的或潜在的投

① 英国从 1994 年开始，年营业额在 90 000 英镑以下的小企业将可以豁免强制审计。

② 根据现有的法律，澳大利亚的家族型企业不必接受强制审计。

资者、债权人及其他利益相关者，它为会计审计行业的管制提供了理论基础，因此得到了广泛的支持。

1. 审计需求的信息理论：信号传递观

信号传递理论主要讨论市场中的信息不对称问题，其理论含义是某一团体会通过将信号传递给相关的另一方以缓解信息不对称问题。审计需求的信号传递观是基于竞争日益激烈的资本市场提出来的。审计需求的信号传递观认为，企业上市融资面临着激烈的竞争，它们为了能够在竞争中脱颖而出，就必须向市场传递信号表明自身所具有的高素质。这里的信号是指对于某种行动（如审计），高素质的企业可以低成本地采用，而低素质的企业采用同样的行动则会被认为是不理智的或不符合成本效益原则的。这是因为对于低素质的企业而言，采用同样的行动的成本将远远高于行动所能带来的收益。这就赋予了这种行动传递某种信号的可能性，同时也赋予了这种信号可靠性。① 审计就被认为是这样一个可以将高素质企业与低素质企业区分开来的信号显示机制。因此，审计需求的信号传递观认为，信息的发布与信息的质量成本成反比，通过定期公布财务报表和对财务报表的审计，能向市场有效传递有关公司状态的信息，从而缓解市场中的逆向选择问题。

2. 审计需求的信息理论：信息系统观

审计需求的信息系统观是随着会计信息决策有用观的出现而盛行的，其立论的一个基本前提是假定股东及利益相关者广泛地依赖财务信息，将其作为决策的依据。用于指导会计准则制定的《财务会计概念公告第一号》（SFAC No. 1）明确指出，财务会计的目标就是要帮助报表使用者对企业未来净现金流量的数量、时间分布及概率做出合理的估计。实证会计理论（Watts & Zimmerman，1983）和 Ohlson & Feltham（1995）的净盈余理论都论证了企业价值与会计信息之间存在高度的相关性，投资者可以通过对财务报表的分析实现对企业市场价值的定价，并在此基础上做出理性的投资决策，提高资源配置的效率。

审计需求的信息系统观是会计信息决策有用观的逻辑延伸，它认为审计的本质功效在于增进财务会计信息的可信性及其决策有用性。随着股份公司和股票交易市场的兴起与发展，对于许多投资者来说，投资收益就不仅仅包括过去单纯的股利，还包括股票市场的转让所得。这就使得投资者不仅关注所投资的企业的会计信息，而且同时也关注其他备选投资企业的会计信息，试图通过不断变换投资对象来获取股票价差。因此，对于投资者来说，信息获取的目的在于价值发现和决策有用，获取的途径不再仅仅局限于现有的契约关系。② 这一观点的典型代表

① 1974 年 Spence 提出了劳动力市场中的文凭信号模型，对信号的分离作用进行了深入的探讨。

② Wallace（1980）认为，这是审计需求的信息理论与审计需求的代理理论的一个本质区别。在审计需求的代理理论中，财务信息及审计信息的获取仅基于现存的委托代理关系。

人 Tom Lee（1993）认为，注册会计师民事法律责任的范围从只对委托人负责到不断向第三方负责的拓展就是审计需求的信息系统假说的最好体现。同时他认为："没有人会否认，在过去50年里，注册会计师在增进财务报表可信性方面的重要性正得到迅速和稳步的提高……审计在建立和维护资本市场的信心上起着关键的作用，没有这种信心，资本市场的整个基础将遭到破坏，因此审计的重要性是毋庸置疑的。"

可见，审计需求的信息系统观是从整个市场的高度来认识审计的，如上文所述，它假定股东及利益相关者广泛依赖于财务信息，将其作为决策的依据，但是同时他们又不具有判断财务报表是否真实、公允的能力，因此必须聘请具有专门会计专长的审计师来进行审查和判断，进而做出鉴定证明，并予以报告（Wallace，1980）。此外，审计需求的信息系统观还认为，信息是一种具有公共物品属性的商品，市场要对信息商品（包括会计信息和审计信息）的供应和质量施以有效的管制。

3. 审计需求的信息理论的经验检验

（1）信号传递观的经验证据。审计需求的信号传递观的一个主要的实证含义是，聘请不同类型的会计师事务所审计能向投资者传递不同的审计质量的信号，该信号表达了客户管理当局对未来现金流量的市场预期，从而能够在一定程度上将高质量的企业与低质量的企业区分开来。通常大型的会计师事务所被认为比小型的会计师事务所更能提供高质量的审计服务，因为大型的会计师事务所具有更好的专业胜任能力和保持独立性的经济动机。

对聘请不同类型的会计师事务所审计能否作为一种"信号"进行经验检验，相关研究首先考察选择不同类型的会计师事务所对首次公开募股（IPO）定价的影响。Titman & Truman（1986）的分析模型首次构建了会计师事务所类型与IPO定价的关系。Beatty（1989）则直接利用经验数据测试了 Titman & Truman（1986）的分析性模型，其实证模型如下：

$$\text{Initial\_Return}=\beta_0+\beta_1\text{Auditor\_type}+\beta_2\text{Age}+\beta_3\text{Contract\_type}$$
$$+\beta_4\text{Offered\_percentage}+\beta_5\text{Industry}+\varepsilon$$

式中，Initial_Return 为模型的因变量，表示投资者在股票上市首日的投资收益率；Auditor_type 为模型的自变量，表示会计师事务所的类型；Age，Contract_type，Offered_percentage 和 Industry 为控制变量，主要是消除公司存在时间、股票承销合同类型、发行股票的比例以及行业类型对 IPO 定价的影响。

Beatty（1989）的实证结果发现投资于那些选择大事务所作为主审事务所的IPO公司股票，其上市首日的投资收益率较低，因此 IPO 公司能通过聘请大事务所审计提高股票发行价格。Datar et al.（1991）也发现客户所聘请的会计师事务所类型能影响股东权益比率。

其次，相关研究考察客户所具有的特征与客户选择会计师事务所之间的关系。Francis & Wilson（1988）、Eichenseher & Schield（1989）、Johnson & Lys（1990）与Defond（1992）研究了客户聘请会计师事务所类型与客户特征之间的关联性，其结果均表明：相对而言，将主审会计师事务所变更为“八大”会计师事务所[①]的客户，其公司规模处于不断扩大的趋势，具有更高的财务杠杆比率和较高的成长性。Healy & Lys（1986）研究了当其主审会计师事务所被“八大”会计师事务所兼并时，客户在续聘会计师事务所方面的反应，结果发现那些继续聘请兼并后的“八大”会计师事务所的公司大都具有以下特征：公司规模较大且在其主审会计师事务所被兼并前三年具有更高的增长率。Simunic & Stein（1987）发现，“八大”会计师事务所的客户大都规模较大且经营风险较小。这些经验证据有力地证明了客户所选择的主审会计师事务所的类型是一种“信号”这一假设，说明审计具有传递有关客户特征的“信号”的功能。

（2）信息系统观的经验证据。审计需求的信息系统观的一个主要实证含义是，不同类型的审计意见具有不同的经济含义，审计意见对资本市场上的投资者来说是决策有用的，即审计意见具有信息含量。对审计意见的决策有用性（审计意见具有信息含量）的一些经验研究主要运用事件研究法。日非正常收益一般采用如下模型进行估计：

$$R_{ijt}=\alpha_{ij}+\beta_{ij}R_{mjt}+\varepsilon_{ijt}$$

式中，R_{ijt}为i公司j年t日的收益率；R_{mjt}为m公司j年t日的市场收益率。模型中的参数α_{ij}与β_{ij}通过公告日之前的一段期间估计获得。那么，特定期间的累计非正常收益率（cumulative abnormal return，CAR）为：

$$CAR_{ij}=\sum R_{ijt}-(\alpha_{ij}+\beta_{ij}R_{mjt})$$

式中，CAR_{ij}为i公司在j年特定期间的累计非正常收益率。

在计算出累计非正常收益率之后，相关研究分别运用均值比较和多元回归的方法研究特定时间窗内市场对不同审计意见类型的反应。Shank et al.（1977）和Finnerty & Oliver（1981）发现，收到保留意见的公司在审计报告披露后其系统

① 20世纪80年代末，国际审计市场上的会计师事务所经过一次次的合并，形成了我们所知晓的“八大”会计师事务所。1989年，厄恩斯特·惠特尼和阿瑟·扬会计师事务所合并成安永会计师事务所；德洛伊特·哈斯金斯·塞尔斯和塔奇·罗斯两家会计师事务所宣布成立德勤会计师事务所。这标志着“六大”国际性会计师事务所正式形成，它们是毕马威、安永、德勤、安达信、永道和普华会计师事务所。1998年，普华和永道合并成为普华永道会计师事务所，形成“五大”会计师事务所。2002年，安然事件爆发后，安达信解散使得审计市场形成了今天的“四大”会计师事务所的局面，分别是普华永道会计师事务所（PriceWaterhouseCoopers）、安永会计师事务所（Ernst & Young）、毕马威会计师事务所（Klynveld Peat Marwick Goerdele）和德勤会计师事务所（Deloitte Touche Tohmatsu）。由于文献研究于不同时期，所以本文之后对“八大”、“六大”会计师事务所等这类名词不再做解释，也不再详细列示这些会计师事务所的名称。

风险的平均值和方差有了明显的增大，这说明投资者在这些公司的保留意见被披露后提高了对公司系统风险的评估，市场会对保留意见的审计报告做出负面的反应。Michael Firth（1978）测试了英国“保留意见”的信息含量，发现7个样本组在审计报告公告后的第1天都出现了负的累计非正常收益率，其中有三个样本组是显著的。同时作者还发现，投资者能对不同原因出具的保留意见做出不同的市场反应。Chow & Rice（1982）也测试了保留意见与非正常收益率之间的关系，结果发现被出具保留意见的上市公司具有显著的负面市场反应。

Elliot（1982）研究了1973—1978年间美国145家上市公司收到保留意见的市场反应，他将保留意见分为五种类型，控制了会影响非正常收益率的三个因素（与特定行业相关的因素、预期之外盈余的信息含量和与整个经济环境相关的因素）后发现，市场早在保留意见公布45周之前就对其做出了显著的负面反应。Dodd et al.（1984）选择了1973—1980年间首次收到保留意见的美国上市公司作为样本，按保留意见原因分为5个样本组，结果发现：在审计报告公布前后5天存在细小的负的累计非正常收益率，但统计上不显著；在公布前长达6个月的时间内，累计非正常收益率达到－8.9%且统计显著，并在不同的样本组中均存在这样的负反应。LaSalle & Anandarajan（1997）研究了银行信贷经理在信贷决策中对因诉讼和持续经营原因出具拒绝表示意见审计报告的反应，结果发现：信贷经理在面对拒绝表示意见审计报告时减少了贷款意愿、调低了对该客户还款能力的评价、调低了该客户改善盈利能力的评价、调高了可能贷款的边际利率。此外，Dopuch et al.（1986）、Loudder et al.（1992）、Frost（1994）、Chen et al.（2000）等的研究都得出了类似结论：审计意见具有决策有用性以及审计报告具有信息含量。这些经验证据有力地支持了审计需求的信息系统观。

三、审计需求的保险理论

无论是审计需求的代理理论，还是审计需求的信息理论，实际上都是推定信息使用者的直接需求就是审计的鉴证机制，即信息使用者需要审计师作为独立的第三方，对信息提供者提供的财务信息的可信性发表意见，从而能在实质上降低甚至消除财务信息中存在错误或舞弊的风险。然而由于审计师民事责任的不断扩大，投资者可以在审计失败后从审计师那里获得巨额的损失赔偿，美国审计理论界自20世纪80年代开始流行审计需求的保险假说（insurance hypothesis）。审计需求的保险理论是基于审计的保险机制探索审计在社会经济系统中的本质功效，其基本观点认为，审计是财务报表风险的一个转移机制。保险假说下的审计运行方式如图1—2所示。

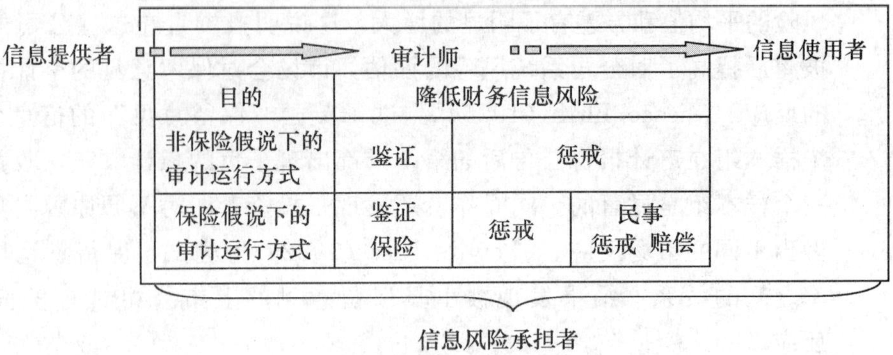

图 1—2　保险假说下的审计运行方式

1. 财务信息风险的转移：从鉴证机制到保险机制

企业是一系列契约的集合体（Jensen & Meckling，1976），是一群要素所有者为谋求自身投入要素的保值增值而签订的要素使用权交易合约的履行过程（谢德仁，2001）。企业契约的缔结和履行实际上是建立在各方成本效益分析的基础上，契约各方需要相应的信息对所涉及的成本效益做出必要的评估。实践中，财务会计信息是能够帮助投资者对企业未来的净现金流量做出估计的最主要的信息（Scott，2000）。然而由于财务会计信息系统掌握在企业经理人员的手中，他们极有可能为了自身的利益而掩盖某些对投资者来说至关重要的信息，因此，需要有相应的制度安排来保证财务报告披露的真实性，降低信息使用者的信息风险，以便于企业契约的签订和履行。从这一意义上看，信息使用者的本质（直接）需求是降低财务信息的信息风险。

信息风险的降低可经由两种机制进行：其一是信息的鉴证机制，通过审计师对财务会计信息进行鉴证，看其是否符合既定的标准，从而降低财务信息的信息风险；其二是信息的保险机制，通过保险的方式将财务信息的信息风险全部或者部分转移给保险人，这种方式不一定要消除财务信息中的错误和舞弊，但是它同样能够起到降低信息使用者的信息风险的目的。但是由于审计师与信息使用者之间同样存在着信息不对称，这就使得信息使用者难以对审计师的工作进行有效监督，因此更为有效的制度安排是投资者通过保险的方式将财务信息风险全部或者部分转移给审计师，实现财务信息风险的降低或消除，即在财务信息质量一定的情况下，增加审计师的民事赔偿责任，降低信息使用者的信息风险，这就派生出了审计需求的保险理论。在美国，自 20 世纪 80 年代以来出现了针对审计师的诉讼爆炸现象，审计理论界开始日益盛行审计需求的保险假说。

审计需求的保险理论是以风险转嫁理论作为立论基础的，它认为审计具有保险价值，即它能够在审计失败时向投资者提供赔偿。Menon & Williams（1994）认为，审计保险价值的存在必须同时满足两个前提条件：其一是信息使用者具有向审计师提起诉讼的权利；其二是审计师具有相应的赔偿能力。因此，保险假说的成立需要一定的制度环境，即只有当信息使用者具有向审计师求偿的权利时，审计师才有可能被视作财务信息风险的保险人（Kellog，1984；Stice，1991）。由于在审计契约关系人之间缺乏具体的私人赔偿合约，使得民事赔偿法律具有了公共保险合约的性质，尤其是在股票市场中存在着众多的信息使用者，他们不具有也不可能直接参与私人赔偿合约的签订。民事赔偿法律直接规定了审计师的法律责任，起到了在审计师与信息使用者之间进行财务信息风险分配的作用。以下将详细探讨审计师民事责任制度在审计保险价值形成过程中的作用。

2. 审计保险价值的形成机制：审计师民事责任制度

审计的保险价值源于审计师的民事赔偿责任制度。当信息使用者信任审计报告而因虚假信息导致损失时，如果审计师仅因不适当履行其职责而面临行政处罚和刑事处罚，那么审计的价值仅仅体现为审计的信息（鉴证）价值，而当信息使用者可以就损失向审计师提起民事赔偿请求时，审计才具有保险的价值。

最令信息使用者安全的当然是审计师提供全额保险，即审计师能够对信息使用者因审计失败所导致的损失进行全额赔偿。在这种情况下，信息使用者所预期的投资回报①就是可替代的，因为对于信息使用者来说，是从投资回报中获取经济利益，还是从审计师那里取得经济赔偿，两者之间是无差异的，即

$$R=Price_1(f)-Price_2(g)$$

式中：R——信息使用者所能得到的赔偿数额；

$Price_1(f)$——根据审计失败的信息得出的股票市场定价；

$Price_2(g)$——企业真实财务信息下的股票市场定价。

此时，信息使用者的直接需求就是审计的风险转移机制，而非审计的鉴证机制。因此，在全额赔偿的审计师民事责任制度下，信息使用者与审计师之间的关系实际上就是被保险人与保险人的关系，即如果事后被证明信息使用者因所依赖的财务信息存在重大不实而导致了决策失败，那么审计师作为财务信息的保险人将向信息使用者提供赔偿。此时，鉴证机制就不再是信息使用者的直接需求，而只是审计师保持其市场份额的核心竞争力，因为财务信息风险出现的概率并不像一般的保险类别那样符合大数定律，即保险人对于风险的出现几乎不具有可控制性。这里的不可控制性既包括技术上的不可控制性（如审计技术源于众多的审计假设），也包括经济上的不可控制性（如发现所有的报表错误和舞弊可能是不符合成本效益原则的，只能转而强调重要性水平的判断）。财务信息风险只有通过保险人的努力（如提高专业水准）降低其出险的概率。由此可见，在全额保险的审计师民事责任制度下，审计职业实际上变成了风险管理，审计师承担全部财务

① 投资者对预期回报的估计是基于其所掌握的现有信息。虚假信息将导致其所预期的投资回报与实际回报之间产生巨大差异。这部分差异就是由于虚假信息所导致的，应由利益相关方对投资者做出补偿的部分。

信息风险，并努力降低此风险，以使其收益（审计公费）大于成本（审计成本）。

在比例保险的情况下，信息使用者不能转移全部的信息风险，而仍然需要承担部分的财务信息风险。此时，对于信息使用者来说，完整的审计制度就应该包括审计的鉴证机制和审计的风险转移机制，即审计应该兼具信息（鉴证）价值和保险价值，并且两种价值的相对重要性会随着风险转移系数的大小而改变。审计师民事法律责任的大小则直接导致了信息风险的不同配置。可以用以下公式加以表示：

$$IR=R\times(1-\alpha)\times(1-\beta)$$

$$AR=R\times(1-\alpha)\times\beta+P,0\leqslant\alpha,\beta\leqslant 1$$

式中，IR 为信息使用者最终承担的财务信息风险，它等于不存在审计情况下的财务信息风险 R 与审计质量的负量度（$1-\alpha$）和信息使用者风险转移系数的负量度（$1-\beta$）的乘积。注册会计师承担的最终财务信息风险 AR 则等于初始财务信息风险 R 与审计质量的负量度（$1-\alpha$）和投资者风险转移系数 β 的乘积，加上由于政府等公权力介入而导致的损失可能性 P。这里的 α 就体现了审计的信息（鉴证）价值，即审计的鉴证机制具有改善财务信息质量，降低财务信息风险的作用。α 越接近于1，表明审计质量越高，$R\times(1-\alpha)$ 所代表的剩余财务信息风险也就越低。审计的保险价值则由风险转移系数 β 表示，它是指在财务信息质量一定的情况下，即剩余财务信息风险 $R\times(1-\alpha)$ 一定的情况下，信息使用者能够转移的财务信息风险的数额。

综上所述，审计师民事赔偿制度的引入是审计保险价值形成的一个根本性要件。审计需求的保险理论将审计师民事赔偿制度纳入了审计理论研究的重要范畴，深刻地揭示了审计的鉴证机制与风险转移机制之间的关系，为我们全面认识审计制度提供了一个全新的框架。这一理论使我们认识到审计价值的提高既可以是鉴证价值的提高，也可以是保险价值的提高。图 1—2 给出了保险假说下的审计运行方式，图 1—3 则给出了保险假说下的审计价值。

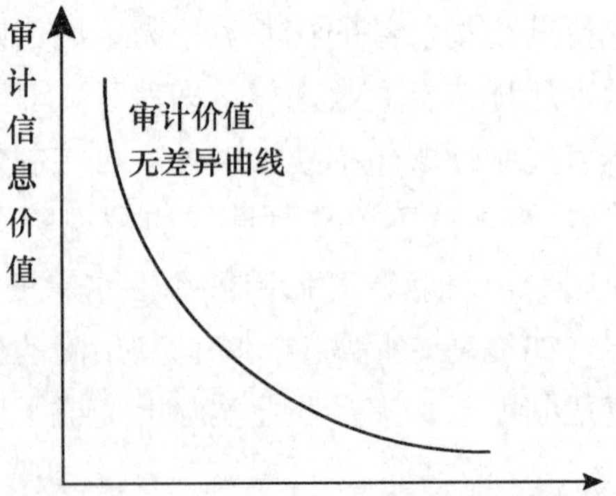

图 1—3　保险假说下的审计价值

3. 审计需求的保险理论的经验检验

目前对于审计需求的保险理论的经验研究存在两个不同的角度：其一是从信息使用者的角度切入；其二是从经理人员的角度来认识审计的保险价值。根据Simunic & Stein（1996）的观察认为，目前只有美国证券市场会对审计的保险价值做出反应。Menon & Williams（1994）是较早通过实证的方式检验保险价值的研究者，他们基于20世纪90年代初Laventhol & Horwath（以下简称L&H）会计师事务所倒闭案，通过观察原L&H客户的股票价格的波动进行研究。由于在L&H会计师事务所清算之后，它的许多合伙人实际上已经宣布个人破产或者面临着巨额债务，因此他们假设随着L&H的清算，即使事后能够证明L&H在过去的审计中存在问题，信息使用者也很难再通过诉讼的方式从会计师事务所那里获得赔偿。这样，Menon & Williams（1994）认为如果审计需求的保险假说成立，那么原L&H客户的股票价格将会在市场得知L&H清算的消息后出现普遍的下跌。他们还在文章中提出了第二项假设，即在原L&H客户中，那些越有可能卷入诉讼的公司，它们的股票价格相对于L&H的其他客户将会下跌更大的幅度。应该说，这一假设的提出是很自然的，因为对于越有可能卷入诉讼的公司，其信息使用者起诉审计师的可能性就越大，审计保险价值的现实性就越高。在Menon et al.（1994）提出的第三项假设中，他们认为在原L&H客户中，首次上市公司的股价下跌幅度将远远大于其他已上市公司。这一假设的提出直接与美国1933年的《证券法》有关，根据《证券法》第十一条的规定："假如经注册会计师审查过的报表的任何一部分……对重要事实做了不实说明，或者故意隐瞒报表所要求的、保证报表不被误解而必须说明的重要事实，购买这种证券的任何人（除非能证明在取得证券时，他早已了解上述不实或隐瞒事项）均可对注册会计师提起诉讼……"《证券法》同时规定，首次发行上市公司的股东在其投资遭受损失时，只需要向法庭证明他遭受了损失，以及在上市公司的登记表中与注册会计师相关的内容存在着重大的不实。这样对于首次发行股票的上市公司的股东来说，他们只具有较小的举证义务，这就提高了他们胜诉的可能性。据此，Menon et al.（1994）认为，由于1933年的《证券法》为首次发行上市公司的股东提供了特别保护，因此对于首次发行上市公司的信息使用者来说，审计的保险价值会更高。这样，当L&H清算的消息为市场所知时，首次发行上市公司的股价跌幅将远远大于其他已上市公司。Menon et al.（1994）的测试结果支持了上述的三项假设，即当市场知道L&H清算的消息后，原L&H客户的股票价格出现了大幅的下跌，并且那些更有可能陷入财务困境和首次发行股票公司的跌幅更大。

Baber et al.（1995）同样是以L&H会计师事务所的清算作为研究事件，但是他们认为，这一事件本身所导致的市场反应并不像Menon & Williams（1994）所认为的那样，完全是由于信息使用者丧失了潜在的求偿权而造成的。他们借助

Dye（1993）的研究成果，指出审计具有双重价值，即保险价值和信息（鉴证）价值。L&H的清算引起其原客户股票价格下跌这一现象本身不仅可以用审计的保险价值进行解释，同时也能够用审计的信息（鉴证）价值进行解释。Baber et al.（1995）认为，L&H会计师事务所在清算之前已经陷入了财务困境，为了摆脱财务困境，L&H会计师事务所的行为可能趋向于短期化，比如为了赢得客户或者保住现有客户而不惜向客户妥协。理性的信息使用者在L&H会计师事务所清算的消息披露之后，将会对L&H清算前的审计质量重新进行评估，这同样会引起L&H会计师事务所原客户股票价格的下跌。因此，Baber et al.（1995）认为在对L&H会计师事务所清算的研究中很难将审计的信息（鉴证）价值与保险价值区分开来。他们在研究中同时对上述两种价值进行了测试，实证结论同样支持了他们的假设，即当L&H清算的消息披露之后，L&H原客户的股票价格出现了大幅下跌，并且那些更可能陷入财务困境的公司的股价下跌幅度更大。其后他们也指出他们的研究没能对审计的保险价值和信息（鉴证）价值做出完全的区分。

Willenborg（1999）则对首次发行股票的公司接受审计的情况进行了调查。他同样认为审计兼具信息（鉴证）价值和保险价值。为了减少信息（鉴证）价值对保险价值的干扰，Willenborg（1999）将关注点集中于SFAS No. 7所定义的首次发行股票的成长型公司（development stage enterprise），对于这类公司来说，投资者更加关注其能否生存，而非投资回报。由于审计失败引起的诉讼往往与公司经营失败联系在一起，因此Willenborg（1999）认为这样的样本更能够将审计的信息（鉴证）价值和审计的保险价值区分开来。Willenborg的测试结果支持了他所提出的假设，即在首次公开发行股票市场中，保险价值对审计需求的影响远远大于信息（鉴证）价值对审计需求的影响。如果Baber et al.（1995）对Menon & Williams（1994）的批评是中肯的，那么Willenborg（1999）所用的首次公开发行市场上成长型公司的数据则比较直接地支持了审计需求的保险理论。

O'Railly et al.（2000）认为Baber（1995）的看法是正确的，即直接使用股票市场中股价变动的信息不足以支持保险价值与股票价格之间的关系，这种使用股价信息的档案研究方法不能排除审计信息（鉴证）价值的干扰。有鉴于此，O'Railly et al.（2000）设计了一个实验，试图通过实验研究的方法排除信息（鉴证）价值的干扰。在实验中，他们向1 300位执业证券分析师发出了调查问卷，其中对信息使用者是否有权对审计师提起诉讼和审计意见的种类进行了控制。实验结果表明，当信息使用者具有向审计师提起诉讼的权利时，证券分析师会在股票定价的过程中把这一因素考虑进去。相比之下，当信息使用者不具有起诉审计师的权利时，证券分析师所确定的股票价格显著低于前一类。因此，O'Railly et al.（2000）的实验结果直接支持了审计保险价值的存在。

在我国，伍丽娜等人（2010）以最高法院《关于审理证券市场因虚假陈述引发的民事赔偿案件的若干规定》的颁布为事件窗口进行实证检验，发现上市公司股票在短时间窗口内的累计超额回报率与公司的审计特征及其他诉讼因素显著相关，说明中国资本市场上的投资者认识到审计师的损害赔偿责任制度，使得审计具有了一定的保险功能。同时，文章还研究了该规定颁布后上市公司支付的审计费用，发现在该规定颁布前后一直为同一上市公司提供审计业务的审计师，会向上市公司补收以往审计业务所欠收的审计保险费，补收的保险费和股价中反映的审计保险价值显著正相关。这些结果说明，《关于审理证券市场因虚假陈述引发的民事赔偿案件的若干规定》的颁布，催生了我国证券市场审计的保险功能。

Wallace（1980）等少数研究者则是从经理人员的角度出发进行保险价值的经验检验。他们认为，由于许多国家的法律明确规定，在企业融资过程中，审计师须就注册发行证券报告或报告书中存在虚假或存在导致误解的说明与投资银行、受托管理人、股票承销人、律师以及管理当局等专业人员共同承担连带责任，并且法律明确赋予这些专业人员“专业依赖”的辩护借口，这些专业人员可以通过聘用审计师的方式来降低自己所面临的潜在法律风险，因为他们一旦面临信息使用者的诉讼时，就有可能要求法庭将审计师追加为被告，或者在自己承担了赔偿之后以在融资过程中依赖了审计师审计过的注册报告为由，再向法庭起诉审计师，要求其承担责任。自20世纪60年代之后，随着美国消费者保护运动的发展，经理人员以及其他参与企业融资活动的专业团体所面临的法律责任越来越大，这样来自于他们对审计保险的需求也就相应的越来越多，经理人员等专业人员聘请审计师则相当于为自己投保了一份职业责任保险。从法官的角度来说，他们也常常采取息事宁人的态度。根据美国1933年的《证券法》和1934年的《证券交易法》，审计人员与被审计单位就存在重大错弊的财务报表给信息使用者造成的损失负连带赔偿责任（Wallace，1980）。然而法律中没有明确地界定审计人员的过错，而且在实践过程中也很难把审计师的审计责任与上市公司的会计责任区分开来（Schwartz，1997）。这样在许多情况下，就促使了法官在对上市公司等被告的处罚中倾向于加大审计师的法律责任，判令具有赔偿能力的审计师给予赔偿，即所谓的“深口袋理论”（deep pocket theory）。

第二节 审计合约

一、审计合约：基本条款与发展趋势

会计师事务所在承接审计业务之前需要签订审计业务约定书，即审计合约。审计合约是指会计师事务所与客户签订的关于审计工作的目的、管理层和注册会计师的责任、审计费用及其他限制性条款的协议（Carmichaei & Thomas,

1970)。其目的在于为会计师事务所与客户在谈判中所达成的共识形成一份书面记录文件，借以明确双方的责任与权利。尽管仍有一些观点认为，审计合约是毫无必要的冗余程序，并不能提供全面的法律保障，但是目前大多数会计师事务所认为，审计合约在整体审计业务中具有重要的作用，在审计业务前签订审计业务约定书是一项简单而又十分有效的避免纠纷和处理各种问题的方法，同时为审计经济价值的实现提供了合约基础。

1997 年美国注册会计师协会发布了《独立审计准则第 83 号——与客户之间的沟通》(以下简称 SAS 83)，指导注册会计师在提供审计和其他鉴证服务时与客户签订审计合约。SAS 83 要求注册会计师对每项业务都要与客户签订书面协议，其主要内容包括：(1) 向客户说明审计业务的目的是对财务报表发表审计意见；(2) 阐明法律责任，管理层的责任是对其提供的财务报告及与之相关的公司内部控制负责，而注册会计师的责任是按照公认审计准则进行审计；(3) 列明审计费用，具体可包括费用的计算依据和金额、费用的交付日期和交付安排等；(4) 约定书的使用限制及其他可能的事项。

由于会计师事务所和注册会计师所面临的职业环境不断变化，审计业务约定书也随之不断地改进 (Stimpson，2006)。审计业务约定书已经不再是简单地记录合约双方对审计业务的认识，而是包含了更多的条款，使得合约双方清晰地了解该做什么和不该做什么。其中最为重要的变化是关于审计费用的约定。为了明确审计业务的价值，注册会计师不仅开始在审计业务约定书中设定与审计程序、审计风险相关的审计收费条款，而且更为详细地约定与客户性质相关的计费标准 (Carl，1970)。另外，当审计服务范围和职业标准发生变化以及客户存在违约责任时，还增加了审计费用的补充条款。审计费用条款的设计和演变都有其内在动因，而且审计师与客户对审计条款的选择将最终影响审计的效率和效果。本节第二部分将详细阐述审计费用条款的内容、内在动因及其选择。

随着审计风险的日益加剧，审计业务约定书的另一个重大变化体现在包括了更多有关明确客户以及注册会计师责任的条款，以减轻会计师事务所以及注册会计师的预期损失 (Michael & Hansen，1999)。大型会计师事务所所涉及的审计诉讼案件引发了实务界对自身执行审计业务的反思，并试图通过审计业务约定书进行有效的风险管理。自从安达信事件之后，与审计工作底稿的保存与销毁有关的条款就成了热点话题。鉴于大多数法庭会允许陪审团从一个公司销毁文件的行为推断文件可能是非法捏造的，目前实务界已经开始建议在审计合约的条款中阐明事务所的政策，即依据所提供的服务范围，在特定期间保存其记录，并且在服务完成之时将原始委托记录归还给委托人。同时，这类条款也应明确客户保留和保护记录的责任，它还包括一行签名栏，让客户签字以示同意公司在合约书上规定的特定期限解除之后自由销毁记录。当会计师事务所在提供审计业务的同时提供了非审计服务，也应当在审计合约中特别规定客户与注册会计师的责任。美国公众公司会计监督委员会（Public Company Accounting Oversight Board，PCAOB）的成立和《萨班斯-奥克斯利法案》的发布，都开始强调注册会计师应当对与审计关联的客户内部控制进行更多的考虑，相应条款也被加入审计合约，用以明确公司责任，同时它也用来阐明其所从事的工作并不包含对客户的内部控制提供建议。此外，注册会计师可以在得到股东认可的情况下与客户签订责任有限化的条款来更好地限制责任降低风险，这类条款通常包括赔偿条款、限制责任条款以及纠纷解决条款。不过这也引起了广泛的争议，监管者普遍担心，注册会计师可能会因此过于依赖合约中的责任赔偿或限制的保护，进而执行不充分的鉴证程序削弱审计的独立性和客观性。本节第三部分将对责任有限化进行详细的说明与讨论。

二、审计费用条款：类型选择与内在动因

在审计合约中，审计费用条款是注册会计师和被审计单位最为关心的问题，同时也受到监管机构、审计职业界和学术界的广泛关注（Williams，1952；Arens & Loebbecke，1984）。已有研究在数理模型和实证检验的基础上深入探讨了合约双方对审计费用条款的选择以及内在动因。

1. 相机条款与独立条款

审计费用条款一般可以划分为两大类：相机条款与独立条款。在相机条款下，注册会计师获取的审计费用取决于其所出具的审计报告类型；在独立条款下，公司支付的审计费用不受审计报告类型的影响。对于这两类审计费用条款，哪一类最优？其具体的性质是什么？相关学者开始试图以代理模型为基础进行分析（Demski & Sappington，1984；Baiman et al.，1987）。

代理模型中一般包含三方参与者：风险中性（risk-neutral）的委托人、风险规避（risk-averse）的代理人以及风险规避且工作规避（work-averse）的审计师。委托人拥有一项能够产生不确定成果的技术。成果具有流动性和可转移性，可以表示为：

$$x_i \in X \subseteq R^+,\ i=1,\ 2,\ \cdots,\ n$$

式中，如果 $1 \leqslant k \leqslant n$，$1 \leqslant m \leqslant n$，且 $k < m$，那么 $x_k < x_m$，且 $x_1 \geqslant 0$。成果的概率分布是均匀的、外生的且是众所周知的。

代理模型假设由于地理上相距较远、缺乏所需的技能和时间以及其他可能的原因，委托人不能亲自经营该技术，无法直接观察和消费其实现的经营成果。因此，委托人必须聘用风险规避的代理人观察、报告和转移经营成果。对于财富 w，代理人的效用函数是 $U(w)$，$U'(w)>0$，$U''(w)<0$。代理人不具有初始禀赋，其他工作机会的期望效用是 $\overline{U}>0$。由于代理人可以消费没有转移给委托人

的经营成果，因此他有动机对经营成果做不实报告。

在代理模型中，委托人可以获得外生的公共信息，该公共信息有 π 的可能性报告真实的成果，$1-\pi$ 的可能性不报告任何有用的信息。如果代理人在外生的公共信息后报告经营成果，那么对委托人而言是无价值的。因此委托人要求代理人在公共信息之前报告已经实现的经营成果。如果 $\pi=0$，那么代理人的报告将没有价值。如果 $\pi=1$，不需要代理人的报告，最优解也可以实现。进一步的，对于 $0<\pi<1$，当代理人因错报而受到的惩罚无限大时，最优解也可以实现。因此，模型假设 $0<\pi<1$，且对代理人的惩罚是有限度的，最大的惩罚是将代理人的财富减少至零，即 $U(0)=0$。这些假设的目的是保证存在潜在的审计需求。

代理模型接下来考虑审计师和审计技术。风险规避和工作规避的审计师的效用函数是：

$$D(f,e)=H(f)-V(e)$$

式中，$H(f)$ 是财富 f 下审计师的效用，$H'(f)>0$，$H''(f)\leqslant 0$，$H(0)=0$；$V(e)$ 是审计努力 e 下审计师的负面效用，$e\in R^+$，$V'(e)>0$，$V(0)=0$。审计师不具有初始禀赋，其他工作机会的期望效用是 $\overline{D}>0$。审计师最小的审计努力是 $e=0$，在这种情况下审计师不会发现任何问题。当 $e>0$ 时，审计师能够在一定程度上确定报告成果的真实性。代理模型假设报告成果与真实成果越接近，则所需的审计努力程度越高。审计技术是众所周知的，但只有审计师能够观察到实际的审计努力程度。与代理人的情况一样，模型假设对审计师的惩罚也是有限的，最大的惩罚是将审计师的报酬减少至零。

在代理人报告经营成果前，委托人和审计师签订审计合约。成果的概率分布和各方的效用函数是众所周知的。仅当审计师能够改善委托人和代理人的风险分担时，委托人才会聘用审计师。由于委托人是风险中性的，审计师无须分担风险。因为代理人控制着经营成果，所以审计师不能单方面窃取委托人的经营成果，而且模型排除了审计师与代理人合谋的可能性。因此，在该模型中，审计师与代理人存在完全不同的机会。代理人可以单方面地报告经营成果，而审计师仅仅可以决定是否为该公司审计，付出多少审计努力以及如何报告。

代理模型考虑委托人与代理人之间的双向转移安排（double-transfer arrangement）。双向转移安排的第一阶段要求，当代理人报告经营成果 x_i 时，他必须向委托人转移这些经营成果。由于代理人没有初始禀赋，双向转移使代理人不会报告高于其观察到的经营成果。在双向转移安排的第二阶段，委托人依据第一阶段转移的成果 x_i 和观察到的公共信息向代理人转移一定数量的成果。双向转移安排使得委托人向代理人转移的成果数量有效地补偿了代理人的努力。

在代理模型下，委托人与代理人达成合约 C_1，与审计师达成合约 C_2。该合约组合中包括：(1) 代理人的报告集合；(2) 需要聘用审计师的代理人报告集合；(3) 代理人的报告战略；(4) 基于可观察变量下代理人的薪酬安排；(5) 审计报告集合；(6) 审计师的审计和报告战略；(7) 基于可观察变量下审计师的薪酬安排。模型假设委托人能够预先执行达成的合约条款。在合约组合给定的情况下，审计师和代理人在考虑其他方的战略选择的情况下选择自己的战略，最终产生最优审计合约与代理人合约。代理模型的时间线如图 1—4 所示。

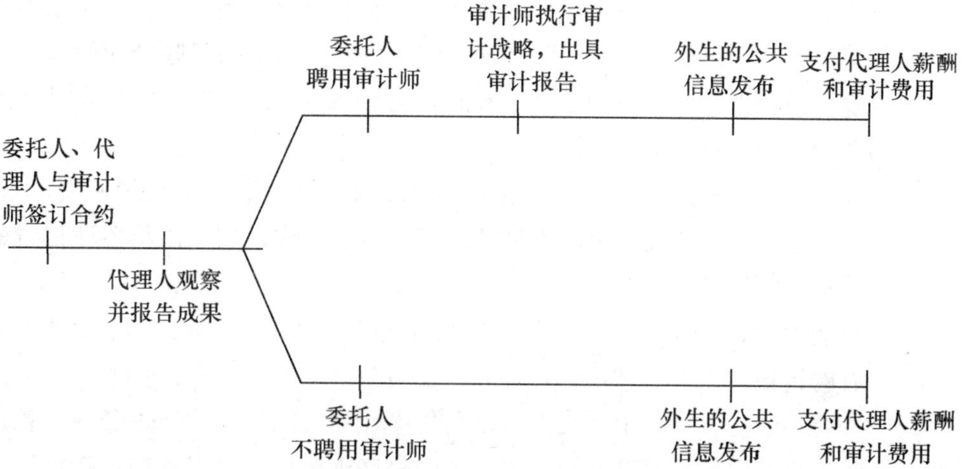

图 1—4　委托代理模型的时间线

然而，代理模型在最优审计费用条款的分析上有其固有的局限性。首先，在委托代理模式下，当委托人努力减少激励代理人采取所需行动的费用时，代理人在委托代理关系之外的替代行动是外生设定的。代理模型中没有将非合约方作为博弈参与人，进而不考虑他们的信念和行动对最优审计费用条款的影响。因此，只有考虑到所有参与人的均衡策略和信念之后，才能判断一个行动或者条款的最优性。不同的审计条款除了影响审计师行动选择外，还会影响其他参与人的选择和信念。其次，在代理模型下，委托人和代理人是相互对立的，委托人希望代理人努力工作，而代理人则更倾向于逃避责任。可是在市场环境下，公司与审计师的利益冲突并不是必然存在的。由于这些研究的限制，市场模型被更多地运用于对最优审计费用条款的分析。

Sarath & Wolfson (1989) 在“柠檬”市场环境下考察了审计费用条款问题。在他们的模型中，最优审计费用条款是独立条款。不过，这类条款的最优性取决于在签订合约时公司并不知道自身的风险类型。Dye et al. (1987) 关注审计职业界是否对相机条款存在偏好，而其市场模型的结果表明，审计师不希望审计费用依赖于审计报告，因为相机条款会导致审计报告的扭曲，而反过来又会减少支付给审计师的费用。Bachar & Darrough (1989) 在公司风险类型具有连续性，而且特定审计报告对公司的价值是外生决定的假设基础上，比较了独立条款和相机条款下的均衡，结果发现相机条款的引入可能导致审计效率的提高。

市场模型一般假设存在一组公司，其中每一家公司都可以实施一个单独的项目，项目预期能够获得垄断收益。公司没有内部资源可以使用，但是可以从资本市场取得借款。公司偿还借款的能力将公司分为两个风险类别：低风险公司和高风险公司。高风险与低风险公司的分布是众所周知的，但只有公司自身知道其所属的风险类别。低风险公司不能很好地将自己与高风险公司区分开，因此，风险较低的公司可能会聘请审计师鉴证其真实的风险类型。当公司聘请审计师时，公司向审计师提供关于其风险特征的财务信息。由于高风险公司倾向于伪装成低风险公司，因此市场模型假设所有的公司都声称自己是好公司。审计师鉴证公司的风险类型，随后出具审计报告。

在市场模型下，审计师是风险中性的、效用最大化的代理人，他将会决定：(1) 是否在鉴证公司风险类型的过程中努力工作；(2) 出具鉴证报告的类型。如果审计师努力工作，而公司错报其所属的风险类型，那么审计师发现公司错报的可能性为 z，$0<z<1$。因此，即使审计师努力工作，审计师仍然可能无法发现所有的错报。当公司聘请审计师时，公司与审计师签订审计合约，市场模型允许审计合约建立在审计报告之上。公司与审计师之间的合约通过公开信息是观察不到的。审计合约的类型会影响审计师的战略选择；反过来，在选择审计合约时，公司也会考虑审计师的信念。借款人对公司的风险类型也有信念，这些信念依赖于审计选择和审计后的报告。另外，市场模型还引入司法系统，当审计师被认为出具了不准确的报告时，借款人和公司可以对其提出诉讼。在第三方诉讼威胁下，参与各方最终形成均衡状态，使得公司聘用审计师，审计师努力发现公司真实的风险类型，并且进行忠实的报告。

市场模型的时间线一般可以表述为：(1) 预期借款人与审计师的信念和行动，每家公司决定是否聘请审计师，以及审计合约的类型。(2) 在对提供具体合约的公司类型形成初步信念后，审计师做出应聘和报告选择。如果选择应聘，审计师更新对公司类型的信念，在报告之前评估被诉讼的可能性。(3) 审计师出具审计报告。(4) 在审计报告和预期的借款定价一定的情况下，公司决定是否诉讼审计师。如果审计师被诉讼，并且发现其审计存在问题，那么审计师须赔偿公司的损失。(5) 依据公司聘请审计师的决策、审计师的报告、公司的诉讼选择和法院的发现，借款人形成关于公司类型的信念；借款人以适当的利率水平向公司放贷，公司获得贷款并向审计师支付审计费用。(6) 投资项目开始运行，其结果可能导致公司破产，无偿债能力，或者项目运行良好，有偿债能力；如果公司有偿债能力，那么公司按约定偿还债务。(7) 如果公司收到好的审计报告后破产，债权人决定是否诉讼审计师。(8) 如果借款人发起诉讼，法院进行调查，诉讼费用和损失被适当地评估。

Melumad & Thoman (1990) 在市场模型下讨论公司、审计师、债权人与法院之间的博弈，探寻均衡状态下最优审计费用条款的性质。他们发现：(1) 在相机条款下，存在序次均衡使得审计是有效的。这些均衡可以描述为以下均衡策略：所有的公司聘请审计师；审计师努力工作并且忠实报告；当公司收到有利的审计报告而随后破产时，债权人诉讼审计师；如果好公司收到不利的审计报告，公司将诉讼审计师。(2) 在相机条款下，对于一些参数值存在有计划的信念均衡，使得审计是有效的，并且所有的公司聘请审计师。(3) 在相机条款下，如果 $ED_g > ED_b$①，唯一有计划信念的有效审计条款可以描述为：向有利的审计报告支付的审计费用高于向不利的审计报告支付的审计费用。对于这些参数值，如果不允许相机条款，那么在独立条款下将存在无效审计均衡。如果 $ED_g = ED_b$，那么唯一有效审计的均衡条款是独立条款。(4) 在相机条款下，如果 $ED_g < ED_b$，那么唯一有计划信念的有效审计条款可以描述为：向不利的审计报告支付的审计费用高于向有利的审计报告支付的审计费用。(5) 对于一些参数值，当允许相机条款时，有计划信念的有效审计条款是不存在的，但是独立条款被强制实施时，确实存在有效审计均衡。总体而言，Melumad & Thoman (1990) 的研究结果表明，在不限制审计条款类型的情况下，相机条款一般都是均衡条款，而只有在极少数的情况下，独立条款才是均衡条款。相机条款的具体形式依赖于非均衡路径信念，如果这些信念发生变化，便会出现具有不同结构的新均衡条款。

由上述研究可知，在不同的市场环境的假设条件下，最优审计费用条款的类型和具体性质是存在显著差异的，不存在单一类型和性质的最优审计费用条款。然而，一个令人困惑的问题是，为什么目前大部分国家审计职业界都禁止审计师与被审计单位签订相机条款，而强制要求审计师执行独立条款呢？其内在动因是什么呢？Melumad & Thoman (1990) 与 De & Sen (1997) 对此进行了解释。首先，允许相机条款可能减少公司对审计服务的需求，进而导致审计行业收益的下降。这是因为，一般而言，聘请审计师的公司可以分为三类：第一类公司是强制要求接受审计，但是在不强制要求的情况下也有审计需求；第二类公司是强制要求审计，但是在不强制要求的情况下没有审计需求；第三类公司是无论强制与否公司都有审计需求。因此，在相机条款被允许的均衡情况下，一些公司可能会贿赂审计师，使其出具对公司有利的不恰当的审计报告，损害审计报告的信息含量。如果强制实施独立条款，那么贿赂的情况将不会存在，从而导致更加具有信息含量的审计报告。由于审计报告的信息含量将影响非强制公司的审计需求，所以审计职业界更倾向于强制实施独立条款。

强制采用独立条款的另一个原因可能源于条款执行的独立性。在现有的法律规范中，法院在审理审计失败案时不会考虑审计条款的性质。例如，审计条款本

① ED_g表示审计师努力工作，忠实报告，并且在所有公司都聘请审计师的情况下，审计师所承担的预期法律成本。ED_b表示审计师逃避责任，报告所有公司都是好公司时，所承担的期望净成本。

身可能导致审计师总是报告好消息，而不关心是否存在充分和适当审计证据的支持。依据条款执行的独立性假设，审计条款是具有法律效力的。审计师可能因为遵循具有法律约束力的相机条款而出现审计失败，并且受到法院的处罚。从法律规范的角度而言，该特征很明显是令人困惑的。为了避免上述执行独立性问题，立法机构有两种选择：(1) 要求审计师依据约定执行相机条款，但不因审计失败惩罚审计师；(2) 允许因审计失败对审计师提起诉讼，但审计师可以不执行导致审计无效的相机条款。然而，这两种选择都存在问题。第一种选择意味着审计是无效的，因为所有可能的均衡要么是不需要审计，要么是无效审计。第二种选择实施起来非常困难，导致有效审计的相机条款很难与导致审计无效的相机条款区别开来。一方面，相机条款不能显示其最终均衡的性质，一个相机条款很可能对有利的审计报告支付更高的审计费用，但是在均衡中审计仍然是有效的；另一方面，相似的相机条款可能导致无效的审计。只有在给定模型参数和具体均衡策略与信念的基础上才能决定相机条款的性质，而独立条款则不会存在上述问题。因此，审计费用条款执行的独立性可能是导致审计职业界坚持并强制执行独立条款的又一个重要原因。

2. 固定费用条款与成本补偿条款

独立条款又可划分为两类，即固定费用条款和成本补偿条款。在固定费用条款下，注册会计师与被审计单位在审计之前达成一个固定的审计费用。在成本补偿条款下，审计费用取决于收集证据活动耗费的实际时间以及适当的审计费率。Palmrose (1989) 分析认为，这两类审计费用条款在审计任务不确定性风险的分担和审计效率激励方面存在显著的差异。首先，审计师与被审计单位对两类审计条款的选择会改变两者在审计任务不确定性风险上的分担。在进行审计活动时，审计师需要充分和适当的证据以保证财务报表不存在重大的错报和漏报。虽然审计准则和程序提供了获取审计证据的指引，然而对于审计师而言每项审计活动都有其独有的特征。在审计期间，客户的信息处理和控制系统、交易和事项的特点、配合的程度等都会影响审计师获取审计证据的数量和质量。因此，在订立审计条款时，对于需要获取的审计证据的性质和数量存在不确定性风险。Williamson (1975) 将之称为审计任务不确定性风险。在固定费用条款下，由于审计费用在审计实施之前确定，审计师将承担预期与实际证据收集活动的偏差，此时任务不确定性风险完全转移给了审计师；而在成本补偿条款下，审计师决定审计证据的数量和质量，被审计单位为收集审计证据和形成审计意见所耗费的实际时间提供补偿，此时被审计单位承担了任务不确定性风险。此外，两类审计费用条款对审计效率的激励程度也存在差异，固定费用条款更可能激励审计师以最小的成本实施审计活动。

审计师在这两类审计条款间的选择取决于对风险分担与效率激励的权衡。

Palmrose（1989）与 Thorne et al.（2001）在此基础上考察审计条款选择的决定因素：（1）审计质量。高质量审计服务需求使被审计单位更愿意承担任务不确定性风险，同时提供高质量审计服务的审计师也倾向于将任务不确定性风险转移给被审计单位。因此，Palmrose（1989）预期审计质量与选择固定费用条款的可能性负相关。（2）审计时间窗。在审计业务淡季时，为了招揽审计业务，审计师可能愿意以低于正常费用的固定费用签订审计条款，尽管此时会承担更多任务不确定性风险。因此，Palmrose（1989）预期在审计业务淡季审计师更倾向于选择固定费用条款。（3）审计师任期。随着审计师任期的延长，审计师与客户间的信息不对称程度逐渐降低，审计任务不确定性风险随之减小，审计师选择固定条款的可能性增大。然而，已有证据表明，审计师能够凭借连续审计的优势获得准租金。因此，初始审计时审计师可能更倾向于选择固定费用条款，并将其作为应对市场环境的一种竞争战略（DeAngelo，1981；Bowman，1985）。由于存在两种可能性，审计师任期对审计条款选择的影响方向无法判断。（4）审计师行业专长。O'Keefe et al.（1994）认为，会计师事务所在特定行业为多家公司提供审计服务会获得规模经济性，因为行业专长的成本被分担于许多审计活动，而且在特定行业审计多个客户能够增加审计师的行业知识，减少审计师对于特定行业可能影响证据收集过程的各种因素的不确定性（O'Keefe et al.，1994）。Thorne et al.（2001）认为，虽然固定费用条款向审计师转移了任务不确定性风险，但是具有行业专长的审计师能够降低这种风险。因此，他们假设审计师行业专长与选择固定费用条款的可能性正相关。（5）客户财务风险。Rubin（1988）指出，面对不同的审计活动，审计师的面临的损失存在显著差异。客户财务风险越高，审计师可能遭受的损失程度越大。Thorne et al.（2001）预期，当与一家具有较高财务风险的客户谈判时，审计师更倾向于选择成本补偿条款，因为该类条款会补偿因扩大或追加审计程序而耗费的成本。

通过单变量检验和如下的 Logistic 回归模型，Palmrose（1989）与 Thorne et al.（2001）对影响审计条款选择的因素进行了实证检验。

$$\begin{aligned}\text{Contract}=&\beta_0+\beta_1\text{Quality}_{t-1}+\beta_2\text{Time}_t+\beta_3\text{Cliexp}_{t-1}+\beta_4\text{Indexp}_{t-1}\\&+\beta_5\text{Finrisk}_{t-1}+\beta_6\text{Clitype}_t+\beta_7\ln\text{Fee}_{t-1}+\beta_8\ln\text{Size}_{t-1}+\varepsilon\end{aligned}$$

在上述模型中，Contract 为模型的因变量，如果审计条款是固定费用条款，则 Contract 取值为 1，否则为 0。Quality，Time，Cliexp，Indexp 和 Finrisk 为模型的自变量，其中，Quality 为会计师事务所的审计质量，以审计师类型和公司公开上市地位进行衡量；Time 为审计时间窗，如果年报截止期属于审计旺季，Time 取值为 0，否则年报截止期属于审计淡季，Time 取值为 1；Cliexp 为审计师任期；Indexp 为审计师行业专长；Finrisk 为客户的财务风险水平。Clitype，lnFee 与 lnSize 为模型的控制变量，分别控制客户所属类型、前期审计费用和客户的规模对审计条款选择的影响。

Palmrose（1989）的实证结果表明，审计师任期与选择固定费用条款的可能性显著负相关，即在初始审计阶段，客户与审计师更倾向于选择固定费用条款。Thorne et al.（2001）进一步以美国北卡罗来纳州地方政府数据考察了公共部门与审计师对审计条款类型的选择，结果选择固定费用条款的可能性与客户财务风险及审计师行业专长呈显著的正相关关系。这些研究结果支持 Palmrose（1989）对固定费用条款与成本补偿条款的差异分析。Palmrose（1989）与 Thorne et al.（2001）的研究还发现，与成本补偿条款相比，固定费用条款下审计费用显著较低，这表明审计师与客户选择不同类型的审计条款所产生的经济后果存在显著差异。

三、法律责任条款：责任有限化抑或责任无限化

随着商业活动的全球化，公司的规模越来越庞大，整个商业环境充斥着法律诉讼。会计师事务所不得不面对日益增多的诉讼案件，其中很多诉讼请求已经大大超出了其承受能力。许多会计师事务所开始在审计合约中使用含有限制自身责任的条款，力求最大限度地减少它们对审计、咨询以及其他专业服务所承担的法律责任（Bush et al.，2007）。

1. 责任有限化的具体条款：赔偿条款、责任限制条款与非诉讼纠纷解决程序

在审计合约中使用的特定条款可以保护或者限制会计师事务所对客户、债权人或者股东的义务和责任，尤其是当客户向注册会计师传达了虚假信息或者注册会计师作为第三人被起诉时。目前，美国注册会计师协会以及英国财政报告委员会都在一定程度上允许审计合约在公平、合理的基础上载入限制注册会计师法律责任的条款，这些特定条款具体可包括：赔偿条款、责任限制条款以及非诉讼纠纷解决程序（alternative dispute resolution，ADR）协议。

一般来说，赔偿条款是要求客户赔偿注册会计师由于作为诉讼中的第三人而发生的损失和成本，该诉讼通常是来自于财务报表使用者。同时，这类条款还要求当注册会计师胜诉时，允许其向合约客户追偿诉讼成本及其他费用。赔偿条款尤其适用于注册会计师仅存在普通过失而非故意疏忽欺诈的行为或者被审计客户存在故意或欺诈行为的情况，赔偿条款还可以进一步限制因普通过失而将注册会计师作为第三人提起诉讼的行为。因为只有当证据显示财务报表使用者依赖于注册会计师所出具的报告，并同时出具注册会计师知悉这一情况的书面文件时，才可以对注册会计师提起诉讼，所以这一赔偿条款能够大大降低会计师事务所陷入诉讼案件的概率，从而减小了法律风险。

责任限制条款与赔偿条款不同，其限制仅限于合约客户。责任限制条款是用

来限制合约客户向注册会计师追偿损失，其具体规定可能是限制赔偿的金额、客户能够追偿的责任类型（例如全部的审计费用），甚至消除所有的责任。赔偿与在民事诉讼中的实际损失有关。例如，某些责任限制条款可以将实际损失的赔偿限定为审计费用的倍数。某些特定的责任限制条款可能会制约合约客户在民事诉讼中向会计师事务所追偿的行为。另外，该类条款还可以在合约客户败诉时要求其赔偿会计师事务所的法律费用，或者限制合约客户提起民事诉讼的时间，或者制约合约客户将索赔请求转予其他相关方（即代位追偿权）。因此，注册会计师可以在审计合约中利用责任限制条款将其因审计产生的责任和可能引发的诉讼风险控制在一定范围内，并将其有效地转移给了合约客户和审计合约的其他使用者。

非诉讼纠纷解决程序（ADR）协议要求合约客户选用标准法律程序以外的方式解决民事纠纷。一般来说，ADR 协议常常用来解决民事纠纷。在审计合约中规定的 ADR 协议可以用来制约采用诉讼的方式解决审计所引发的纠纷，这样 ADR 协议往往能起到减少诉讼费用和其他成本的作用（例如，减少起诉并保证证词和最终判决的保密性），但该协议不会影响到最终的赔偿金额。

2. 反对责任有限化——来自美国的观点

2006 年 9 月，美国注册会计师协会下属的职业道德执行委员会（Professional Ethics Executive Committee，PEEC）发布了《职业道德准则解释公告第 101 号（征求意见稿）》，其中规定了审计业务约定书中可以采用赔偿条款、责任限制条款以及 ADR 协议，限制或者减少会计师事务所的责任，但是该征求意见稿遭到了来自各方的反对。来自财政部的观点认为，使注册会计师的责任有限化本身是不安全和不健全的做法（Federal Register，2006）。在审计业务约定书中使用赔偿条款和责任限制条款，可能会削弱注册会计师的客观性并降低审计结果的可靠性。美国证券交易委员会认同这一观点，认为这些保护性条款是在挑战注册会计师在审计业务中所应保持的客观性和独立性。另外，许多行业团体并不赞成审计师责任有限化的条款。美国联邦金融机构审查委员会——代表了许多金融监管机构（例如，美联储、联邦存款保险公司和全美信用社管理局），认为限制这种赔偿责任可能会削弱客观性、公正性和审计的结果。美国保险委员会联盟认为如果在审计师和客户之间存在有限责任合约会削弱审计的独立性。不过，PEEC 认为与注册会计师的独立性相比，行业监管者更关注的是保持金融机构的安全性和稳定性，并想要保留对审计失败的会计师事务所追偿的权利。PEEC 随后弃用了解释公告第 101—16 号，于 2008 年发布了《职业道德准则解释公告第 501—8 号：政府机构、委员会或其他监管机构关于不得采用与审计和其他鉴证业务相关的赔偿和限制责任的规定》。该解释公告明确指出当注册会计师在为银行、保险业和其他管制行业提供审计服务或其他鉴证业务时不得在审计业务约定书中使用限制条款，具体来说，注册会计师不应该增加其在第三方诉讼中免于赔偿的条款、限定诉讼的时效或者限制合约客户追偿等条款，即便是管理层存在欺诈的事实。不过，由于没有损害到注册会计师的独立性，该公告并没有禁止审计业务约定书中采用 ADR 协议（Ehrlich & Williams，2008）。

3. 支持责任有限化——来自欧盟的观点

与来自美国的观点不同，欧盟成员国普遍支持会计师事务所与客户签订载有责任有限化条款的审计业务约定书（Kochhar & Oxnam，2008）。伦敦经济研究院在 2006 年出具的研究报告表明，只有五个欧盟成员国（比利时、奥地利、德国、希腊与斯洛文尼亚）宣称试图使注册会计师的责任有限化。英国国会随后颁布了《公司法案（2006）》，其中明确表示允许会计师事务所与客户之间签订的审计合约中包含将注册会计师责任限定在一定范围的条款。2008 年 5 月，欧洲委员会在经过充分评估后建议其他成员国参照英国的《公司法案（2006）》允许注册会计师的责任有限化（Hughes，2008）。

欧盟对审计合约中责任有限化条款的支持是由于来自资本市场中审计风险日益加剧对审计业务所造成的巨大压力（Hodge，2008），这引起了两个主要的潜在问题。首先，来自诉讼方面的风险可能导致大型会计师事务所倒闭（例如作为“五大”的安达信和作为“七大”的 Laventhol & Horwath），这将大大削弱审计行业的竞争。“四大”会计师事务所目前在欧盟承担了银行业和保险业超过 90% 的审计业务，还有超过 2/3 的上市公司的审计业务。由于许多中小型会计师事务所既缺乏审计国际大型公司的资源，又缺乏审计上市公司的声誉，因此大型会计师事务所的破产会导致具有适当资质的事务所越来越少，这将大大加剧其余会计师事务所的独立性问题。其次，来自审计诉讼所产生的巨额索赔会导致审计成本和保险费用的提高，而无限制的赔偿责任导致的高额保险费则是中小型事务所所面临的难题，当它们的责任风险不可投保时就很难接受较大的客户，保险限额更加剧了这一问题。目前欧盟会计师事务所的商业保险占责任索赔不到 5%。欧盟希望能防止从事审计、税务以及咨询工作的会计师事务所的数量减少，甚至开始积极寻求增加会计师事务所数量的方法以增强注册会计师的独立性。

此外，来自欧盟的观点认为，让审计业务承担无限责任本身就存在问题（McCreevy，2007）。一方面，注册会计师的审计意见应当只提供合理的保证，而非绝对保证，而当注册会计师的责任为无限制的责任时，就会使审计成为利益相关者对财务报表的绝对保证；另一方面，当审计责任无限制时，即使注册会计师不存在任何过失，会计师事务所通常也会被认为是“深口袋”，是经济赔偿的最好来源。注册会计师的责任有限化能有效地缓解这些问题。

最后，针对来自美国等国家对责任有限化会降低审计质量和审计独立性的担忧，欧洲委员会指出以下两点：一是有限法律责任只适用于注册会计师存在普通过失或者被审计客户存在欺诈行为；二是审计质量应当取决于会计师事务所及其人员的素质与培训以及会计师事务所的声誉，而不应是潜在的赔偿责任。

由于来自多方的反对，对于美国的会计师事务所而言，通过审计合约中责任有限化条款限制法律责任是一个较为复杂的问题。美国注册会计师协会发布的《职业道德准则解释公告第501—8号》表明，监管行业的上市公司不允许会计师事务所将责任有限化，而在美国也许只有对非上市且非监管的公司的审计才能通过审计合约限制法律责任。相反，欧盟对注册会计师的责任有限化则没那么复杂，目前欧盟已经建议所有成员国都采用英国的模式，对所有上市或非上市、监管行业或非监管行业的公司审计均可以在审计合约中采用责任限制条款，而且这一提议也得到了来自各行业公司的支持。不过，这可能会产生另外一个更为复杂的问题：当公司与其分支机构分布在不同国家时，会计师事务所可能需要处理因审计责任不同而产生的差异。对美国公司的审计业务需要面对无限责任，而在欧盟则只有有限责任。我们预计全球资本市场和全球审计市场将会迫使美国注册会计师协会重新考虑其有关审计责任有限化的决定。

第三节　总结与未来研究方向

一直以来，自由及管制市场条件下的审计需求都是审计理论和政策研究的重要议题。在现有的审计需求的理论分析中，主要存在着审计需求的代理理论、信息理论及保险理论。本章详细阐述了这些相互竞争的理论假说，并梳理建立在这些假说基础上的经验检验，以期探寻审计作为一项重要制度安排所具有的经济价值。审计需求的代理理论认为，审计的产生不是外部力量强制的结果，而是社会力量的选择所致；审计是委托人与代理人的共同需求，其目的是为了降低委托代理关系中的代理成本。审计需求的信息理论认为，之所以存在对审计的需求，是因为审计具有改善财务信息质量和通过信号传递有效配置财务资源的作用，审计的本质功效是提高财务信息的可信性和增进财务信息价值。审计需求的信息理论又具体分为信号传递理论（signaling theory）和信息系统理论（information system theory）两个分支。审计需求的保险理论是以风险转嫁理论作为其立论基础的，它认为审计具有保险价值，即它能够在审计失败时向投资者提供赔偿。因此，审计并非是一种纯粹的鉴证机制，财务信息使用者除了寄希望于注册会计师在实质上降低财务信息风险之外，还可以通过风险转移的方式将其所面临的财务信息风险全部或者部分地转移给保险人，审计兼具信息价值和保险价值。

本章还进一步考察了审计合约所涉及的条款以及合约方对条款的选择，探讨了审计经济价值赖以实现的合约基础。审计合约条款的主要内容包括审计业务的目的、管理层和注册会计师的法律责任、审计费用、业务约定书的使用限制及其他可能的事项，其核心条款为审计费用条款与法律责任条款。审计费用条款按性质可以划分为相机条款和独立条款两大类，后者又可进一步细分为固定费用条款与成本补偿条款，已有的研究在数理模型和实证检验的基础上深入探讨了合约双方对审计费用条款的选择及其内在动因。审计合约中的法律责任条款通常包括赔偿条款、责任限制条款以及非诉讼纠纷解决程序（ADR）等。对于审计合约中注册会计师法律责任的有限化条款问题，目前欧盟和美国分别秉持支持和反对的观点。然而我们预计，全球资本市场和全球审计市场的发展趋势可能会迫使美国注册会计师协会重新考虑其有关审计责任有限化的决定。

基于本章对国内外相关理论与经验研究文献的分析，有关审计经济价值问题的未来研究应重点关注以下几个方面：(1) 目前关于审计需求的证据主要是通过静态地考察自由市场的经验数据获得的，当审计由强制转变为非强制时，审计需求会发生怎样的变化？在自由市场环境下不再需要审计的公司能否形成可替代的信息来源？这些公司是否会重新要求会计师事务所提供审计服务？(2) 鉴于委托人价格保护能力的弱化，公司治理的改革被认为是解决代理问题的前提。那么，对于审计需求的代理假说而言，公司治理的改革是否以及如何影响审计监督的有效性？(3) 对于审计需求的信息理论，已有大量证据表明标准无保留审计意见可增加市场回报，那么这种情形是否会发生在非营利组织领域呢？公布经审计的财务报表的非营利组织是否会得到更多的捐助呢？(4) 对于审计需求的保险假说，现有文献分析的角度主要侧重于信息使用者和经理人，然而保险假说还与政治领域的“保险以免受到指责”有关。监管者和政治家可能通过强制要求公司接受会计师事务所的审计，使公众的注意力集中在审计失败上，从而使他们免受批评，那么在强制审计的市场环境下，监管者和政治家通过哪些措施增强审计的政治保险价值呢？这些措施对信息质量产生怎样的影响呢？(5) 对于审计合约，现有文献研究表明固定费用条款下审计费用较低，但是其内在原因是什么，尚没有合理的解释。另外，当前对于是否应该在审计合约中涉及限制注册会计师法律责任的条款存在很大的争议，审计法律责任的限制是否会对审计质量产生不利的影响呢？

[参考文献]

[1] R. K. 莫茨，H. A. 夏拉夫. 审计理论结构. 北京：中国商业出版社，1990.

[2] 加里贝克尔. 人类行为的经济分析. 上海：上海人民出版社，1995.

[3] 科斯，阿尔钦，诺斯等. 财产权利与制度变迁——产权学派与新制度学派译文集. 上海：上海人民出版社，1994.

[4] 陈汉文，韩洪灵. 审计理论. 北京：机械工业出版社，2009.

[5] 李明辉. 上市公司财务报告法律责任之研究. 博士论文. 厦门大学，2003.

[6] 迈克尔·查特菲尔德. 会计思想史. 北京：中国商业出版社，1988.

[7] 平狄克·鲁宾费尔德. 微观经济学. 北京：中国人民大学出版社，2000.

[8] 威廉·R·司可脱. 财务会计理论. 北京：机械工业出版社，2000.

[9] 文硕. 世界审计史. 北京：企业管理出版社，1996.

[10] 伍丽娜，郑晓博，岳衡. 审计赔偿责任与投资者利益保护——审计保险假说在新兴资本市场上的检验. 管理世界，2010 (3)：32～43.

[11] 谢德仁. 企业剩余索取权：分享安排与剩余计量. 上海：上海人民出版社，2001.

[12] 薛祖云，陈靖，陈汉文. 审计需求：传统解释与保险假说. 审计研究，2004 (5)：19～25.

[13] 张维迎. 博弈论与信息经济学. 上海：上海人民出版社，1996.

[14] 张维迎. 企业理论与中国企业改革. 北京：北京大学出版社，1999.

[15] 周其仁. 市场里的企业：一个人力资本与非人力资本的特别合约. 经济研究，1996 (6)：71～80.

[16] American Institute of Certified Public Accountants (AICPA). Establishing an understanding with the client. Statement on Auditing Standards. No. 83. New York, NY: AICPA, 1997.

[17] Arens, A. A., J. K. Loebbecke. Auditing: an integrated approach, Third Edition. Prentice-Hall, Inc., 1984.

[18] Ashwiini Kochhar and Melissa Oxnam. Clientadvisory: UK gives auditor liability limitation agreements a greenlight but US is unlikely to do the same. Edwards Angell Palmer & Dodge. April, 2008.

[19] Baber, W. R., Kumar, K. R., T. Verghese. Client security price reactions to the Laventhol and Horwath bankruptcy. Journal of Accounting Research, 1995, 33 (2): 385-395.

[20] Bachar, J., M. Darrough. On contingent contracts with external auditors. Working Paper, Columbia University, 1989.

[21] Baiman, S., Evans, J. H., Noel, J. Optimal contracts with a utility-maximizing auditor. Journal of Accounting Research, 1987, 25 (2): 217-244.

[22] Bell, T. B., R. Doogar, I. Solomon. Audit labor usage and fees under

business risk auditing. Journal of Accounting Research, 2008, 46 (4): 729-760.

[23] Betty, A. Auditor reputation and the pricing of initial public offerings. The Accounting Review, 1989, 64 (October): 693-709.

[24] Bowman, A. W. Statement of editor, public accounting report, before the subcommittee on oversight and investigations. Committee on Energy and-Commerce, U. S. House of Representatives, 1985.

[25] Carey P. , Roger Simnett. , George Tanewski. Voluntary demand for internal and external auditing by family business. Auditing: A Journal of Practice & Theory, 2000, 19: 37-50.

[26] Carl S. Chilton. What is expected form an audit? The Journal of Accountancy, 1970 (Jan): 75-76.

[27] Charlie McCreevy. Shifting up a gear: transatlantic cooperation in financial services. European Commissioner for Internal Market and Services, Speech to the U. S. Chamber of Commerce, March 6, 2007.

[28] Chen, C. J. P. , Su, X. and Zhao, R. An emerging market's reaction to initial modified audit opinions: evidence from the Shanghai Stock Exchange. Contemporary Accounting Research, 17 (3): 429-455.

[29] Chow, C. The demand for external auditing: size debt and ownership influences. The Accounting Review, 1982, 57 (2): 272-291.

[30] Craig P. Ehrlich and Joanne D. Williams. Limiting liability through contractual agreement: can an engagement letter be made bulletproof?. The CPA Journal, December, 2008.

[31] Dan A. Simunic, Michael T. Stein. The Impact oflitigation risk on audit pricing: a review of the economics and the evidence. Auditing: A Journal of Practice & Theory, 1996, 15 (Supplement): 119-134.

[32] Datar S. M. , G. A. Felthman, J. S. Hughes. The role of audits and audit quality in valuing new issues. Journal of Accounting and Economics, 1991, 14 (1): 3-49.

[33] Davis Earl. F. , James W. Kelley. The engagement letter and current legal developments. The Journal of Accountancy, 1972, (12): 54-59.

[34] De, S. , P. K. Sen. Is auditor moral hazard the only reason to ban contingent fees for audit services? International Journal of Auditing, 1997, 1 (3): 175-185.

[35] DeAngelo, L. E. Auditor independence, "low-balling", and disclosure regulation. Journal of Accounting and Economics, 1981, 3 (2): 113-127.

[36] Deangelo, L. E. The auditor-client contractual relationship: an economic analysis. UMI Research Press, 1980.

[37] DeFond, M. L. The association between changes in client firm agency costs and auditor switching. Auditing: A Journal of Practice & Theory, 1992, 11 (Spring): 16-31.

[38] Demski, J. S., D. Sappington. Optimal incentive contracts with multiple agents. Journal of Economic Theory, 1984, 33 (1): 152-71.

[39] Dopuch, N., Simunic D. The nature of competition in the auditing profession: a descriptive and normative view. Conference on Regulation and the Accounting Profession: An Exploration of the Issues, 1979.

[40] Douglas R. Carmichaei, Thomas R. Hanley. Audit arrangement and engagement letters. The Journal of Accountancy, 1970 (June): 70-71.

[41] Dye, R. A. Auditing standards, legal liability, and auditor wealth. Journal of Political Economy, 1993, 101 (5): 887-914.

[42] Gwillian, D. A survey of auditing research. Prentice-Hall, Englewood Cliffs, NJ, 1987.

[43] Hill, J. W, Metzger, M. B. and Schatzberg, J. W. Auditing's emerging legal peril under the National Surety doctrine: a program for research. Accounting Horizons, 1993, 7 (1): 12-28.

[44] Holmstrom, B. Moral hazard and observability. The Bell Journal of Economics, 1979, 10 (1): 74-91.

[45] Jennifer Hughes. EUcalls to limit auditors' lability. Financial Times, June 6, 2008.

[46] Jensen, M. C. and Meckling, W. H. Theory of the firm: management behavior, agency costs and ownership structure. Journal of Financial Economics, 1976, 3 (4): 305-360.

[47] Kohlbeck, M. The demand for private company audits: evidence from private commercial banks. Working Paper, University of Wisconsin, 2005.

[48] Lasalle, R. E., and A. Anandarajan. Bankloan officers' reactions to audit reports issued to entities with litigation and going concern uncertainties. Accounting Horizons, 1997, 11 (June): 33-40.

[49] Loudder, M., I., Khurana, R. Sawyer, C. Cordery, C. Johnson, J. Lowe and R. Wunderle. The information content of audit qualifications. Auditing: A Journal of Practice & Theory, 1992, 11 (Spring): 69-82.

[50] Melumad, N. and Thoman, L. An equilibrium analysis of optimal au-

dit contracts. Contemporary Accounting Research, 1990, 7 (1): 22-55.

[51] Menon, K. and D. Williams. The insurance hypothesis and market prices. The Accounting Review, 1994, 69 (2): 327-342.

[52] Michael J. Garrison, J. D. and James D. Hansen. Using the engagement letter to limit auditors' professional liability exposure. The Ohio CPA Journal, 1999, (July-September): 59-62.

[53] Neil Hodge. Limiting auditor liability. World Finance, November 14, 2008.

[54] Ng, D. S. An information economics analysis of financial reporting and external auditing. The Accounting Review, 1978, 53 (4): 910-920.

[55] O'Keefe, T., King, R., Gaver, K. Audit fees, industry specialization, and compliance with GAAS reporting standards. Auditing: Journal of Practice and Theory, 1994, 13 (2): 41-45.

[56] O'Railly, D. M., R. A. Leitch and B. Tuttle. An empirical test of the insurance hypothesis in auditing. Working Paper, 2000.

[57] Palmrose, Z. The relation of audit contract type to audit fees and hours. The Accounting Review, 1989, 64 (July): 488-499.

[58] Palmrose, Z. The relation of audit contract type to audit fees and hours. The Accounting Review, 1989, 64 (3): 488-99.

[59] Rachel Schwartz. Legalregime, audit quality and investment. The Accounting Review, 1997, 72 (3): 385-406.

[60] Reinstein, A., P. G. Lobingier, and B. P. Green. Limiting accountants' liability through engagement letters: a comparison of U. S. and European policies. The CPA Journal, 2009, (November): 52-57.

[61] Rubin, M. Municipal audit fee determinants. The Accounting Review, 1988, 63 (2): 219-236.

[62] Sarath, B. and M. Wolfson. Auditing and litigation in a market framework. Working Paper, University of Pennsylvania, 1991.

[63] Simunic, D., Stein, M. Product differentiation in auditing: auditor choice in the market for unseasoned new issues. The Canadian Certified General Accountants Research Foundation, 1987.

[64] Stice J. Using financial and market information to identify pre-engagement factors associated with lawsuits against auditors. The Accounting Review, 1991, 66 (3): 516-533.

[65] Stimpson. Jeff. How engagement letters are changing. Practical Ac-

countant, 2006, (12): 24-29.

[66] Tauringana V., and S. Clarke. The demand for external auditing: managerial share ownership, size, gearing and liquidity influence. Managerial Auditing Journal, 2000, 15 (4): 160-168.

[67] Thorne, J., S. A. Holmes, A. S. McGowan, C. A. Strand, and R. H. Straweser. The relation between audit pricing and audit contract type: a public sector analysis. Journal of Accounting and Public Policy, 2001, 20 (3): 189-215.

[68] Tim Bush, Shyam Sunder, and Stella Fearnley. Auditor liability reforms in the U. K. and the U. S.: a comparative review. Working Paper, August, 2007.

[69] Titman, S and B. Truman. Information quality and the valuation of new issue. Journal of Accounting and Economics, 1986, 8 (2): 159-172.

[70] Tom Lee. Corporate audit theory. New York: Chapman &. Hall, 1993.

[71] Wallace. W. A. The economic role of the audit in free and regulated market. The Touche Ross and Co. Aid to Education Program, 1980.

[72] Wallace. W. A. The economic role of audits in free and regulated markets: a look back and look forward. Research in Accounting Regulation, 2004, (17): 267-298.

[73] Watts, R. L. and Zimmerman, J. L. Positive accounting theory. Prentice-Hall, Englewood Cliffs, NJ, 1986.

[74] Watts, R. L. and J. L. Zimmerman. Agency problems, auditing, and the theory of the firm: some evidence. Journal of Law & Economics, 1983, 26 (3): 613-632.

[75] Werner, F. M., D. Bondt, and R. Thaler. Does the stock market overreact?. Journal of Finance, 1985, 40 (3): 793-805.

[76] Willenborg, M. Empirical analysis of the economic demand for auditing in the initial public offerings market. Journal of Accounting Research, 1999, 37 (1): 225-238.

[77] Williams, T. D. Fees for services. In R. L. Kane, Jr., Ed., CPA Handbook, Volume I, 1952.

[78] Williamson, O. E. Markets and hierarchies: analysis and antitrust implications. The Free Press, 1975.

第二章 审计服务生产

本章导读

依据生产转化理论，审计服务生产可以被视为一个投入—产出系统。审计投入是生产一定审计产出所耗费的劳动与资本支出。审计产出的确定比较复杂，由于具有不可观察的特性，通常将其界定为审计师向利益相关者提供的财务报表不存在重大错报或漏报的保证程度。在理想的环境下，理性的生产者期望以最小的投入获得最大产出。此时，客户特征、会计师事务所属性和审计准则是影响审计投入—产出系统的决定因素，因为随着客户特征、会计师事务所属性和审计准则的变化，向特定审计程序配置相同数量和质量的审计投入，所获得的边际审计产出可能存在显著的差异。然而，在现实的审计服务生产中，由于竞争性市场的缺失和审计生产具有高度职业判断的特性，审计服务生产的无效率可能长期存在。当前，由于数据的限制和研究框架的缺失，我国审计服务生产研究基本处于停滞状态。

审计服务生产研究对理解审计服务市场是至关重要的（Stein，Simunic & O'Keefe，1994）。许多审计实践者和政策制定者关注的问题，例如审计资源的配置效率、审计准则的适用性、规模化发展战略的可行性、审计任期与联合生产①监管措施的合理性以及审计市场结构的优化途径等，都需要审计服务生产方面的研究成果。然而，由于尚未形成清晰的研究路径，加之客观因素的限制，我国审计服务生产方面的研究处于停滞状态。虽然我国学者在审计定价方面进行了较为深入的研究（张奇峰等，2006），但是鉴于审计定价是要素投入数量与要素投入

① 此处指的是审计服务与非审计服务的联合生产。

价格的乘积，建立在审计定价基础上的经验研究只能为审计服务生产提供间接的证据。基于审计定价的检验结果往往不能反映审计服务生产的运行机理，而仅仅是会计师事务所定价政策（O'Keefe et al.，1994）或市场环境（Hay & Knechel，2008）影响的结果。基于此，本章试图在生产理论基础上，结合相关的研究文献，探讨审计服务生产模型、影响因素及效率问题，希望能为我国审计服务生产研究提供有益的帮助。

第一节　审计服务生产系统：转换理论的分析

根据生产转化理论，任何产品或服务的生产都可以被视为一个投入—产出系统（Starr，1966；Slack et al.，1995；Grubbström，1995）。审计服务生产也不例外。如图 2—1 所示，在审计投入—产出系统中，审计投入经过一系列由特别生产技术组成的生产阶段，以及每一生产阶段的各种生产程序①转化为审计产出。

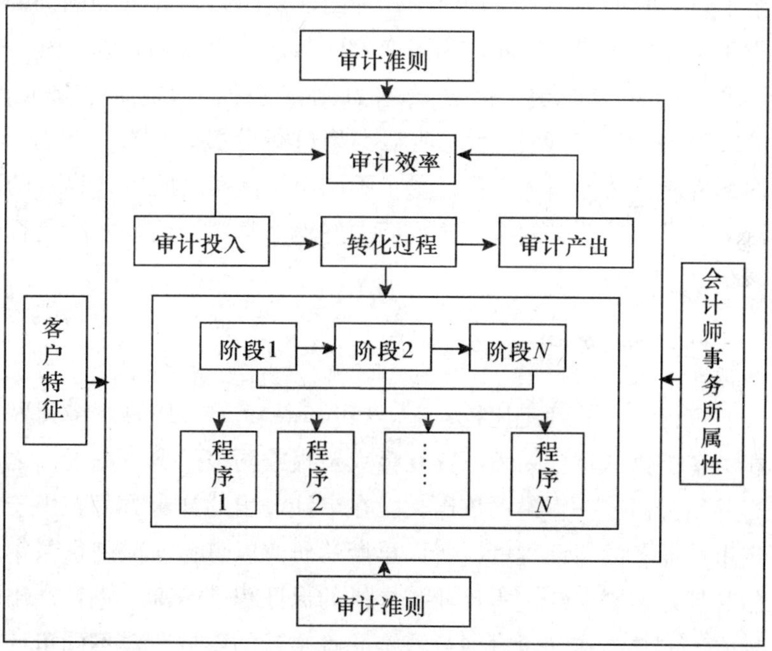

图 2—1　审计服务生产系统

① 审计服务生产一般可以划分为五个阶段：计划阶段、风险评估阶段、控制性测试阶段、实质性测试阶段和完成阶段，而每一生产阶段又包含各种具体的生产程序，例如，实质性测试阶段包含函证、检查文件、询问相关人员等生产程序（Blokdijk et al.，2006）。

一、审计投入

对于审计服务生产而言，投入是指生产一定审计产出所耗费的劳动与资本支出。在计量方面，由于人力资源的投入在审计服务生产中最为重要，所以已有的研究主要从数量、质量和配置三个维度利用审计时间衡量审计投入。在早期的研究中，Palmrose（1986，1989）、Davis et al.（1993）与 Davidson & Gist（1996）将总审计时间作为审计投入的衡量指标。随后，O'Keefe et al.（1994）、Stein et al.（1994）与 Bell et al.（1994）将审计时间按职员级别进行分类，不仅考察审计投入数量，而且区分了审计投入质量。O'Keefe et al（1994）认为，随着外部影响因素的变化，不同职员级别劳动投入的比例也相应地发生变化，利用劳动时间的简单加总来计量审计投入不仅将导致信息的损失，还会在评估外在因素的影响时损失统计效率。例如，特定外部因素的变化减少了某类投入的数量，却增加了另一类投入的数量，那么此时采用总劳动时间将会导致信息的损失。甚至当所有的投入都是正向变化的，简单的加总将对每单位变化分配相同的权重，这也是不合适的。当客户特征的变动对某些类别的劳动影响很小，甚至没有影响时，就产生了效率的损失。总劳动时间作为因变量回归估计得到的外部因素系数的 t 值将小于经分类的劳动时间作为因变量回归估计得到的 t 值，因为劳动时间加总增加了系数的标准误差，而系数本身则几乎没有增加。Hackenbrack & Knechel（1997）将审计时间按审计活动类型进行分类，例如，审计计划、实质性测试、内部控制评估等，进一步衡量了不同审计活动之间审计投入的配置情况。经审计活动分类的劳动时间有利于我们更好地考察审计活动之间是否以及如何进行相互替代。

二、审计产出

审计产出的确定比较复杂，O'Keefe et al.（1994）将其界定为审计师向利益相关者提供的财务报表不存在重大错报或漏报的保证程度。之后关于审计服务生产的相关研究一直遵循该定义。在审计产出的计量方面，由于无法直接观察到特定审计业务的保证程度，所以早期的研究以事务所品牌衡量审计产出。事务所的品牌越好，则对特定审计业务提供的保证程度越高，审计产出也就越大。此种计量方法的缺陷在于没有区分特定品牌会计师事务所对不同审计业务的审计产出差异。Knechel et al.（2009）利用八项审计活动的时间作为产出变量，修正了之前的计量方法。这八项审计活动分别是：（1）审计计划；（2）内部控制评估；（3）实质性测试——重要事项；（4）实质性测试——非重要事项；（5）分析性复核——重要事项；（6）分析性复核——非重要事项；（7）财务报表准备；（8）客户沟通。该种方法所隐含的重要假设是审计师实施的各项审计活动的最终目的是收集审计证据，因此总体而言“多比少好”，即在其他情况相同的条件下，耗费在这些审计活动上的时间越多，审计师获得的审计证据就越多，则保证程度也就越高。换言之，增加 1 小时用于收集证据的审计活动所产生的边际效用为正。Knechel et al.(2009）还将 6 个审计活动时间界定为“高价值”产出，将 2 个审计活动时间界定为“低价值”产出，以权衡不同审计活动对保证程度的贡献差异。

第二节　审计服务生产的决定因素：客户特征、事务所属性与审计准则

在审计服务生产中，针对每个客户的审计活动都具有独一无二的特征，随着审计活动特征的变化，向特定审计程序配置相同数量和质量的审计投入，所获得的边际审计产出可能存在显著的差异（Fuchs，1968）。因此，对于理性的审计生产者而言，为了实现审计产出最大化或者审计投入最小化的目标，审计投入—产出系统应随着审计活动特征的变化而不断地进行调整。由于审计产出的不可观察性，并出于分析的目的，O’Keefe et al.(1994）在一系列研究假设[①]的基础上将审计生产模型转化为固定保证程度下的有约束条件的成本最小化问题，为考察审计服务生产的影响因素奠定了理论基础。

$$\text{minimize} \quad C(h,\gamma)$$ [②]

$$\text{such that} \quad Q=P(h,\gamma)$$

式中，$C(*)$ 为审计成本函数；h 为审计投入向量，包含审计投入数量、审计投入质量和审计投入配置三层含义；γ 为审计活动特征向量，包括客户特征、会计师事务所属性和审计准则（如图 2—1 所示）；Q 为审计师提供的保证程度；$P(*)$ 为审计生产函数。在审计产出一定的情况下，最优的审计投入组合 h^*（$h^*=P^{-1}(Q,\gamma)$）主要取决于审计活动特征。在投入要素市场是竞争性市场的情况下，最优审计投入组合 h^* 意味着既定审计产出下的最小化审计成本 $C(h^*,\gamma)$。在考察审计服务生产的影响因素时，相关研究一般均会运用到上面提到的审计生产模型和审计生产公式。

① 这些假设包括：(1) 审计师的保证水平无法直接观察到，而会计师事务所的品牌能够暗示这种保证水平；(2) 任何特定的会计师事务所在某一时点所提供的保证水平是固定的；(3) 客户公司的结构是预先设定的；(4) 客户公司的所有者和投资者会选择能够提供其所需保证水平的事务所；(5) 会计师事务所处在竞争环境之中，这使得会计师事务所希望以最小的成本获得最大的产出。

② 在服务性组织中普遍将客户特征和生产方法包含在生产函数和成本函数之中(Fuchs，1968；O’Keefe et al.，1994)。

一、客户特征

由于缺乏审计服务生产的相关理论，无法推导出 $h^* = P^{-1}(Q, \gamma)$ 的具体函数形式。因此，相关研究在审计费用模型的基础上构建了如下的审计服务生产实证模型，考察客户特征对审计服务生产的影响：

$$\ln h = \beta_0 + \beta_1 \ln A + \sum_{i=2}^{k} \beta_i r_i \ln A + \varepsilon \tag{2—1}$$

$$\ln h = \beta_0 + \beta_1 \ln A + \sum_{i=2}^{k} \beta_i \ln r_i + \varepsilon \tag{2—2}$$

$$\ln h = \beta_0 + \beta_1 \ln A + \sum_{i=2}^{k} \beta_i r_i + \varepsilon \tag{2—3}$$

式中，$\ln h$ 为审计投入的自然对数；$\ln A$ 为客户规模的自然对数；r_i 为其他的审计活动特征。已有的研究均采用以上一种或多种模型检验客户特征对审计服务生产的影响，总体而言实证结果对模型的形式并不敏感。

国外早期的审计生产研究主要关注审计投入数量与客户特征之间的关系。Palmrose（1986，1989）与 Davis et al.（1993）以总审计时间作为因变量，客户特征作为自变量进行回归分析，关注审计投入数量与客户特征之间的关系，结果表明许多影响审计定价的客户特征（规模、业务复杂程度和财务风险）同样能够很好地解释总审计时间的横截面变化。同时，与审计费用的结果相似，客户规模对审计服务生产模型的解释力最强。随后，O'Keefe et al.（1994）与 Stein et al.（1994）将审计时间按职员级别划分为合伙人、项目经理、高级审计师和审计助理，不仅考察了客户特征对审计投入数量的影响，而且检验了审计投入质量对客户特征的反应。O'Keefe et al.（1994）以工业类客户为研究样本，研究发现随着客户规模的增大，会计师事务所使用更多低职员级别的劳动，而当经营风险比较高时，会计师事务所更倾向于配置较高职员级别的劳动。Stein et al.（1994）进一步将研究样本扩展到金融类客户和工业类客户，考察客户所属行业对审计服务生产的影响，其实证结果表明经营风险对金融类客户的审计服务生产并不产生显著的影响，而且客户规模对不同职员级别审计时间的影响在金融类客户和工业类客户间存在显著的差异。Hackenbrack & Knechel（1997）在之前研究的基础上进一步将审计时间按审计程序和职员级别进行分类，重点检验了客户特征与审计投入配置之间的关系，结果发现，客户规模、客户公开上市的地位和金融服务类行业的性质是审计投入在不同生产程序间配置的决定因素。

二、会计师事务所属性

（一）规模

自 Simunic（1980）的研究以来，审计费用方面的研究经常发现大型会计师事务所存在审计费用溢价。在一项对过去25年间发表的88篇审计费用研究文献（相关数据涉及20多个国家）进行元分析（meta-analysis）后，Hay et al.(2006)发现，67%的研究表明“八大”（“六大”或者“五大”）会计师事务所存在审计费用溢价。对审计费用溢价的一个解释是大会计师事务所期望的审计质量高于小事务所。该观点得到其他许多研究的支持。例如，DeAngelo（1981）构建了一个理论模型，表明审计质量随着会计师事务所规模的增大而提高，因为大会计师事务所和小会计师事务所面对的损失函数存在显著的差异；Palmrose（1988）发现大会计师事务所的诉讼比率小于小会计师事务所；Teoh & Wong（1993）的研究表明，当审计师来自“六大”会计师事务所时，股票价格对正向非预期盈余的反应显著较高；Becker（1998）与Lee et al.(2003)发现，“六大”会计师事务所限制使客户盈余增加的操纵性应计项目。由于审计质量与审计产出在实质上属于同一概念，所以从审计服务生产的角度而言，大会计师事务所的审计产出高于小会计师事务所。

由于存在一系列的经验证据表明，大会计师事务所与小会计师事务所在审计产出上存在显著的差异，因此研究者通常使用大会计师事务所和小会计师事务所作为指示变量，控制或者检验审计产出的横截面差异。然而，应该指出的是，已有的关于审计产出差异的档案研究证据都是间接的，仅仅通过审计费用、诉讼比率、盈余反应系数等证据潜在地表明两类会计师事务所之间存在着审计产出差异，而更为直接的方法是考察会计师事务所规模对审计投入数量、质量和配置的影响，因为在其他条件一定的情况下，审计投入数量、质量和配置决定审计产出的高低。

Blokdijk et al.(2006)在此方面进行了深入的研究。他们以通过调查问卷的方式获得的67项“五大”会计师事务所实施的审计活动和46项非“五大”会计师事务所实施的审计活动为研究样本，而且为了控制客户特征，还利用预期的审计时间构建了阶段组合的计量方法。其具体步骤如下：首先，分别将两组子样本的每个审计阶段的审计时间与一系列解释变量进行回归分析。通过这些回归分析，可以获得每类会计师事务所每一个审计阶段的预期时间，从而得到一系列样本内和样本外的预期审计时间。接下来，比较两组样本的预期阶段组合。为了更准确地说明这个问题，假设客户i由一家“五大”会计师事务所审计。从“五大”会计师事务所的回归模型中获得该客户每一阶段预期的审计时间和因此产生的阶段组合。当我们将客户i的特征代入非“五大”会计师事务所估计的参数方程时则获得与之相对应的非“五大”会计师事务所每一阶段的审计时间和阶段组合。利用这种方法，对于每个观察值，我们获得两套估计的每一阶段的劳动时间。通过对审计投入数量、质量和配置方式的比较，Blokdijk et al.(2006)发现：(1)“五大”会计师事务所与非“五大”会计师事务所投入的审计时间不存在差异；(2)“五大”会计师事务所在计划阶段和风险评估阶段配置更多的审计时间，而在实质性测试和完成阶段配置较少的审计时间；(3) 客户规模、风险导向审计准则的运用和内部控制的依赖程度对审计时间的影响在两类会计师事务所之间存在差异。总体而言，"五大"会计师事务所的审计产出水平高于非"五大"会计师事务所，这种质量的差异来自于会计师事务所对资源配置的能力。

(二) 任期

作为会计师事务所的重要特征，审计任期同样影响审计服务生产。这是因为随着特定客户审计任期的逐渐增加，首先，审计师实施具体审计程序的熟练程度逐渐提高；其次，审计师逐渐形成一套针对特定客户的、有效率的审计方法(DeAngelo，1981；余玉苗与李琳，2003)；最后，审计师能够更为迅速地应对审计环境的变化，及时调整审计策略和方法。由此，会计师事务所任期越长，那么在审计投入一定的情况下审计产出越大。相关的实证研究也为此提供了一些间接的经验证据。Palmorose (1991) 研究发现，在新获得审计业务开始的几年，审计人员更容易遭遇审计过失的诉讼。Petty & Guganesan (1996) 发现在审计合约的前一两年更可能发生审计失败。Carcello & Nagy (2004b) 的实证结果表明，财务报告舞弊发生在审计合约初期的可能性更大。Johnson et al. (2002) 与 Myers et al. (2003) 发现，审计任期越长，操纵性应计项目越少。Stanley et al. (2007) 以美国 2000—2004 年间 382 对财务重述与非财务重述公司为研究样本，研究发现在控制了行业专门化水平差异的影响后，短任期情况下财务重述与行业专门化水平的负相关关系更为凸显。虽然这些研究并没有直接考察审计任期对审计产出的作用机制，但均将其结论归结为：长任期增强了审计师对特定客户知识的积累，提高了审计师的专业胜任能力，从而增加了审计产出。

然而，这些研究结果并不能为审计任期对审计产出的影响提供充分的证据。一则审计师的低价揽客策略 (low balling)① 可以解释审计任期与审计产出的正相关关系。由于审计师有动机保留新招揽的客户足够长的时间以获得未来准租金补偿初始审计的损失，所以在审计师与客户建立关系的最初几年，审计师的审计产出较低 (Gul et al.，2007)。二则审计师与客户的自选择行为也可以解释审计任期与审计产出的正相关关系。具有较高盈余质量的公司可能更倾向于保留在任 (高质量) 审计师；或者高质量的审计师更倾向于辞聘具有较低盈余质量的客户，而这些客户将转向聘任低质量审计师。Gul et al. (2009) 的实证结果不支持低价揽客的解释，而且研究还表明，相对于其他客户而言，在经行业专家审计的客户组中，审计任期与盈余质量的正相关关系较弱，该结果也只能作为审计与审计产出正相关关系的间接证据。另外，审计任期与审计产出之间的正相关关系还可能仅仅源于审计投入的增加。因此，基于审计产出考察事务所任期对审计服务生产

① 审计师为了招揽客户在初始审计时收取较低的费用，并期望在以后的审计中弥补初始审计时的损失 (DeAngelo，1981)。

的影响并不是一个很好的研究视角，更为直接和有效的方式是研究审计任期对审计投入数量、质量和配置的影响。

O'Keefe et al.（1994）首次考察了审计任期与审计投入之间的关系。他们构建了四个审计任期哑变量，在控制了客户特征的影响后，发现审计任期与任何职员级别的劳动时间均不存在显著的负相关关系。同样，Hackenbrack and Knechel（1997）的研究也发现，审计任期对劳动投入数量和劳动投入质量都不存在显著的影响。Blokdijk et al.（2006）的研究结果更是表明，长任期反而导致审计师在各项审计程序上耗费更多的审计时间。在要素价格不变的情况下，这些研究表明，随着审计任期的增加，审计投入不但没有减少，反而在一定程度上有所增加。不过，应该指出的是，这些研究在样本的选择、数据的准确性和研究方法上均存在一些缺陷①，可能会对研究结果造成影响。因此，之后的研究需要在此基础上加以改进和完善，以期获得更为严谨的经验证据。

（三）联合生产

近年来，关于是否应该允许审计师向被审计客户提供管理咨询服务的问题引发了学术界和监管部门的广泛讨论。虽然目前已经有很多文献对此问题进行了深入的研究，但是研究的角度主要集中于考察审计服务与管理咨询服务联合生产的负面影响——对审计师独立性的损害（DeAngelo，1981；Wines，1994；Firth，1997；Ashbaugh et al.，2003；Frankel et al.，2002；Gaynor，2002；Kinney et al.，2004），而忽略了审计服务与非审计服务联合生产所可能带来的正面影响——审计效率或审计效果的提高。在管理咨询服务生产过程中，某些要素投入具有公共产品性质，因为这些要素投入所获得的信息或证据可以无成本地转移到审计生产，而且随着管理咨询服务产出的增加，这种信息或者证据的转移程度越高，成本互补性也逐渐增强，从而在审计产出一定的情况下节省了审计投入，或在审计投入一定的情况下增加了审计产出。

联合生产对审计服务生产影响的最初证据来自于对审计费用和非审计费用关系的考察（Simunic，1984；Palmrose，1986；Abdel-khalik，1990），但没有形成统一的结论。然而，正如Joe et al.（2006）所指出的那样，我们应该谨慎地看待这些结果，因为审计费用的档案数据不能为“知识溢出”（knowledge spillovers）提供直接证据，也就无法对会计师事务所联合生产的范围经济性提供有力支持。在随后的研究中，对管理咨询服务生产与审计服务生产关系的检验为此提供了较为直接的证据，然而同样没有取得一致的意见。Davis et al.（1993）发现，同时购买审计服务和非审计服务的客户之所以支付较高的审计费用，主要是由于审计

① 在样本选择上，这些研究仅局限于几个行业之中，可能存在行业效应，影响研究结果的普遍性；在数据的准确性上，由于都是通过问卷调查的方式获得的，所以可能存在初始审计时审计师少报审计时间的情况。在研究方法上，这些研究均是进行横截面的考察，而研究学习效应是否存在及其性质的最好方法是纵向分析。

成本的同比例增加引起的，而不是管理咨询服务向审计服务的“知识溢出”导致的。O'Keefe et al（1994）采用经职员级别分类的劳动时间进一步检验了审计服务生产与管理咨询服务生产的关系，结果发现，管理咨询服务对各职员级别的审计投入均不存在显著的影响。在最近的研究中，Blokdijk et al.（2006）却发现，虽然管理咨询服务与审计服务的联合生产不影响审计投入的数量和质量，但是影响审计投入要素在各生产程序中的配置，使审计师在计划阶段和风险评估阶段耗费更少的劳动成本，这也是首次利用审计服务生产数据得出的支持联合生产范围经济性的证据。Joe et al.（2006）通过实验研究也发现，当审计师同时提供审计服务与管理咨询服务时，管理咨询服务将有利于审计服务生产，因为知识的转移可以为审计风险评估提供帮助，同时提供审计服务与管理咨询服务的审计师比仅提供审计服务但可以查看管理咨询服务工作底稿的审计师评估的风险更高，这进一步表明了联合生产对审计服务生产的正面影响。

三、审计准则

审计准则不仅用于规范审计师的行为，同时还为审计服务生产活动提供详细的指引。审计准则成为客户特征之外影响审计投入—产出系统的又一重要因素。随着审计环境和审计需求的变化，审计准则逐渐趋向于以风险为导向。1983 年美国审计准则委员会（ASB）发布《审计准则公告第 47 号》，标志着风险导向审计准则的成熟，而在之后又不断地深化和创新（唐建华，2009），逐渐演变为现代风险导向审计准则。[①] 现代风险导向审计准则要求，审计师在制定审计计划、设计进一步审计测试时，需要深入了解客户所处的环境，包括行业特征、经营战略、经营模式、经营流程和内部控制等，以评估客户财务报表存在的风险，并且依据风险评估的结果调整审计程序的时间、性质和范围。在审计实践中，如果审计准则得以有效执行，那么必然会对审计投入—产出系统产生影响。

国外审计服务生产文献对此提供了相应的经验证据。首先，现代风险导向审计准则影响审计投入数量和质量。Johnstone & Bedard（2005）以一家大型会计师事务所 2001—2003 年实施的上市公司审计活动为研究样本，发现高风险客户耗费的总审计时间显著高于低风险客户。Bell et al.（2008）的研究则更为细致，他们比较了现代风险导向审计准则实施前后审计投入—产出系统的差异，结果发现，首先，在现代风险导向审计准则下，会计师事务所对高风险客户不但投入了更多的总审计时间，更为重要的是投入了更多较高职员级别的审计时间。其次，

① 2003 年 10 月，IAASB 在东京的会议上通过了新的审计风险准则，修订的准则包括：ISA315《了解主体及其环境并评估重大错报风险》（Understanding the Entity and Its Environment and Assessing the Risks of Material Misstatement）、ISA330《针对评估的重大错报风险实施的程序》（The Auditor's Procedures in Response to Assessed Risks）、ISA500《审计证据》（Audit Evidence）等。该准则首次确立了现代风险导向审计的作用和地位。

现代风险导向审计准则影响审计投入在各审计阶段的配置。对于审计计划阶段，Wright & Bedard (2000) 的研究结果表明，由于客户风险影响审计程序的效力和审计测试的正当性，使得审计计划随着客户风险的变化而不断调整。Fukukawa et al. (2005) 以日本上市公司的审计活动为研究对象也发现，除舞弊风险因素之外，其他客户风险因素均与审计计划呈显著的正相关关系。对于实质性测试阶段，Guess et al. (2000) 与 Beaulieu (2001) 研究发现，客户风险越大，审计师实施的审计测试程序越多。Bedard & Johnstone (2004) 的研究则更为具体，其提供证据表明，当客户盈余操纵风险较高时，审计师会实施更为深入的测试，而且这种关系在公司治理风险较大的情况下会进一步增强。这些研究说明，在现代风险导向审计准则指导下，面对高风险客户，审计计划阶段和实质性测试阶段配置的审计投入显著增加，而在其他审计阶段尚未发现类似的结论。

第三节　审计服务生产效率：计量方法、现实状况与影响因素

在考察审计服务生产的决定因素时，潜在的假设是审计服务生产是有效率的，因为长期而言，在竞争性的市场环境下，无效率的审计服务生产无法生存。然而，由于审计服务生产劳动密集和高度职业判断的性质，加之竞争性市场的缺失，审计服务生产的无效率可能依然存在。相关学者对此进行了初步研究。

一、计量方法

在考察审计服务生产的影响因素时，通常采用普通最小二乘法。然而，这种方法仅仅拟合一条穿过投入—产出数据集的直线，只能计算平均的生产和成本水平，而不能确定生产活动的有效性。因此，普通最小二乘法无法确定一个投入—产出组合是不是有效的，在多大程度上有效 (Schelleman et al., 2001)。已有研究通常采用效率边界技术估计审计生产服务生产效率。效率边界技术有参数效率边界技术和非参数效率边界技术。参数效率边界技术假设生产边界具有一定的函数形式。由 Aigner et al. (1977) 和 Meeusen & Broeck (1977) 创立的随机边界估计方法 (stochastic frontier estimation，SFE) 便是参数效率边界技术的一个重要例子。非参数效率边界技术不需要事先设定一个具体的函数形式，而是利用数据集中点应该满足的形式属性 (formal properties)，应用线性规划技术求解。非参数效率边界技术的一个重要例子便是由 Charnes et al. (1978) 创立的数据包络分析方法 (data envelopment analysis，DEA)，它利用线性规划问题估计效率边界。

(一) 随机边界估计方法

运用随机边界估计方法的首要前提是设定具体的生产函数形式。对于审计服

务生产而言，因为之前的研究已经广泛地考察了审计费用与审计活动特征之间的关系，所以在此基础上相关学者已经构建了稳健的对数—线性函数，如模型（2—4）所示。随机边界估计方法通过模型（2—4）识别出审计生产的无效率。该方法假设模型（2—4）中的误差项由两个独立的部分组成：$\varepsilon_i=u_i+\nu_i$。第一部分 u_i 为单边误差项，反映了生产的无效率或者相对随机投入边界过量的审计投入；第二部分 ν_i 为系统误差项，表示围绕着边界的随机波动，该部分误差来自于统计噪音和会计师事务所无法控制的随机因素。$\{\nu_i\}$ 是相互独立的，并且服从标准正态分布（idd）$N(0,\ \delta_v^2)$。$\{u_i\}$ 的分布独立于 ν_i，也服从正态分布 $N(0,\ \delta_u^2)$，但不包含小于 0 的部分，即 $u_i\geqslant 0$，$N^+(0,\ \delta_u^2)$。u_i 和 ν_i 的分布都独立于 γ^s。

$$\ln h_i = f(\gamma_i|Q,\beta_i)+u_i+\nu_i \qquad (2—4)$$
$$u_i \sim idd\ N^+(0,\delta_u^2),\nu_i \sim idd\ N(0,\delta_v^2),\text{and}\ cov(u_i,\nu_i)=0$$

在模型（2—4）中，u_i 和 ν_i 的相对方差用于计量审计生产的无效率。Aigner et al.（1977）的研究表明，$\mathrm{Var}[\varepsilon_i]=(1-2/\pi)\ \delta_u^2+\delta_v^2$。式中，$\delta_u^2$ 为 u_i 服从正态分布的方差；$(1-2/\pi)\ \delta_u^2$ 为 u_i 服从半正态分布（$u_i>0$）的方差。如果 $\delta_u^2=0$，则 $\mathrm{Var}[\varepsilon_i]=\delta_v^2$，那么审计服务生产是有效率的。如果 $(1-2/\pi)\ \delta_u^2$ 大于 δ_v^2 则表示审计为服务生产存在无效率，而此时，普通最小二乘法估计出的截距项与随机边界估计方法回归获得的截距项存在显著差异。

（二）数据包络分析方法

数据包络分析法（DEA）是一种以线性规划为基础的生产边界估计方法，它假设投入和产出之间存在线性关系，但是并不需要明确具体的生产函数。自从 Charnes et al.（1978）构建了数据包络分析方法之后，该方法已经广泛地用于各种相对绩效的评估。通过求解如下的线性规划问题，数据包络分析方法识别出确定性的生产边界和特定决策单元（DUM）相对于边界的位置，进而得到特定决策单元的审计生产效率。

$$\begin{aligned}&\text{minimize} \quad \theta\\&\text{subject to} \quad q_1\lambda_1+\cdots+q_n\lambda_n\geqslant q^0\\&H^0\theta-(h_1\lambda_1+\cdots+h_n\lambda_n)\geqslant 0\\&\lambda_1,\cdots,\lambda_n\geqslant 0\end{aligned} \qquad (2—5)$$

式中，θ 为效率的计量，或者说“收缩因子”，其值小于或等于 1。当 $\theta=1$ 时，表示决策单元（DUM）的生产是有效率的；当 $\theta<1$ 时，表示决策单元（DUM）的生产是无效率的，同时还表示无效率的比例。q_i 为一个产出向量；h_i 为一个投入向量；λ_1，…，λ_n 为一组确定生产边界的权重；H^0 为特定决策单元的投入向量；q^0 为特定决策单元产出向量。另外，DEA 方法包含三种评价 DUM 相对效率的模型：CCR 模型、BBC 模型和 Additive 模型。其中，CCR 模型和 BBC 模型被广泛

应用。CCR 模型假设 DUM 生产规模报酬不变，而 BBC 模型假设 DUM 生产规模报酬是变化的。①

很多学者（Cooper & Tone，1997；Bojanic et al.，1998；Ruggiero，1999）试图比较随机边界估计方法和数据包络分析方法的优劣，但没有形成一致的结论。数据包络分析假设误差项仅由生产的无效率构成，而随机边界估计方法还考虑了系统误差，更加符合生产活动的实际情况。同时，数据包络分析方法不能进行常规的假设检验（Greene，1997；Coelli et al.，1998），而随机边界估计方法允许统计推理。随机边界估计方法的缺点在于需要对生产函数设定一个具体的形式（Coelli et al.，1998），而且需要明确单边误差性的分布形式。数据包络分析方法则无这些条件的限制，适用范围更广。同时，随机边界估计方法不能直接估计特定观察值误差项的无效率部分 u_i，运用数据包络分析方法则可以得到特定客户参数 θ，它计量了相对于生产边界而言特定观察值的无效率程度。

二、审计服务生产效率的现实状况及影响因素

国外相关研究运用以上提到的生产效率方法，对审计服务生产效率进行了计量，为我们了解审计服务生产效率的状况提供了初步的经验证据，同时还考察了可能影响审计服务生产效率的因素。Dopuch et al.（2003）以 1989 年由“六大”会计师事务所中的一家实施的 247 项财务报表审计活动为研究样本，检验审计生产相对成本效率，并对劳动力投入按事务所职员级别进行分类，检验审计生产相对劳动力投入效率。在检验过程中，作者运用两种相对效率评价方法：随机边界估计方法（SFE）和数据包络分析方法（DEA）。然而，这两种方法的检验结果却是相互矛盾的。SFE 的结果表明，在审计生产过程中劳动力投入和成本是完全有效率的。DEA 的结果却与此相反，发现审计生产没有处于完全有效率的状态；相对于最有效的审计生产，最小的生产效率值为 74%，平均的效率值为 88%。换言之，平均而言，在不改变审计产出的情况下，会计师事务所可以降低 12%的审计成本。研究还发现审计生产效率与审计定价存在显著的正相关关系，即随着审计生产效率的不断降低平均每小时的审计收费随之下降。

Schelleman and Maijoor（2001）遵循 Dopuch et al.（2003）的思路，选取了由“六大”会计师事务所的其中一家实施的 114 项财务报表审计活动为研究样本，应用 SFE 检验审计生产相对劳动力投入效率和成本效率。所不同的是 Dopuch et al.（2003）在审计成本的确定上只包含劳动力成本，而 Schelleman & Maijoor（2001）在确定审计成本时不仅包含劳动力成本，还把实际支付的成本计算在内。此外，在计算劳动力成本时 Dopuch et al. 使用的是标准费率，实际上是

① 对于 DEA 方法的具体模型以及计量软件可查阅效率与生产力研究中心（The Centre for Efficiency and Productivity Analysis）网站，其网址为 http://www.uq.edu.au/economics/cepa/。

每一职员级别的平均费率，而 Schelleman & Maijoor 使用的是实际的内部每小时费率，即每一职员级别在从事某一项审计活动时的实际费率。运用实际的内部每小时费率计算的劳动力成本比使用标准费率更加准确。实证结果与 Dopuch et al.(2003) 运用 SFE 估计的结果基本相似，在审计生产过程中劳动力投入和成本已经处于完全有效率的状态，即在审计产出一定的情况下，事务所已经实现了劳动力投入和成本的最小化。

Jeong-Bon Kim et al.(2006) 以韩国上市公司为研究对象，选取了 2001 年和 2002 年由"四大"和非"四大"会计师事务所实施的 697 项审计活动为研究样本，利用 DEA 检验审计生产劳动力投入效率。由于他们无法获得会计师事务所每一职员级别的劳动力投入时间，所以直接把总的审计时间作为审计投入。研究结果表明，697 项审计活动的平均劳动力投入效率水平为 69%，即在不改变审计产出的情况下，会计师事务所平均可以减少 31%的劳动力投入。在对审计生产效率评估的基础上，他们研究了审计生产效率与审计费用的关系。结果发现随着审计生产效率度量值 θ 的提高，每小时的审计费用显著提高，而总的审计费用却显著降低。这一结果表明用 DEA 估计出的效率值 θ 能有效地测度审计生产效率。

这些早期的研究均假设会计师事务所品牌可以衡量审计师向利益相关者提供的财务报表不存在重大错报或漏报的保证程度，而且一定期间内特定会计师事务所对其所有客户提供相同的保证程度，即特定会计师事务所在特定时间段内的审计产出不变。然而，由于审计服务生产具有高度职业判断的性质，该假设可能显得过于苛刻。Knechel et al.(2009) 以耗费在证据收集活动上的劳动时间计量审计产出突破了该假设的限制。① 他们将劳动力成本作为审计投入，以耗费在决定保证程度的八项证据收集活动上的时间计量审计产出，重新构建了审计服务生产实证模型。这为运用数据包络分析方法准确计量审计业务生产效率提供了可能。其中，八项审计活动分别是：(1) 审计计划；(2) 内部控制评估；(3) 实质性测试——重要事项；(4) 实质性测试——非重要事项；(5) 分析性复核——重要事项；(6) 分析性复核——非重要事项；(7) 财务报表编制；(8) 客户沟通。此外，Knechel et al.(2009) 还将实质性测试——非重要事项和分析性复核——非重要事项界定为"低价值"产出，将其他六项审计活动时间界定为"高价值"产出，以权衡不同审计活动对保证程度的贡献差异。结果发现，其样本中 85%的审计服务存在生产的无效率。

目前，对审计生产效率影响因素的研究非常少。Knechel et al.(2009) 构建了如下的 Tobit 模型，为我们了解影响审计生产效率的因素提供了初步的经验证据。

① Knechel et al.(2008) 认为，证据收集活动的程度越高，审计师正确判断客户财务报表是否存在重大错报或漏报的可能性就越大，最终导致较高的保证程度。

$$\ln\theta=\beta_0+\beta_1\text{Catrev}+\beta_2\text{Newclnt}+\beta_3\text{Taxyn}+\beta_4\text{Masyn}+\beta_5\text{Delay}$$
$$+\beta_6\text{Geodisp}+\beta_7\text{Orgcompl}+\beta_8\text{Subyn}+\beta_9\text{Timing}+\beta_{10}\text{Autom}$$
$$+\beta_{11}\text{Icrely}+\beta_{12}\text{Feeresid}+\beta_{13}\text{Public}+\beta_{14}\text{Yearend}$$
$$+\sum_{i=1}^{6}\beta_{14+i}\text{Industry}_i+\sum_{k=1}^{28}\beta_{20+k}\text{Office}_k+\varepsilon \qquad (2—6)$$

式中，$\ln\theta$ 为数据包络分析方法计算得出的审计生产效率 θ 值的自然对数，作为模型的因变量。之所以对 θ 取自然对数，其目的是为了控制异方差。另外，由于 θ 值在 0～1 之间，因此采用 Tobit 回归分析模型（Gujarati，1995）。模型中检验变量是客户、审计师及业务特征，在此不再详细展开。总体而言，Knechel et al.（2009）研究发现，客户规模越大，管理自动化程度越高，越是以 12 月份作为财务年度划分标准，则审计投入—产出系统的运行效率越高。

第四节　总结与未来研究方向

长期以来，由于缺乏直接的经验证据，使得我们对审计服务生产知之甚少。对审计服务生产的考察不仅能够拓展审计理论的研究领域，更重要的是还能为审计实践者和政策制定者提供决策依据。基于此，本章在生产理论的基础上，结合国外相关研究文献，分别探讨了审计服务生产系统、审计服务生产的决定因素及审计服务生产效率问题，希望为我国的审计服务生产研究提供初步的理论基础和方向指引。

依据本章对国外审计服务生产研究思路的梳理，我国未来的研究应重点关注以下几个方面：

(1) 对于我国审计服务生产者而言，客户特征对审计投入—产出系统的影响不容忽视。针对客户不同的特征，恰当地选择与调整审计投入的数量和质量，并合理配置投入的审计资源对生产效率和效果的提高都大有裨益。吴溪（2009）以 2001—2005 年 A 股上市公司为研究样本对此进行了有益的探索。其研究发现：一方面，中小规模会计师事务所的新承接客户伴随着显著更低的项目负责人执业经验；另一方面，大规模会计师事务所为新承接客户配置的项目负责人的执业经验显著高于中小规模会计师事务所，但也没有显著高于所内连续审计客户的项目负责人。这说明我国会计师事务所对不同类型客户的审计投入质量并不存在显著的差异。然而，其他客户特征对审计服务生产的影响尚无系统的研究，须予以特别关注。在研究过程中，我们不仅需要借鉴以上提到的国外审计服务生产的研究思路，在设计实证模型和假设检验时，还要根据我国的实际情况，合理地选择客户特征、审计投入与审计产出等变量，以使我们的研究更具指导意义。

（2）自1998年事务所脱钩改制以来，我国陆续出台了一系列推动事务所规模化发展的政策与措施。例如，中国注册会计师协会于2007年5月发布了《中国注册会计师协会关于推动会计师事务所做大做强的意见》，其中指出，“做大就是实现规模化，做强就是提高竞争力……积极推动事务所结构调整，不断探索规模化发展以及走向国际的方式和途径”。2009年10月，国务院办公厅又转发了财政部《关于加快发展我国注册会计师行业的若干意见》，进一步明确了会计师事务所规模化发展的路径。同时，会计师事务所也积极地通过内涵发展或合并的方式扩大自身规模。那么，我国会计师事务所规模的扩张是否会影响审计服务生产呢？这是我们需要关注的第二个问题。国内学者已经从审计质量（原红旗与李海建，2003；漆江娜等，2004；吕伟，2009）和市场份额（刘明辉与徐正刚，2005）的角度提供了间接的经验证据。然而，由于审计质量和市场份额的变化可能仅仅源于审计投入的增加，所以我们有必要从生产的视角考察会计师事务所规模的影响。

（3）当前我国会计师事务所的收入主要源于审计服务，非审计服务类型狭窄、层次低，非审计服务费用占事务所总收入的比例相对较小。从2008年度的情况看，我国前百强会计师事务所非审计服务收费的占比平均只有18.8%。[①] 因此，我国会计师事务所审计服务与非审计服务的冲突并不明显（叶少琴与刘峰，2005）。刘星等人（2006）与董普等人（2007）以在年报中同时披露审计费用与非审计费用的A股上市公司为样本，以操纵性应计利润衡量审计独立性，结果没有发现非审计服务对审计师的独立性产生损害。在这种环境下，研究联合生产对审计服务生产的影响能为我国监管政策的制定提供方向，这也是我们需要关注的第三个问题。如果联合生产对审计服务生产存在正面影响，那么我国则不必借鉴《萨班斯-奥克斯利法案》，禁止会计师事务所向审计客户提供非审计服务，而是应该充分利用联合生产的交互关系，在保持传统审计业务的同时鼓励发展咨询业务。

（4）尽管学术界对审计任期问题仍存在广泛争议，但是在国外监管经验的基础上，我国也制定了相应的强制性轮换制度。2003年10月中国证券监督管理委员会和财政部联合颁布了《关于证券期货审计业务签字注册会计师定期轮换的规定》，强调签字注册会计师连续为某一相关机构提供审计服务不得超过五年，而且当签字注册会计师已连续为同一相关机构提供五年审计服务并被轮换后，在两年以内不得重新为该相关机构提供审计服务。2004年国务院国有资产管理委员会又颁布了《中央企业财务决算审计工作规则》，规定同一会计师事务所承办企业年度财务决算审计业务不应连续超过5年。然而，我国关于强制性轮换的研究

① 相关数据来源于中国注册会计师协会发布的《2009年会计师事务所综合评价前百家信息》。

（陈信元与夏立军，2006；夏立军等，2005；刘启亮，2006；刘启亮与唐建新，2009；曹强与葛晓舰，2009）仍局限于审计任期与审计质量的关系上，而且尚无统一的结论。考察审计任期与审计服务生产之间的关系，不仅可以了解审计服务生产的决定因素，而且将有助于解决我国审计师和会计师事务所的强制性轮换问题，这也是我们需要关注的第四个问题。

（5）2006 年 2 月 15 日，财政部在中国会计审计准则体系发布会上，颁布了中国注册会计师协会拟定的《中国注册会计师鉴证业务基本准则》等 22 项准则和修订的《中国注册会计师审计准则第 1142 号——财务报表审计中对法律法规的考虑》等 26 项准则，全面确立了我国现代风险导向审计模式。新审计准则的颁布对我国审计服务生产的影响是第五个我们需要关注的问题。值得一提的是，未来的研究方向除了前述文献中提到的以外，还需要重点考察我国在新审计准则颁布实施后，审计投入在不同审计阶段和每一阶段特定程序配置的变化情况，以及审计投入—产出系统的运行效率状况。

（6）我们需要关注的第六个问题是我国审计服务生产的效率。虽然曹强、陈汉文与胡南薇（2008）应用数据包络分析方法（DEA）初步评估了我国事务所的审计生产效率状况，并在此基础上检验事务所特征和行为对审计生产效率的影响，但是其研究的样本局限于非“十大”会计师事务所，而且该文仅考察了会计师事务所地域、任期、行业专业化程度和出具的审计意见类型对审计生产效率的影响。因此，之后的研究需要在样本及影响因素方面进行进一步扩展。

应该指出的是，审计服务生产方面的研究仍受到很多客观条件的限制。首先，审计服务生产数据难以获得。虽然审计意见、审计费用和审计任期等方面的数据已经公开披露，但是审计服务生产方面的数据仍然处于事务所私有的状态，研究者不得不通过问卷调查的方式获得，这样数据的准确性可能会存在问题。其次，审计产出具有不可观察的特性。目前以事务所品牌或耗费在证据收集活动上的时间计量审计产出的方法仍然值得商榷。再次，审计投入质量难以衡量，特别是劳动力投入质量。劳动力投入质量包含审计师的知识、技能和职业判断能力，仅仅采用职员级别作为替代变量可能存在计量误差。最后，由于前三个方面的原因，更加使得我们难以估计出审计服务生产函数和成本函数，从而影响对审计服务生产的深入研究。

［参考文献］

［1］曹强，陈汉文，胡南薇．事务所特征、行为与审计生产效率．南开管理评论，2008（2）：84～91．

［2］曹强，葛晓舰．事务所任期、行业专门化与财务重述．审计研究，2009（6）：59～68．

［3］陈信元，夏立军．审计任期与审计质量：来自中国证券市场的经验证据．会计研究，2006（1）：44～55.

［4］董普，田高良，严骞．非审计服务与审计质量关系的实证研究．审计研究，2007（5）：42～49.

［5］刘明辉，徐正刚．中国注册会计师行业的规模经济效应研究．会计研究，2005（10）：71～75.

［6］刘启亮．事务所任期与审计质量——来自中国证券市场的经验证据．审计研究，2006（4）：40～49.

［7］刘启亮，唐建新．学习效应、私人关系、审计任期与审计质量．审计研究，2009（4）：52～64.

［8］刘星，陈丽蓉，刘斌，孙芳城．非审计服务影响注册会计师独立性吗？——来自中国证券市场的经验证据．会计研究，2006（7）：30～38.

［9］吕伟．事务所规模、审计质量与信息传播效率．山西财经大学学报，2009（11）：102～107.

［10］漆江娜，陈慧霖，张阳．事务所规模·品牌·价格与审计质量——国际“四大”中国审计市场收费与质量研究．审计研究，2004（3）：59～65.

［11］唐建华．风险导向审计思想的历史演进——对美国审计准则发展的案例研究．审计研究，2009（2）：79～83.

［12］吴溪．会计师事务所为新承接的审计客户配置了更有经验的项目负责人吗？中国会计与财务研究，2009，11（3）：1～28.

［13］夏立军，陈信元，方轶强．审计任期与审计独立性：来自中国证券市场的经验证据．中国会计与财务研究，2005，7（1）：54～79.

［14］叶少琴，刘峰．审计与管理咨询业务：混营抑或分拆．审计研究，2005（2）：44～47.

［15］余玉苗，李琳．审计师任期与审计质量之间关系的理论分析．经济评论，2003（5）：124～128.

［16］原红旗，李海建．会计师事务所组织形式、规模与审计质量．审计研究，2003（1）：32～37.

［17］张奇峰，张鸣，戴佳君．中国审计定价实证研究述评．会计研究，2006（6）：87～93.

［18］Abdel-khalik，A. R. The jointness of audit fees and demand for MAS：a self-selection analysis. Contemporary Accounting Research，1990，7（Spring）：295-322.

［19］Arrow，K. J. The economic implications of learning by doing. Review of Economic Studies，1962：155-173.

[20] Ashbaugh, H., R. LaFond and B. Mayhew. Do non-audit services compromise audit independence? further evidence. The Accounting Review, 2003, 78 (3): 611-639.

[21] Atkinson, R. K., A. Renkl, and M. M. Merrill. Transitioning from studying examples to solving problems: effects of self-explanation prompts and fading worked-out steps. Journal of Educational Psychology, 2003, 95 (4): 774-783.

[22] Beaulieu, P. R. The effects of judgments of new clients' integrity upon risk judgments, audit evidence, and fees. Auditing: A Journal of Practice and Theory, 2001, 20 (2): 85-100.

[23] Bell, T. B., Knechel, W. R., and J. J. Willingham, Jr. An exploratory analysis of the determinants of audit engagement resource allocations. In Audit Symposium XII: Proceedings of the 1994 Deloitte & Touche/Kansas Symposium on Auditing Problems, edited by R. P. Srivastava. Lawrence, KS: University of Kansas Press, 1994.

[24] Bell, T. B., R. Doogar, and I. Solomon. Audit labor usage and fees under business risk auditing. Journal of Accounting Research, 2008, 46 (4): 729-760.

[25] Blokdijk, H., F. Drieenhuizen, D. A. Simunic, and M. T. Stein. An analysis of cross-sectional difference in big and non-big public accounting firms' audit programs. Auditing: A Journal of Practice and Theory, 2006, 25 (1): 27-48.

[26] Davidson, R. A., and W. E. Gist. Empirical evidence on the functional relation between audit planning and total audit effort. Journal of Accounting Research, 1996, 34 (Spring): 111-124.

[27] Davis, L., D. Ricchiute, and G. Trompeter. Audit effort, audit fees, and the provision of non-audit services to audit clients. The Accounting Reviews, 1993, 68 (1): 135-150.

[28] DeAngelo, L. E. Auditor independence, "low balling", and disclosure regulation. Journal of Accounting and Economic, 1981, 3 (2): 113-127.

[29] Dopuch, N., M. Gupta, D. A. Simunic, and M. T. Stein. Production efficiency and the pricing of audit services. Contemporary Accounting Research, 2003, 20 (1): 79-115.

[30] Eichenseher, J. W., and P. Danos. The analysis of industry-specific auditor concentration: towards an explanatory model. The Accounting Review, 1981, 56 (3): 479-492.

[31] Firth, M. A. The provision of non-audit services by accounting firms to their clients. Contemporary Accounting Research, 1997, 14 (2): 1-21.

[32] Frankel, R. M. , M. F. Johnson, and K. K. Nelson. The relation between auditors' fees for non-audit services and earnings management. The Accounting Review, 2002, 77 (Supplement): 71-105.

[33] Fuchs, V. The service economy. New York, NY: National Bureau of Economic Research. Fukukawa, H. , T. J. Mock, and A. Wright. 2005. Audit program plans and audit risk: a study of Japanese practice. Working Paper, Nagasaki University, 1968.

[34] Galbraith. J. K. American capitalism: the concept of countervailing power. Boston, Hougton-Mifflin, 1952.

[35] Gaynor, L. M. Investors' perceptions of audit independence: the effect of disclosure versus auditor restrictions. Working Paper, Georgertown University, 2002.

[36] Ghosh, A. , D. Moon. Auditor tenure and perceptions of audit quality. The Accounting Review, 2005, 80: 585-612.

[37] Grubbström, Robert. Modeling production opportunities: an historical overview. Int. J. Production Economic, 1995, 41: 1-14.

[38] Guess, A. , T. Louwers, and J. Strawser. The role of ambiguity in auditors' determination of budgeted audit hours. Behavioral Research in Accounting, 2000, 12: 119-138.

[39] Gujarati, D. N. Basic econometrics. Third Edition. New York, NY: McGraw-Hill, Inc. , 1995.

[40] Gul, F. A. , B. Jaggi and G. V. Krishnan. Auditor independence: evidence on the joint effects of auditor tenure and non-audit fees. Auditing: A Journal of Practice and Theory, 2007, 26 (2): 117-142.

[41] Gul, F. A. , S. Y. K. Fung and B. Jaggi. Earnings quality: some evidence on the role of auditor tenure and auditors' industry expertise. Journal of Accounting and Economics, 2009, 47: 265-287.

[42] Hackenbrack, K. , and W. R. Knechel. Resource decision in audit engagements. Contemporary Accounting Research, 1997, 14 (3): 481-499.

[43] Hay, D. , and W. R. Knechel. The effects of advertising and solicitation on audit fees. Working Paper, University of Florida, 2008.

[44] Hay, D. , W. R. Knechel, and N. Wong. Audit fees: a meta-analysis of the effect of supply and demand attributes. Contemporary Accounting Re-

search，2006，23 (1)：141-191.

[45] Joe，J. R.，S. D. Vandervelde. Do auditor provided non-audit services improve audit effectiveness. Contemporary Accounting Research，2007，24 (2)：467-488.

[46] Johnson，V.，I. K. Khurana，and J. K. Reynolds. Audit firm tenure and the quality of financial reports. Contemporary Accounting Research，2002，19 (4)：637-660.

[47] Johnstone，K. M.，and J. C. Bedard. Audit firm portfolio management decisions. Journal of Accounting Research，2004，42 (4)：659-690

[48] Johnstone，K. M.，and J. C. Bedard. Audit planning and pricing during the period surrounding passage of the Sarbans-Oxley Act. Working Paper. University of Wisconsin-Madison，2005.

[49] Katz，Michael L. and Harvey S. Rosen. Microeconomics. Third Edition. Irwin McGraw-Hill，1998.

[50] Kim，J. B.，D. A. Simunic，M. T. Stein. C. H. Yi. The efficiency of audit production and the pricing of audit services：evidence from South Korea. Working Paper，City University of Hong Kong，2005.

[51] Kinney W. R.，Z. V. Plamrose，and S. W. Scholz. Audit independence，non-audit services，and restatements：was the U. S. government right?. Journal of Accounting Research，2004，42 (3)：561-588.

[52] Knechel，W. R.，Paul Rouse，and Caren Schelleman. A modified audit production framework：evaluating the relative efficiency of audit engagements. The Accounting Review，2009，84 (5)：1607-1638.

[53] Mayer，R. E.，and M. C. Wittrock. Problem-solving transfer，in D. C. Berliner and R. C. Calfee，handbook of educational psychology. New York：Simon and Schuster Macmillan，1996.

[54] Myers，J. N.，L. A. Myers，and T. C. Omer. Exploring the term of the auditor-client relationship and the quality of earnings：a case for mandatory auditor rotation? The Accounting Review，2003，78 (July)：779-799.

[55] O'Keefe，T. B.，D. A. Simunic，and M. T. Stein. The production of audit services：evidence from a major public accounting firm. Journal of Accounting Research，1994，32 (2)：241-262.

[56] Palmrose，Z.-V. Audit fees and auditor size：further evidence. Journal of Accounting Research，1986，24 (1)：97-110.

[57] Palmrose，Z.-V. The relation of audit contract type to audit fees and

audit hours. The Accounting Review, 1989, 64 (3): 488–499.

[58] Rhode, J. G., G. M. Whitsell, and R. L. Kelsey. An analysis of client industry concentrations for large public accounting firms. The Accounting Review, 1974, 49 (4): 772–787.

[59] Schiff A., and H. D. Fried. Large companies and the big eight: an overview. Abacus, 1976, 4: 116–124.

[60] Simunic, D. A. The pricing of audit services: theory and evidence. Journal of Accounting Research, 1980, 18 (Spring): 161–190.

[61] Simunic, D. A. Auditing, consulting, and audit independence. Journal of Accounting Research, 1984, 22 (2): 679–702.

[62] Slack, Nigel, Chambers, Stuart, Harland, Christine, Alan and Johnston, Robert. Operations management. Pitman Publishing, London, 1995.

[63] Starr, Martin. Evolving concepts in production management. Elwood S. Buffa (ed.). Readings in production and operations management. John Wiley, New York, 28–35, 1966.

[64] Stein, M. T., D. A. Simunic, and T. B. O'Keefe. Industry differences in the production of audit services. Auditing: A Journal of Practice and Theory, 1994, 13 (Supplement): 128–142.

[65] Stiglitz, Joseph E., and Carl E. Walsh. Economics. Fourth Edition. W. W. Norton, 2005.

[66] Wagner L. Readings in applied microeconomics. Second Edition. London: Oxford University Press, 1981.

[67] Wines, G. Auditor independence, audit qualification and the provision of non-audit services: a note. Accounting and Finance, 1994, 34 (1): 75–86.

[68] Wright, A., and J. Bedard. Decision processes in audit evidential planning: a multistage investigation. Auditing: A Journal of Practice and Theory, 2000, 19 (1): 123–143.

[69] Zeff, S. A., and R. L. Fossum. An analysis of large audit client. The Accounting Review, 1967, 42: 298–320.

第三章 内部控制信息

本章导读

财务报告和内部控制信息从企业内部向企业外部流动的过程中经历了信息生产、信息披露、信息鉴证和信息接收等信息链条，在该信息链条中，企业、审计师、投资者及政府等利益相关者在其中扮演了相互关联但差异化的不同角色。信息经济学为分析内部控制信息链条的整个过程提供了有用的框架。该框架的总体逻辑是：财务报告缓解信息不对称，内部控制监控财务报告信息的生产过程，而过程观下的内部控制影响因素包括公司治理特征和公司特质；为了降低道德风险和逆向选择，需要公开披露内部控制信息；披露过程中审计师发挥信息增信与信息甄别之功，内部控制信息披露之后则在市场上产生信息价值；由于内部控制信息的“公用物品”性质，政府有必要进行管制。

《萨班斯-奥克斯利法》（SOX-2002）的颁布推动了21世纪世界范围内的公司治理与会计审计职业改革，内部控制信息生产及披露成为重中之重。[①] 2008年，我国中央五部委亦发布了中国版的“萨班斯法”——《企业内部控制基本规范》，并于2010年发布《企业内部控制应用指引》、《企业内部控制评价指引》和《企业内部控制审计指引》，标志着我国内部控制规范体系基本建成。本章基于信息经济学的研究范式，依据内部控制信息的传递链条，关注从企业内部到企业外部的信息流动，分析不同市场主体扮演的信息角色，探讨内部控制的基本理论和影响因素、内部控制信息的披露动机、审计与内部控制关系、内部控制信息的市

① 本章所指的内部控制主要是指财务报告内部控制（internal control over financial reporting），以下简称为“内部控制”。

场反应和政府管制，并对相关的研究进行述评，希冀能为内部控制信息的研究提供一个较为全面的分析框架和研究视野。

第一节　内部控制信息的研究范式：基于信息经济学

信息不对称（asymmetric information）是信息经济学最基本的假设之一。由于信息不对称的存在，委托代理双方实际上进行着无休止的信息博弈。“隐藏知识”（hidden knowledge）和“隐藏行动”（hidden action）造成信息差异并导致“逆向选择”和“道德风险”问题（Myerson，1991）。公司财务报告在一定程度上缓解了“信息不对称”所带来的问题。内部控制是为财务报告的可靠性和合规性（财务报表编制符合公认会计原则）提供合理保证的一个过程（SEC，2003）。按照 COSO① 内部控制的过程观，财务报告内部控制不仅是对财务信息结果的控制，而且与财务报告的生产过程整合在一起，并对该过程进行监督。传统上降低委托人和代理人之间信息不对称的方式是披露财务报告，21 世纪初的重大财务丑闻使人们重视起内部控制对财务报告生产过程的（合理）保证，促使美国国会通过《SOX 法案》强制要求所有上市公司评价与报告内部控制，以减少管理者舞弊的动机和机会（Shapiro & Matson，2008）。

内部控制信息披露产生于委托代理双方的需要。从企业外部来看，道德风险是公司选择披露内部控制信息的外在压力。由于股东与管理者之间存在着委托代理关系，管理者利用自身拥有不被股东观察到的“隐蔽行为”，可能违背合同规定的行为模式。为了防止管理者“偷懒”，不仅需要财务数据评价管理层，更需要管理者提供保证财务报告可靠性的内部控制信息。从企业内部来看，逆向选择是内部控制信息披露的内在动力。由于存在逆向选择，投资者无法辨别公司好坏，若不披露内部控制信息可能导致“柠檬”市场，因此，公司有动机主动披露内部控制信息以区别于其他公司。由于内部控制监控财务信息的生成过程，内部控制的运行状况反映了企业生产财务信息过程的质量，内部控制信息就起到了信号显示的作用，使投资者区分市场中不同企业质量的种类。内部控制信息一旦披露，就由“私人信息”变成了“公共信息”，被投资者接收并产生市场反应。由于内部控制信息具有公用物品的性质，面临市场失灵时就需要借政府之手。历史地看，1974—1977 年间代表大公司的利益集团采取主动策略成功地限制了内部控制监管的范围，1978—1987 年间强势的大公司利益集团成功地抵制了美国证券交易委员会（SEC）要求的内部控制报告强制披露（Shapiro & Matson，

① COSO 指全国虚假财务报告委员会下属的发起人委员会（The Committee of Sponsoring Organizations of The National Commission of Fraudulent Financial Reporting）。

2008），21世纪初的系列重大财务丑闻则导致了《SOX法案》的出台，其中302条款规定上市公司应当评价内部控制的有效性，404条款不但要求上市公司管理层出具内部控制评价报告，而且需要聘请审计师对其进行审计并报告。① 审计师既对内部控制进行鉴证，又利用内部控制进行财务报告审计，前者保证了内部控制信息的真实可靠，起到了信息增信的作用，后者降低了审计成本和审计失败的双重风险，实现了信息甄别。

从信息经济学的角度出发，在内部控制信息由企业内部向外部的依次流动过程中，内部控制信息的各作用主体（企业、审计师、投资者及政府）在信息流动中扮演了不同的角色，企业基于道德风险与逆向选择动机生产与披露内部控制信息，披露出来的信息受到审计师的鉴证，经鉴证后的内部控制信息被投资者接收并产生市场反应，这一从生产、鉴证到接收的整个过程都受到政府的监管。内部控制信息在这些主体的共同作用下，使企业的私人信息变成公共信息，完成了信息的传递过程。

20世纪70年代以来，内部控制研究逐渐增多，但主要采用的是规范研究、实验研究以及建立数学模型的分析式研究。《SOX法案》颁布后，利用档案数据的内部控制经验研究②成为主流。至今，该领域研究成果较为丰硕，但尚缺乏在一个完整的框架下对其进行梳理。本章从信息经济学出发，构建了一个内部控制信息的研究框架（见图3—1）。该框架遵循两条主线：一是财务报告和内部控制信息由企业内部向外部流动的过程；二是内部控制信息各作用主体（企业、审计师、投资者及政府）在信息流动中扮演的角色。基于这一研究框架，本章对西方有关内部控制信息的实证研究进行较为系统的梳理。

第二节　内部控制的信息生产：传导机制与披露动机

内部控制与财务报告生成过程整合在一起，一方面，监控信息生产过程的运行情况，为信息的可靠性提供合理保证。薄弱的内部控制会降低信息质量，如Doyle et al.（2007a）、Ashbaugh et al.（2008）、Lu et al.（2011）均发现内部控制

---

① 美国于2002年7月30日颁布的《SOX法案》对公司内部控制做出规定：SOX 302条款要求管理层评价内部控制，报告内部控制有效性的结论。SEC（2002）将此处的内部控制定位于“披露控制和程序”（disclosure controls and procedures），即为了保证按照《证券交易法》在编制呈报报告中应披露的信息能够在规定的期间记录、处理、归总和报告，公司设计的控制和其他程序。SOX-404条款更为严格，404（a）要求公司提交管理者的内部控制自评报告，同时404（b）还要求审计师对管理者的内部控制报告进行鉴证。AS5第71和72条要求审计师对财务报告内部控制的有效性出具审计意见。在对公司财务报告内部控制的有效性形成意见后，审计师应当评价管理者财务报告内部控制的年度报告中要素的陈述。两者均有助于投资者评价企业内部控制，为简便起见，本文均称为内部控制鉴证。

② 为了简化，若未特别说明，下文中经验研究和实证研究指基于档案数据的经验研究。

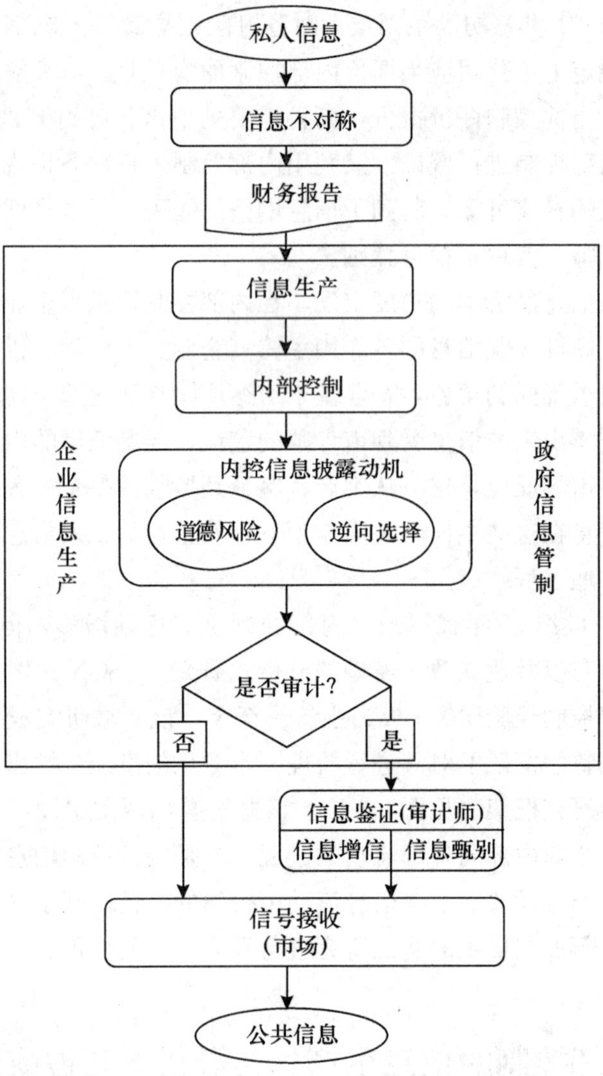

图 3—1　基于信息经济学的内部控制信息之研究框架

薄弱的公司应计质量较低；Feng et al.（2009）表明内部控制薄弱的公司管理者预测准确度低；Beng Wee & L. Dan（2011）证实存在内部控制实质性漏洞的公司会计稳健性较低。另一方面，内部控制也会受到企业内部因素的影响，如公司治理与公司特质。

一、内部控制质量的信息传导机制及其影响因素

公司治理对内部控制影响重大。董事会为保护股东利益对管理者进行监督，其下设的审计委员会更是直接地监督财务报告，现有研究主要考察了董事会和审计委员会的构成（规模、专长、独立性）及行为（会议次数）对内部控制质量的影响。克里斯南（Krishnan）是内部控制实证研究的先驱之一。Krishnan

(2005) 基于变更审计师时披露内部控制信息①对审计委员会质量与内部控制质量的关系进行了实证研究。具体而言，Krishnan (2005) 建立了如下经典模型：

$$ICPROB = \alpha_0 + \alpha_1 ACSIZE + \alpha_2 ACINDEP + \alpha_3 ACEXP + \sum \alpha_i Dtmnts_i + \varepsilon \text{ (Logistic regression)} \quad (3\text{—}1)$$

$$ICSEV = \beta_0 + \beta_1 ACSIZE + \beta_2 ACINDEP + \beta_3 ACEXP + \sum \beta_i Dtmnts_i + \mu \text{ (Multinomianl Logit)} \quad (3\text{—}2)$$

式中，ICPROB 为公司是否存在内部控制缺陷，当存在内部控制缺陷时为 1，反之为 0；ICSEV 为公司内部控制缺陷严重程度，当存在实质性漏洞时为 2，存在应报告情况时为 1，不存在缺陷时为 0；ACSIZE 为审计委员会规模大小，如果人数大于 3 则取 1，否则为 0；ACINDEP 为审计委员会中独立董事比例；ACEXP 为审计委员会中财务专家人数；$Dtmnts_i$ 为其他影响因素或控制变量。研究结果表明，审计委员会的独立性越强、具有财务专长的成员越多，则内部控制中存在的问题越少，但是审计委员会规模与内部控制质量并没有显著的关系，无论对于哪种程度的内部控制问题，以上结论均成立。

在 Krishnan (2005) 之后，大多数学者采用这种以披露的内部控制缺陷来度量内部控制质量的方法②进行实证研究。只是后来学者多在《SOX 法案》的制度背景下进行研究。Yan et al. (2007) 和 Udi Hoitash et al. (2009) 根据 SOX 302 条款和 SOX 404 条款披露内部控制缺陷的研究也支持 Krishnan (2005) 结论。Udi Hoitash et al. (2009) 从董事会规模、独立董事比例、董事平均任期、开会次数以及专业声誉五个方面打分来综合衡量董事会质量，发现在遵守 SOX 404 条款的样本中，董事会质量越高，内部控制越有效，同时审计委员会成员中会计专家和财务管理专家的比例对内部控制质量具有积极影响。Naiker & Sharma (2009) 也支持有专长的审计委员会成员对提高内部控制质量具有积极作用，研究表明审计委员会中有前任审计合伙人可以提高监管内部控制和财务报告的效果。Johnstone et al. (2011) 研究表明审计委员会成员变更以及审计委员会、董事会和高级管理层改善均有助于内部控制缺陷的整改。更进一步，审计委员会的

---

① 《审计准则公报第 60 号——审计师对审计过程中关注到的内部控制结构有关事项的沟通》(SAS NO. 60) 要求如果审计师察觉到被审计单位的内部控制缺陷，称为“应报告情况”，应该与审计委员会或类似权力机构沟通该事项。内部控制缺陷的严重程度可以分为“应报告情况”和“实质性漏洞”。前者为内部控制设计或执行上的重大缺陷，该缺陷可能会使得管理者在财务报告中申明的公司记录、处理和报告财务信息的能力受到不利影响。后者也是一种“应报告情况”，在这种“应报告情况”下，一个或多个内部控制要素在设计或运行上，无法将错误或舞弊导致的财务重大错报风险降低到较低水平，该错报无法在正常运营期间由执行指定职能的员工及时发现。当公司更换审计师时，需要在 8-K 表中披露前两年是否发生“应报告情况”，若存在则须说明其性质。

② 该内部控制信息既可能来自管理层的评价，也可能来自审计师的内部控制评价。此外，也存在少量其他度量方法，如 Bronson et al. (2006) 根据《SOX 法案》之前公司是否自愿披露管理层的内部控制报告来度量内部控制；Masli et al. (2010) 采用公司执行内部控制监督技术的情况来度量内部控制。

影响力、胜任能力和激励改善有助于整改与控制活动和内部监督相关的内部控制缺陷，而董事会质量改善有助于整改与内部环境和信息及沟通相关的内部控制缺陷。Li et al.（2010）则对财务总监进行了研究，发现获得否定 SOX 404 意见的公司较少具有合格的财务总监，而只有雇用更好的财务总监，SOX 404 意见才会变好。Shu et al.（2011）研究结果表明，实质性漏洞披露与内部审计职能活动的性质和范围比内部审计的胜任能力、客观性及对内部审计职能投入更相关。内部审计工作采用质量控制技术的程度、审计活动与财务报告相关程度以及跟踪内部控制缺陷的程度均与披露实质性漏洞负相关，这表明这些活动更可能是防止而不是发现内部控制缺陷。

公司特质是企业竞争优势的根源（Penmse，1959）。从企业内生成长的角度看，企业的不同特质使各企业组织专业化生产活动具有不同的动态优势，因此企业特质必然影响着内部控制。目前研究的公司特质主要包括经营复杂性、组织变动、财务状况和企业规模等。Ashbaugh et al.（2007）发现经营复杂性和经营范围、组织变动、会计应用风险（如公司存货越多面临存货计量的内部控制风险越大）和内部控制资源均对公司的内部控制产生影响。公司涉及多行业或者跨国经营或者经营范围广，将会增加公司业务的复杂性，使得建立合适的内部控制更难。企业兼并需要整合公司的经营、系统和文化，这使得内部控制面临重大挑战。公司减小规模和组织重构时，由于人员职责分工、人员缺乏和管理问题更有可能导致内部控制风险。高速增长的公司由于经营范围扩张和业务复杂程度增加，更容易出现人员问题。存货过多可能会导致货物损失、存货减值报废确认不及时等，从而增加会计错报的风险。此外，他们认为信息和内部控制系统需要数额较大的固定成本，安装和维护成本较高，如果投入较少，不但无法建立完善的信息系统以提高内部控制，而且缺乏足够的人员和专家来维护这些系统。Doyle et al.（2007b）利用 779 家公司在 2002—2005 年年报中披露的内控薄弱环节为研究对象，结果发现：内控薄弱环节的存在与企业规模、企业年龄、财务状况和成长性呈反比，而与企业的复杂程度呈正比。Masli et al.（2010）证实实施内部控制监督技术的公司内部控制缺陷少。此外，Cassar & Gerakos（2010）对对冲基金的内部控制质量进行研究，结果表明潜在代理成本高的基金内部控制质量较高，具体表现为较新的基金、离岸基金更倾向于建立好的内部控制，而偏空投资策略（short bias investment strategy）基金为了避免专有信息被其他交易者获得，内部控制较为薄弱。Petrovits et al.（2011）则对 27 495 个公共慈善机构进行研究，结果表明财务状况差、增长、复杂和小的慈善机构内部控制薄弱。

上述研究结果表明：内部控制质量与企业内部因素（公司治理特征和公司特质）及企业财务报告之间存在着一种信息传导机制，公司治理特征和公司特质不同程度地影响着内部控制质量进而影响信息生产，后者（信息生产）又影响着财务报告的可靠性，最终影响着委托人与代理人之间的信息不对称。

二、内部控制信息的披露动机：道德风险与逆向选择

内部控制的有效运行可以保证财务报告的信息质量，缓解委托代理双方的信息不对称。委托者主要通过内部控制相关信息来了解内部控制的运行状况，而管理者作为受托人比外部投资者拥有信息优势，存在道德风险和逆向选择，这促进了内部控制信息的披露。

（一）道德风险

为了降低道德风险，减少代理成本，股东要求受托人披露与财务报告质量相关的信息。Bronson et al.（2006）认为，大机构投资者和大股东均有动力监督管理者行为和财务报告质量，这促使管理者披露内部控制信息来反映内部会计控制，然而实证结果表明大股东对内部控制信息披露的影响不显著。Ashbaugh et al.（2007）的结论也支持此观点，他们发现，股权越集中，股东对管理层的监管越强，当公司财务报告过程存在缺陷时，管理者面临股东的诉讼威胁越大，股东监管和股东诉讼均促使管理者披露内部控制缺陷信息。Deumes & Knechel（2008）则发现外部股权集中度与公司管理者披露内部控制信息程度负相关，他们认为披露内部控制信息可以使得投资者更好地监督管理者，内部控制信息披露程度随着信息风险及代理问题程度的增加而增加，而外部股权越集中，信息不对称和代理问题越少。此外，他们还发现财务杠杆比例越高，股东侵占债权人利益的可能性越大，代理冲突越大，管理者披露内部控制信息的程度越高。

（二）逆向选择

在资本市场上，逆向选择使优质公司定价过低，为减少逆向选择，公司采用充分披露政策，以增加公众可获取的信息量（Scott，2006）。自愿披露公司内部控制信息的目的亦在于通过信号传递来降低逆向选择。

Bronson et al.（2006）认为内部控制较为完善而其他特征表明舞弊风险较高的公司，自愿披露内部控制信息是一种向外部发送公司财务报告质量高的信号方式；销售快速增长的公司，披露内部控制信息可以向外部表明公司的快速增长没有超出公司内部控制系统的能力。然而，两者均未得到经验数据的有力支持。Raghunandan & Rama（1994）、McMullen et al.（1996）发现《财富》100强的公司（大公司）披露内部控制信息的比例较高，而小公司披露内部控制信息的比例较低。Trueman（1986）认为管理者有动机自愿披露，因为披露信息可以使投资者获得管理者的私有信息，降低信息不对称，从而提高公司的市值。Deumes & Knechel（2008）以荷兰20世纪90年代末期的上市公司为样本，研究发现，内部控制可以增强投资者对信息的信赖程度，自愿披露内部控制信息可以降低预计风险，从而降低投资者对资本成本的要求。Baiman & Verrecchia（1996）认为披

露信息可以降低公司的资本成本，支持其降低逆向选择的作用。Einhorn & Ziv（2008）通过建立跨期动态模型进行分析发现，管理者披露内部信息（包括内部控制信息）隐含着一份承诺，即将来也要披露类似的信息，这必将带来一系列披露的间接成本，抑制了管理者披露内部信息。

值得注意的是，内部控制信息披露可以有效降低信息不对称，同时也带来了准备内部评价报告时收集和评价信息的成本、内部控制信息错误对管理者产生的诉讼成本（McMullen et al.，1996）以及内部控制信息向竞争对手泄露公司专有信息的潜在成本，从而降低了管理者披露信息的意愿（Deumes & Knechel，2008）。

第三节　内部控制的信息鉴证：信息增信与信息甄别

审计师既要鉴证企业内部控制有效性，又要评价管理者内部控制报告，以增强管理层内部控制评价报告的可信性。从审计师进行财务报表审计的角度来看，审计师需要了解和测试内部控制，以甄别被审计单位的经营管理情况，判断审计风险，制定或调整审计计划。审计师与内部控制的关系主要表现为信息增信和信息甄别。

一、内部控制的信息增信：增强内部控制报告的可信性

管理层的内部控制评价报告由审计师测试和评价，增强了其可信性。针对《SOX 法案》第 404 条款的规定，Doyle et al.（2007a）研究认为，404 条款下审计师应用的内部缺陷披露阈值低于 302 条款下管理者的阈值。Beneish et al.（2008）支持了这一观点，发现按 302 条款披露的内部控制缺陷比按 404 条款披露的市场负面反应大，其原因之一就是审计师审计降低了管理者披露内部控制缺陷的阈值。Hammersley et al.（2008）经验证据表明，“四大”会计师事务所审计的公司披露内部控制缺陷时，市场对其负面反应小于非“四大”会计师事务所审计的公司，从而得出审计师有助于投资者评价内部控制缺陷的严重程度以及内部控制缺陷是否正确彻底地查明。可见，审计师增强了内部控制信息的可信性。

二、内部控制的信息甄别：评价利用内部控制信息

在接受财务报告独立审计委托时，审计师必须实施内部控制测试进行信号甄别。内部控制信号以及信号甄别的引入改变了审计师对经济业务结果进行详细检查的传统做法，强调对内部控制进行评价，再依据评价结果决定实质性测试的性质、时间和范围，形成了制度基础的审计模式。以前国外学者对审计师评价利用内部控制的研究，主要采用建立数学模型的分析研究方法和实验研究方法，大致从三个方面展开：（1）内部控制评价的定量评价方法，该研究试图解决如何定量

评价内部控制；（2）内部控制评价与审计计划，该研究试图解决内部控制评价有何作用；（3）影响内部控制评价的因素，该研究试图寻找影响审计师评价内部控制的因素。不过，自从《SOX法案》实施以来，越来越多的学者采用经验研究方法来研究内部控制与审计行为。

1．内部控制定量评价方法的研究

对内部控制的评价非常重要，审计师一直以来没有一种方法可以客观地评价内部控制系统的可靠性。按照惯例，审计师利用问卷、流程图以及对交易进行测试来实现评价的目的。虽然这些方法有许多优点，但是它们不能提供客观、量化的评价。于是，早期的大量学者通过建立数学模型来模拟研究内部控制机制，以期得到评价内部控制的定量方法。Seongjae Yu & John Neter（1973）证实了客观、定量化分析内部控制系统的可能性。他们将概率论和转移矩阵引入模型，可以将内部控制的强弱点通过概率来表示，这可以让审计师更好地分析内部控制系统来判断内控的强弱点。Cushing（1974）建立了一个控制—发现错误—纠正错误的内控分析框架，并将这些过程的概率（包括检查概率、发现概率和纠正概率）用数学公式表示出来，带入模型即可判断系统内控的优劣。Kinney（1975）发展了一个能将内控系统设计、符合性测试、分析性程序以及细节测试在审计计划和补充程序中的作用整合起来考虑的模型。Hamlen（1980）提出了最优化模型（optimization model），可以评估内部控制对于某项措施的依赖（单项措施的应用效果）。Grimlund（1982）引入模拟内部控制系统的审计函数（auditing function），整合了多种不同的审计证据，并建立起证据和账户余额推断之间的逻辑关系。Srivastava（1986）在Grimlund（1982）审计函数的基础上引入了文档证据之间的依赖性，使得审计函数的应用更具有一般性。Nichols（1987）根据现实的审计资料，提出了一个关于审计师初步鉴评实验（preliminary evaluations）预计模型（predictive model），该模型具有较好的预测准确性，能够预测审计师估值（auditor evaluations）的80%。这些学者的研究加深了人们对内部控制机制的理解，同时也为内部控制的定量评价方法提出了思路。

2．内部控制与审计行为研究

审计师对内部控制的评价结果是确定实质性测试性质、时间和范围的基础，内部控制效果与审计范围存在反向关系（Seongjae Yu & John Neter，1973）。国外学者大多采用实验研究的方法，研究内部控制评价及其对审计计划的影响（Ashton，1974；Gaumnitz et al.，1982；Trotman et al.，1983）。不同审计师对内部评价相同的比例，即评估的一致性，是评价质量好坏的一个重要指标。Ashton（1974）、Ashton & Paul Brown（1980）、Gaumnitz et al.（1982）以及Tabor（1983）实验发现审计师对内部控制评价的一致性水平较高。当内部控制质量评价高时，审计师计划工作量会适当减少；反之，审计师在内部控制薄弱时会调整审计计划，增加细节测试，增加工作量（Cohen & Kida，1989；Hogan & Wilkins，2008）。这体现了内部控制在审计工作中的作用。即使审计师在内部控制评价时一致性较高，他们在审计计划方面仍存在较大分歧，Tabor（1983）发现审计师在选择实质性测试样本时存在显著差异。Smieliauskas（1985）研究表明控制最终风险能力不同的审计师采用的审计策略相差很大。

近几年来，越来越多的学者采用实证研究方法，研究审计客户的内部控制对审计师行为的影响。Masli et al.（2010）研究表明，公司执行内部控制监督技术能够提高内部控制质量，增加审计效率和审计报告及时性。Ettredge et al.（2006）也研究发现存在实质性漏洞的公司，审计延迟较长，并且延迟时间还受缺陷类型的影响。Raghunandan & Rama（2006）选取 660 家以 2004 年 12 月 31 日为财政年度末并且在 2005 年 3 月 15 日前根据 SOX 404 条款提交了报告的制造业企业为样本，研究发现对于 2004 年（实施 SOX 404 条款）披露实质性漏洞的公司审计费用高，而在 2003 年（未实施 SOX 404 条款）这种现象不存在。Hoitash et al.（2008）发现审计定价因内部控制缺陷的严重程度和性质不同而不同。Elder et al.（2009）发现对于审计存在内部控制缺陷的公司，审计师收费更高，更易出具非标审计意见，并且辞聘可能性越大。此外，还证实随着审计客户的控制风险上升，审计师可能依次采取提高审计费用、出具非标审计意见和辞聘的策略。当审计客户的控制风险严重时，审计师的反应程度较强。

上述关于内部控制与审计行为的实证研究采用的审计指标与内部控制指标归纳在表 3—1 中。

表 3—1　　内部控制与审计行为实证研究的主要变量

审计指标/内部控制变量	定义	研究者（研究时间）
审计指标		
ΔAudit Fees	审计费用变化率	Masli et al.（2010）；Elder et al.（2009）
LNFEE/log（FEE）	审计费用取对数	Raghunandan & Rama（2006）；Hoitash et al.（2008）；Elder et al.（2009）
ΔAudit Delays	审计报告日期与财政年度末相隔天数的变化率	Masli et al.（2010）
Audit Delays	审计报告日期与财政年度末相隔天数	Ettredge et al.（2006）
OPINION	是否非标审计意见	Elder et al.（2009）
RESIGNATION	审计师是否辞聘	Elder et al.（2009）
DISMISSAL	是否解聘审计师	Elder et al.（2009）
INDEX	审计师反应系数	Elder et al.（2009）

续前表

审计指标/内部控制变量	定义	研究者（研究时间）
内部控制变量		
SOX ICM	是否执行内部控制监督技术①	Masli et al. (2010)
SOX 404	实施 SOX 404 条款前后	Ettredge et al. (2006)
ICW	是否存在内部控制缺陷②	Ettredge et al. (2006)；Hoitash et al. (2008)；Elder et al. (2009)
GMWIC	是否存在公司层的缺陷	Ettredge et al. (2006)；Hoitash et al. (2008)；Elder et al. (2009)
SMWIC	是否存在账户层次的缺陷	Ettredge et al. (2006)；Hoitash et al. (2008)；Elder et al. (2009)
ICWCG	内部控制缺陷变化	Elder et al. (2009)

说明：①本章还按照内部控制监督技术的执行目的进一步分为两类：一是合规目的，即执行内部控制监督技术仅仅为了满足《SOX 法案》的要求；二是改造变革目的，即执行内部控制监督技术不仅仅为了合规，还为了整合公司的监控活动来满足控制公司层面的风险，往往将内部控制监督计算嵌入公司的信息系统中。

②Hoitash et al. (2008) 还进一步分为重大缺陷和实质性漏洞。

3. 影响审计师内部控制评价的因素研究

内部控制评价方法、内部控制与审计计划的关系仅仅解决了怎么评价以及评价的作用，而无法解决什么因素影响审计师进行内部控制评价的问题。很多国外学者对此进行了研究，主要集中在审计师经验以及教育背景方面。Ashton & Paul Brown (1980)、Trotman and Wood (1991)、Hamilton & Wright (1982) 的研究结果表明审计师经验与内部控制评价一致性不存在显著相关性。George Bodnar (1975) 在模型中强调职业判断（professional judgment）所扮演的重要角色。David (1991) 发现审计师的经验以及知识记忆体系[①]均会影响他们从记忆中检索内部控制信息，从而影响内部控制评价。Borthick，Curtis & Sriram (2006) 试验表明通过加强知识结构的培训，可以使审计师有更好的工作表现。Kopp & O'Donnell (2005) 认为，基于业务流程比基于控制目标培训无经验的审计人员更能增强他们评价内部控制的效果。此外，还有研究表明，法律环境和管理层的评价也会影响审计师对内部控制的评价，而个体和群体评价没有影响。Suil Pae & Seung-Weon Yoo (2001) 认为当外部审计师的法律责任较重时，会导致审计师努力程度较大，而当审计师法律责任较轻时，则会导致审计师在审计过程中并不尽职。Earley，Hoffman & Joe (2008) 发现管理层对内部控制缺陷的分类会干

① David (1991) 将知识体系分为两类：一类是分层知识体系（taxonomic organization of knowledge），即按事物的特征和事物之间的联系将其分成不同类别和层次；另一类是图表知识体系（schematic organization of knowledge），该知识体系将不同事物按空间或时间连接起来，而不是按其特征分类，比如流程图。

扰审计师的正确评价。Trotman et al.（1983）考虑了个体和群体在评价内部控制系统时孰优孰劣，实验结果分析发现以小组形式评价内部控制时由于不能区分每个成员贡献的大小，得到的小组评价结果与每个成员评价的数学平均结果一样，因此群体或个体对评价结果影响不大，由此他提出没有理由用小组来替代个人评价的观点。Wolfe et al.（2009）通过实验发现，审计师评价内部控制偏误的严重程度受到管理者策略（承认缺陷或否定缺陷）及偏误的类型影响。

第四节　内部控制的信息管制：市场反应与经济后果

一、信号接收：内部控制信息的市场反应

内部控制薄弱将增加会计计量误差或者管理层盈余管理行为，导致财务报告质量较低。Doyle et al.（2007a）、Ashbaugh et al.（2008）均发现内部控制薄弱公司的应计质量较低。内部控制缺陷的披露，正是向市场传递了公司低质量的财务报告信息，投资者会据此调高对公司风险的信念，这种信念最终将反映到公司股票价格中去（Beneish et al.，2008）。《SOX 法案》颁布实施后，内控信息便于获得，于是国外大量学者对内部控制信息的市场反应进行了经验检验。目前，这类研究主要集中在以下三个方面：

一是研究内部控制信息是否具有信息含量。Hammersley et al.（2008）发现内部控制缺陷是有信息含量的，投资者据此对预期的公司价值作出了调整。Bencish ct al.（2008）发现公司按 302 条款披露内部缺陷时，异常报酬率显著为负，反映了该条款下披露的内部控制信息具有信息含量。然而对在 404 条款下的披露，市场没有明显反应。

二是研究内部控制缺陷的特征信息对市场的影响。内部控制缺陷特征主要包括缺陷的严重程度、准确性、可审计性、审计质量等，详见表 3—2 所示。Hammersley et al.（2008）发现，内部控制缺陷越严重、披露的信息越模糊，市场负面反应越大。相对于可审计的内部控制缺陷，难以审计的内部控制缺陷（如：内控环境）产生的负面影响较大。高质量的审计（如：经“四大”会计师事务所审计）可以削弱内部控制缺陷产生的负面影响（Beneish et al.，2008；Hammersley et al.，2008）。自愿披露与非自愿披露，对市场的影响也存在差异。Beneish et al.（2008）发现按照 302 条款未经审计的披露比按 404 条款经审计的披露富有更多的信息含量，市场反应更大。Rose et al.（2010）研究了内部控制缺陷披露、缺陷的作用范围（如：内部环境对多个账户和程序都有影响，其作用范围广）和缺陷的解释详细程度是否对投资者评估投资风险产生影响。结果表明，公布内部控制缺陷，投资者会据其调整投资的风险水平。同时，缺陷的作用范围越广和缺

陷的解释程度共同对投资者产生影响——当披露了详细的缺陷解释时，对作用范围广的缺陷，投资者评价投资的风险水平低，对作用范围小的缺陷，投资者评价投资的风险水平反而高。

表 3—2　　内部控制缺陷类别研究

分类标准/内部控制缺陷类型	定义或解释
按严重程度分类	
控制缺陷	AS 5 定义控制缺陷为：当一个控制设计或运行时，管理者或员工执行他们被分配的职能，无法及时阻止或发现错报。
重大缺陷	AS 5 定义重大缺陷为：重大缺陷是一个或多个控制缺陷，这些缺陷严重程度比实质性漏洞轻，但是仍然很重要，应当受到负责监管公司财务报告的人关注。
实质性漏洞	AS 5 定义实质性漏洞为：实质性漏洞是一个或多个控制缺陷，这些缺陷单独或结合极有可能致使公司年报、中报或季报的重大错报无法及时阻止或发现。
按照内部控制有效性评价分类	
内部控制有效	管理者对内部控制评价为有效。
除了披露的缺陷外，内控有效	管理者认为除了已披露的缺陷外，内部控制是有效的。
内部控制无效	管理者评价内部控制是无效的。
根据可审计程度分类	
难以审计的缺陷	Hammersley et al.（2008）将以下几类缺陷归为难以审计的缺陷：（1）舞弊的红旗标志或者该缺陷的存在可能导致舞弊发生，没有充分的证据支持交易或调整分录，管理者和会计员工或审计师之间的沟通不充分，从而阻碍了交易事项被正确记录；（2）财务报告结账程序问题；（3）重要人员缺失（比如：财务总监或主计长），有证据表明管理者超越内部控制或有其他诚信问题。
可审计的缺陷	除上述难以审计的缺陷之外的可审计缺陷。
根据表述详细程度分类	
模糊表述缺陷	如果没有充分描述缺陷，读者无法理解缺陷的来源和重要程度。
详细表述缺陷	非模糊表述缺陷。
根据遵循的条款分类	
根据 SOX 302 条款披露的缺陷	这类缺陷未经过审计师鉴证。
根据 SOX 404 条款披露的缺陷	这类缺陷经过审计师鉴证。
根据内部控制影响范围分类①	
公司层次缺陷	与公司整体层次的控制有关，比如控制环境等。
账户层次缺陷	与特定交易事项或账户有关的内部控制缺陷。

说明：①账户层次缺陷比公司层次缺陷更易于审计。

三是研究内控缺陷信息对公司的影响。目前，学者们研究发现内部控制缺陷信息对公司风险和资本成本具有影响，但是对于内部控制缺陷信息与资本成本之间的关系还存在争议。Ashbaugh et al.（2009）发现，有内控缺陷的公司较没有公布内控缺陷的公司有更高的特有风险（idiosyncratic risk）、系统风险（betas risk）和资本成本。Beneish et al.（2008）研究表明，按302条款披露的内部控制缺陷信息使得权益资本成本上升，而按404条款披露的内部控制缺陷信息对资本成本没有影响。Ogneva et al.（2007）发现内部控制缺陷信息与权益成本之间没有显著的关系。Costello & Wittenberg-Moerman（2011）则研究了内部控制缺陷信息对债务契约的影响。他们发现，当企业存在内部控制缺陷时，债权人会降低对财务业绩的依赖，而加重对非财务指标（如：信用评级）的考虑，并且内部控制缺陷越严重，这种变化越大。Petrovits et al.（2011）发现薄弱的慈善机构内部控制与随后的捐赠及政府支持负相关。Johnstone et al.（2011）发现披露内部控制缺陷导致随后的董事会、审计委员会和高管人员的变动。

二、经济后果：内部控制信息的管制效应

既然市场机制提供公共物品失灵，政府管制便必不可少。20世纪80年代发生的美国储贷业危机催生了《联邦存款保险公司改进法案》（FDICIA），要求资产超过5亿美元的大银行须提供内部控制报告，并要经过审计师的鉴证。Altamuro & Beatty（2009）研究发现：FDICIA使银行业的坏账准备的有效性、盈利的持续性、现金流的可预测性等方面有所改善，内控的强制披露也提高了银行的财务报告质量。

对21世纪初颁布的《SOX法案》及其相关的内部控制信息管制的经济后果，学者们进行了检验。Leonce et al.（2009）发现，《SOX法案》颁布后，相比英国或加拿大上市公司，美国上市公司更加注重规避风险。Costello & Wittenberg-Moerman（2011）发现披露内部控制缺陷提高了债务契约的效率。Patterson & Smith（2007）利用贝叶斯法则模拟管理层与审计师的行动选择，发现《SOX法案》提高了企业内部控制质量并且减少了舞弊行为，但是它并没有提高审计师内部控制测试水平，他们的模型表明审计风险反而提高了。Cohen et al.（2010）从审计师的视角研究发现《SOX法案》实施后公司治理环境得到改善，表明游说降低《SOX法案》标准可能会弱化对公共利益的保护。

目前，关于内部控制信息管制的成本和效益尚存争议。Zhang（2007）发现美国公司在《SOX法案》颁布之后经历了一个显著的负的超额累计回报率，原因在于企业执行《SOX法案》成本过于高昂，而404条款适用时间的推迟有利于中小企业适应该条款。SOX 404条款高昂的执行成本已经影响了公司的财务决策。Engel et al.（2007）发现，《SOX法案》颁布之后，由于巨大的执行成本，

导致企业采取私人募股的趋势大大加剧。Asthana et al.（2004）分析了《SOX 法案》颁布前后 5 208 家公司的审计收费情况，《SOX 法案》颁布之前审计费用占总资产的比例为 0.092%，之后则是 0.157%，增加了 70.6%。Hartman（2007）研究发现，小规模公司审计费用在 2001—2006 年间增加了 311%，中等规模公司增加了 251%，大规模公司增加了 189%。Kinney & Shepardson（2011）巧妙地利用内部控制审计管制对象及时间的不同，来研究 SOX 404（b）是否有效。经验证据表明，实行 SOX 404（b）的公司披露内部控制缺陷显著增加，而只是披露管理者内部控制自评报告而豁免内部控制审计的公司披露内部控制缺陷也以类似的程度增加。然而，从成本角度来看，前者的审计费用远远高于后者的。这支持了这一观点：管理者内部控制自我评价与传统的财务审计结合比 SOX 404（b）要求的内部控制审计成本更加有效。与 Kinney & Shepardson（2011）不同，Bedard & Graham（2011）从会计师事务所获得非公开的内部控制缺陷数据，使得他们的研究可以更加细致深入。结果表明，大部分的内部控制缺陷是审计师内部控制测试检测发现的，并且审计客户倾向于低估内控缺陷的严重性，而审计师往往对其进行修正，故他们从检测发现和判断严重性两个角度支持 SOX 404 条款。

加拿大公司只需在管理者讨论与分析中披露内部控制缺陷，而这些披露无须管理者证实保证，也无须外部审计师鉴证。Lu et al.（2011）从内部控制缺陷、外部审计和应计质量角度对这种制度进行研究，结果表明加拿大内部控制披露具有可信性，而内部控制与外部审计的替代作用（如内部控制薄弱时审计师测试较多）有限，由此支持加拿大现有政策，反对内部控制鉴证。

学者对内部控制审计准则也进行了研究。Krishnan & Song（2011）研究表明，实施 AS 5 前两年比实施 AS 2 的最后一年审计费用下降，但是只有复杂的公司节省了审计费用。Doogar et al.（2010）利用 AS 5 替代 AS 2 这个难得的机会来研究可能存在的过度管制。AS 2 和 AS 5 均为内部控制审计准则，但是相对于 AS 2，AS 5 采用了更加灵活的自上而下的风险导向审计方法，并且鼓励审计师运用职业判断来评价审计客户的重大错报风险，并将精力集中于风险高的环节。由此，提出三个问题（如图 3—2 所示）：（1）在 AS 5 下，审计风险与审计费用更相关？即是否图中 AS 5 的斜率更大。（2）在 AS 5 下审计平均成本是否比 AS 2小？即图 3—2 中 AS 5 平均线是否低于 AS 2（实线）。（3）在 AS 5 下，到底为 1，2，3 哪条虚线所示？对于 AS 5 左边的端点，表示在自上而下的风险导向审计中，对于风险低的审计客户，审计师可以减少多余的工作，而对于 AS 5 右边的端点，即对风险高的客户，风险导向审计发现的问题并不减少或者有更多需要关注的问题，因此这种情况下对审计师工作无法判断。研究方法和结果见表 3—3。

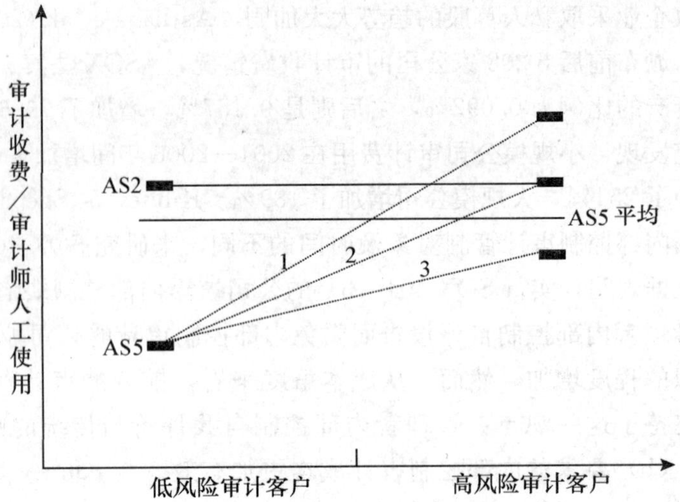

图 3—2 Doogar et al.（2010）结果预期

表 3—3 **Doogar et al.（2010）研究方法及结果**

	实施 AS 5 期间	实施 AS 2b 期间	实施 AS 2a 期间
问题①	A	B	C
问题②③			
1. 所有样本	D	E	
2. 低风险样本	F	G	
3. 高风险样本	H	I	
实施 AS 5 期间：包含财政年度结束晚于 2007 年 11 月 15 日（之后 AS 5 替代 AS 2）的审计客户。实施 AS 2b（AS 2a）期间：包含财政年度在 2006 年 11 月 15 日（2005 年 11 月 15 日）及以后结束，并且在 2007 年 11 月 15 日（2006 年 11 月 15 日）及之前结束的审计客户。			
A，B，C 均表示回归模型中审计客户风险与审计收费自然对数的回归系数，结果 A 显著为正，而 B，C 统计不相关，表明在 AS 5 下，审计工作与风险相关，而在 AS 2 下不相关，从而回答了问题①。			
D～I 分别表示各期间对应样本的审计收费差额（实际收费与据前一期间标准进行预期的收费之差）均值。D 显著为负，E 不显著异于零，表明 AS 5 替代 AS 2 后的平均收费下降，从而回答了问题②。			
F 显著为负，H 显著为正，而 G，I 不显著异于零，表明对于低风险客户，AS 5 使审计费用降低；对于高风险客户，AS 5 提高了审计收费，从而回答了问题③。			

第五节 总结与未来研究方向

本章从信息经济学视角出发，依据内部控制信息的传递链条构建了一个新的研究框架，并对西方主流的内部控制信息领域的研究进行了较为系统的梳理。财务报告缓解信息不对称，内部控制监控财务报告信息的生产过程，而过程观下的内部控制影响因素包括公司治理特征和公司特质；为了降低道德风险和逆向选择，需要公开披露内部控制信息；披露过程中审计师发挥信息增信与信息甄别之功，披露之后则在市场上产生信息价值；公开披露的内部控制信息由于非竞争性和非排他性而供给不足，需要政府管制介入，从而产生经济后果。

与西方国家相比，我国内部控制的理论研究以及实务运用起步较晚。我国学者对内部控制的研究多采用规范研究方法，有关内部控制信息的实证研究才刚刚兴起（林斌和饶静，2009；方红星等，2009；张川等，2009；杨德明等，2009；杨德明和胡婷，2010；董望和陈汉文等，2011），还未成体系，也不够深入。随着我国《企业内部控制基本规范》及其配套指引的颁布与实施，将会给我国学者提供一系列难得的研究机会。以下结合本章第一节有关内部控制信息的研究范式，提出该领域未来的研究方向。

1. 研究法律制度背景对内部控制的影响

La Porta et al.（2002）在不同法律环境下研究投资者保护，他们发现法律制度会影响投资者保护，并且投资者保护强弱与公司的股权集中度呈反向关系，而Shinong Wu et al.（2009）采用我国数据并没有发现这种反向关系。Defond & Hung（2004）发现在有较强投资者保护的国家里，当股票价格的信息含量不高时，董事会更倾向于采用会计盈余作为衡量首席执行官（CEO）工作表现的标准。这些均反映了法律制度背景对企业活动存在不同的影响关系，但是否会对内部控制产生影响或者影响如何，后续可以从国家层面或省份层面来研究这个问题。

2. 内部控制与公司组织结构的关系

Udi Hoitash et al.（2009）研究了审计委员会和董事会特征与财务报告内部控制的效果后发现公司治理质量和审计委员会人员背景都会对内部控制产生影响。Krishnan（2005）发现审计委员会的独立性和成员数量与内控问题呈负相关。合适的组织结构是企业内部建立完善内部控制体系的基础，而我国企业组织结构又具有自身特点，因此我国学者可以加强组织结构特征对内部控制的影响的研究。

3. 内部控制和审计师的研究

国外学者在审计师评价内部控制（Seongjae Yu & John Neter，1973；Robert H. Ashton，1974；Gaumnitz et al.，1982；Trotman et al.，1983）以及影响因素（Trotman & Wood，1991；Borthick et al.，2006）方面做了大量研究。了解和评价内部控制是审计过程中重要的一环，如果审计计划基于错误的内部控制评价，将会影响审计效率或者审计质量。同时，掌握内部控制评价因素不管是对法制建设还是实务应用来说都具有重大意义。然而我国学者对此研究较少，这应该作为我国学者未来研究的方向之一。

4. 内部控制的成本效益分析

《SOX法案》的本意是提高投资者对资本市场的信心，保证证券市场的资金供给量，但是其带来的直接和间接成本也是巨大的。美国社会各界对实施SOX 404条款的成本与效益存在很大争议。Leonce et al.（2009）研究发现《SOX法案》减少了企业的冒险行为。Engel et al.（2007）研究发现小规模企业实施《SOX法案》的成本较高，因此很多企业选择退市。当今，我国正在积极地建立一套内部控制制度体系，对其进行成本效益分析具有重大的现实意义，这也是我国学者未来的研究方向之一。

5. 我国内部控制信息的市场反应

《SOX法案》颁布实施后，美国学者对其市场反应做了大量研究，主要包括对内部控制信号是否具有信息含量（Hammersley et al.，2008）、内部控制缺陷特征对市场的影响（Beneish et al.，2008）以及内控缺陷对公司的影响（Ogneva et al.，2007；Ashbaugh，2009）的研究，而我国《企业内部控制基本规范》实施后上市公司披露更多的内控信息，这为我们研究内部控制信息的市场反应提供了数据。

［参考文献］

[1] 陈汉文，韩洪灵．审计理论．北京：机械工业出版社，2009.

[2] 方红星，孙翯，金韵韵．公司特征、外部审计与内部控制信息的自愿披露——基于沪市上市公司2003—2005年年报的经验数据．会计研究，2009(10).

[3] 林彬，饶静．上市公司为什么自愿披露内部控制鉴证报告？——基于信号传递理论的实证研究．会计研究，2009（2）.

[4] 杨德明，林斌，王彦超．内部控制、审计质量与大股东资金占用．审计研究，2009（5）.

[5] 杨德明，胡婷．内部控制、盈余管理与审计意见．审计研究，2010(5).

[6] 张川，沈红波，高新梓．内部控制有效性、审计师评价与企业业绩．审计研究，2009（6）.

[7] 董望，陈汉文．内部控制，应计质量与盈余反应——基于中国2009年A股上市公司的经验证据．审计研究，2011（4）.

[8] Faye Borthick，Mary Curtis，Ram S. Sriram. Accelerating the acquisition of knowledge structure to improve performance in internal control reviews. Accounting，Organizations and Society，2006，31.

[9] Brian Shapiro, Diane Matson. Strategies of resistance to internal control. Accounting, Organizations and Society, 2008, 33.

[10] Lori S. Kopp, Ed O'Donnell. The influence of a business-process focus on category knowledge and internal control evaluation. Accounting, Organizations and Society, 2005, 30.

[11] Jeffrey Doylea, Weili Geb, Sarah McVay. Determinants of weaknesses in internal control over financial reporting. Journal of Accounting and Economics, 2007, 44.

[12] Ivy Xiying Zhang. Economic consequences of the Sarbanes-Oxley Act of 2002. Journal of Accounting and Economics, 2002, 44.

[13] Jennifer, Altamuro, AnneBeatty. How does internal control regulation affect financial reporting?. Journal of Accounting and Economics, 2009, 45.

[14] Susan S. Hamlen. A chance-constrained mixed integer programming model for internal control design. The Accounting Review, 1980, 42.

[15] Barry E. Cushing. A mathematical approach to the analysis and design of internal control systems. The Accounting Review, 1974, 49.

[16] Donald R. Nichols. A model of auditors' preliminary evaluations of internal control from audit data. The Accounting Review, 1987, 62.

[17] David M. Auditors' representation and retrieval of internal control knowledge. The Accounting Review, 1991, 66.

[18] D. R. Carmichael. Behavioral hypotheses of internal control. The Accounting Review, 1970, 45.

[19] George Bodnar. Reliability modeling of internal control systems. The Accounting Review, 1975, 50.

[20] Suil Pae and Seung-Weon Yoo. Strategic interaction in auditing: an analysis of auditors' legal liability, internal control system quality, and audit effort. The Accounting Review, 2001, 76.

[21] Vic Naiker, Divesh S. Sharma. Former audit partners on the audit committee and internal control deficiencies. The Accounting Review, 2009, 84.

[22] Maria Ogneva, K. R. Subramanyam, K. Raghunandan. Internal control weakness and cost of equity: evidence from SOX section 404 disclosures. The Accounting Review, 2007, 82.

[23] Messod Daniel Beneish, Mary Brooke Billings, Leslie D. Hodder. Internal control weaknesses and information uncertainty. The Accounting Re-

view，2008，83.

［24］ Christine E. Earley，Vicky B. Hoffman，Jennifer R. Joe. Reducing management's influence on auditors' judgments：an experimental investigation of SOX 404 assessments. The Accounting Review，2008，83.

［25］ Hollis Ashbaugh-Skaife，Daniel W. Collins，William R. Kinney，Ryan LaFond. The effect of SOX internal control deficiencies and their remediation on accrual quality. The Accounting Review，2008，83.

［26］ Ken T. Trotman，Robert Wood. A meta-analysis of studies on internal control judgments. Journal of Accounting Research，1991，29.

［27］ Seongjae Yu，John Neter. A stochastic model of the internal control system. Journal of Accounting Research，1973，11.

［28］ Robert H. Ashton. An experimental study of internal control judgements. Journal of Accounting Research，1974，12.

［29］ Richard A. Grimlund. An integration of internal control system and account balance evidence. Journal of Accounting Research，1982，20.

［30］ Rajendra P. Srivastava. Auditing functions for internal control systems with interdependent documents and channels. Journal of Accounting Research，1986，24.

［31］ Bruce R. Gaumnitz，Thomas R. Nunamaker，John J. Surdick，Michael F. Thomas. Auditor consensus in internal control evaluation and audit program planning. Journal of Accounting Research，1982，20.

［32］ William R. Kinney，Jr. Decision theory aspects of internal control system design/compliance and substantive tests. Journal of Accounting Research，1975，13.

［33］ Robert H. Ashton and Paul R. Brown. Descriptive modeling of auditors' internal control judgments：replication and extension. Journal of Accounting Research，1980，18.

［34］ Ken T. Trotman，Philip W. Yetton，Ian R. Zimmer. Individual and group judgments of internal control systems. Journal of Accounting Research，1983，21.

［35］ Richard H. Tabor. Internal control evaluations and audit program revisions：some additional evidence. Journal of Accounting Research，1983，21.

［36］ Robert E. Hamilton，William F. Wright. Internal control judgments and effects of experience：replications and extensions. Journal of Accounting Research，1982，20.

[37] Wally Smieliauskas. Sensitivity analysis of the realized risks of auditing with uncertainty concerning internal control evaluations. Journal of Accounting Research, 1985, 23.

[38] Ashbaugh-Skaife, H. , D. W. Collins, et al. The effect of SOX internal control deficiencies on firm risk and cost of equity. Journal of Accounting Research, 2009, 47 (1): 1-43.

[39] Jeffrey Cohen and Thomas Kida. The impact of analytical review results, internal control reliability, and experience on auditors' use of analytical review. Journal of Accounting Research, 1989, 27.

[40] Mei Feng, Chan Li, Sarah McVay. Internal control and management guidance. Journal of Accounting and Economics, 2009, 43.

[41] Leonce, L. Bargeron, KennethM. Lehn, ChadJ. Zutter. Sarbanes-Oxleyandcorporate risk-taking. Journal of Accounting and Economics, 2009, 05.

[42] Hollis Ashbaugh-Skaifea, Daniel W. Collins, William R. Kinney Jr. The discovery and reporting of internal control deficiencies prior to SOX-mandated audits. Journal of Accounting and Economics, 2007, 44.

[43] Ellen Engela, Rachel M. Hayesb, Xue Wang. The Sarbanes-Oxley Act and firms'going-private decisions. Journal of Accounting and Economics, 2007, 44.

[44] Jeffrey T. Doyle, Weili Ge, Sarah McVay. Accruals quality and internal control over financial reporting. The Accounting Review, 2007, 82.

[45] Jayanthi Krishnan. Audit committee quality and internal control: an empirical analysis. The Accounting Review, 2005, 80.

[46] Udi Hoitash, Rani Hoitash, Jean C. Bedard. Corporate governance and internal control over financial reporting: a comparison of regulatory regimes. The Accounting Review, 2009, 84.

[47] Chris E. Hogan, Michael S. Wilkins. Evidence on the audit risk model: do auditors Increase audit fees in the presence of internal control deficiencies?. Contemporary Accounting Research, 2008, 25.

[48] Rogier Deumes, W. Robert Knechel. Economic incentives for voluntary reporting on internal risk management and control systems. Auditing: A Journal of Practice &Theory, 2008, 27 (1): 35-66.

[49] Scott N. Bronson, Joseph V. Carcello, K. Raghunandan. Firm characteristics and voluntary management reports on internal control. Auditing: A Journal of Practice &Theory, 2006, 25 (2): 25-39.

[50] Akerlof, G. The market for "lemons": quality uncertainty and the market mechanism. Quarterly Journal of Economics, 1970, 90: 629-650.

[51] Raghunandan, K., and D. Rama. Management reports after COSO. Internal Auditor, 1994, 51 (August): 54-59.

[52] Trueman, B. Why do managers voluntarily release earnings forecasts? Journal of Accounting and Economics, 1986, 8: 53-72.

[53] Baiman, S., Verrecchia, R. E. The relation among capital markets, financial disclosure, production efficiency, and insider trading. Journal of Accounting Research, 1996, 34: 1-22.

[54] Eti Einhorn and Amir Ziv. Intertemporal dynamics of corporate voluntary disclosures. Journal of Accounting Research, 2008, Vol, 46 No. 3 June.

[55] William R. Scott. 财务会计理论. 北京：机械工业出版社，2006.

[56] McMullen, D. A., K. Raghunandan, and D. V. Rama. Internal control reports and financial reporting problems. Accounting Horizons, 1996, 10 (4): 67-75.

[57] Sarbanes-Oxley Act of 2002. 北京：法律出版社，2004.

[58] Doogar, R., P. Sivadasan, et al. The regulation of public company auditing: evidence from the transition to AS 5. Journal of Accounting Research, 2010, 48 (4): 795-814.

[59] Costello, A. M. and R. Wittenberg-Moerman. The impact of financial reporting quality on debt contracting: evidence from internal control weakness reports. Journal of Accounting Research, 2011, 49 (1): 97-136.

[60] Kinney, J. W. R. and M. L. Shepardson. Do control effectiveness disclosures require SOX 404 (b) internal control audits? a natural experiment with small U. S. public companies. Journal of Accounting Research, 2011, 49 (2): 413-448.

[61] Bedard, J. C. and L. Graham. Detection and severity classifications of Sarbanes-Oxley Section 404 internal control deficiencies. Accounting Review, 2011, 86 (3): 825-855.

[62] Beng Wee, G. and L. Dan. Internal controls and conditional conservatism. Accounting Review, 2011, 86 (3): 975-1005.

[63] Cassar, G. and J. Gerakos. Determinants of hedge fund internal controls and fees. Accounting Review, 2010, 85 (6): 1887-1919.

[64] Masli, A., G. F. Peters, et al. Examining the potential benefits of internal control monitoring technology. Accounting Review, 2010, 85 (3): 1001-

1034.

[65] Petrovits, C., C. Shakespeare, et al. The causes and consequences of internal control problems in nonprofit organizations. Accounting Review, 2011, 86 (1): 325-357.

[66] Rose, J. M., C. S. Norman, et al. Perceptions of investment risk associated with material control weakness pervasiveness and disclosure detail. Accounting Review, 2010, 85 (5): 1787-1807.

[67] Shu, L., M. Pizzini, et al. The role of the internal audit function in the disclosure of material weaknesses. Accounting Review, 2011, 86 (1): 287-323.

[68] Wolfe, C. J., E. G. Mauldin, et al. Concede or deny: do management persuasion tactics affect auditor evaluation of internal control deviations? Accounting Review, 2009, 84 (6): 2013-2037.

[69] Lu, H., G. Richardson, et al. Direct and indirect effects of internal control weaknesses on accrual quality: evidence from a unique canadian regulatory setting. Contemporary Accounting Research, 2011, 28 (2): 675-707.

[70] Johnstone, K., C. Li, et al. Changes in corporate governance associated with the revelation of internal control material weaknesses and their subsequent remediation. Contemporary Accounting Research, 2011, 28 (1): 331-383.

[71] Cohen, J., G. Krishnamoorthy, et al. Corporate governance in the post-Sarbanes-Oxley era: auditors' experiences. Contemporary Accounting Research, 2010, 27 (3): 751-786.

[72] Li, C., L. Sun, et al. Financial executive qualifications, financial executive turnover, and adverse SOX 404 opinions. Journal of Accounting and Economics, 2010, 50 (1): 93-110.

[73] Yan Zhang, Jian Zhou et al. Audit committee quality, auditor independence, and internal control weaknesses. Journal of Accounting and Public Policy, 2007, Vol. 26, No. 3: 300-327.

[74] Elder, R., Y. Zhang, et al. Internal control weaknesses and client risk management. Journal of Accounting, Auditing and Finance, 2009, 24 (4): 543-579.

[75] Krishnan, J. and H. J. Song. The effect of auditing standard No. 5 on audit fees. Auditing: A Journal of Practice & Theory, 2011, Vol. 30, No. 4.

[76] Hoitash, R., U. Hoitash, et al. Internal control quality and audit pricing under the Sarbanes-Oxley Act. Auditing: A Journal of Practice & Theo-

ry，2008，Vol. 27，No. 1：105－126.

［77］Raghunandan，K. and D. V. Rama. SOX Section 404 material weakness disclosures and audit fees. Auditing：A Journal of Practice & Theory，2006，25（1）：99－114.

［78］Ettredge，M.，C. Li，et al. The impact of SOX Section 404 internal control quality assessment on audit delay in the SOX era. Auditing：A Journal of Practice & Theory，2006，25（2）：1－23.

［79］AmericanInstitute of Certified Public Accountants（AICPA）. Consideration communication of internal control structure related matters noted in an audit. Statement on Auditing Standards No. 60. New York，NY：AICPA，1988.

［80］Securities and Exchange Commission（SEC）. Certification of disclosure in companies' quarterly and annual reports. Release Nos. 33－8124，34－46427，SEC，Washington，DC，August 29，2002.

［81］Public Companies Accounting Oversight Board（PCAOB）. Auditing standard NO：2：an audit of internal control over financial reporting performed in conjunction with an audit of financial statements. Release No. 2004－001. Washington，DC：PCAOB，2004.

［82］Public Companies Accounting Oversight Board（PCAOB）. An audit of internal control over financial reporting that Is integrated with an audit of financial statements and related independence rule and conforming amendments. Release No. 2007－005A. Washington，DC：PCAOB，2007.

［83］Hammersley，J. S.，L. A. Myers，C. Shakespeare. Market reactions to the disclosure of internal control weaknesses and to the characteristics of those weaknesses under Section 302 of the Sarbanes Oxley Act of 2002. Review of Accounting Studies，2008，13（1）：141－165.

［84］La Porta，R.，Lopez de Slianes，F.，Shleifer，A. Vishny，R. Law and finance. Journal of Political Economics，1998，58：3－28.

［85］Mark L. Defond，Mingyi Hung. Invester protection and corporate governance：evidence from worldwide CEO turnover. Journal of Accounting Research，2004，Vol. 42，No. 2：269－309.

［86］Shinong Wu，Nianhang Xu，Qingbo Yuan. State control，legal investor protection，and ownership concentration：evidence from China. Corporate Governance：An International Review，2009，17（2）：176－192.

第四章 审计质量研究

本章导读

审计质量的决定因素、影响路径和经济后果是资本市场审计治理研究的重要议题。本章提出了审计质量的双维研究范式，即总体而言，审计质量包含了审计师监督强度和审计师声誉两个维度，双重维度的区分凸显了市场供需双方关注视角上的差异。公司治理观下的监督需求、市场中介角色下的信息需求以及高诉讼风险环境下的保险需求共同构成了声誉维度的审计质量需求方驱动因素；审计师的风险管理策略和市场竞争策略是审计师效用函数的主要决定因素并进而对审计师监督强度产生影响，二者共同构成了审计质量的供给方驱动因素。审计质量的不同维度决定了其影响路径分别表现为信息质量和信息可信度两个层面，然而间接导致的显著经济后果则主要来自于审计质量的声誉维度。

长期以来，高质量的独立审计被视为资本市场规制和公司治理系统的核心制度安排，有关审计质量的测度与分析成为理解审计市场竞争的性质及在竞争环境中会计师事务所的行为与绩效的重大研究议题，但审计质量的不可观察性，使得研究者难以直接捕捉审计质量所具有的内隐特质，这在客观上造成有关审计质量的研究在一定程度上陷入混乱的局面，一系列相互矛盾的经验证据建立在诸多相互竞争的假说之上，而这些假说又未能植入一个内在逻辑一致的解释框架内。

实践中，曾位列国际“五大”的安达信会计师事务所的声誉与质量的背离以及《萨班斯-奥克斯利法案》采取的管制行动与经验证据的对立等更是凸显了当前审计质量研究所面临的困境。鉴于目前我国审计市场正处于初期发展阶段，关于我国审计质量的系统性研究还处于初步的探索中，本章尝试从真实质量和市场感知的视角提出审计质量的双维研究范式，对审计质量的决定因素、影响路径和经济后果进行双维逻辑建构和解析。该研究范式强调了市场供需双方关注视角上的差异对理解审计质量所具有的不同含义，在此基础上对西方相关研究文献和目前的实证研究进展进行系统的梳理和综评，希冀为透视我国独立审计实践及审计质量研究提供一个较为全面的分析范式和研究思路。

第一节　审计质量的双维研究范式：基于真实质量与市场感知的双维视角

理论研究者多是从风险角度定义审计质量，其中 DeAngelo（1981b）的概念表述最为经典①，即“市场评估的、审计师能够发现并报告财务报表中包含的重大错报或漏报的联合概率”。该定义包含了理解审计质量的两个关键属性：审计师专业胜任能力和审计师独立性，并以“市场评估的……联合概率”为基础，强调了审计具有的“信任品”特性。上述定义明确了审计质量所具有的双重维度，即内隐的真实质量和市场（或利益相关者）感知的质量，对于前者，Watkins et al.（2004）称之为“审计师监督强度”（auditor monitoring strength），后者是“审计师声誉”（auditor reputation）。与审计师监督强度在业务间可能存在差异不同，审计师声誉通常被看做会计师事务所层面的特征并在特定时期内保持稳定。不过早期的审计质量研究中两者之间的界限相当模糊，因为审计过程就如同一个“黑箱”，除非审计失败发生②，否则真实的审计质量通常难以直接观察。

审计质量的维度差异同时决定了其对会计信息的影响亦表现为两个层面：信息质量和信息可信度。前者是指信息反映真实经济状况的程度，后者是指使用者对信息的信任程度（Menon & Williams，1991）。从理论上看，通过改善信息的准确性、减少信息中包含的噪音和偏见，审计师监督强度的提高能够改善信息质量，最小化客户所报告的经济状况与真实的经济状况之间的差距（Krishnan，2003）。信息可信度取决于市场对于审计师胜任能力和独立性的感知，因此审计师声誉反映了审计师增强财务报表可信度的能力。审计质量的经济后果则是通过影响信息质量或信息可信度而间接体现出来，最终会影响资源的配置及其效率、财富在各利益主体之间的分配等。

---

① 其他代表性定义包括：（1）对包含重大错报的财务报表，审计师拒绝发表无保留审计意见的概率（Lee et al.，1999）；（2）已审财务报表信息的准确性（Titman & Trueman，1986）；（3）是对审计师减少会计数据中的噪音和偏误使其更为完善的能力的一种度量（Wallace，1980）。

② Francis（2004）指出，从美国审计师诉讼来看，在 1960—1995 年间，平均每年审计师涉诉 28 起，这意味着年审计师涉诉率为 0.28%。从 SEC 颁布的《会计及审计实施公告》（Accounting and Auditing Enforcement Releases，AAER）来看，在 1982—1993 年，AAER 共发布了 165 起涉及审计活动存在缺陷的公告，年均 14 起意味着审计失败率为 0.14%，即使 1994 年以后，AAER 的执行行动明显增多，但年均仍不超过 1%。

对于会计信息进而审计质量的供需双方来说，双重维度的区分凸显了双方关注视角的差异并具有显著不同的经济含义。由于审计师监督强度和信息质量的内隐特质，理性信息使用者的决策判断依赖于其关于会计信息质量分布的先验概率，因此引致的审计质量需求主要来自于声誉维度。对审计质量的供给方而言，从短期来看在声誉既定的情形下，提供何种监督强度的审计取决于审计师的效用函数，包括为获取竞争优势所采取的市场竞争策略以及风险管理要求的影响。当声誉成为主要的持续竞争优势来源时，声誉的激励效应能够强化审计师维持和提高信息质量的动机，否则就有可能出现利用声誉信息的机会主义乃至共谋行为，导致声誉与质量的背离。

从市场供需出发，对审计质量决定因素的研究需要关注审计质量的不同维度并着眼于供需双方的利益取向和行为方式，后者则受特定的制度环境、市场发展状况及管制差异等的影响和制约（Wang et al.，2008）。在西方审计质量研究中，需求方驱动因素的考察通常从对声誉产品的需求入手并基于如下认识，即对独立审计的需求是经济动因使然而非管制因素（Wallace，2004），因此研究大致从三个方面展开：（1）公司治理观下的传统监督需求；（2）市场中介角色下的信息需求；（3）高诉讼风险环境下的保险需求。供给方驱动因素的考察则主要关注审计师风险管理及市场竞争策略对审计质量可能产生的影响。随着 20 世纪 90 年代以来盈余管理计量模型的发展，供给方研究开始更为注重对审计师监督强度影响的考察。对上述分析予以结构化，本章的审计质量双维研究范式如图 4—1 所示。

第二节　审计质量的需求驱动因素：监督角色、信息中介与保险功能

对审计质量需求驱动因素的研究基于这样的认识，即独立审计的需求早于管制之前就已经存在，是独立审计的经济角色而非管制因素创造了审计需求。据此，在现代管制条件下，对差异化审计质量需求驱动因素的考察同样涉及三个方面，即早期的需求动因来自于两权分离情形下公司形成和治理对于代理人机会主义行为的监督要求；资本市场的发展拓展了审计的经济角色，缓解市场参与者之间信息不对称的要求使得审计师更多地面向社会公众成为市场的信息中介；20 世纪 70 年代以来随着第三方责任的加重，审计师频繁涉诉使得其在某种程度上承担了“保险人”的角色。[①] 作为审计质量需求研究的基础，下文首先对非管制条件下独立审计的经济角色加以讨论。

① 关于审计需求及其历史变迁的理论解释和相关经验证据请参见本书第一章第一节有关审计需求的详细论述。

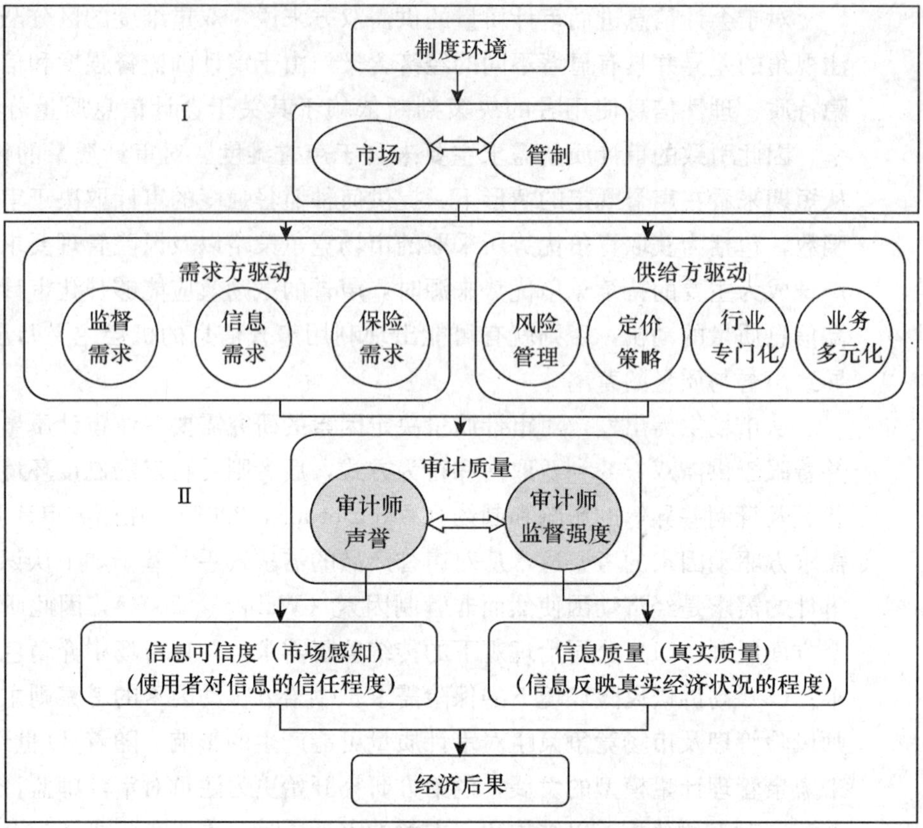

图4—1　审计质量的双维研究范式

一、从自愿审计到管制

Jensen & Meckling（1976）在公司理论的研究中强调了监督的重要性。公司是一系列生产要素构成的契约集，契约安排的差异会诱发涉约利益方不同的机会主义行为并最终有损公司价值。由于在一个具有理性预期的市场中，机会主义行为的成本实际上由行为者（代理人）承担，因此行为者在签约时愿意以限制性条款来约束自身。那么，谁来监督契约的执行情况呢？Jensen & Meckling 认为该角色可以由独立审计师承担。从理论上讲，只要审计师具有非零的独立性水平，审计就能够成功地改变预期并因此减少代理成本。Scott（1984）进一步分析认为，由于反映代理人努力程度的信息难以完全观测，对于所有利益方而言，审计可以使他们更好地了解自身的得益状况并判断代理人的努力程度。因此，当代理人感到收益低于预期时，其对独立审计的自发需求就会强烈。

通过考察英美两国商业公司发展的历史，Watts & Zimmerman（1983）为以上理论分析提供了历史证据。他们认为，对各利益方行为的监督是公司形成的重要条件之一，独立审计广泛存在于早期的商业公司活动中，是公司组织活动有效的组成部分。Benston（1969）在对纽约证券交易所的考察中发现，1933 年以前就有约 82%的上市公司自愿接受了独立审计。Wallace（1986）提供了来自于政府机构非管制性审计需求的经验证据，当采用监督、信息、保险、节约运行成本等的需求模拟初次审计的时机选择时，1956 年以前预测的正确率超过 70%。Abdel-Khalik（1993）在考察由管理者拥有的私人美国公司样本时发现，约 77%的公司自愿接受了财务报表审计。除审计活动发生与否的研究外，Chow（1982）在以 1926 年美国公众公司为样本的研究中发现，约 75%的公司自愿接受了审计且拥有显著更多的债务契约。Abdel-Khalik（1986）对美国私人公司的研究结论表明，客户内部层级的复杂性及其财富规模是聘请外部审计师的主要决定因素。

那么，为什么自愿的独立审计需求最终走向了管制呢？1929 年股市崩溃后，美国 1933 年的《证券法》从法律上规定了上市公司须接受强制性审计。不少研究者认为，与自由市场环境相比，强制性审计可以被看成是为了追求更高水平的审计服务。Ng（1978）从公共物品的角度对此进行了解释，他认为审计服务具有准公共物品的性质，如果没有政府的干预，报表的使用者可能会在谁应该承担审计成本问题上莫衷一是，从而导致审计的有效生产不足，审计成本由公司承担可以看成是公司为公共物品的提供缴纳的税赋。不过 Falk（1989）认为，1933 年的《证券法》关于强制性审计的要求可能是会计职业团体广泛游说的结果。

作为一个非常有意义的调查研究，Rennie et al.（2003）对 1994 年加拿大取消对大型私有公司强制性审计要求后，大型私有公司是否继续自愿接受独立审计的情况进行了调查。结果表明仍有约 73%的公司选择了继续接受独立审计。有趣的是，加拿大工业部长在法规变更时声称，市场将会要求那些大型私有公司提供经过审计的财务会计报告，而调查的结果在某种程度上支持了这种看法。

表 4—1 给出了大型私有公司继续接受审计的理由及所占比例。其中最为普遍的理由是债权人、母公司和所有者要求以及希望向使用者提供可信的财务报表，这表明股东和债权人的需求能够对是否购买审计服务产生重大影响。不过，Rennie et al.（2003）认为调查的结果亦反映出公司的其他利益相关者，如雇员、工会以及其他社会公众很少能够影响到购买独立审计产品的决策，而取消强制性审计使得这些利益相关者无法再获得已审财务报表信息。在一定程度上这一结果对上市公司须接受强制性审计予以了支持。

表 4—1　　加拿大大型私有公司继续接受审计的理由

继续接受审计的理由	数量	占比（%）
债权人要求	53	35.6
母公司要求	40	26.8
所有者要求	5	3.4
向使用者提供可信的财务报表	25	16.8

续前表

继续接受审计的理由	数量	占比（%）
有助于融资	4	2.7
所有者/管理者的分开	2	1.3
加强内部控制	2	1.3
获得非审计服务	0	0.0
其他	10	6.7
未给出理由	8	5.4
总计	149	100

资料来源：Rennie，M.，Senkow，D.，Rennie，R.，& Wong，J.，"Deregulation of the Private Corporation Audit in Canada：Justification，Lobbying，and Outcome"，*Research in Accounting Regulation*，2003（16）：227-241.

二、监督角色：代理冲突下的公司治理观

公司治理观下的传统监督需求是审计质量需求的基本驱动力，是需求驱动因素研究的基本命题。传统监督需求假定管理者与所有者之间的代理冲突越严重，代理人就有越强烈的动机聘请高质量审计师以减小代理成本。尽管多数理论研究者笃信监督需求假设对审计师选择问题具有相当大的解释力，但研究获得的经验证据并不充分。针对上述传统理论假说，根据我们的总结，经验研究中通常使用的基本研究模型如下：

$$\text{Reputation or Quality Index} = f(\text{Agency Costs Index} + \text{Other Firms Characteristics})$$

式中，因变量 Reputation or Quality Index 表征用以度量审计师声誉或质量的指标；解释变量中，Agency Costs Index 表征用以度量公司内部特定代理关系或代理成本的相关指标。此外，模型需要控制其他可能对审计师声誉或质量选择产生影响的其他公司特征。

然而，长久以来，如何科学地度量声誉（或质量）始终是审计师声誉理论研究的难题之一。在早期关于监督需求的研究中，研究者尝试采用多种方法度量审计师声誉（或质量）以增强研究结果的可靠性。Francis & Wilson（1988）最早采用两种方式进行度量，即连续型的审计师规模变量（基于所审计客户营业收入总额的市场份额排名）和离散型的"两分"品牌审计师变量（"八大"会计师事务所审计师），两种方法在此后都得到了广泛的使用。DeFond（1992）则以规模、"八大"会计师事务所、行业专家、客户依赖性以及基于上述四种测量的综合变量（主成分分析）度量审计师声誉，从研究结果看都仅获得了部分经验证据。

此外，困扰监督需求研究的另一个问题是如何度量代理成本，尽管早期研究

者（如 Chow，1982）采用了诸如管理层持股比例、基于会计数据的分红计划、股权集中度、财务杠杆以及后续融资等作为代理成本变量，但是仍难以获得理想的研究结论。Eichenseher & Shields（1985）较早地指出了可能存在的问题，他们认为在研究中若能隔离可能存在的其他替代监督机制的影响，并就公司微观层面进行详细考察将有助于加深对监督需求假设的理解，如进一步关注契约的详细内容、奖金计划以及董事会构成等。

在近期的研究中，随着经验证据表明国际“Big N”会计师事务所的审计师提供了更高的信息质量和信息可信度，研究者在度量声誉时开始逐渐采用单一的“Big N”两分法，并对代理成本的成因和度量方法进行了更为深入的分析。通过深入分析两权分离导致的两类代理问题，即管理层持股比例较低产生的“利益分歧效应”和持股比例过高导致的“壕沟防御效应”，Lennox（2005）利用非上市公司样本考察了管理层持股比例与“五大”会计师事务所审计师选择的关系，研究发现在管理层持股比例两端区域，两者显著负相关，而在中间区域两者轻微正相关，结果支持了监督需求假设。将传统监督需求拓展至大股东与中小股东之间的代理冲突，Fan & Wong（2005）将研究视角转向所有权高度集中的东亚地区，在充分考虑制度环境特征的基础上，以现金流量权和控制权分离程度作为代理成本变量，研究发现代理冲突越严重的公司越倾向于选择“五大”会计师事务所。

三、信息需求：市场中介角色下的信号显示

基于信息经济学理论和资本市场的发展，市场中介角色下的信息需求在扩大了审计角色范围的同时也形成了审计质量需求的有效市场激励。从规避逆向选择、降低市场交易成本的角度，信息需求假说主张良好的审计师声誉可以作为一种信号显示机制帮助减轻投资者面临的信息不对称问题。

IPO 市场通常被认为存在更为严重和广泛的信息不对称，因此对信息需求的理论分析和实证检验也主要来自 IPO 市场。然而，由于 IPO 过程中多种替代信号显示机制的存在，通过审计师选择获得简单分离均衡的传统观点——“公司先验风险越低越会选择高质量审计师”（Titman & Trueman，1986）可能并不成立。Dater et al.(1991）强调，发行人保留所有权的比例同样具有信号价值，高质量审计改善了投资者评估企业价值的能力，从而可以减少发行人保留所有权的比例。若边际审计成本不变，已审报表的价值会随公司特定风险的增加而增加。研究结论认为公司先验风险越高越会选择高质量审计师。尽管早期研究（如 Beatty，1989；Michaely & Shaw，1995）所获证据在一定程度上支持传统观点，但是多数研究者认为 Dater et al.(1991）的理论分析更为贴合实际，也更为严谨。

然而，直接采用美国市场数据检验 Dater et al.(1991）的理论预期通常难以获得较强的证据支持，Feltham et al.(1991）将原因归结为供给方影响，即美国

严格的法律环境导致当公司特定风险增加时，高声誉审计师收取的审计费用中风险构成部分将会急剧增加，成本和收益的权衡可能致使发行人放弃选择高质量审计师。后期的研究视角转向美国以外，Clarkson & Simunic（1994）、Firth & Liau-Tan（1998）以及 Lee et al.（2003）分别使用了诉讼风险较低的加拿大、新加坡和澳大利亚数据，不过以上研究也仅获得部分支持性证据。研究者认为，上述理论模型可能依然没有充分考虑到其他可能影响审计师选择的因素，如融资规模、承销商声誉以及自愿性会计披露的程度等。

Copley & Douthett（2002）利用美国市场数据采用联立方程模型进行了多因素分析，该研究在获得了支持性证据的同时，亦表明审计师选择、自愿盈余披露以及公司特定风险共同决定了发行人保留所有权的比例，发行人的信号选择服从总成本最小化策略。值得关注的是，Copley & Douthett（2002）采用了如下基本联立方程模型：

$$AUDreputation = f(LnFee, Retained\%, Risk, Other\ Control\ Variables) \quad (4—1)$$

$$lnFee = f(AUDreputation\ Risk, Other\ Control\ Variables) \quad (4—2)$$

$$Retained\% = f(AUDreputation, Risk, Forecast, Other\ Control\ Variables) \quad (4—3)$$

其中，模型（4—1）基本代表了前述早期研究所采用的用于考察公司先验风险与审计师选择关系的经验模型。被解释变量 AUDreputation 表征了审计师声誉（选择）变量（“六大”会计师事务所的审计师）。解释变量中，Risk 为早期研究中普遍关注的用以度量公司先验风险的指标；Retained%反映了保留所有权比例，但在早期的研究中被视为外生决定；lnFee 度量了审计成本，不过该变量在早期的研究中普遍被忽略。模型（4—2）是一个审计成本（或费用）决定模型，反映了公司先验风险（Risk）和审计师声誉（AUDreputation）对审计成本决定的供给方影响。模型（4—3）反映了发行人保留所有权比例的内生决定因素，其中包括了关键的审计师声誉（AUDreputation）、公司先验风险（Risk）和自愿性盈余预测（Forecast）。上述联立方程模型所要表达的基本经济逻辑是，作者认为与 Dater et al.（1991）的预测相一致，IPO 发行人保留所有权比例由其进行的审计师选择、自愿性盈余预测以及公司本身特定的先验不确定风险所共同决定，其中审计师选择和自愿性盈余预测是所有权保留的替代信号机制，并且发行人的信号选择是基于总成本最小化原则进行的。

总的来说，上述研究结果表明，发行人对待风险的态度以及公司的特定风险决定了发行人对包括审计师选择在内的一系列信号显示机制进行最优化安排并服从总成本最小化。从这个角度看，Watkins et al.（2004）并未将 IPO 市场中的审计师选择简单地归属为信息需求，而是称之为“客户的风险管理策略”。

四、保险功能：高诉讼风险环境下的风险转嫁

正如本书第一章第一节所述，保险需求假说强调独立审计可能具有的风险转嫁功能。Wallace（1987）认为审计可能具有的风险转移价值至少对两类人有吸引力：其一是投资者和债权人，他们既希望审计师对代理人进行监督，又希望借此避免可能发生的损失；其二在政治领域，独立审计的保险需求可能与政府官员希望获得“避免谴责的保证”相联系。Baber（1983）发现当政治竞争激烈时，政府官员会要求对其管辖或负责的公共资源进行审计。

保险需求研究主要集中于法律诉讼风险较高的美国。然而，目前并没有令人信服的证据表明客户是出于保险需求聘请了高声誉审计师。Willenborg（1999）以可能有更强烈保险需求的 IPO 市场为背景的研究发现，无论是否为初创型公司[①]，发行规模对解释发行抑价和审计师薪酬的变化都具有重要意义，研究结果在某种程度上支持了保险需求假说，但作者承认仍难以在信息需求和保险需求间进行严格的区分。也有研究者强调，对代理人的监督需求和大会计公司的“深口袋”优势共同创造了对高声誉审计师的需求（如 Melumad & Thoman，1990），不过已有的证据同样对此难以区分。Baber et al.（1995）对美国 Laventhol & Horwath 会计师事务所（时为美国第七大会计师事务所）宣告破产时其客户股票价格的市场反应进行考察时发现，财务困境客户的非正常收益率显著为负，但该结果并不能区分是由于审计师破产导致其保险价值丧失还是事后表明其审计质量低于预期所致。同样，Chaney & Philipich（2002）考察了安达信事件的市场反应，发现在安达信承认销毁审计档案的三天内，其客户股价有显著负向反应，休斯敦分所的客户在事件日则有更为严重的负向反应。这说明保险需求的解释力有限，由于安达信崩溃所导致的保险价值下降对其所有客户来说都是相同的。

尽管保险需求的理论解释似乎与审计质量无关，但我们认为，高诉讼风险环境下的保险需求事实上可能演变为对高质量审计产品的需求，这不仅仅是因为现实情况下只有高声誉审计师或大型会计师事务所才具备相应的偿还能力，更多的是因为审计师并不会甘于扮演被动的“保险人”角色（Callaghan et al.，1985）。

第三节　审计质量的供给驱动因素：审计师风险管理与市场竞争策略

需求驱动因素的考察主要来自于声誉维度，供给驱动因素的研究则更为注重

① 在研究设计中，Willenborg（1999）认为对于初创型公司，由于没有收入或营业历史很短等原因，审计质量并不重要，而生存性风险则决定了其对高声誉审计师的保险需求。

审计产品供应商行为对其真实监督强度影响的考察，主要涉及两个方面：一是审计师为应对可能的诉讼风险采取的风险管理策略；二是审计师为获取竞争优势所采取的市场竞争策略，包括定价策略、行业专门化和业务多元化策略等。

一、审计师的风险管理策略

鉴于审计师涉诉可能带来的灾难性后果，识别风险因素并采取恰当的风险管理策略对会计师事务所来说至关重要，包括客户鉴别并根据风险相机收费、辞聘高风险客户并对客户组合风险进行管理以及在会计师事务所内部实施结构化的审计程序等。

Simunic & Stein（1996）指出，随着客户风险增加审计师将面临更高的诉讼风险，高质量审计师的退出将使得市场平均审计质量供给下降，因此诉讼风险可能负相关于审计质量供给而正相关于审计费用。与上述预期一致，Pratt & Stice（1994）、O'Keefe et al.（1994）以及 Bell et al.（2001）等的研究结果表明客户风险状况决定了审计师对诉讼风险的评估，进而影响审计师努力程度和审计费用中的风险构成。Bockus & Gigler（1998）构建的审计师辞聘模型认为，特定的客户组合管理将有助于控制风险，而诉讼风险的增加会导致更多的审计师辞聘，被辞聘客户转而对低质量审计有更多的需求。已获经验证据同样符合上述理论预期，Krishnan & Krishnan（1997）、Shu（2000）以及 Johnstone & Bedard（2003）等研究发现辞聘的发生更可能是由审计师客户风险管理所驱动并与诉讼风险正相关，高声誉审计师一般很少接受高风险客户，但特定的风险管理策略增加了接受该类客户的可能性。此外，Cushing & Loebbecke（1986）研究了当时美国 12 家最大的会计师事务所的结构化审计程序安排，他们认为若结构化审计程序能够控制审计风险，那么高度结构化的会计师事务所应当有更低的诉讼发生率。不过 Tuntiwongpiboon & Dugan（1994）指出并没有证据表明高度结构化的会计师事务所在控制审计风险上更为有效，因此结构化安排不会对审计质量产生影响。Watkins et al.（2004）认为由于会计师事务所间并购的频繁发生，结构化程序安排应当不会导致审计质量差异。

审计师风险管理策略建立在特定的法律环境条件下，法律环境的变化会改变审计师承担的法律责任及其面临的风险函数，进而可能对审计质量产生影响。通过对比 1995 年美国《私人证券诉讼改革法案》[①] 生效前后 2 600 家公司的盈余质量，Lee & Mande（2003）发现尽管低声誉审计师的操控性应计数无显著差异，但高声誉审计师的审计质量确实下降了。Francis & Wang（2008）考察了不同国家法律环境差异对审计质量的影响，研究结果表明，法律环境差异系统性地影响

① 该法案提高了起诉条件并采纳了证券诉讼赔偿的比例责任分摊规则。

了审计师保持执业质量的动机，在法律环境严格的国家，“四大”会计师事务所在执业过程中更为保守，盈余质量更高。

二、审计师的市场竞争策略①

（一）定价策略

定价策略对审计质量的影响主要涉及两个方面：一是产品（审计质量）差异化是否为市场价格竞争的关键影响因素；二是多期间定价策略及其衍生的审计任期问题是否会伤害审计师独立性。由于审计市场集中现象广泛存在，早期 Simunic（1980）建议审计定价研究应当按规模区分客户市场，理由是小客户市场可能表现出更强的竞争性，然而随后的研究未能获得一致性结论（如 Palmose，1986；Francis & Simon，1987；Gul，1999）。后期的研究不再延用市场划分的研究思路，绝大多数针对证券审计市场的研究结果表明，在控制了诸如公司特征等影响因素后，高声誉审计师（如“四大”会计师事务所）费用溢价在国际范围内广泛存在，溢价程度从 16%～53.7%不等（如 Choi et al.，2008；Hay et al.，2006；Ireland & Lennox，2002）。不过，在竞争程度更高的私有公司市场中，Chaney et al.(2004）的自选择分析并没有发现“五大”会计师事务所溢价存在的证据。因此总的来看，迄今并没有清晰得令人信服的证据表明审计费用溢价源于审计质量差异化，替代的解释包括市场集中可能导致的垄断定价以及规模经济的影响。

作为一种多期间定价策略，低价揽客（low balling）是指首次审计业务收费明显低于成本或正常利润率的价格削减行为。DeAngelo（1981a）认为是交易成本和未来在位准租金导致了初始审计折扣，但由于折价是沉没成本，因此并不必然会对审计独立性产生影响。作为前者研究的延续，Magee & Tseng（1990）指出审计师的在位价值仅在两种情形下才会有损审计师独立性，即就客户某一报告事项，不同的审计师存有分歧或该事项对客户的影响超过一个报告期。不同于上述观点，Dye（1991）争论首次折价源于准租金的不可观察性而非交易成本。若审计费用公开披露，客户议价能力的存在会导致未来准租金和首次折价消失，反之客户则有动机通过支付准租金购买审计意见。从经验研究的结果看，早期研究并未找到低价揽客存在的证据（如 Francis，1984；Palmrose，1986），不过后期的研究提供了部分证据支持其存在性。将审计师变更按级差划分为降级、同级和升级变更，Craswell & Francis（1999）利用澳大利亚公开披露的数据发现首次折价只存在于升级情形下。利用美国费用公开后数据，Sankaraguruswamy & Whisenant（2005）发现折价主要出现于同级和升级变更两种情况下。此外，近

① 有关审计定价、行业专门化和业务多元化等审计师市场竞争策略的进一步详细分析请参见本书第七章。

期研究认为首次折价还会受到市场竞争状况及法律环境的影响。Ghosh & Lustgarten (2006) 主要关注了同级变更情形，研究发现折价普遍存在，并且对于小型会计师事务所间的同级变更，由于其市场竞争更为激烈，首次折价程度也更高。通过考察《SOX法案》前后审计收费的变化，Ghosh & Pawlewicz (2008) 发现在法案出台前首次折价在同级变更中普遍存在，不过此后仅存于小型会计师事务所的同级变更中。

首次折价的存在并不足以得出审计质量必然受损的结论，进一步的研究需要考虑多期合约下审计任期长短的影响。早在1961年，Mautz 和 Sharaf 就表达了对于长审计任期可能伤害审计师独立性的担忧，尽管这种担心事实上长期停留在感官和心理层面。安然事件后关于审计任期及是否应当采取强制性会计师事务所或合伙人轮换的争论更是愈演愈烈。不过经验研究大多不支持这种直观上的认识，相反由于对客户了解的加深和学习效应的存在将有助于提高审计师的专业胜任能力，并且首次折价可能使得审计师在任职初期更难以保持独立性①等原因，较长的审计任期（5年以上）更可能是与更高的审计质量相联系。以非预期应计利润等作为审计质量替代变量，Johnson et al. (2002)、Myers et al. (2003) 均发现审计任期越长，审计质量越高。Ghosh & Moon (2005) 利用盈余反应系数、证券评级和盈余预测的研究结果表明，在投资者和市场中介看来，长审计任期有助于改善审计质量。从审计合伙人任期的角度，Carey & Simnett (2006) 利用澳大利亚数据找到了较弱的证据支持长审计任期可能有损审计质量（更低的倾向出具持续经营审计意见（going-concern opinion，GCO）和更易达到盈余预测）。不过以业绩调整操控性应计度量盈余质量，Chen et al. (2008) 利用中国台湾数据的研究结果表明，无论是合伙人还是会计师事务所任期都与审计质量保持正相关关系。

（二）行业专门化

早在1990年前后，少数国际性大型会计师事务所就已经开始根据行业类别重构其业务活动，并围绕着行业专门化开展业务营销以获取持续的竞争优势。研究者认为，行业聚焦要求会计师事务所对技术、员工素质等追加专门化投资，而专家审计师对行业内特定经济行为和业务活动的深入了解将有助于提高审计质量（如 Hogan & Jeter，1999），这一观点得到了经验证据的支持。Krishnan (2003)、Balsam et al. (2003) 的研究均发现行业专家审计师客户具有显著更低的盈余管理程度，后者还发现行业专家客户的盈余反应系数更高。Kwon et al. (2007) 通过对28个国家的跨国研究发现行业专家客户的盈余质量更高，并且法律保护机制越薄弱，其边际公司治理效应越强。从审计师变更的市场反应角度，

① 研究发现审计师任职初期面临的诉讼风险更高，欺诈性财务报告和审计失败也更多地发生在新客户当中（如 Geiger & Raghunandan，2002；Carcello & Nagy，2004）。

Robert et al.（2007）发现若“四大”会计师事务所间的同级变更是从非专家变更为专家审计师，市场将会给予积极评价，反之市场反应显著为负。

（三）业务多元化

安然事件后，《SOX法案》对审计师提供非审计服务（non-audit services，NAS）实施了更为严格的限制，此后关于非审计服务是否有损审计师独立性的研究成为学术界持续的研究热点之一。DeFond & Francis（2005）等认为管制者对NAS的担心无非来自两个方面：其一是财务依赖性问题，审计师可能由于NAS无法抵御管理层压力；其二是不少NAS的咨询本质可能致使审计师承担了管理角色，从而潜在地威胁到审计师的客观立场。他们强调以上担心是基于直觉上的成本收益权衡，却忽略了审计师妥协其独立性的期望成本，声誉损失和诉讼成本的存在很可能使得审计师有强烈的动机维持其独立性。由于难以直接量化上述成本和收益，审计师会否因NAS妥协其独立性最终是一个经验问题。此外，Simunic（1984）、Albrecht & Sack（2000）等指出由于范围经济（economics of scope）和“知识溢出”[①] 效应的存在，限制NAS不利于审计师胜任能力的提高，也不利于会计师事务所聘请和保留高素质专门人才。Schneider et al.（2006）认为，某种程度上管制行动（如《SOX法案》）的实施可能是政治私利需求的结果。

从经验证据来看，Whisenant et al.（2003）采用联立方程模型考察了审计和非审计费用的联合决定问题，结果证实了“知识溢出”效应的存在。此外，从审计意见（DeFond et al.，2002）和财务重述（Raghunandan et al.，2003；Agrawal & Chadha，2005）角度的考察表明NAS并未伤害到审计师独立性。更多的研究直接考察了NAS与盈余管理之间的关系。尽管Frankel et al.（2002）发现购买了NAS的公司盈余管理程度更高，但Reynolds et al.（2004）、Larcker & Richardson（2004）以及Farag（2006）等随后发现上述关系只存在于小部分样本中（如小规模高成长性公司、特定行业等）。Chung & Kallapur（2003）和Ashbaugh et al.（2003）控制了行业影响、使用业绩调整操控性流动性应计分别进行了类比研究，结果均表明两者之间没有关联。Ghosh et al.（2006）考察了管理层同时购买NAS的动机，研究发现管理层更多的是出于经济效率的考虑而非机会主义原因。不过，通过对盈余反应系数的考察，Krishnan et al.（2005）的研究结果表明NAS伤害了投资者对于审计师独立性的感知。使用诉讼风险较低的英国公司样本，Ferguson et al.（2004）亦发现三种度量NAS影响的变量都与操控性应计正相关。总的来看，上述研究获得的经验证据并不完全一致，但总体上不支持管制者采取的行动。需要强调的是，DeFond & Francis（2005）以及

① “知识溢出”是指审计师能够利用管理咨询等非审计服务所提供的信息来减少审计成本，并由此获得经济租（Simunic，1984）。

Schneider et al.（2006）均指出，NAS是否有损审计质量可能会受NAS规模和具体类型差异的影响，不过目前该领域的系统性研究还较为鲜见。

基于本章的双维研究范式，我们可以看到，管制行动与经验证据的对立源于市场供需双方看待审计质量的视角差异，2001年以后一系列重大财务弊案引发的管制行动和监管模式改变的目的在于重塑市场对于独立审计制度的信心。由于审计质量的内隐特质和不可观察性，对供给方审计师来说，在既定市场竞争策略下维持执业应有的监督强度是重要的（目前的经验证据大多强调审计师确实采取了必要措施维持应有的监督强度），但对于审计师乃至整个行业长期发展更为重要的是，如何极力避免价格竞争或多元化竞争等可能对职业生存的基石——市场感知的审计师独立性——带来的侵蚀和消极影响，这也是未来供给方研究所面临的重大挑战之一。

第四节　审计质量的双重维度及其经济后果

作为大多数审计实证研究的基础，审计质量的双重维度之间是否具备期望的正相关关系是研究者关心的基本理论问题之一。早期的研究从审计师在位准租、资源可获得性以及声誉资本投资等角度对此进行了解释。DeAngelo（1981b）认为若在位审计师提供的监督强度低于预期，客户发现后将会终止业务并导致审计师能够获得的在位准租消失，而大型会计师事务所由于拥有更多的客户将招致更大损失。DoPuch & Simunic（1982）指出审计质量是审计师所实施程序的数量及效率的函数，大型会计师事务所显见地有更多的资源用于培训和执行上述程序。Palmrose（1988）认为声誉资本投资是需要成本的，由于声誉更高的审计师有更多的声誉资本处于风险之中，预期的诉讼成本和声誉损失将使得高声誉审计师很少可能忽视任何重大错报或漏报。近期 Blokdijk et al.（2006）指出大型会计师事务所在审计技术程序开发上有优势，并且在分配审计时间上更有效率，从而能够更为有效地发现报表中存在的问题。

经验研究分别采用了盈余预测误差（Davidson & Neu，1993；Clarkson，2000）、审计意见（如 Francis & Krishan，1999）以及盈余管理程度（Becker et al.，1998；Francis et al.，1999；Nelson et al.，2002）等作为监督强度变量考察高声誉审计师是否确实提供了更高的监督强度，研究结果总体上支持理论预期。在近期的研究中，Lee et al.（2006）在考察澳大利亚IPO盈余预测偏差时发现，除有证据表明“六大”会计师事务所的审计师所审盈余预测更为准确外，有更有力的证据表明“六大”会计师事务所更为保守（向下偏差）。Tendeloo & Vanstraelen（2008）则将研究视角转向私有公司，对欧洲六国的研究结果表明

"四大"会计师事务所亦更好地抑制了私有公司的盈余管理行为。

如前所述，审计质量的维度差异决定了其影响路径表现为信息质量和信息可信度两个层面并进而会影响信息使用者的决策和市场效率等，从而产生一定的经济后果。然而，由于审计师监督强度和信息质量难以直接观测，直接从该维度考察其经济后果的研究极少。通过将信息质量定义为信息预测未来获利状况的能力，Krishnan（2003）从操控性应计市场定价的角度对审计师监督强度的经济后果进行了考察，研究结果表明高声誉审计师所审客户的操控性应计能够更好地预测未来的盈余以及未来的现金流量。

声誉的外显性决定了审计质量的经济后果主要来自于声誉维度和信息可信度层面。美国《基本审计概念公告第 6 号》也指出如果信息使用者不能感知到信息值得相信，那么信息质量将毫无价值可言。从已有的经验证据看，绝大多数研究结果均表明，高声誉审计师提供了更高的信息可信度并导致了显著的经济后果。首先，从市场反应的角度考察，Teoh & Wong（1993）利用盈余反应系数检验了审计师声誉、信息可信度与投资者反应之间的关系，结果表明高声誉审计师具有显著更高的盈余反应系数。其次，在以 IPO 为背景的研究中，信息可信度涉及不同声誉审计师影响投资者对公司价值先验风险进行评估的能力（Dater et al.，1991)。已有研究发现，IPO 过程中选择高声誉审计师有助于提高信息可信度并进而能够降低权益资本成本（如 Beatty，1989；Michaely & Shaw，1995），近期 Albring et al.（2007）更进一步考察了非"五大"会计师事务所的审计师的声誉差别与发行抑价的关系，研究发现声誉差别仍然是影响发行人选择非"五大"会计师事务所的审计师的重要因素，声誉越高，抑价越低，且审计费用越高。此外，Menon & Willams（1991）发现公司在 IPO 时更可能变更为声誉更高的审计师，承销商亦更为偏好高声誉审计师并为此收取更低的承销费用。Jang & Lin（1993）则发现 IPO 交易首日高声誉审计师所审 IPO 公司具有显著更大的交易量。最后，从债务资本成本的角度考察，Wallace（2002）的研究发现在意大利、西班牙、德国、法国和英国，选择"五大"会计师事务所的审计师的上市公司的利息成本更低。Pittman & Fortin（2004）的研究结果表明高声誉审计师通过提高信息可信度降低了债务监督成本，从而使得上市公司能够获得融资便利，降低融资成本。Simunic et al.（2007）以韩国私有公司为样本的研究结果发现，自愿审计的公司借款成本较低，"四大"会计师事务所审计的公司则更低。不过，同样是以私有公司为研究对象，Fortin & Pittman（2007）发现，在美国私有公司选择"四大"会计师事务所的审计师并不会对公司债券的信用评级和收益率价差产生影响。

需要特别提及的是，Watkins et al.（2004）认为信息质量和信息可信度研究的一个最为重要的含义与盈余管理有关。目前看来，一定程度上盈余管理研究提供了关于信息质量的一个最为直接的检验，而信息可信度的研究结果表明审计师声誉显著影响了投资者对于报告盈余有用性的评估，因此对于那些试图通过盈余管理影响外部投资者判断的管理层来说，聘请实际上提供了低监督强度的高声誉审计师可能获益最大。幸运的是，至少现有的研究结果表明，尽管聘请了高声誉审计师的客户有更高的动机进行盈余管理，但是高声誉审计师看上去确实抑制了客户的盈余管理行为。

第五节 总结与未来研究方向

依据本章的双维研究范式，在对西方审计质量研究进展进行系统梳理的基础上，我们认为目前已有的研究至少在以下三方面还存有不足：

（1）关于制度背景的考虑。西方审计质量研究大多聚焦于发达市场经济国家，较少涉及对不同国家制度背景及其对市场参与各方行为影响差异的考察。

（2）关于市场监管机制的考虑。西方研究者在考察审计质量保障机制的研究中较多地集中于市场自发调控机制的考察，很少关注或本能地排斥管制力量的介入及其影响。然而审计服务的准公共物品特性及市场失灵的客观存在已经表明单纯依赖市场机制难以维系审计市场的有效运转。DeFond & Francis（2005）认为，《SOX法案》后多项管制措施的出台及由此引发的激烈争论凸显了理论研究的相对滞后，存在相互脱节的现象。

（3）关于会计师事务所内部治理机制的考虑。会计师事务所内部治理是审计师风险管理策略的重要内容，此外关于真实审计质量的研究也须进一步深入审计服务的生产过程。Herrbach（2001）认为审计活动实际上可以被看成是信息使用者与审计师，以及会计师事务所合伙人与其雇员之间的一种双重代理关系。其中后一重代理关系直接影响了审计服务的生产过程及其绩效。会计师事务所内部治理机制以降低会计师事务所内部代理成本为目标，其核心是质量控制，然而可能出于数据可获得性等原因，目前的研究还极为鲜见。

与西方审计质量研究相比，我国的审计质量研究尽管起步较晚，但亦取得了较为长足的进步（吴联生和刘慧龙，2008）。以下我们结合本章的双维研究范式和西方审计质量的研究进展，在简要分析的基础上指出国内未来的研究方向。

（1）转型经济背景下我国审计质量作用机理的多阶段研究。国内早期的研究发现，由于我国上市公司的很多行为更多的是面向政府及相应管制机构，因此审计市场总体上缺乏甚至排斥高质量审计需求（如DeFond et al.，1999；刘峰等，2002；朱红军等，2004）。Wang et al.（2008）研究发现随着国有所有权程度的降低、市场/法律制度发育程度的提高以及政府干预水平的下降，有效审计需求缺乏的现象有逐渐缓解的趋势。我们认为，作为一种援引自西方的制度安排，我国经济转型的宏观背景和政府主导的改革路径较大程度上决定了独立审计在市场化初期其绩效可能与我们的预期有相当大的差距，而经济转型过程中快速的制度变更又决定了该制度安排的绩效（包括需求特征）可能表现出阶段性。已有研究大多聚焦于有效审计需求缺乏及其原因的解释，未能对需求约束条件下我国审计质量的影响路径和经济后果进行深入考察，也就无法恰当地评估经济转型过程中该制度安排的绩效及其变化趋势。

（2）监管方式、监管效率及监管深度的研究。与西方国家不同，在我国经济转型初期，市场自发调节机制失灵使得政府监管在维护审计质量上扮演了重要角色，不过目前相关的经验研究还不多见。刘亚莉（2006）对 2001 年后监管环境日趋严格的情况下市场监管的效果进行了调查，研究发现作为审计师应对监管政策的一种策略，其关注领域的审计质量较高，而非关注领域的审计质量较低。针对我国监管处罚中的“重师轻所”现象，吴溪（2008）的研究结果表明这种监管方式选择具有一定的负面效果，有可能削弱监管的公平性和有效性。我们认为，后续研究需要进一步对监管工具的选择、监管效率以及监管环境趋严条件下的监管深度（适度监管）等问题进行考察，以为监管效果评价和相关监管政策制定提供理论依据和经验支持。

（3）会计师事务所内部治理机制的研究。从目前国内会计师事务所的内部治理状况看，与国外大型会计师事务所相比，无论是在组织形式、控制权安排、利益分配还是内部制衡机制等方面都还存在着相当大的差距和不足（张立民，2006）。为了夯实行业发展基础，保证行业“做大做强”战略的顺利实施，2007 年 5 月中国注册会计师协会发布了《会计师事务所内部治理指南》，该《指南》的出台为国内会计师事务所完善内部治理机制，有效实施质量控制提供了指引和参考，同时也为国内学者提供了新的研究机会。未来的研究需要对我国会计师事务所内部治理现状及其完善的途径以及其对审计质量和审计师行为可能产生的影响进行实证考察。由于数据采集的原因，该领域的研究应当以实地研究、问卷调查和实验研究方法为主。

（4）会计师事务所竞争策略的研究。从目前的研究进展看，国内关于会计师事务所竞争策略与审计质量关系的实证研究总体尚处于起步阶段（如刘星等，2006；董普等，2007；韩洪灵和陈汉文，2007；蔡春和鲜文铎，2007）。由于我国审计市场处于成长时期，会计师事务所竞争手段的逐步多样化与审计质量的关系将是未来国内审计质量研究的持续焦点问题之一，未来的研究需要在改进研究设计、丰富经验证据的基础上，进一步关注不同类型会计师事务所竞争策略选择差异、市场细分等可能产生的影响。需要说明的是，供给方研究的深入有助于深化对我国审计市场竞争性质的理解，对于我国注册会计师行业的健康发展和行业总体战略目标的实现具有重要的政策制定和指导意义，同时也可以为审计市场的有效监管提供合理的实践基础和理论依据。

［参考文献］

［1］吴溪．监管处罚中的“重师轻所”及其后果：经验证据．会计研究，2008（8）：23～31．

［2］吴联生，刘慧龙．中国审计实证研究：1999－2007．审计研究，2008（2）：36～46．

［3］张立民．完善事务所内部治理，有效防范审计风险．中国注册会计师，2006（6）：20～23．

［4］Agrawal，A. and S. Chadha. Corporate governance and accounting scandals. Journal of Law and Economics，2005，48（2）：371－406.

［5］Albring，S. M.，Elder，R. J.，Zhou，J. IPO underpricing and audit quality differentiation within non-big 5 firms. International Journal of Auditing，2007，11（2）：115－31.

［6］Ashbaugh，H.，R. LaFond and B. W. Mayhew. Do nonaudit services compromise auditor independence? further evidence. The Accounting Review，2003，78（3）：611－639.

［7］Baber，W. R. Toward understanding the role of auditing in the public sector. Journal of Accounting & Economics，1983，5（1）：213－227.

［8］Baber，W. R.，K. R. Kumar and T. Verghese. Client security price reactions to the laventhol and horwath bankruptcy. Journal of Accounting Research，1995，33（2）：385－395.

［9］Balsam，S.，J. Krishnan and J. S. Yang. Auditor industry specialization and earnings quality. Auditing：A Journal of Practice & Theory，2003，22（2）：71－97.

［10］Blokdijk，H.，F. Drieenhuizen，D. A. Simunic and M. T. Stein. An analysis of cross-sectional differences in big and non-big public accounting firm's audit programs. Auditing：A Journal of Practice & Theory，2006，25（1）：27－48.

［11］Bockus，K and F. Gigler. A theory of auditor resignation. Journal of Accounting Research，1989，36（2）：191－208.

［12］Carey，P. and R. Simnett. Audit partner tenure and audit quality. The Accounting Review，2006，81（3）：653－676.

［13］Carcello，J. V.，and A. L. Nagy. Audit firm tenure and fraudulent financial reporting. Auditing：A Journal of Practice & Theory，2004，23（2）：55－69.

[14] Chaney, P. K. and K. L. Philipich. Shredded reputation: the cost of audit failure. Journal of Accounting Research, 2002, 40 (4): 1221-1245.

[15] Chaney, P. K., D. C. Jeter and L. Shivakumar. Self-selection of auditors and audit pricing in private firms. The Accounting Review, 2004, 79 (1): 51-72.

[16] Chen, C. Y., Lin, H. J. and Y. C. Lin. Audit partner tenure, audit firm tenure, and discretionary accruals: does long auditor tenure impair earnings quality?. Contemporary Accounting Research, 2008, 25 (2): 415-445.

[17] Choi, J-H., J-B Kim, X. Liu, and D. A. Simunic. Audit pricing, legal liability regimes, and big 4 premiums: theory and cross-country evidence. Contemporary Accounting Research, 2008, 25 (1): 55-100.

[18] Chow, C. W. The demand for external auditing: size, debt and ownership influences. The Accounting Review, 1982, 2: 272-291.

[19] Chung, H. and S. Kallapur. Client importance, nonaudit services and abnormal accruals. The Accounting Review, 2003, 78 (4): 931-955.

[20] Clarkson, P. Auditor quality and the accuracy of management earnings forecasts. Contemporary Accounting Research, 2000, 17 (4): 595-622.

[21] Copley, P. A. and E. B. Douthett. The association between auditor choice, ownership retained, and earnings disclosure by firms making initial pubic offerings. Contemporary Accounting Research, 2002, 19 (1): 49-76.

[22] Craswell, A. and J. Francis. Pricing initial audit engagements: a test of competing theories. The Accounting Review, 1999, 14 (2): 201-15.

[23] Datar, S., G. Feltham, Hughes. J. The role of audits and audit quality in valuing new issues. Journal of Accounting & Economics, 1991, 14 (1): 3-49.

[24] DeAngelo, L. Auditor independence, "low balling" and disclosure regulation. Journal of Accounting & Economics, 1981a, 3 (2): 113-127.

[25] DeAngelo, L. Auditor size and auditor quality. Journal of Accounting & Economics, 1981b, 3 (3): 183-199.

[26] DeFond, M. L. The association between changes in client firm agency costs and auditor switching. Auditing: A Journal of Practice & Theory, 1992, 11 (1): 16-31.

[27] DeFond, M. L., T. J. Wong and S. H. Li. The impact of improved auditor independence on audit market concentration in China. Journal of Accounting & Economics, 1999, 28 (3): 269-305.

[28] DeFond, M. L. and J. Francis. Audit research after Sarbanes-Oxley. Auditing: A Journal of Practice and Theory, 2005, 24 (Supp.): 5-30.

［29］Dye，R. A. Informationally motivated auditor replacement. Journal of Accounting & Economics，1991，14（4）：347－374.

［30］Dye，R. A. Auditing standards，legal liability and auditor wealth. Journal of Political Economy，1993，101（5）：887－914.

［31］Eichenseher，J. and D. Shields. Corporate director liability and monitoring preference. Journal of Accounting and Public Policy，1985，23（4）：245－268.

［32］Fan，J. P. H. and T. J. Wong. Do external auditors perform a corporate governance role in emerging markets? evidence from eastern Asia. Journal of Accounting Research，2005，43（1）：35－72.

［33］Farag，M. Discretionary accruals，non-audit service fees，and earnings persistence. Working Paper，Kent State University，2006.

［34］Ferguson，M. J.，G. S. Seow and D. Young. Nonaudit services and earnings management：U. K. evidence. Contemporary Accounting Research，2004，21（4）：813－841.

［35］Feltham，G. A.，J. S. Hughes and D. A. Simunic. Empirical assessment of the impact of auditor quality on the valuation of new issues. Journal of Accounting & Economics，1991，14（4）：375－399.

［36］Francis，J. R. and E. R. Wilson. Auditor changes：a joint test of theories relating to agency costs and auditor differentiation. The Accounting Review，1988，63（4）：663－682.

［37］Francis，J. R. What do we know about audit quality?. The British Accounting Review，2004，36（4）：345－368.

［38］Francis，J. R. and D. Wang. The joint effect of investor protection and big 4 audits on earnings quality around the world. Contemporary Accounting Research，2008，25（1）：157－91.

［39］Fortin，S. and J. A. Pittman. The role of auditor choice in debt pricing in private firms. Contemporary Accounting Research，2007，24（3）：859－896.

［40］Ghosh，A. and D. Moon. Auditor tenure and perceptions of audit quality. The Accounting Review，2005，80（2）：585－612.

［41］Ghosh，A. and S. Lustgarten. Pricing of initial audit engagements by large and small audit firms. Contemporary Accounting Research，2006，23（2）：333－368.

［42］Ghosh，A. Kallapur，S. and D. Moon. Provision of non-audit services by auditors：economic efficiency or managerial opportunism?. Working Paper，The City University of New York，2006.

[43] Ghosh, A. and R. J. Pawlewicz. The impact of regulation on auditor fees: evidence from from the Sarbanes-Oxley Act. Working Paper, The City University of New York, 2008.

[44] Hay, D. C., W. R. Knechel and N. Wong. Audit fees: a meta-analysis of the effect of supply and demand attributes. Contemporary Accounting Research, 2006, 23 (1): 141-191.

[45] Ireland, J. C. and C. S. Lennox. The large audit firm fee premium: a case of selectivity bias?. Journal of Accounting, Auditing & Finance, 2002, 17 (1): 73-91.

[46] Johnson, V., I. K. Khurana and J. K. Reynolds. Audit-firm tenure and the quality of financial reports. Contemporary Accounting Research, 2002, 19 (4): 637-660.

[47] Johnstone, K. M. and J. C. Bedard. Risk management in client acceptance decisions. The Accounting Review, 2003, 78 (4): 1003-1025.

[48] Krishnan. G., and J. Krishnan. Litigation risk and auditor resignations. The Accounting Review, 1997, 72 (4): 539-560.

[49] Krishnan, G. Audit quality and the pricing of discretionary accruals. Auditing: A Journal of Practice & Theory, 2003b, 22 (1): 109-126.

[50] Krishnan, J., Sami, H. and Y. Zhang. Does the provision of nonaudit services affect investor perceptions of auditor independence? Auditing: A Journal of Practice & Theory, 2005, 24 (2): 111-135.

[51] Kwon, S. Y., C. Y. Lim and P. M. Tan. Legal systems and earnings quality: the role of auditor industry specialization. Auditing: A Journal of Pratice & Theory, 2007, 26 (2): 25-55.

[52] Larcker, D. F. and S. A. Richardson. Fees paid to audit firms, accrual choices and corporate governance. Journal of Accounting Research, 2004, 42 (3): 625-658.

[53] Lee, H. Y. and V. Mande. The effect of the private securities litigation reform act of 1995 on accounting discretion of the client managers of big 6 and non-big 6 auditors. Auditing: A Journal of Practice & Theory, 2003, 22 (1): 93-108.

[54] Lee, P., D. Stokes, S. Taylor, and T. Walter. The association between audit quality, accounting disclosures and firm-specific risk: evidence from initial pubic offerings. Journal of Accounting and Pubic Policy, 2003, 22 (5): 377-400.

[55] Lee, P. J., S. J. Taylor and S. L. Taylor. Auditor conservatism and audit quality: evidence from IPO earnings forecasts. International Journal of Auditing, 2006, 10 (3): 183-199.

[56] Lennox, C. Management ownership and audit firm size. Contemporary Accounting Research, 2005, 22 (1): 205-227.

[57] Magee. R. and M. Tseng. Audit pricing and independence. The Accounting Review, 1990, 65 (2): 315-36.

[58] Memon, K. and D. D. Williams. Auditor credibility and initial public offerings. The Accounting Review, 1991, 66 (2): 313-332.

[59] Melumad, N. D. and L. Thoman. On auditors and the courts in an adverse selection setting. Journal of Accounting Research, 1990, 28 (1): 77-120.

[60] Myers, J. N., L. A. Myers and T. C. Omer. Exploring the term of the auditor-client relationship and the quality of earnings: a case for mandatory auditor rotation?. The Accounting Review, 2003, 78 (3): 779-800.

[61] Nelson, M. W., Elliott, J. A. and Tarpley, R. L. Evidence from auditors about managers' and auditors' earnings management decisions. The Accounting Review, 2002, 77 (4): 175-202.

[62] Palmose, Z.. Analysis of auditor litigation and audit service quality. The Accounting Review, 1988, 63 (1): 55-73.

[63] Pittman, J. A. and S. Fortin. Auditor choice and the cost of debt capital for newly public firms. Journal of Accounting & Economics, 2004, 37 (1): 113-136.

[64] Raghunandan, K. and D. V. Rama. Auditor resignations and the market for audit services. Auditing: A Journal of Practice & Theory, 1999, 18 (1): 124-134.

[65] Raghunandan, K., Read, W. R. and J. S. Whisenant. Initial evidence on the association between nonaudit fees and restated financial statements. Accounting Horizons, 2003, 17 (3): 223-234.

[66] Reynolds, J. K., D. R. Deis and J. R. Francis. Professional service fees and auditor objectivity. Auditing: A Journal of Practice and Theory, 2004, 23 (1): 29-52.

[67] Robert, K. W., N. Vic and P. Gail. Does auditor industry specialization matter? evidence from market reaction to auditor switches. Auditing: A Journal of Pratice & Theory, 2007, 26 (1): 19-45.

[68] Sankaraguruswamy, S. and S. Whisenant. Pricing initial audit engage-

ments: empirical evidence following public disclosure of audit fees. Working paper, National University of Singapore, 2005.

[69] Simunic, D. A. The pricing of audit services: theory and evidence. Journal of Accounting Research, 1980, 18 (1): 161-190.

[70] Simunic, D. A, and M. T. Stein. Impact of litigation risk on audit pricing: a review of the economics and the evidence. Auditing: A Journal of Practice and Theory, 1996, 15 (Supp.): 119-134.

[71] Simunic, D. A., J. B. Kim, M. T. Stein and C. H. Yi. Voluntary audit and the cost of debt capital for privately held firms: Korean evidence. Working Paper, Universtiy of British Columbia, 2007.

[72] Shu, S. Z.. Auditor resignations: clientele effects and legal liability. Journal of Accounting & Economics, 2000, 29 (2): 173-205.

[73] Schneider A., Church, B. K. and K. M. Ely. Non-audit services and auditor independence: a review of the literature. Journal of Accounting Literature, 2006, 25: 169-211.

[74] Titman, S., and B. Trueman. Information quality and the valuation of new issues. Journal of Accounting & Economics, 1986, 8 (2): 159-162.

[75] Tuntiwongpiboon, N., and M. Dugan. An empirical investigation of the relationship between audit structure and client attributes. Journal of Accounting, Auditing and Finance, 1994, 9 (2): 225-247.

[76] Tendeloo, B. V. and A. Vanstraelen.. Earnings management and audit quality in Europe: evidence from the private client segment market. European Accounting Review, 2008, 17 (3): 447-469.

[77] Watkins, A. L., Hillison, W, and S. E. Morecroft. Audit quality: a synthesis of theory and empirical evidence. Journal of Accounting Literature, 2004, 23: 153-193.

[78] Wallace, W. A.. The economic role of the audit in free and regulated markets: a review. Research in Accounting Regulation, 1987, 1: 7-34.

[79] Wallace, W. A. Delay in accounting harmonization: evidence on auditor selection and cost-of-capital effects, 1986—1990. Research in Accounting Regulation, 2002, 15: 39-68.

[80] Wallace, W. A. The economic role of the audit in free and regulated markets: a look back and a look forward. Research in Accounting Regulation, 2004, 17: 267-298.

[81] Wang, Q., T. J. Wong and L. J. Xia. State ownership, the institu-

tional environment, and auditor choice: evidence from China. Journal of Accounting & Economics, 2008, 46 (1): 112-134.

[82] Whisenant, S., S. Sankaraguruswamy and K. Raghunandan. Evidence on the joint determination of audit and non-audit fees. Journal of Accounting Research, 2003, 41 (4): 721-744.

[83] Willenborg, M. Empirical analysis of the economic demand for auditing in the initial public offerings market. Journal of Accounting Research, 1999, 37 (1): 225-238.

第五章 审计师—客户关系：固化与重构

本章导读

在发达资本市场中，高质量的财务报告被视为现代金融系统的基石，审计师在制度设计中充任了关键的“看门人”角色，这也使得审计师—客户关系因不同于一般商业关系的独特性质备受关注并饱受争议。本章首先在聚焦审计师独立性的经济含义基础上发展了一个可用于理解审计师—客户关系及其管制逻辑的分析框架。分析结果认为，首先，审计师和客户各自且相互关联的内在动因导致了审计师—客户关系可能出现自然固化和自发重构两种趋势，并且在不同程度上可能对审计师独立性产生负面影响，其中两者关系的自然固化倾向的影响更为重大且难以直接观察。其次，审计师独立性与市场失灵的关系可能是合乎逻辑的，但管制的理由同样可以用政治程序观等加以解释，这两种相互竞争的观点在实践中无法严格区分。最后，对审计师—客户关系进行管制的形式有多种，直观上看存在着某种递进关系。此外在上述分析的基础上，考虑到已有研究较多关注的原因，本章还对审计师—客户关系重构以及特定的审计师轮换管制进行了较为系统的理论和经验证据总结。

第一节 审计师独立性的经济含义：审计师—客户关系的一个分析框架

从资本市场效率和公平的角度出发，审计师—客户关系的讨论基本是围绕着审计师独立性展开的。基于对当前有关审计师—客户关系研究的梳理和总结，本节首次围绕着审计师独立性的经济含义发展了一个有关审计师—客户关系的分析框架，如图 5—1 所示。该框架由两个递进的理论逻辑组成，即审计师—客户关系与审计师独立性的关系以及审计师独立性、市场失灵和管制需求之间的关系。显而易见，审计师独立性构成了承接和联系两部分内容的核心和纽带。

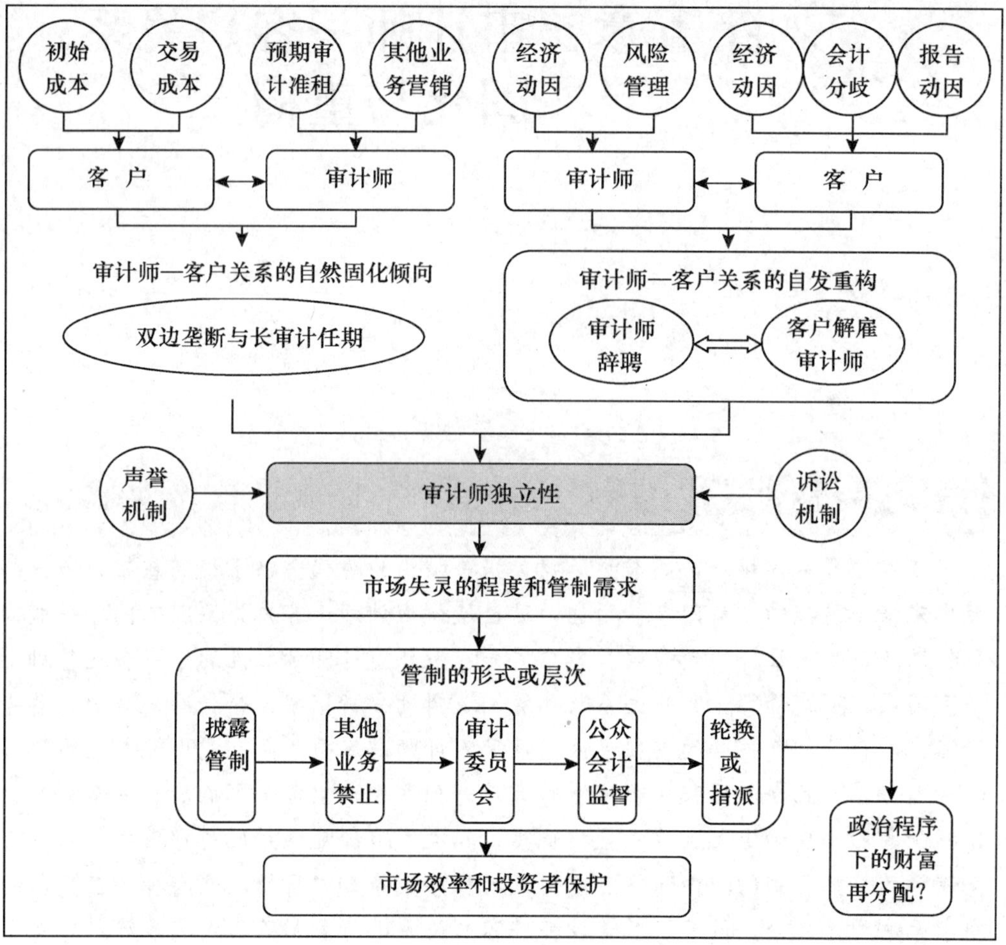

图 5—1　审计师—客户关系的分析框架

我们希冀该分析框架将有助于研究者和管制者更全面地理解：(1) 审计师—客户关系的两种演进趋势，以及导致如此趋势的审计师和客户各自且相互关联的内在动因；(2) 审计师—客户关系的两种演进趋势对审计师独立性可能产生的影响及其路径；(3) 对审计师—客户关系进行管制的理由是什么；(4) 对审计师—客户关系进行管制的可能形式和层次包括哪些。

一、审计师—客户关系与审计师独立性

对审计师—客户关系发展趋势的完整理解应当包括两个方面，即两者关系的自然固化倾向与自发重构现象。其中后者长期以来一直被认为是观察审计师—客户关系的重要窗口，因为在公开资本市场看来，两者关系总体上是保持“沉默”

和不透明的（Ball，2009）。在现代公开资本市场中，审计师承担了“看门人”（gatekeeper）的重要角色，这使得审计师独立性成为两者关系最为重要的方面。然而独立性并不是纯粹的道德标准或行业规范，在现实市场关系中，其经济含义要远比审计职业界所宣称的重要和深刻得多。正如John Hepp（2002）所言：“引发低质量审计的动机时常存在，这对于大多数‘外部人’来说是显而易见的，他们对审计师在由客户管理层付费的情况下仍认为自己保持了独立性感到惊讶。”Ball（2009）同样指出，从法律意义上讲，公开资本市场中的审计师—客户关系非比寻常，审计师向投资者和公众提供对公司财务报告的鉴证服务，却由客户公司的经理选择他们并支付费用，要知道客户是偏好更有利的审计报告的利益相关方。这意味着不考虑其他可能的收入，审计收费本身就已经创造了潜在的利益冲突。

（一）审计师—客户关系的自发重构现象

很长一段时间以来，自发重构（又称为自愿性审计师变更）是实务界和学术研究者关注的焦点，然而我们认为在成熟的资本市场中，其对市场参与者的含义可能是有限的，关注的理由可能更多的是因为实践中我们能够观察审计师—客户关系的机会极为有限。

从实践来看，自发重构的发起方既可能是客户也可能是审计师。由于发起方可能动因的差异，市场对客户解雇审计师还是审计师辞聘客户对审计独立性可能产生影响的理解差别很大。经济意义上的动态匹配观（match）很大程度上与审计师独立性无关，两者关系随着时间推移可能产生的误匹配（mismatch）是审计师—客户关系自发重构最为重要的解释之一。误匹配的产生既可能来自于客户（Johnson & Lys，1990），也可能来自于审计师自身（Shu，2000），即随着时间的推移，客户成长和营业特征、审计师成本结构等的改变可能使得当前的审计师不再是客户所需要审计服务的最佳供应商，或者保留该客户不再符合审计师最优化的经济利益考虑或者风险管理要求。

无论是对供给方还是需求方误匹配的研究，当前都已经积累了较多的经验证据。然而对自发重构的真正担心可能来自于客户出于会计分歧的原因解雇审计师，甚至是出于完全机会主义的审计意见购买（opinion-shopping）动因。对于前者，Dye（1991）指出由于信息获取原因，客户管理层对于公司财务状况和未来预期的理解可能与审计师存在差异，由此导致的会计分歧和争议可能致使客户寻求判断更为一致的继任审计师。对于后者，完全机会主义的审计意见购买至少从表面上看确实会对审计师独立性产生威胁，但目前的经验证据基本上不支持客户成功地从继任审计师那里购买了审计意见。但是，我们需要指出的是，审计意见的购买并非一定针对继任审计师，威胁变更同样会对在位审计师的独立性产生影响，这需要进一步深入理解审计师—客户关系的自然固化倾向产生的原因。

（二）审计师—客户关系的自然固化趋势

市场的实际状况告诉我们，与自发重构相比，审计师—客户关系的自然固化倾向显然要广泛和普遍得多（DeAngelo，1981b；Francis，2011）。尽管早期有学者和管制者表达了对这种固化和长期关系的担心，但总体上并未引起足够的关注。不过，随着21世纪初几乎是系统性的财务舞弊丑闻曝光，上述情况较大程度上得以扭转。

理论上，审计师—客户关系具有的双边垄断性质（bilateral monopoly）可能是两者关系自然固化趋势出现的根本经济原因。除订约成本外，对于客户来说，在较大程度上，初始成本和交易成本的存在阻止了其任意变更审计师，进而创造了现任审计师的在位优势。事实上，研究者很早就注意到初始审计业务启动成本是显著存在的，它至少来自三个方面（Arens & Loebbecke，1976，p100）：首先，在初始业务中，客户特定的营业活动和交易行为对审计师来说几乎是陌生的；其次，初始业务必须确证那些构成永久性质的资产负债表账户的具体情况，譬如固定资产、专利和保留权益等；最后，初始业务必须确证其他资产负债表账户的期初余额。此外，变更审计师的交易成本可能进一步强化了审计师的在位优势，它可能包括变更引起的市场疑虑、对变更的披露要求等（DeAngelo，1981b）。另外，在我们看来，一项重要的交易成本可能被研究者忽视，即公司可能出于商业活动的保密性考虑，通常情况下不愿意变更现任审计师。我们推测，保密性的要求很可能是构成现代审计师—客户之间制度安排的重要原因之一。

上述在位优势使得现任审计师对潜在竞争者拥有比较优势，从而能够期望在未来收取超过可变成本的审计费用来获取未来审计准租（quasi rent，DeAngelo，1981b），因此在位优势成为一项重要的专门化资产，存在于特定的审计师—客户关系中。这项专门化资产的分享性质（同时也是成本分担）意味着客户与现任审计师之间的未来关系是双边垄断的（DeAngelo，1981b）。因此，几乎不可能无成本地获得完全可替代的审计师（或者客户），换句话说，也就是双方均有较为强烈的动机维系已经建立的关系（DeAngelo，1981a）。此外，可信威胁的存在使得任何一方都可能通过威胁终止关系而从中获得私利，譬如客户可能潜在地因审计师的妥协退让而能够选择性披露，审计师则能够潜在地在未来期间提高审计师收费。①

由于双边垄断的存在，正如Watts & Zimmerman（1980）早已指出的，在当前的审计师—客户关系中，指望审计师完全独立于客户是不现实也是不可能的。由于在位资产的专用性及其创造的审计师对未来特定审计准租的期待，审计师独立性总是处于次优状态。此外，在特定的双边垄断关系中，一个重要的考虑

① 当然，理性的客户和审计师均能够预测未来的双边垄断，因此在初始业务订约时，他们的预期将被反映到均衡的费用结构中，这可能也部分解释了低价揽客（low balling）现象。

必须指出，即审计师和客户在双边垄断中的谈判位置并不完全对等（Dye，1991）。简单来说，通常如果假定客户面临的初始成本和交易成本一定，审计师的谈判能力主要取决于审计公司总的准租金规模（对应于客户重要性）（Watts & Zimmerman，1981；DeAngelo，1981a；Chan & Wu[①]，2011）。不过从经济意义上讲，在相关约束条件不变的情况下，审计师对客户未来审计准租的期待越大，审计师独立性总是固有地下降了。

除了对未来审计准租的期待，在位审计师对客户的非审计服务营销进一步强化了审计师与客户之间的经济关联——在位优势下的非审计服务供给可能有助于客户经济效率的提升（Ball，2009）。从逻辑上讲，这可能致使审计师在双边垄断关系中处于更不利的谈判位置进而不得不做出更多的妥协和退让，进一步丧失对客户说“不”的勇气。此外，需要强调的是，在审计和其他业务营销中，审计师实质上充当了不同的角色，在长期的业务关系中，这种角色冲突可能进一步使得审计师—客户关系发生微妙的改变。事实上，有迹象表明随着任期推移，审计师已经从谨慎、质疑客户逐渐朝着同客户合作的方向发展（Ball，2009）。由于一般而言，非审计服务的边际利润贡献要高于常规性的审计业务，美国 SEC 前主席 Levitt（2000）以及 Dopuch et al.（2001）质疑审计可能被当成审计师谋取更有利可图的其他业务营销的“跳板”。

二、市场失灵、审计师独立性与管制需求

在现代发达的公众资本市场当中，尤其是以美国为代表的普通法系国家，高质量的财务报告长期被视为美国金融系统的基石，制度设计长期严重依赖“看门人”策略以阻止可能的证券欺诈行为。该策略的基本逻辑是充分利用拥有信息优势的私人行为帮助识别和阻止可能的欺诈，在这些私人服务提供者中，审计师传统上被视为公众市场的“看门人”。实际上，在经历了 1929 年的经济危机和大萧条之后，1933 年的《证券法》和 1934 年的《证券交易法》已经要求公众公司强制性接受独立审计以确证公司披露的财务报告。

然而，21 世纪初爆发的一系列重大财务舞弊和欺诈案表明这一策略可能正系统性地处于危机之中（Coates，2007），这也使得讨论审计师独立性与市场失灵的关系可能是合乎逻辑的，而无论审计师独立性是否确实系统性地严重被损害了（Francis，2011）以及市场是否确实失灵了（Ball，2009）均缺乏强有力的

① Chan & Wu（2011）以中国新兴审计市场会计师事务所合并为研究对象，考察了合并后的准租变化对审计师独立性的影响。研究发现审计准租的确对审计师独立性产生了影响。研究发现在多执照合并后，审计师签发了更多的非标准审计意见（MAO）。与此形成强烈对比的是，单执照合并后却并没有显著的变化，此外研究还发现 MAO 增加与由于多执照合并导致的上市客户组合规模增大正相关。总的来看，经验证据表明审计公司规模增大并不必然导致审计师独立性的改善，重要的是公众客户的规模，因为公众客户具有的未来准租更可能被看成对审计违规的抵押或担保。这个发现支持了 DeAngelo（1981a）关于审计师独立性正相关于公司累计准租的理论观点。

(或者说，有效的) 经验证据。从美国公众资本市场关键的“看门人”的制度设计角度看，审计师独立性是该制度安排的核心，独立性受到损害或下降并且如果这种下降带有某种系统性质，市场失灵很可能会发生，只是在程度表现上可能有所差异。导致市场失灵的原因可能是多方面的 (Hart，2009)，但与审计师独立性受损最相关的可能还来自于信息不对称问题的加剧。尽管理论上，市场机制 (如契约机制、声誉机制、自愿披露等) 以及其他私人执行机制 (如诉讼机制) 可能会自行纠正上述问题，但是正如 Coates (2007) 所言，某些私人执行机制如投资者诉讼，尤其是在股权分散背景下，由于依赖律师发起或者共同诉讼可能遭受同样的代理问题和集合行动问题，此外还可能碰到判决无法执行问题 (judgement proof problem，Hart，2009)，从而难以提供有效的威慑。进一步由于公司经理可能使用公司资产支付可能的诉讼成本，私人执行可能还是导致了投资者损失。由于市场机制本身可能存在问题，审计师独立性与市场失灵可能的逻辑关联为强化公共执行机制或者管制提供了理由 (Ball，2009)。

当然，被广泛接受的政治程序观可能为理解对审计师—客户关系实施某种管制提供了完全不同的角度 (Hart，2009)。以美国 2002 年 6 月 25 日出台的《萨班斯-奥克斯利法案》为例，从其全称《公众公司会计改革和投资者保护法案》(The Public Company Accounting Reform and Investors Protection Act of 2002)，我们或许可以了解其设计初衷就是直接对审计师实施管制，以使其更好地充当“看门人”的角色。但是正如 Coates (2007) 和 Hart (2009) 所指出的，在《萨班斯-奥克斯利法案》出台前的 30 个月内股票市值已经下跌了近 40%，媒体标题充斥着财务舞弊、会计丑闻和公司破产，因此对一个大多数投票者直接持有或通过养老金、退休金持有公众公司股票的民主社会而言，政府做出反应是唯一的选择，问题仅仅是反应的形式而已。上述表述可能在一定程度上支持管制的理由及其具体形式可能来自于政治过程。遗憾的是，由于我们没有机会在真实的世界中观察到上述两个相互竞争的观点各自独立运行的情况，因此严格区分它们的影响几乎是不可能的。Ball (2009) 认为对管制是否确实必需、当前《萨班斯-奥克斯利法案》是否反应过度的认识，也许在根本上还是取决于研究者采取了何种观点进行分析。

从历史上看，对审计师—客户关系的管制形式包括披露管制、其他业务禁止、审计委员会的成员构成、公众会计监督以及对审计师实施强制轮换或指派等。直观上，这些管制形式因干预程度的差异可能存在一定的逻辑递进关系。

实际上，有关于披露管制的讨论很早就已经出现 (DeAngelo，1981b；Dye，1991)，旨在通过对审计师—客户关系的某种形式的披露向市场提供更多的用于了解两者关系的信息。从出现的时间顺序看包括有关审计师变更、审计费用和其他业务及费用等信息的披露。其他业务禁止也不是一个新的话题 (DeBerg al.，

1991)，但《萨班斯-奥克斯利法案》出台后成为现实，除了税务服务外几乎其他形式的非审计服务均被禁止同时向审计客户提供。由于21世纪初期的重大财务丑闻事件被认为是现行公司治理机制的失败，即管理层对审计师聘任实施了过于重大的影响（Levitt，1998；BRC，1999；SEC，2003），因此《萨班斯-奥克斯利法案》实施的管制直接深入到公司内部的治理层面，要求审计委员会必须全部由独立董事构成，并直接负责任命、决定薪酬和监督审计师的工作，SEC也为此对公司上市标准进行了修改（SEC，2003）。从管制形式上讲，《萨班斯-奥克斯利法案》同时创造了一个独一无二的准公共机构——公众公司会计监督委员会（PCAOB）以监督和管制公共会计行业。PCAOB的出现不仅改变了1934年以来仅由SEC对公众公司实施某种程度单方面管制的做法（即SEC监督公众公司，PCAOB监督公共审计师），而且很大程度上改变了美国注册会计师行业长期以来的自律管理模式。Coates（2007）将其看成是一个公共执行机制，对美国公开资本市场和注册会计师行业的影响意义深远。审计师轮换或者指派则是直接对审计师—客户关系的形成和存续实施外部介入和干预，属于审计师—客户关系的强制重构，在所有的管制形式中可能最为严格（直接指派则完全割裂了客户可能对审计师施加的任何不利影响，Kim & Yi①，2009）。由于关于审计师轮换的争议和讨论内容较多，我们将在第三节中予以阐述。

第二节 审计师—客户关系的自发重构：理论和证据

一、审计师—客户关系自发重构的影响因素

（一）客户为什么解聘审计师

在市场经济中，商业关系的动态调整再正常不过了，然而公开资本市场中的审计师—客户关系的自发重构却备受争议。早期的探索性研究中，Burton & Roberts（1967）对1952—1965年间《财富》500强公司的管理层的调查发现，管理层更迭、对额外服务的要求以及新的筹资需要是客户解雇审计师最为常见的理由。Bedingfield & Loeb（1974）对此进行了更为广泛的调查，研究发现客户解雇审计师的理由依次包括：审计成本节约、不满前任审计师的服务、并购、会计

① 该研究对韩国资本市场独立的审计师指派现象（auditor designation）进行了研究。研究指出，自1991年开始，韩国管制当局开始对某些问题公司实施指定审计师制度，这些公司必须用被指定的审计师代替现任审计师并保留一定的期限。统计表明在1991—2000期间，大约15%～17%的上市公司出现这种情况。研究发现，与自由选择审计师的公司相比，指派审计师的公司有更低的操控性应计水平，此外与自愿审计师变更的公司相比，指派公司同样报告了显著更低的操控性应计。这说明，审计师指派确实提高了审计质量进而改善了财务报告的可信性。据了解，除韩国外还没有其他国家采纳审计师指派管制。

分歧、母子公司的协同需要以及对更高质量审计的需求等。上述两项基于客户管理层的问卷调查结果在某种程度上表明，客户解雇审计师大多是出于正常的经济目的和要求。然而事实情况可能更为复杂和难以直接观察，其中更为重要的是，在现代资本市场的制度架构中，管理层获得了审计师的聘用权并拥有信息优势，在对审计师—客户关系的建立及其调整缺乏有效信息披露的情况下，外部投资者可能怀疑管理层是否存在机会主义的关系重构行为。对市场管制者而言，值得警惕的是，由于审计报告具有的公共产品性质，如果客户解聘审计师是出于获得更有利的审计意见的目的，那么可能会引发审计市场恶劣的报告竞争行为，从而严重威胁到审计师独立性。

在对现有理论和经验证据进行总结的基础上，我们将客户解雇审计师的动因划分为经济动因、会计分歧和报告动因三个方面。

1. 经济动因：成本削减、服务追求和管理协同

基于审计师—客户关系初始建立的经济动因（如 Watts & Zimmerman，1983；Wallace，1987，2004）考虑，Johnson & Lys（1990）认为在不断变化的市场竞争环境中，客户的动态经济利益权衡将会导致审计师—客户契约关系的重新组合，这表明原有审计师—客户关系可能因为客户特定审计需求的改变而产生“误匹配”（Shu，2000）。他们指出，一方面，审计师致力于通过专门化策略等谋求竞争优势，而客户总是希望从最低成本供应商那里购买审计服务；另一方面，更关键的是，客户的经营和业务活动随着时间的推移而不断变化（如企业高速成长导致业务量和范围扩大，会计复杂程度加剧，地理区域扩张，财务报告和控制系统的分散化，并购对资本的需求加大等），客户特征的变化同样将导致在位审计师竞争优势的退化或消失。由于不同审计师在专门化资源上的投资（如雇员招聘和培训，分所设立，软件和辅助审计决策系统等）职能在特定客户市场上形成规模或范围经济，客户成长或营业特征的改变将导致在位审计师成本结构发生变动，从而有可能丧失竞争优势，因此审计师—客户关系的自发重构是市场力量自发作用的必然结果。根据我们的归纳，现有文献所识别的经济动因主要包括：成本削减、对更好服务的追求以及管理协同要求等。

（1）成本削减。在 Johnson & Lys（1990）具有代表性的审计师变更经济动因分析中，客户特征的变化会导致在位审计师的成本结构发生变化，从而不能满足客户追求最低审计成本的要求而可能被解雇。研究指出，审计公司通过专门化策略获取竞争优势，客户则从最低成本供应商那里购买审计师服务。两者关系的重构代表了对客户营业活动随时间推移而发生变化的自然有效反应。由于该研究对后期的同领域研究产生了较为广泛的影响，因此我们认为其使用的经验模型亦具有一定代表性（尽管后期关于变更的研究更多地采用公司水平特征度量，而不

是一阶变化），具体如下：

$$RS(or\ change)=f(IGrowth,\ ICFO,\ IFIN,\ IACQN,\ ITIE)$$

其中，作者指出由于会计师事务所的生产函数难以直接观察，因此研究依赖于相对审计师规模变化（RS，定义为继任审计师规模与前任审计师规模之比）度量审计师之间成本结构的变化，此外，研究同样采用了当前较为普遍运用的变更与否的两分虚拟变量（change）作为因变量进行了敏感性测试。解释变量度量了随时间推移公司特征的变化，其中，IGrowth，ICFO，IFIN，IACQN，ITIE 分别度量了成长性、现金流量、外部融资额、并购活动以及利息保障倍数等公司成长和运营特征的变化。研究的结果表明，外部融资额、现金流量、资产成长率的变化与相应的审计师成本结构变化显著正相关，利息保障倍数的变动则与之显著负相关。

Johnson & Lys（1990）的观点此后在 Beattie & Fearnley（1995）的调查中得到了支持，该研究报告了 66%的英国上市公司考虑变更它们的审计师是出于审计费用的原因。不过，Kallunki et al.（2007）指出尽管客户试图购买最低成本的服务，但变更成本的存在可能阻止上述行为。由于在产品或服务较为复杂或趋于定制性的行业中，客户和供应商之间长期的商业关系更受偏爱，而审计服务通常被认为是高度复杂和专业化的服务，因此只有当审计费用节约超过变更成本时，客户才可能变更审计师。

总体上经验证据支持了上述观点。Haskins and Williams（1990）、Johnson & Lys（1990）早期的研究发现客户感知审计费用相对较高时更可能变更审计师，Woo & Koh（2001）对新加坡审计师变更的研究结果同样表明审计费用考虑是客户解雇现任审计师的重要理由。Ettredge et al.（2007）的研究结果亦发现《萨班斯-奥克斯利法案》生效后，在 2003 年有更高审计费用的客户更可能在 2004 年解雇现任审计师，结果表明客户对审计成本的改变确实非常敏感。此外，来自 Kallunki et al.（2007）关于十个国家的跨国证据同样表明审计服务的过高定价确实增加了审计师变更的可能性。

在成本削减动因的研究中，另一个重要考虑来自审计市场的初始价格竞争现象。在分析性文献中，Kanodia & Mukherhi（1994）指出由于审计收费在首次签约后通常会逐年增长，因此审计师可能会通过降低首次审计收费的方式诱使客户解雇现任审计师。经验证据大体支持了上述论断，Johnson & Lys（1990）、Grarsombke & Armitage（1993）的研究均发现初始审计定价折扣的存在是吸引美国上市公司进行审计师变更的原因之一，Roberts et al.（1990）和 Tate（2007）进一步发现在非营利机构市场中，上述情形同样存在。

尽管审计市场的初始低价竞争可能引发投资者和监管者对审计质量的担心（DeAngelo，1981a；Dye，1991），但部分研究检验或许说明了法律环境、竞标方法、客户对现任审计师收费价值的感知以及客户类型等因素可能缓解低价竞争与审计师变更之间的关系。在 Kallunki et al.(2007)的跨国研究中，法律环境越是严格将导致变更成本越高，因此继任审计师需要给予更多的初始价格折扣才有可能诱使客户解雇现任审计师。Garsombke & Armitage（1993）分析认为，如果客户采用竞争性投标竞价，竞标审计师同样需要给予更多的初始价格折扣。Daugherty & Tervo（2008）调查分析发现客户对现任审计师的收费价值感知更高，这意味着继任竞争者将面临更低的压价程度。他们认为这种情况在当前 SOX-404 生效的情况下（审计费用迅速上升）更可能发生。Magri & Baldacchino（2004）以马耳他公司经理为样本，研究发现在考虑审计师变更时，大客户和“Big N”会计师事务所的审计师的客户对费用差异的敏感性较低。

（2）更好的服务。Beattie & Fearnley（1995）对英国和爱尔兰的财务主管进行了调查，发现 2/3 被调查的客户有强烈的意向变更审计师，但是只有 16%的客户真正变更了审计师。客户发起变更的主要动机是为了寻求更好的服务，并且客户有意愿通过变更以寻求同高声誉审计师的合作。基于经典的监督需求假说，已有研究结果表明，当代理成本升高时，客户倾向于选择更高级别的审计师(e. g. Woo & Koh，2001；DeFond，1992；Francis &Wilson，1988)。这说明随着公司代理冲突的加剧，客户倾向于变更审计师以获得更高质量的外部审计监督服务。此外，研究表明公司治理在审计师变更中扮演了重要角色，Cassell et al.（2009）的研究发现公司治理水平越高，越倾向于保留高质量审计师，而公司治理越差的客户则倾向于变更为更低级别的审计师。Abbott & Parker（2000）的研究结果表明随着审计委员会效率的提高，客户更倾向于雇用新的行业专家审计师。其他一些研究则发现新的融资、客户成长、规模和国际化经营都与变更为更高质量的审计师的可能性正相关（Beatty，1989；Haskins & Williams，1990；Johnson & Lys，1990；Chaney et al.，2004)。

（3）管理协同要求。相关研究认为客户变更审计师可能是出于管理协同方面的要求，客户或审计师合并对客户发起的审计师变更研究为此提供了证据。Healy & Lys（1986）研究了国际 N 大和非 N 大会计师事务所之间的合并，发现大公司比小公司在合并后更可能保持与新的国际 N 大会计师事务所的关系，可能的原因是大公司从审计师的行业专业性和分布广泛的分所中获益更多。Anderson et al.(1993）研究发现澳大利亚公司在被收购后倾向于变更为实施收购公司的审计师，尤其是在多元化收购之后（例如形成集团式实体而不是横向或纵向收购)。Branson & Breesch（2004）考察了比利时子公司的审计师变更模式，研究发现大部分子公司聘用与母公司相同的审计师，他们还发现母公司所在地会影响子公司的审计师选择，总部在比利时、英国、美国和荷兰的子公司比总部在其他国家的子公司更倾向于选择与母公司相同的审计师。

2. 会计分歧和争议

在审计师—客户关系中，因为对会计实务和规则的理解不同而导致分歧和争议极为常见，由此引发的审计师变更主要受两个方面因素的影响：其一是客户业务和会计规则的复杂性；其二是审计师保守主义。需要注意的是，因会计分歧和争议而变更审计师与购买审计意见看上去有着本质的差别，由于管理层拥有更为充分的信息来理解复杂业务的本质和经济前景（Dye，1991），因此发生的变更也许意味着真理并不总是掌握在审计师手中。有经验证据表明由会计分歧和争议引发的变更更可能发生在同级审计师之间。

现有的研究表明，在一项新的会计准则生效的年份，审计师—客户关系的重新组合往往趋于频繁（Atkinson et al.，2002）。此外，DeAngelo（1982）指出，尤其是当客户的业务处理受新会计准则的不利影响越严重，客户解聘审计师的情况越有可能发生。部分研究则提供了分歧促使审计师变更的直接证据。由于1971年以来SEC要求公众公司披露审计师变更的原因，McConnell（1984）以此考察了审计师变更的理由和频率，统计表明，披露与前任审计师分歧的客户约占总体的14%（其中“Big N”约占18%，非“Big N”约占8%），研究同时发现因争议而变更的审计师通常发生在同级审计师之间。Dhaliwal et al.（1993）进一步的研究发现，由于会计分歧而变更审计师的客户比不存在争议而变更审计师的客户有着更为糟糕的盈余业绩、更高的负债比例和更为糟糕的股价表现，此外，研究还发现因争议而变更审计师的客户通常倾向于同级变更。

另外一些研究考察了审计师解读会计实务时的保守主义对客户解雇审计师的影响。Krishnan（1994）和DeFond & Subramanyam（1998）的研究均发现审计师保守主义与客户变更审计师的可能性正相关，后者进一步发现即便审计师是出于应对和降低诉讼风险的考虑而被迫提高谨慎性，客户仍然倾向于解雇审计师。

3. 报告动因：变更威胁和审计意见购买

尽管在总结了早期的问卷调查研究后，Knapp & Elikai（1988）认为客户不会出于购买审计意见而解雇现任审计师，但问卷调查的局限性可能掩盖了管理层的真实意图。实际上，尽管持续缺乏客户购买审计意见的直接证据，但不少后续的经验研究发现，财务状况和经营情况更为糟糕的客户更倾向解雇现任审计师（如Hudaib & Cooke，2005；Haskins & Williams，1990；Roberts et al.，1990；Schwartz & Menon，1985）。此外Weiss & Kalbers（2008）的研究发现有较高盈余管理倾向的客户有更强变更审计师的可能性。

在分析性研究中，Teoh（1992）构建的模型识别了客户避免不利审计意见的两种可能途径：变更威胁和审计意见购买。其中，变更威胁观指出，如果现任审计师确实赚取了在位准租，客户可以通过威胁变更审计师来避免不利的审计报告，在位准租的存在可能伤害到审计师的独立性；审计意见购买观认为，即便不存在在位准租，如果客户相信继任审计师更可能出具有利的审计报告，那么客户仍然可以通过购买审计意见的方式避免不利局面，这种变更实际上是从独立审计意见总体分布中进行二次抽样（Lennox，2000）。不过，几乎没有说服性的证据支持变更威胁观，Krishnan et al.（1996）的研究发现，实际上具有更高变更倾向（更强的解雇威胁）的客户更可能收到限定性（qualified）审计意见。也有一些研究通过考察审计报告和非审计服务（可能影响独立性）之间的关系检验了变更威胁观，结果亦未发现非审计服务收费和审计意见具有显著相关关系（Barkess & Simnett，1994；Craswell，1999；Lennox，1999a）。上述研究结果也许意味着，客户更可能通过变更审计师的方式实现改善审计意见的目的。

直觉上，客户虽然可能为避免不利审计意见而解雇现任审计师，但未必能够寻觅到合适的继任审计师。这使得审计意见购买的研究不可避免地需要涉及两个关键问题：（1）现任审计师出具不利审计报告后，客户是否会解雇审计师？（2）客户解雇审计师能够实现改善审计意见的目的吗？

Dye（1991）基于信息不对称的理论分析指出，如果客户和审计师拥有相同的关于客户财务状况的信息，且财务报表能够充分交流以上信息，那么客户将不会解聘审计师；但是，在客户拥有信息优势且财务报表仅能反映审计师所拥有信息的情况下，如果客户基于自身信息做出的判断越有利而审计师正好相反，客户解聘审计师的可能性越大。上述结论较大程度上意味着当客户相信现任审计师很有可能出具不利于己的审计意见时，审计师解聘将会发生。Matsumura et al.（1997）进一步考察了客户面临持续经营审计意见（GCO）时的决策，模型分析的结论认为当客户预期继任审计师同样出具GCO的可能性越低，客户越有可能解聘现任审计师，相反，则客户将放弃解雇现任审计师。也就是说，客户有强烈意愿寻找一个将会发表更有利的审计意见的继任审计师。

与上述分析性研究一致，经验研究总体上支持收到不利审计意见的客户有更高的倾向解雇现任审计师。Chow & Rice（1982）、Krishnan & Stephens（1995）、Krishnan et al.（1996）等早期研究指出客户在收到限定性审计意见后更倾向于变更审计师；Carcello & Neal（2003）、Ettredge et al.（2007）和Carey et al.（2008）等后期研究进一步表明客户在收到GCO后同样更可能解雇现任审计师；在其他报告领域，Roberts et al.（1990）、Ettredge et al.（2007）和Krishnan & Visvanathan（2007）等发现客户（包括公共部门）在收到关于重大内部控制弱点或未遵守法律法规的审计报告后一样更可能变更审计师。此外，以受到管制的比利时审计市场（客户雇用审计师至少三年）为背景，Vanstraelen（2003）研究发现在雇佣关系的第三年收到GCO的客户也更可能变更审计师，此外GCO显著增加了公司破产的可能性（自我预言实现效应）。

尽管证据表明客户在收到不利审计报告后更倾向于变更审计师，但是很少有直接证据支持客户成功购买了审计意见。Chow & Rice（1982）的研究表明变更客户并未获得更有利的审计报告，此外在寻找继任审计师时，这些客户几乎难以吸引到那些历史上签发更低频度限定性意见的审计师。Smith（1986）的描述性分析指出收到限定性审计意见后变更审计师的样本中，仅有 4%是由于前后任审计师的意见不一致所致。Krishnan（1994）认为倾向于解雇现任审计师的客户更多的是因为审计师过分的保守主义倾向的影响，不直接与前任审计师出具不利审计意见相关。Krishnan & Stephens（1995）和 Krishnan et al.（1996）同样发现相同情形下，继任审计师更可能出具限定性意见而不是无保留意见。

尽管证据匮乏，但 Lennox（2000）的研究可能具有特别意义。他指出尽管不少研究发现变更审计师后审计意见并未显著改善，但严格意义上，意见改善不能以变更前作为比较基准。他认为以往研究忽略了两个重要问题：其一，客户如果不变更将可能更为频繁地收到不利意见；其二，未变更审计师的公司同样进行审计意见购买的可能性。这些考虑在某种意义上说明以前的研究可能存在方法设定上的偏误。通过构建审计意见估计模型，对不可观察的公司在变更和没有变更审计师的情况下得到的审计意见差异进行估计，Lennox（2000）发现公司在收到不利意见后审计师变更更为频繁，更重要的是，变更确实显著提高了审计意见改善的可能性。由于 Lennox（2000）的研究设计具有较为典型的代表性，因此以下我们做简要的阐述和解释。

Lennox（2000）对审计意见购买倾向进行了较为合理的度量，这也是该研究最主要的贡献之一。其中作者设定 $\Pr(Q_{it}^{qs}=1)$，表示当期收到非标准审计意见的概率。其中，Q 为审计意见类型；上标 q 为上一期收到的审计意见类型（1 表示非标准审计意见，否则为 0）；s 为当期是否进行了审计师变更（1 表示变更，否则为 0）；下标 i 和 t 分别为第 i 个观察值和第 t 期。Lennox（2000）指出采用上述方法可以判断审计意见购买的倾向，即变更后仍然收到非标准审计意见的概率与不变更收到非标准审计意见的概率之差。换句话说，也就是直觉上如果客户判断变更能够实现审计意见改善的概率高于不变更的情况，则这种差异越大，客户越可能变更审计师。根据 $\Pr(Q_{it}^{q1}=1)-\Pr(Q_{it}^{q0}=1)$ 的定义方向，我们可以判定在审计师变更模型中该变量的系数如果显著为负，则表明审计意见购买假设具有统计上的显著经济含义。

为了实现上述研究设计，首先需要估计当期收到非标准审计意见的概率 $\Pr(Q_{it}^{qs}=1)$，构建的审计报告预测模型如下：

$$Q_{it}^{qs}=\gamma_0+\gamma_1 S_{it}+\gamma_2 X_{it}+\gamma_3 X_{it} S_{it}+\gamma_4 Q_{itl1}+\gamma_5 Q_{itl1} S_{it}+\varepsilon_{it}$$

式中，因变量 Q_{it}^{qs} 为当期实际收到的报告类型；解释变量中，Q_{it-1} 是一个值得关注的重要影响因素，用于表征上一期的审计意见类型，因为已有研究大多表明审计意见具有很强的持续性（Monroe & Teh，1993；Krishnan et al.，1996；Lennox，1999b）；X_{it}用于控制审计报告的其他决定因素的影响，譬如财务健康等；S_{it}表征当期是否发生了审计师变更；X_{it}与S_{it}的交互项设计是一种常见的方法，用于控制变更和非变更公司之间解释变量存在的可能斜率差异。根据上述模型的估计结果来计算关键的审计意见购买倾向变量。

接下来估计审计师变更模型，并将上述反映审计意见购买倾向的变量包括其中，如下：

$$S_{it}^{*}=\theta_0+\theta_1(\Pr(\hat{Q}_{it}^{q1}=1)-\Pr(\hat{Q}_{it}^{q0}=1))+\theta_2 X_{it}+\delta_{it} \qquad (q=0，1)$$

如前所述，$\theta_1<0$ 表示公司成功进行了审计意见购买。同样，解释变量 X_{it} 在这里用于控制其他审计师变更决策的影响因素（如财务健康和内部所有权结构等）。

根据我们的总结，早期审计意见购买研究中采用的经验模型通常如下：

$$\text{Change(S)}=f(Q_{t-1}，X_t(\text{other control variables}))$$

根据该模型，大多数早期的研究已得出结论，即上一期收到不利审计意见的客户确实更为频繁地变更了审计师，据此推断可能的审计意见购买行为。与之相比，Lennox（2000）的研究设计在较大程度上逻辑合理地度量了客户的审计意见购买倾向，即不论上一期是否收到不利审计意见，审计意见购买的可能性均是存在的，而客户总是在变更审计师能否实现审计意见改善的可能性之间进行最有利于自身的权衡和决策。

除上述讨论外，不管成功与否，客户在收到不利的审计意见后的确有更高的可能性解雇现任审计师，因此一些学者开始对可能抑制上述机会主义报告动因的相关制度安排（尤其是审计委员会的治理作用）进行考察。Archambeault & DeZoort（2001）考察了审计委员会有效性与可疑审计师变更（频繁变更、不利审计意见或者可报告事件之后发生的变更）之间的关系，研究发现有效的审计委员会（拥有独立成员和财务专家）显著降低了这类变更的可能性。Carcello & Neal（2003）考察了收到 GCO 的客户的审计委员会对公司解聘审计师决策的影响，研究发现审计委员会中关联董事比例越高，董事持股比例越大，公司在收到 GCO 后越可能更换审计师，但审计委员会中治理专家人数越多，上述解聘越不可能发生。此外研究进一步还发现，客户解雇审计师后，审计委员会成员的离职率更高。

值得一提的是，近年来以中国转型经济和新型市场为背景的研究结果表明，中国上市公司通过审计师变更可能实现购买审计意见的目的。Chan et al.（2006）对 1996—2002 期间 6 229 个国有控股背景的样本公司年观察值进行了研究，发现在收到限定性意见后客户倾向于从非地方审计师变更为地方审计师，继任的地方会计师事务所更可能签发无保留审计意见。作者认为，国有控股的客户能够利用地方审计师面临的经济压力成功实现审计意见购买。Chen et al.（2009）考察了一种特殊情形下的审计意见购买实现的可能性，即客户跟随签字和复核合伙人同时跳槽到新的会计师事务所。研究发现，如果签字和复核合伙人同时换所，客户将有更好的机会获得有利的审计报告，如果客户只跟随一方换所，上述目标将难以实现。

除了以上三方面的主要理由外，也有一些研究对其他可能的影响因素进行了考察。首先，Garsombke & Armitage（1993）和 Eichenseher & Shields（1983）的研究均认为客户满意度下降是审计师被解聘的重要原因。导致客户满意度下降的因素包括审计师对客户需求反应不及时、专业胜任能力不够、行业专业性不强、合伙人参与度不足以及人际关系较差等。Behn et al.（1997）进一步调查发现，在审计师变更后，客户通常在最初几年内对继任审计师有较高的满意度。不过 Daugherty & Tervo（2008）的研究发现在审计师变更前后客户满意度并未发生明显变化。由于该研究的样本来源于《SOX 法案》生效后，Stefaniak et al.（2009）认为可能是《SOX 法案》影响了客户满意度和审计师变更之间的关系。其次，Chaney et al.（1997）的研究关注了审计师推介活动对客户解雇审计师行为的影响，研究发现审计师变更在会计职业委员会允许审计推介的市场中更为普遍。

（二）审计师为什么主动辞聘

在 20 世纪 90 年代中期，审计师的主动辞聘行为愈加频繁并引起了市场和研究者的关注。譬如国际著名会计师事务所之一的 KPMG 当时就曾公开宣称其每年主动辞聘的客户数大致在 50～100 个之间（Berton，1995）。已有的会计师事务所实践表明，审计师辞聘行为是为了应对可能的诉讼风险的一种整体风险管理策略的组成部分（Sager & Hindo，2003；Berton，1995）。不少经验研究亦表明审计师辞聘的客户通常身处财务困境并且公司治理状况较差，譬如 Schwart & Soo（1995）的研究发现，有着严重财务困难的客户更可能引发审计师辞聘。Lee et al.（2004）的研究结果表明当审计委员会和董事会独立性下降时，审计师更可能辞聘而不是被解雇。根据我们的总结，影响审计师辞聘的动因主要包括经济动因和风险管理两个方面。

1. 风险管理

Bockus & Gigler（1998）提供了一个经典的审计师辞聘分析模型，分析认为当潜在的继任审计师面临更低的法律责任风险（从财富角度定义）并且客户具有隐含风险时，审计师辞聘将可能发生。研究结论表明：首先，随着审计师法律责任水平的提高，审计师辞聘的可能性将会同步提高；其次，被审计师辞聘的客户将转而雇用财富受限的继任审计师，这可能减少审计质量的有效供给；最后，由于辞聘可能较大程度地反映了客户具有的隐含风险，因此辞聘后客户的市场价值将会随之下降。

经验研究大体指出上述预期。Krishnan & Krishnan（1997）考察了1986—1994年间的141起审计师辞聘事件，匹配样本的研究发现随着诉讼风险的增加，审计师辞聘的可能性要高于被解雇的可能性。Weiss & Kalbers（2008）考察了2000—2007年间的2 237起审计师变更事件，研究同样表明随着诉讼风险的增加，辞聘的概率将随之增加。Smunic & Stein（1996）的研究发现随着诉讼风险的提高，国际N大会计师事务所审计师更可能主动辞聘，他们认为高诉讼风险环境将导致市场平均审计质量下降。相比于1987年诉讼风险较低环境下的市场份额，Jones & Raghunandan（1998）发现在诉讼风险更高的1994年，国际N大会计师事务所显著降低了财务困境客户的比例。Choi et al.（2004）比较了不同行业责任风险对国际N大会计师事务所市场份额的影响，研究发现在诉讼风险较高的行业，国际N大会计师事务所的市场份额增速显著低于风险较低的行业。Menon & Williams（1999）考察了审计错误成本与审计师辞聘之间的关系，研究将审计错误成本定义为未发现虚假陈述的预期损失，其中主要为诉讼成本。研究发现审计师辞聘的可能性与审计错误成本正相关。

2. 经济动因

Shu（2000）争论基于客户组合管理和匹配的要求，供给方变化的影响可能导致审计师辞聘。作者认为，市场竞争的要求使得审计师期望通过建立特定的客户组合以合理进行资源投资进而获得竞争优势。因此当审计师本身（如业务范围或成本结构）发生变化时，审计师会对相应的客户构成进行调整以满足最大化盈利目标的要求。研究进一步指出，自20世纪90年代以来，一方面审计技术的改变可能改变了会计师事务所的成本结构，如电子化等相关审计技术和程序的发展已经削弱了审计工作的季节性等特征；另一方面对非审计工作的日益重视可能给会计师事务所提供了新的盈利机会。基于上述分析，Shu（2000）考察了1987—1996年间的269起审计师辞聘，研究发现对审计和非审计工作的需求与审计师的目标客户组合不一致的客户更可能被审计师辞聘。该研究所采用的经验模型在同领域研究中具有广泛的代表性，具体如下：

$$\text{Resign}=f(\text{ILitigation risk, IMismatch, IBankruptcy prob., Dummy tech, Dummy qualified}) \quad (5\text{—}1)$$

式中，Resign为是否辞聘的虚拟变量，需要特别注意的是，研究采用了不同的控制样本（随机样本和解雇样本）进行比较考察，这已经在类似研究中成为基本的研究设计思路。解释变量中，ILitigation risk，IMismatch，IBankruptcy prob.分别为公司面临的诉讼风险可能性、审计师—客户关系误匹配的程度以及破产概率的变化，由于三者均不易直接观察，研究中均采用了类似于工具变量法的方法进行了处理。Dummy tech，Dummy qualified则分别为公司是否处于高科技行业和是否收到非标准审计意见。研究发现，在两组对照样本中，与风险管理假设预期相符，诉讼风险与审计师辞聘的可能性均高度正相关，这亦表明随着诉讼风险的增加审计师辞聘发生的可能性要显著高于客户解雇审计师的可能性。此外，更为重要的是，研究不仅发现在随机对照样本中，审计师辞聘与客户组合调整（误匹配）正相关，而且发现在以解雇为对照样本的回归中，两者同样显著正相关。作者推断，这意味着由于经济动因变化（尤其是审计师成本结构的变化）导致的审计师—客户关系的误匹配更可能引发审计师主动辞聘。为了进一步对该推断进行考察，作者采用了进一步的研究设计（对照组为解雇样本），模型如下：

$$\text{Resign} = f(\text{ILitigation risk}, \text{ISize}, \text{IAcquisition}, \text{IExt financing}, \text{IROA}, \text{IMarket I Book}, \text{IBankruptcy prob}, \text{Dummy tech Dummy}) \qquad (5\text{—}2)$$

模型（5—2）与模型（5—1）的区别在于使用了原来用以加权构建[①]误匹配的原始公司特征变量，包括[②] ISize，IAcquisition，IExt financing，IROA，IMarket I Book，分别为公司规模、并购支出、外部融资额、资产收益率和权益市值账面比率的变化量（Johnson & Lys，1990）。需要指出的是，该研究设计聚焦客户特征变化但忽略了审计师成本结构的变动，即仅仅关注客户特征变化对审计师—客户关系的影响。进一步回归的结果表明，上述5个原始公司特征变化量无论是单独还是联合均无法通过显著性检验。作者认为，上述独特的研究设计及其结果表明审计师辞聘更可能是由于审计师自身成本结构的变动所导致的（供给方导致的误匹配的影响）。

除 Shu（2000）的代表性研究外，从审计费用实现率（审计费用占标准费用的比例）的角度，Hackenbrack & Hogan（2005）的调查研究考察了其与审计师辞聘的关系，研究发现如果客户的审计费用实现率与审计师客户组合的预期实现率相比呈下降趋势，审计师越可能倾向于辞聘该客户。该研究亦说明审计师辞聘可能是出于利益目标考虑的客户组合管理策略。此外，也有一些研究者考察了可能缓解审计师辞聘的潜在因素。DeBerg et al.（1991）考察了审计师变更（包括辞聘）对非审计服务（局限于税收服务）提供程度的影响，研究发现审计师变更与提供非审计服务客户量多少无关，不过变更后非审计服务提供的程度和非审计服务费用都有所下降，上述结果表明非审计服务并未阻止变更（包括辞聘）的发生。Cenker & Nagy（2008）研究了审计师行业专门化在审计师辞职决策中的作用，研究发现当行业专家处于当地水平或者处于当地和国家水平，行业专门化阻碍了审计师辞职。上述研究结果与 Menon & Williams（1999）的研究相一致，后者发现随着审计师对客户所在行业专业性的加强，即使审计错误成本较高，审计师也基本不会辞聘。这说明审计师偏爱保留与熟悉客户行业相关的竞争优势，

①② 关于误匹配的度量方法具体请参见 Shu（2000）一文附录部分。

从这个角度来看，审计师任期的延长可以潜在地增强客户行业的熟悉度，进而降低审计师辞聘的可能性。

二、审计师—客户关系重构的市场反应及其他经济后果

（一）市场反应

已有关于自愿性审计师变更以及披露的研究在一定程度上表明客户为此遭受了不利的市场反应，并且强制性披露在某种程度上对市场参与者可能是有用的。Lu（2006）的模型分析认为自愿性审计师变更（包含解雇和辞聘）向资本市场的参与者传递了一个负面的信号，该信号在导致不利市场反应的同时也将削弱客户审计意见购买的效果。Teoh（1992）的模型分析表明市场对审计师变更的反应取决于多重因素，就变更前的审计师意见来说，相比限定性意见之后的审计师变更，如果在接到无保留意见后仍变更审计师，那么市场的负面反应将更为强烈。Teoh（1992）认为相对于继任，客户更确信他们能从现任审计师处得到某种审计意见。也就是说，如果期望获得无保留审计意见的客户获得了无保留意见，那么雇佣关系将得以维系；反之，如果客户期望获得无保留意见可获得的却是保留意见的审计报告，客户将会雇用新的审计师。

经验结果基本支持上述理论预期。例如，Weiss & Kalbers（2008）考察了自愿性审计师变更后的非正常回报，研究发现总的来说在3，7和11天的时间窗口中市场经历了负向反应。Well & Loudder（1997）和Shu（2000）单独考察了审计师辞聘的市场反应，研究发现市场对审计师辞聘的反应消极，并且随着诉讼风险的增加，股票价格下跌幅度越大，与客户解聘审计师相比，审计师辞聘的市场消极反应越强烈。不过，Beneish et al.（2005）指出审计师辞聘并不单纯与负向市场回报相联系，研究发现只有审计师辞聘并且披露了分歧等事项的客户才会经历显著的消极市场反应，研究指出也许审计师辞聘本身并不能向市场提供足够有用的信息。Kim & Park（2006）考察了审计师变更对权益再融资的影响，研究发现发行前变更了审计师的客户较大幅度地降低了发行价格，他们推测承销商可能因审计师变更而对会计信息产生疑问，进而导致了更高的发行折价。Eichenseher et al.（1989）认为管理层持股可能影响柜台交易客户审计师变更的市场反应，研究发现管理层持股超过50%的公司在变更审计师后经历了更为显著的负向反应。研究认为当客户是高度集中的权益结构时，市场参与者可能会怀疑管理层变更审计师的意图。

此外，不少研究根据SEC的审计师变更披露要求对市场反应进行了检验，SEC通过强制性要求公司解释变更理由试图让市场来对变更事件进行评价。不过，Fried and Schiff（1981）的早期研究尽管发现市场会对审计师变更作出负面反应，但没有证据表明市场会对披露了分歧等事件的变更有更强烈的反应，据此

他们认为披露中包含分歧等方面的要求并未实现 SEC 的意图。Calderon et al.（2007）扩展了这一研究，他们认为审计师变更披露基本不能反映其真实原因，客户变更披露通常使用的标准化语言仅是为了满足 SEC 的要求，对资本市场并无多大用处。相反，Smith and Nichols（1982）认为强制性披露向市场提供了有用信息，研究发现市场对于那些描述了分歧等原因的公司有更为负面的反应。Hackennbrack & Hogan（2002）扩展了研究，他们指出变更披露影响市场对盈余惊奇（earnings surprises）的反应，研究发现相比描述了服务相关等理由的公司，包含了分歧描述的变更公司的盈余惊奇经历了更低的价格反应。研究认为这种差异化的市场反应支持了 SEC 的管制要求。Sankaraguruswamy & Whisenant（2004）同样对是否存在差异化反应进行了研究，结果发现当客户在披露中引用了不可验证的变更理由时（如服务相关或费用相关等），市场反应为正，作者认为这些理由可能与好消息相联系。除了检验股价反应外，Hagigi et al.（1993）指出不管投资者将审计师变更解读为好消息或坏消息，披露的价值是建立投资者共识。作者将这种共识定义为投资者对于宣告解读的一致性程度，研究发现审计业务终止导致了更低的交易量和更小的买卖价差，这说明 SEC 的披露要求具有信息含量，对资本市场是有用且有益的。研究者同时也考察了变更披露要求所涉及的其他相关文件，发现它们同样包含了对投资者有用的信息。Whisenant et al.（2003）的研究发现客户披露了审计师关于内部控制弱点以及重大的财务报告可靠性问题等可报告事项时，市场反应为负。

根据 SEC 的管制要求，当审计业务关系终止时，审计师同样需要对客户提交的相关文件进行说明。如果不同意客户的陈述，审计师必须详细地说明理由。Krishnan（2002）考察了审计师提交文件的信息含量和市场反应，研究发现审计师的说明大体与客户一致，不过会计分歧和可报告事项等经常会导致争议，检验的结果表明市场会对此作出负面反应。

从债券市场角度，Fisher & Fisher（1993）研究发现变更审计师的公司无论是在审计师变更前后都经历了债券评级下调，上述结果在变更审计师之前等级就比较低的公司表现得尤为明显。Mansi et al.（2004）通过考察审计师任期对公司债务融资成本的影响确认了前者的结论，研究发现审计师任期与债务资本成本负相关，尤其是对于那些债券处于非投资级的客户。

（二）其他经济后果

1. 报告滞后和重述

一些研究考察了变更可能导致的财务报告滞后和重述问题。Schwartz and Soo（1996b）考察了审计师变更时机与财务报告及盈余宣告滞后之间的关系，研究发现高频度的审计师变更发生在第四季度，那些变更更晚的客户经历了更长时间的报告滞后，并且这些客户拥有显著更高比例的亏损和非标准审计意见。研究指出由于及时报告的重要性，报告滞后可能传递了更为负面的变更理由，更可能是由于报告冲突和分歧所致。作者建议应当对公司财年末的审计师变更进行额外的监督。Schloetzer（2006）同样考察了报告滞后问题，研究发现报告滞后更长的客户更倾向于解聘国际N大会计师事务所。

Lazer et al.（2004）考察了审计师变更后的季报重述问题，研究发现与未变更公司相比，变更审计师的客户更可能进行季报重述。Knechel et al.（2007）发现审计师规模并不是市场对审计师变更进行考虑的唯一因素。研究发现当继任审计师为行业专家时市场反应为正，反之为负，作者认为审计师规模固然重要，但市场对是否为行业专家审计师同样敏感。Romanus et al.（2008）为此提供了进一步的解释，研究发现变更为行业专家审计师与报告重述具有正相关关系，从非专家变更为专家审计师的客户有更高的可能性进行报告重述，上述结果表明继任审计师很可能是推动报告重述的关键因素。

2. 继任审计师费用

以安达信的客户为研究样本，Knechel et al.（2007）发现前任审计师的任期越长，继任审计师要求的审计费用越高。研究认为客户所解聘的前任审计师任期越长，继任审计师可能承担的风险就越大。不过由于研究样本仅取自安达信崩溃前的多起重大审计失败案，研究结果可能存在外部有效性问题。

3. 被辞聘客户的审计师选择

Bockus & Geiger（1998）的模型分析结果表明被前任审计师辞聘的客户将选择更小的会计师事务所的审计师，这一后果将导致市场平均审计质量下降，经验研究为此提供了进一步的证据。Raghunandan & Rama（1999）考察了1994—1996年间的156起审计师辞聘事件，研究发现国际N大会计师事务所的审计师很少接受被辞聘客户，尤其是身处财务困境的客户。Shu（2000）在考察被辞聘客户的继任审计师特征时同样发现，与国际N大会计师事务所的相比，小型会计师事务所的审计师更可能接受被辞聘的具有高诉讼风险的客户。上述结果部分表明在接受被辞聘客户时，国际N大会计师事务所的审计师的选择余地更大。

4. 管理层离职

近期Menon & William（2008）首次考察了审计师辞聘与客户高层管理人员变更之间的关系，研究指出公司董事会认为高层经理负有同审计师保持良好合作关系的责任，而审计师辞聘将增加财务报告的不确定性，从而可能潜在地增加资本成本。因此无论是出于改进财务报告业绩还是试图恢复报告的可靠性，被辞聘客户的董事会都有动机在审计师辞聘后变更高层经理。采用两组控制样本进行比较研究，结果发现在审计师辞聘后，被辞聘客户的首席执行官（CEO）和财务总监（CFO）的离职率显著更高，此外当辞聘的同时伴随着可报告事件（如重大控制弱点）的披露，上述离职率更高。

第三节　审计师轮换管制：背景和争论

一、审计师强制轮换管制的背景

自1938年美国爆发 McKesson & Robbins 公司倒闭案以来，关于是否需要实施强制审计师轮换的争论就已经出现，由于该公司十余年来的财务报表均由普华永道会计师事务所审计，SEC 的检查人员提出了是否需要轮换审计师的问题。此后监管者、研究者以及其他利益相关者就此展开了周期性争论（e. g. McLaren，1958；AICPA，1978；Berton，1995；Brody & Moscove，1998），并在21世纪初出现一系列重大财务丑闻和安达信倒闭后进一步升温，极大地吸引了公众和监管者等对有关审计任期和审计质量等问题的关注（e. g. Arel et al.，2005；GAO，2003）。

一些利益相关的组织和机构已经不同程度地对强制性审计师轮换表示了支持。美国 TIAA-CREF 基金会（2003）及公共信托和私人企业委员会（2003）都公开发表声明认为强制轮换能够提升审计质量。美国劳工联盟（AFL-CIO）在对众议院金融服务委员会的证词中亦建议 SEC 应该实施审计师轮换（Silvers，2002）。SEC 前主席威廉姆斯（H. Williams）建议美国参议院出台强制性审计师轮换的相关规定，以保证审计师独立性。此外，对股东偏好的调查表明，随着审计任期的增加，大部分股东在投票时更加不倾向于支持现任审计师，他们认为长审计任期将会对审计质量产生负面影响（Dao et al.，2008）。

相反，美国审计总署（Government Accountability Office，GAO）、一些会计组织和学者认为强制性审计师轮换将有损审计质量。GAO（2003）受美国国会委托出具的关于强制性审计师轮换潜在影响的报告指出几乎所有的大型会计师事务所合伙人和《财富》1 000强中大多数公众公司高层管理者均认为强制性轮换的成本大于收益，结论认为“考虑到轮换增加的财务成本以及前任审计师所掌握相关知识和信息的损失，强制性审计师轮换可能不是提高审计独立性和审计质量最有效的方法。”普华永道（2002）宣称，审计师在审计初期由于缺乏对客户特定风险的了解，出现审计失败的可能性更高。全球第五大会计师事务所 BDO Seidman（2003）指出长审计任期有助于增强审计师识别客户重大错报的能力。美国参议员 Hills & O'Malley（2002）也都指出更长的审计任期将有助于提高审计质量，因为这将有助于审计师加深对客户经营环境以及内部控制的理解，其中，Hills（2002）同时指出考虑到对新客户的学习效应，强制性轮换必将增加审计成本。Cameran et al.（2005）总结了世界范围内主要管制机构的观点，指出其中大部分都不支持强制性审计师轮换。

二、支持审计师强制轮换管制的证据

Gietzmann & Sen（2002）的模型分析认为强制性轮换的效果关键取决于审计师客户组合的结构特征以及某些单个客户在审计师客户组合中的重要性。研究结果表明，尽管强制轮换的成本较高，但是在大客户相对较少的市场中，改进审计独立性带来的收益将超过上述成本。这说明在某种审计市场中实施强制性审计师轮换至少在经济上可能是有效的。在一定程度上，Nagy（2005）关于安达信崩溃后的一次性被迫强制性审计师变更研究为此提供了部分证据。以操控性应计为衡量标准，研究发现仅仅对于小公司而言，从安达信到另一家国际N大会计师事务所的变更能够提高审计质量。

由于难以直接评估强制性轮换所导致的成本和收益问题，Dopuch et al.（2001）采用实验方法考察了强制轮换或强制保留审计师对审计师独立性和审计意见的影响，结果表明通过强制轮换或保留减少了审计师签发有利于客户管理层的有偏审计意见，从而提高了审计师独立性。实验比较了四种管制情形：既不要求强制轮换亦不要求强制保留、仅要求强制保留、仅要求强制轮换以及既要求强制轮换亦要求强制保留，研究发现后两种管制情形显著降低了审计师签发有偏审计意见的可能性。

规范性研究方面，Imhoff（2003）强调美国应该实行审计师强制轮换制度。研究认为，强制轮换下审计师不需要为谋求长期业务而取悦客户，这将有助于提高审计质量。他特别指出强制性审计师轮换将通过降低前任审计师相关人员在客户公司关键财务岗位任职的概率，提高审计师独立性。2000年美国独立性准则委员会（Independence Standards Board，ISB）发布了《审计人员独立性概念框架（征求意见稿）》，指出审计独立性可能面临的五种威胁：自利威胁、自查威胁、倾向威胁、熟稔威胁和胁迫威胁。ISB在分析后认为强制性定期轮换能够帮助处于以上威胁之下的审计师作出无偏的审计决策。此外，研究争论强制性审计师轮换下审计费用将会提高，但公司股东会愿意付出该成本以获取强制轮换所带来的收益。Daniels & Booker（2005）考察了轮换背景下某一类会计信息使用者对审计师独立性的感知，研究发现信贷经理认为强制轮换下审计师独立性更高（但并不认为审计质量会明显提高）。

三、反对审计师强制轮换管制的证据

通过采用多种审计质量度量方法，不少研究提供了强制性审计师轮换将对审计质量产生负面影响的证据。Myers et al.（2003）采用应计质量作为指标，研究发现审计任期越长，审计质量越高。Johnson et al.（2002）发现短审计任期（2～3年）比中等任期（4～8年）和长任期（9年以上）的财务报告质量更低。

有趣的是，该研究并没有发现中等任期和长任期之间存在审计质量上的差别。Geiger & Raghunandan（2002）对审计任期与审计失败之间的关系进行了考察，结果表明审计任期越短审计失败的可能性越大。此外进一步的研究表明在审计师—客户关系的早期阶段，对陷入财务危机的客户，审计师未签发 GCO 的风险明显更高。这和 AICPA 的 Cohen 委员会（1978）的观点一致，报告指出实际上更多的审计失败实际上是发生在审计业务关系建立的初期。与上述结论相似，Geiger & Raghunandan（2002）和 Carcello & Nagy（2004）提供证据表明在欺诈、破产等背景下长审计任期更有助于改进审计质量。Jackson et al.（2008）考察了澳大利亚的审计任期与审计质量的关系。通过采用两个审计质量的度量指标，研究发现随着审计任期延长，尽管操控性应计没有显著差异，但审计师更倾向于出具 GCO，该结果亦说明强制性审计师轮换将伤害审计质量。

此外一些研究从审计质量感知的角度进行了研究。采用盈余反应系数（earnings response coefficient，ERC）分析方法，Ghosh & Moon（2005）的研究发现，无论是投资者还是金融中介均认为随着审计任期的延长，所感知的审计质量越高。作者争论强制性审计师轮换可能会给资本市场带来未预期的成本提升。另外，研究进一步发现随着审计任期延长，审计师声誉会随之提高。Mansi et al.（2004）考察了审计任期与债务资本成本的关系，研究发现审计任期与债务资本成本（尤其是对非投资级债券的公司）呈负相关，这说明强制性审计师轮换将增加投资风险较高的公司的筹资成本。

Kaplan & Mauldin（2008）关注《SOX 法案》后美国目前采取的强制性审计合伙人轮换制度，从投资者感知的角度，研究发现不论对于强制性审计师轮换还是仅仅合伙人轮换，非职业投资者对审计师独立性的感知并无明显差异。这说明对于当前的轮换管制，进一步要求强制性审计师轮换并不能使得投资者对审计师独立性有更高的评价。另外，Eiltzur & Falk（1996）分析了审计任期有限且为审计师所知情况下的最优审计质量安排的多期模型，结果发现任何一期的审计质量均与未来期间的预期报酬正相关，如果审计任期有限并知晓结束日，未来报酬现值下降将导致计划的审计质量随之降低。Lu（2006）和 Teoh（1992）等利用建模分析考察了审计师变更与股票回报之间的关系，在一定程度上同样反对强制性审计师轮换，这些研究结果表明自愿审计师变更更能够向投资者传递客户公司的负面信号，从而向市场提供信息。强制性轮换可能降低了审计师变更的信息含量，从而无意中导致了客户管理层和投资者之间的信息不对称程度提高。

重要的是，Bocconi（2002）对意大利所实行的强制性审计师轮换政策进行了考察并指出，经验表明该政策实现了形式上的审计师独立性，但导致了巨大的竞争压力，审计费用呈现逐年降低的态势，将对审计质量产生重大威胁，此外研究发现强制轮换对初始审计质量有不利影响，更进一步地，在任期的最后三年审计质量也在下降。Ruiz-Barbadillo et al.（2009）利用西班牙在1991—1994年间实行强制性审计师轮换的真实背景进行了研究。研究发现相比管制期之后的六年，在强制性轮换实施期间审计师更不倾向于向陷入财务困境的客户出具GCO。

四、审计师强制轮换管制之争的结果

2002年6月25日美国国会通过的《SOX法案》已经规定，当审计项目合伙人和复核合伙人连续5年为某公众公司提供审计服务后必须强制轮换，这种合伙人层面的轮换在其他西方国家如英国、法国、荷兰和德国也已经实施。GAO（2003）报告，目前真正实施会计师事务所层面审计师轮换的国家很少，包括意大利、巴西和奥地利等。西班牙和加拿大曾短期实行过强制轮换，但后来由于成本收益不配比或轮换目的已实现等原因已被取消。实际上，总的来说，大多数学术研究所获得的证据均不支持强制性审计师轮换制度（DeFond & Francis，2005；Stefaniak et al.，2009）。多数研究结果表明不少能够表征审计质量的衡量指标随着审计任期的延长将得到提高，譬如随着任期的延长，审计师对盈余管理的容忍度会随之降低（Myers et al.，2003；Johnson et al.，2002），能够更为有效地判断破产前景（Geiger & Raghunandan，2002），能够更有效地阻止和识别可能的欺诈行为（Carcello & Nagy，2004）。值得注意的是，一些研究指出在某些特殊情形下，尽管会导致相关成本上升（Gietzmann & Sen，2002），但强制性轮换可能对提高审计质量有帮助（Depouch et al.，2001）。不过总的来看，至少到目前为止，还缺乏有说服力的证据表明强制性审计师轮换带来的收益将超过其成本。

值得一提的是，Catanach & Walker（1999）提出的研究框架指出未来关于强制性审计师轮换的研究不应仅仅关注审计师任期和审计质量之间的联系，引起争论的其他关键要素同样重要，包括强制性轮换对审计市场的影响、确切的成本以及当前职业监管（如PCAOB，同业复核要求）在改进审计质量方面的有效性等。Comunale & Sexton（2005）首先对审计师轮换和保留对审计师市场份额的影响进行了研究，模型分析结果表明强制保留对长期市场份额几乎没有影响，不过强制轮换考察了审计师的轮换和保留对审计师市场份额的影响。他们建立的模型说明，审计师强制保留对长期市场份额几乎没有影响，而审计师强制轮换则会促使大型会计师事务所的审计师更为努力争取（营销成本增加）新的客户以维持市场份额。另外，也有个别研究提出强制性的审计轮换制度可以针对特定公司实施。Nasser et al.（2006）在研究了马来西亚背景下财务危机公司的审计师变更特征后提出，应当针对财务危机公司实施强制性审计师轮换。该提议得到了部分学者的赞同（Stefaniak et al.，2009），不过这种针对特定公司的轮换管制的困难在于如何确定其适用的标准，譬如监管机构该如何鉴别财务危机公司？

第四节　总结和未来研究方向

本章首先对进入21世纪以来引发资本市场广泛关注的审计师—客户关系进行了讨论，并在聚焦审计师独立性的经济含义基础上，提供了一个可用于理解审计师—客户关系及其管制逻辑的分析框架。此外，考虑到已有研究较多关注的原因，本章还对审计师变更（审计师—客户关系重构）进行了较为系统的理论和经验证据总结。总的来看，本章的主要结论如下：

（1）基于第一节提供的审计师—客户关系分析框架，我们强调了无论是二者关系的自然固化倾向还是自发重构现象都可能不同程度地对审计师独立性产生负面影响，但是对市场而言，前者的影响可能更为重大且难以直接观察。

（2）将审计师独立性与市场失灵予以关联可能是合乎逻辑的，但审计师—客户关系的管制理由亦可能用政治程序观加以解释，实践上这两种相互竞争的观点难以严格区分。

（3）对审计师—客户关系施加管制的形式有多种，并且在直观上可能存在递进关系。需要强调，审计师—客户关系的管制介入可能具有两面性：一方面管制通过限制审计师—客户可选择的行动集，可能改变两者在谈判中的相对位置；另一方面，管制可能隐含高昂的社会和经济成本，除寻租以及财富再分配的可能性外，由于限制了审计师和客户的行动集，经济效率未必得到改善甚至有可能恶化。

（4）对审计师—客户关系重构的进一步分析表明，客户解雇审计师的动因呈现多元性，其中购买审计意见的机会主义动机最为市场和研究者所关注和重视，不过经验研究的结果尚缺乏有力的证据表明客户成功地购买了审计意见；审计师主动辞聘的动因主要来自于其自身的风险管理和经济考虑，其中法律环境的严格程度对辞聘行为的影响最受研究者关注。从经济后果看，两者关系的重构总体上导致了客户的市场价值受损。

（5）对审计师强制轮换管制的动因主要源自外部市场参与者对长期审计师—客户关系可能损害审计师独立性的担忧，不过由于无法确切衡量实施这一强制性措施的成本和收益，争论看上去没有明确的结果。此外，目前有关审计任期与审计质量关系研究的经验证据大多不支持实行强制性轮换，但需要强调一点，即将审计任期作为关键变量进行分析可能是不恰当的。由于该变量包含了太多的重要缺省因素，这可能导致研究结论并不可靠（Ball，2009）。从经济后果看，极为有限的证据表明强制性轮换可能导致更为激烈的市场竞争和审计质量下降。

与西方丰富的研究相比，我国的资本市场发展较晚，目前对审计师变更的研究还主要集中在客户解雇审计师领域（吴联生和刘慧龙，2008），而且主要关注客户购买审计意见的机会主义动机及其经济后果（如刘伟和刘星，2007；吴联生和谭力，2005；陆正飞和童盼，2003）。结合本章提出的分析框架，我们认为未来的国内关于审计师变更的研究需要重点关注以下问题：

（1）审计师—客户关系的自然固化趋势及其后果对市场理解审计师独立性的经济含义更为重要和关键，即便从迄今为止的西方研究来看，该领域的研究也是极为匮乏的。此外，有关审计师任期的研究需要重新考虑，研究设计需要尽可能考虑影响任期的重要缺省变量的影响。

（2）在我国，审计师—客户关系面临的管制更为深入和多样，本章提供的分析框架尽管有助于研究者和管制者理解管制的理由和逻辑，但是需要更多的经验证据予以支持，这同时包括了对不同管制形式及其管制效果的研究。

（3）基于我国转型经济和制度背景的客户解雇审计师行为的多元化动因和经济后果研究。值得一提的是，我国现阶段频繁的企业并购和会计师事务所合并现象可能为国内研究者考察基于管理协同要求的审计师变更提供了难得的研究机会。

（4）国内会计师事务所的风险管理和客户组合管理研究。尽管由于管制差异，目前我国基于资本市场的研究尚不能直接对审计师主动辞聘行为进行考察，但是我们认为现阶段有必要采用实地、问卷和实验等研究方法，深入审计市场供给方内部对与其相关的风险管理和客户组合管理等策略进行分析和比较研究，对该问题的研究将有助于研究者加深对我国资本市场中审计师—客户关系的理解。

（5）我国强制性审计师（合伙人）轮换的经济后果和规制效果研究。自 2004 年 1 月 1 日起，我国在公众公司中实行签字注册会计师五年定期轮换的强制性措施，目前关于该措施经济后果和规制效果的研究还较少（龚启辉和王善平，2009；沈玉清、戚务清和曾勇，2006）。此外，值得关注的是，2004 年 2 月 5 日国资委出台的《中央企业财务决算审计工作规则》规定中央企业须实行为期五年的强制性会计师事务所轮换，更为难得的是，该规定一并要求央企委托的会计师事务所应连续承担不少于两年的年度财务决算审计工作，这为国内研究者较为完整地考察强制性审计师轮换和审计师保留的经济后果提供了研究机遇。由于数据的可获得性问题，该领域的研究应该以针对供需双方的问卷和实地研究为主。

［参考文献］

［1］Abbott, L. and S. Parker. Auditor selection and audit committee characteristics. Auditing: A Journal of Practice and Theory, 2000, 19 (2): 47-66.

［2］Anderson, D., D. Stokes, and I. Zimmer. Corporate takeovers and auditor switching. Auditing: A Journal of Practice and Theory, 1993, 12 (1): 65-73.

[3] Archambeault, D., and F. DeZoort. Auditor opinion shopping and the audit committee: analysis of suspicious auditor switches. International Journal of Auditing, 2001, 5 (1): 33-52.

[4] Arel, B., R. Brody, and K. Pany. Audit firm rotation and audit quality. The CPA Journal, 2005, 75 (1): 36-39.

[5] Asthana, S., S. Balsam, and J. Krishnan. Corporate governance, audit firm reputation, auditor switches, and client stock price reactions: the Andersen experience. Working Paper, University of Texas at San Antonio, 2009.

[6] Atkinson, K., C. Taylor, D. Flesher, and M. Stocks. The impact of accounting standards on audit firm switch rates. International Journal of Auditing, 2002, 6 (3): 215-229.

[7] Baber, W., E. Brooks, and W. Ricks. An empirical investigation of the market for audit services in the public sector. Journal of Accounting Research, 1987, 25 (2): 293-305.

[8] Ball, R.. Market and political/regulatory perspectives on the recent accounting scandals. Journal of Accounting Research, 2009, 47 (2): 277-323.

[9] Balvers, R., B. McDonald, and R. E. Miller. Underpricing of new issues and the choice of auditor as a signal of investent banker reputation. The Accounting Review, 1988, 63 (4): 605-622.

[10] Barton, J.. Who cares about auditor reputation? Contemporary Accounting Research, 2005, 22 (3): 549-586.

[11] Beattie, V., and S. Fearnley. The importance of audit firm characteristics and the drivers of auditor change in UK listed companies. Accounting and Business Research, 1995, 25 (Autumn): 227-239.

[12] Beattie, V., and S. Fearnley. Auditor changes and the impact of tendering. The British Accounting Review, 1998, 30 (3): 261-289.

[13] Behn, B., J. Carcello, D. Hermanson, and R. Hermanson. The determinants of audit client satisfaction among clients of big 6 firms. Accounting Horizons, 1997, 11 (1): 7-24.

[14] Beneish, M., P. Hopkins, I. Jansen, and R. Martin. Do auditor resignations reduce uncertainty about the quality of firms' financial reporting? Journal of Accounting and Public Policy, 2005, 24: 357-390.

[15] Blounin, J., B. Grein and B. Rountree. An analysis of forced auditor change: the case of former AA clients. The Accounting Review, 2007, 82 (3): 621-650.

［16］ Bockus，K. and F. Gigler. A theory of auditor resignation. Journal of Accounting Research，1998，36（2）：191－208.

［17］ Branson，J.，and D. Breesch. Referral as a determining factor for changing auditors in the Belgian auditing market：an empirical study. The International Journal of Accounting，2004，39（3）：307－326.

［18］ Burton，J. and W. Roberts. A study of auditor change. Journal of Accountancy，1967，April：31－36.

［19］ Butterworth，S. and K. Houghton. Auditor switching：the pricing of audit services. Journal of Business，Finance，and Accounting，1995，22（3）：323－344.

［20］ Cahan，S.，and W. Zhang. After Enron：auditor conservatism and ex-Andersen clients. The Accounting Review，2006，81（1）：49－82.

［21］ Calderon，T.，E. Ofobike，and J. Cheh. Is there transparency in auditor change disclosures? Journal of Applied Business Research，2007，23（3）：61－74.

［22］ Carcello，J.，and T. Neal. Audit committee characteristics and auditor dismissals following "new" going-concern reports. The accounting Review，2003，78（1）：95－117.

［23］ Carcello，J. and A. Nagy. Audit firm tenure and fraudulent financial reporting. Auditing：A Journal of Practice & Theory，2004，23（2）：55－69.

［24］ Carey，P. M. Geiger，and B. O'Connell. Costs associated with going-concern modified audit opinions：an analysis of the Australian audit market. Abacus，2008，44（1）：61－81.

［25］ Cassell，C.，G. Giroux，L. Myers，and T. Omer. The relation between the strength of corporate governance and auditor-client realignments. Working Paper，University of Arkansas，2009.

［26］ Catanach，A. and P. Walker. The international debate over mandatory auditor rotation：a conceptual research framework. Journal of International Accounting，Auditing，& Taxation，1999，8（1）：43－66.

［27］ Cenker，W.，and A. Nagy. Auditor resignations and auditor industry specialization. Accounting Horizons，2008，22（3）：279－295.

［28］ Chan，K.，K，Lin，and P. Mo.. A Political-economic analysis of auditor reporting and auditor switching. Review of Accounting Studies，2006，11（1）：21－48.

［29］ Chaney，P.，D. Jeter，and P. Shaw. Client-auditor realignment and restrictions on auditor solicitation. The Accounting Review，1997，72（3）：433－453.

［30］ Chaney，P. and K. Philipich. Shredded reputation：the cost of audit failure. Journal of Accounting Research，2002，40（4）：1221－1245.

［31］ Chen，C.，X. Liu，X. Su，and X. Xu. Auditor-client interdependence and audit quality：partner-level evidence. Working Paper，China Europe International School，2009.

［32］ Chen，K. and J. Zhou. Audit committee，board characteristics and auditor switch decisions by AAs clients. Contemporary Accounting Research，2007，24（4）：1085－1117.

［33］ Choi，J. R. Doogar，and A. Ganguly. The riskiness of large audit firm client portfolios and change in audit liability regimes：evidence from the U. S. audit market. Contemporary Accounting Research，2004，21（4）：747－785.

［34］ Chow，C. and S. Rice. Qualified audit opinions and auditor switching. The Accounting Review，1982，57（2）：326－335.

［35］ Coate，C，and M. Loeb. Audit pricing，auditor changes，and the winner's curse. British Accounting Review，1997，29（4）：315－334.

［36］ Coates，J.. The goals and promise of the Sarbanes-Oxley Act. Journal of Economic Perspectives，2007，21：91－116.

［37］ Comunale，C. and T. Sexton. Mandatory auditor rotation and retention. Managerial Auditing Journal，2005，20（3）：235－248.

［38］ Dao，M.，S. Mishra，and K，Raghunandan. Auditor tenure and shareholder ratification of the auditor. Accounting Horizons，2008，22（3）：297－314.

［39］ Daugherty，B.，and W. Tervo. Auditor changes and audit satisfaction：client perceptions in the Sarbanes-Oxley era of legislative restrictions and involuntary auditor change. Critical Perspective on Accounting，2008，19（7）：931－951.

［40］ DeAngelo，L.. Auditor independence，"low balling"，and disclosure regulation. Journal of Accounting and Economics，1981a，3（2）：113－127.

［41］ DeAngelo，L.. Auditor size and audit quality. Journal of Accounting and Economics，1981b，1981（3）：183－199.

［42］ DeAngelo，L.. Mandated successful efforts and auditor choice. Journal of Accounting and Economics，1982，4（1982）：171－203.

［43］ DeBerg，C.，S. Kaplan，and K. Pany. An examination of some relationships between non-audit services and auditor change. Accounting Horizons，1991，5（1）：17－28.

［44］ DeFond，M.. The association between changes in client firm agency costs and auditor switching. Auditing：A Journal of Practice & Theory，1992，

11 (1): 16-30.

[45] DeFond, M., and K. Subramanyam. Auditor changes and discretionary accruals. Journal of Accounting and Economics, 1998, 25 (1998): 35-67.

[46] DeFond, M. and J. Francis. Audit research after Sarbanes-Oxley. Auditing: A Journal of Practice and Theory, 2005, 24 (Supplement): 5-30.

[47] Dhaliwal, D., J. Schatzberg, and M. Trombley. An analysis of the economic factors related to auditor-client disagreements preceding auditor changes. Auditing: A Journal of Practice and Theory, 1993, 12 (2): 22-38.

[48] Dopuch, N., R. King and R. Schwartz. An experimental investigation of retention and rotation requirements. Journal of Accounting Research, 2001, 39 (1): 93-117.

[49] Duru, A., R. J. Iyengar and A. Thevaranjan. The shielding of CEO compensation from the effects of strategic expenditures. Contemporary Accounting Research, 2002, 19 (2): 175-193.

[50] Dye, R.. Informational motivated auditor replacement. Journal of Accounting and Economics, 1991, 14 (4): 347-374.

[51] Eichenseher, J., M. Hagigi and D. Shields. Market reaction to auditor changes by OTC companies. Contemporary Accounting Research, 1989, 9 (1): 29-40.

[52] Ettredge, M., D. Smith and M. Stone. How effective is joint public and private monitoring? the case of the AICPA auditor change notification letter. Auditing: A Journal of Practice & Theory, 2001, 20 (1): 29-43.

[53] Ettredge, M., C. Li, and S. Scholz. Audit fee and audit dismissals in the Sarbanes-Oxley era. Accounting Horizons, 2007, 21 (4): 371-386.

[54] Fisher, S., and D. Fisher. Independent auditor switching and changes in corporate bond rating. Journal of Applied Business Research, 1993, 9 (2): 50-54.

[55] Francis, J. and E. Wilson. Auditor changes: a joint test of theories relating to agency costs and auditor differentiation. The Accounting Review, 1988, 63 (4): 663-682.

[56] Francis, J. R.. A framework for understanding and researching audit quality. Auditing: A Journal of Practice & Theory, 2011, 30 (2): 125-152.

[57] Fried, D., and A. Schiff. CPA switches and associated market reactions. The Accounting Review, 1981, 56 (2): 326-341.

[58] Garsombke, H., and J. Armitage. Competitive bidding, fees and au-

ditor changes: Additional evidence. Journal of Applied Business Research, 1993, 9 (3): 93-99.

[59] Geiger, M., and K. Raghunandan. Auditor tenure and audit reporting failures. Auditing: A Journal of Practice and Theory, 2002, 21 (1): 67-78.

[60] Ghosh, A., and D. Moon. Auditor tenure and perceptions of audit quality. The Accounting Review, 2005, 80 (2): 585-612.

[61] Gietzmann, M., and P. Sen. Improving auditor independence through selective mandatory rotation. International Journal of Auditing, 2002, 6 (2): 183-210.

[62] Hackenbrack, K. and C. Hogan. Market response to earnings surprises conditional on reasons for an auditor change. Contemporary Accounting Research, 2002, 19 (2): 195-223.

[63] Hackenbrack, K. and C. Hogan. Client retention and engagement-level pricing. Auditing: A Practice and Theory, 2005, 24 (1): 7-20.

[64] Hagigi, M., B. Kluger, and D. Shields. Auditor change announcements and dispersion of investor expectations. Journal of Business Finance & Accounting, 1993, 20 (6): 787-802.

[65] Hart, O.. Regulation and Sarbanes-Oxley. Journal of Accounting Research, 2009, 47 (2): 437-445.

[66] Haskins, M. and D. Williams. A contingent model of intra-big eight auditor changes. Auditing: A Journal of Practice & Theory, 1990, 9 (3): 55-74.

[67] Healy, P., and T. Lys. Auditor changes following big eight mergers with non-big eight audit firms. Journal of Accounting and Public Policy, 1986, 5 (4): 251-265.

[68] Imhoff, E.. Accounting quality, auditing, and corporate governance. Accounting Horizons, 2003, 17 (supplement): 117-128.

[69] Jackson, A., M. Moldrich, and P. Roebuck. Mandatory audit firm rotation and audit quality. Managerial Auditing Journal, 2008, 23 (5): 420-437.

[70] Johnson, W. and T. Lys. The market for audit services: evidence from voluntary auditor changes. Journal of Accounting and Economics, 1990, 12: 281-308.

[71] Johnson, V., I. Khurana, and J. Reynolds. Audit-frim tenure and the quality of financial reports. Contemporary Accounting Research, 2002, 19 (4): 637-660.

[72] Jones, F., and K. Raghunandan. Client risk and recent changes in the

market for audit services. Journal of Accounting and Public Policy, 1998, 17: 169–181.

[73] Kallunki, J., P. Sahlstrom, and M. Zerni. Propensity to switch auditors and strictness of legal liability environment: the role of audit mispricing. International Journal of Auditing, 2007, 11 (3): 165–185.

[74] Kanodia, C., and A. Mukherji. Audit pricing, low balling and auditor turnover: a dynamic analysis. The Accounting Review, 1994, 69 (4): 593–615.

[75] Kaplan, S., and E. Mauldin. Auditor rotation and the appearance of independence: evidence from non-professional investors. Journal of Accounting and Public Policy, 2008, 27 (2): 177–192.

[76] Kim, J. and C. H. Yi. Does auditor designation by the regulatory authority improve audit quality? evidence from Korea. Journal of Accounting and Public Policy, 2009, 28: 207–230.

[77] Kim, Y., and M. Park. Auditor changes and the pricing of seasoned equity offers. Accounting Horizons, 2006, 20 (4): 333–349.

[78] Knapp, M. and F. Elikai. Auditor changes: a note on the policy implications of recent analytical and empirical research. Journal of Accounting, Auditing & Finance, 1988, 3 (1): 78–86.

[79] Knechel, W., V. Naiker, and G. Pacheco. Does auditor industry specialization matter? evidence from market reaction to auditor switches. Auditing: A Journal of Practice and Theory, 2007, 26 (1): 19–45.

[80] Krishnan, J.. Auditor switching and conservatism. The Accounting Review, 1994, 69 (1): 200–215.

[81] Krishnan, J., and J. Krishnan. Litigation risk and auditor resignations. The Accounting Review, 1997, 71 (4): 539–560.

[82] Krishnan, J. and R. Stephens. The simultaneous relation between auditor switching and audit opinion: a empirical analysis. Accounting and Business Research, 1996, 26 (3): 224–236.

[83] Krishnan, J.. The timing and information content of auditors' exhibit letters relating to auditor changes. Auditing: A Journal of Practice & Theory, 2002, 21 (1): 29–46.

[84] Krishnan, J., and R. Stephens. Evidence on opinion shopping from audit opinion conservatism. Journal of Accounting and Public Policy, 1995, 14 (3): 179–201.

[85] Krishnan, J., and K. Raghunandan, and J. Yang. Were former Andersen clients treated more leniently than other clients? evidence from going-concern modified audit opinions. Accounting Horizons, 2007, 21 (4): 423-435.

[86] Krishnan, G., and G. Visvanathan. Reporting internal control deficiencies in the post-Sabanes-Oxley era: the role of auditors and corporate governance. International Journal of Auditing, 2007, 11 (1): 73-90.

[87] Landsman, W., K. Nelson, and B. Rountree. Auditor switches in the pre-and post-enron eras: risk or realignment. The Accounting Review, 2009, 84 (2): 531-558.

[88] Lazer, R., J. Livnat, and C. Tan. Restatement and accruals after auditor changes. Working paper, New York University, 2004.

[89] Lennox, C. Do companies successfully engage in opinion-shopping? Journal of Accounting and Economics, 2000, 29: 321-337.

[90] Lennox, C.. Audit quality and executive officers' affiliations with CPA firms. Journal of Accounting and Economics, 2005, 39: 201-231.

[91] Lu, T. Does opinion shopping impair auditor independence and audit quality?. Journal of Accounting Research, 2006, 44 (3): 561-583.

[92] Magri, S., W. Maxwell, and D. Miller. Does auditor quality and tenure matter to investor? evidence from the bond market. Journal of Accounting Research, 2004, 42 (4): 755-792.

[93] Mansi, S. A., William F. M. and D. P. Miller. Dose auditor quality and tenure matter to invesiors? evidence from the bond market. Journal of Accounting Research, 2004, 42 (4): 755-793.

[94] Matsumura, E., K. Subramanyam, and R. Tucker. Strategic auditor behavior and going concern decisions. Journal of Business Finance and Accounting, 1997, 24 (6): 727-758.

[95] McConnell, D. K.. Auditor changes and related disagreements. Auditing: A Journal of Practice & Theory, 1984, 3 (2): 44-56.

[96] Menon, K. and D. Willams. Management turnover following auditor resignations. Contemporary Accounting Research, 2008, 25 (2): 567-604.

[97] Menon, K. and D. Willams. Error cost and auditors' termination decisions. Journal of Accounting, Auditing and Finance, 1999, 14 (2): 95-123.

[98] Myers, J., L. Myers, and T. Omer. Exploring the term of the auditor-client relationship and the quality of earning: a case for mandatory auditor rotation? The Accounting Review, 2003, 78 (3): 779-799.

[99] Nagy, A.. Mandatory audit firm turnover, financial reporting quality, and client bargaining power: the case of AA. Accounting Horizons: 2005, 19 (2): 51-68.

[100] Nasser, A., E. Wahid, S. Nazri, and M. Hudaib. Auditor-client relationship: the case of audit tenure and auditor switching in Malaysia. Managerial Auditing Journal, 2006, 21 (7): 724-737.

[101] Nichols, D. and D. Smith. Auditor credibility and auditor changes. Journal of Accounting Research, 1983, 21 (2): 534-544.

[102] Pong, C. and G. Whittington. The deterninants of audit fees: some empirical model. Journal of Business, Finance, and Accounting, 1994, 21 (8): 1071-1025.

[103] Raghunandan, K. and D. Rama. Auditor resignations and the market for audit services. Auditing: A Journal of Practice and Theory, 1999, 18 (1): 1240134.

[104] Rama, D., and W. Read. Resignations by the big 4 and the market for audit services. Accounting Horizons, 2006, 20 (2): 97-109.

[105] Read, W., D. Rama, and K. Raghunandan. Local and regional audit firms and the market for SEC audits. Accounting Horizons, 2004, 18 (4): 241-254.

[106] Roberts, R., G. Glezen, and T. Jones. Determinants of auditor change in the public sector. Journal of Accounting Research, 1990, 28 (1): 220-228.

[107] Romanus, R., J. Maher. and D. Fleming. Auditor industry specialization, auditor changes, and accounting restatements. Accounting Horizons, 2008, 22 (4): 389-413.

[108] Ruiz-Barbadillo, E., N. Gomez-Aguilar, and N. Carrera. Does mandatory audit firm rotation enhance auditor independence? evidence from Spain. Auditing: A Journal of Practice and Theory, 2009, 28 (1): 113-135.

[109] Sankaraguruswamy, S., and J. Whisenant. An empirical analysis of voluntarily supplied client-auditor realignment reasons. Auditing: A Journal of Practice and Theory, 2004, 23 (1): 107-121.

[110] Schwartz, K. and B. Soo. An analysis of form 8-k disclosures of auditor changes by firms approaching bankruptcy. Auditing: A Journal of Practice & Theory, 1995, 14 (1): 125-137.

[111] Schwartz, K. and B. Soo. Evidence of regulatory noncompliance with sec disclosure rules on auditor changes. The Accounting Review, 1996a, 71 (4): 555-572.

[112] Schwartz, K. and B. Soo. The association between auditor changes and reporting lags. Contemporary Accounting Research, 1996b, 13 (1): 353-370.

[113] Schloetzer, J.. Arthur Anderson, SOX section 404, and auditor turnover: theory and evidence. Working Paper, University of Pittsburgh, 2006.

[114] Shu, S.. Auditor resignations: clientele effects and legal liability. Journal of Accounting & Economics, 2000, 29: 173-205.

[115] Smith, D.. Auditor "subject to" opinions, disclaimers and auditor changes. Auditing: A Journal of Practice & Theory, 1986, Vol. 6, No. 1.

[116] Stefaniak, C., J. Robertson, and R. Houston. The causes and consequences of auditor switching: a review of the literature. Journal of Accounting Literature, 2009, 28: 47-121.

[117] Teoh, S.. Auditor independence, dismissal threats, and the market reaction to auditor switches. Journal of Accounting Research, 1992, 30 (1): 1-23.

[118] Wallace, W. A. The economic role of the audit in free and regulated markets: a look back and a look forward. Research in Accounting Regulation, 2004, 17: 267-298.

[119] Weiss, R. and L. Kalbers. Causes and consequences of Auditor changes: a comparison of accelerated and non-accelerated filer. Working Paper, University of St. Thoms, 2008.

[120] Whisenant, J., S. Sankaraguruswamy, and K. Raghunandan. Market reaction to disclosure of reportable events. Auditing: A Journal of Practice and Theory, 2003, 22 (1): 181-194.

[121] Woo, E., and H. Koh. Factors associated with auditor changes: a Singapore study. Accounting and Business Research, 2001, 31 (2): 133-144.

[122] Zhang, Y., J. Zhou, and N. Zhou. Audit committee quality, auditor independence, and internal control weaknesses. Journal of Accounting and Public Policy, 2007, 26 (3): 300-327.

第六章 审计意见行为

本章导读

在审计市场上，审计意见的经济后果及其签发机制是实证审计理论研究的一个重要领域。如果审计意见具有决策有用性，不同类型的审计意见就会给利益相关者带来不同的经济后果，各利益方的压力和诉求也将会影响审计意见行为。20 世纪 70 年代以来，学术界围绕上述命题展开了大量的实证研究，相关研究结论不仅拓展了审计理论的研究领域，更为重要的是还为审计实践和政策制定提供了决策依据。本章将提出审计意见的“后果—动因”研究框架，在此基础上，对审计意见的信息含量与决策有用性、审计意见行为的影响动因进行分析。

审计意见对股东和债权人等公司利益相关者是否具有决策有用性，如果审计意见具有决策有用性，即不同类型的审计意见会给利益相关者带来不同的经济后果，那么各方的压力和诉求通过何种机制影响审计意见行为便是一项重大的理论与实践命题。自 20 世纪 70 年代以来，国外学术界围绕上述问题展开了系统的实证研究，其研究结论为资本市场审计制度安排和监管政策制定提供了重要的依据。目前，我国正处于转轨经济时期，包括独立审计制度和审计市场在内的各项基础制度建设还不够健全完善，审计意见的相关实证研究也并未取得较为一致的结论。为此，本章在提出审计意见行为的“后果—动因”研究框架的基础上，对国内外审计意见决策有用性及其出具动因的相关实证研究文献进行了较为系统的回顾与评述，以期为该领域的学术研究和实践活动提供可资参考的理论指引与研究范式。

第一节 审计意见行为：基于“后果—动因”的研究框架

对审计意见行为的一个首要关注便是审计意见是否具有信息含量，能否为利益相关者带来经济后果。如果审计意见能够向市场传递增量信息，从而改变报表使用者关于公司未来现金流入的数量、时间和不确定性的预期，利益相关者将依据新的预期展开相应的行动，如在资本市场上买入或卖出证券、停止或增加对客户的贷款、提高或降低贷款利率等。在我国资本市场中，若公司最近一个会计年度的财务报告被出具了无法表示意见或否定意见的审计报告，其股票将被 ST。① ST 公司除意味着接受更严苛的监管和更高的融资成本外，对管理层的职业声誉和报酬也会产生巨大的负面影响。正因为审计意见存在广泛且严重的经济后果，各利益相关者将不可避免地会对审计意见出具行为施加各种影响，包括辞退出具不利审计意见的审计师、对发生审计失败的审计师追究法律责任等。因此，审计师基于自身利益的考虑，会在充分权衡各种影响因素的基础上考虑出具何种审计意见。本文基于审计意见行为的内在逻辑，提出了审计意见行为的“后果—动因”研究框架（如图 6—1 所示）。

在该研究框架中，第一层次是审计意见的决策有用性及其经济后果层面。该层面主要研讨审计意见是否具有信息含量，能否为利益相关者提供具有决策有用性的信息。相关研究包括审计意见的市场反应、审计意见的银行信贷决策有用性、持续经营审计意见（GCO）的破产预测价值等。审计意见的信息含量与经济后果是审计意见行为最基础性的影响因素，如果审计意见没有信息含量或者不会给利益相关者带来任何形式的经济后果，利益相关者就不会关注审计师出具了何种类型的审计意见，审计师在选择出具何种审计意见类型时也就不会面临诸多压力和影响。

第二个层次是出具审计意见行为影响动因，分为技术性动因与非技术性动因。被出具非标审计意见通常是由于客户存在违反会计准则的行为或重大不确定性事项，因此客户自身的财务特征、盈余管理程度等是审计师选择出具何种审计意见的首要决定因素，我们可以称之为技术性动因。但是，如果审计意见具有信息含量且会带来相应的经济后果，那么无论审计师是否出具非标意见都将承担一定的成本，审计师出具非标意见的决策实际上就是将出具与不出具非标意见的相对成本进行权衡的过程（Rama & Raghunandan，1995）。具体而言，当审计师没有出具非标意见而客户被发现存在错报、漏报或随后发生经营失败，审计师将承

① ST 是英文“subject to”的缩写，以下简称 ST。

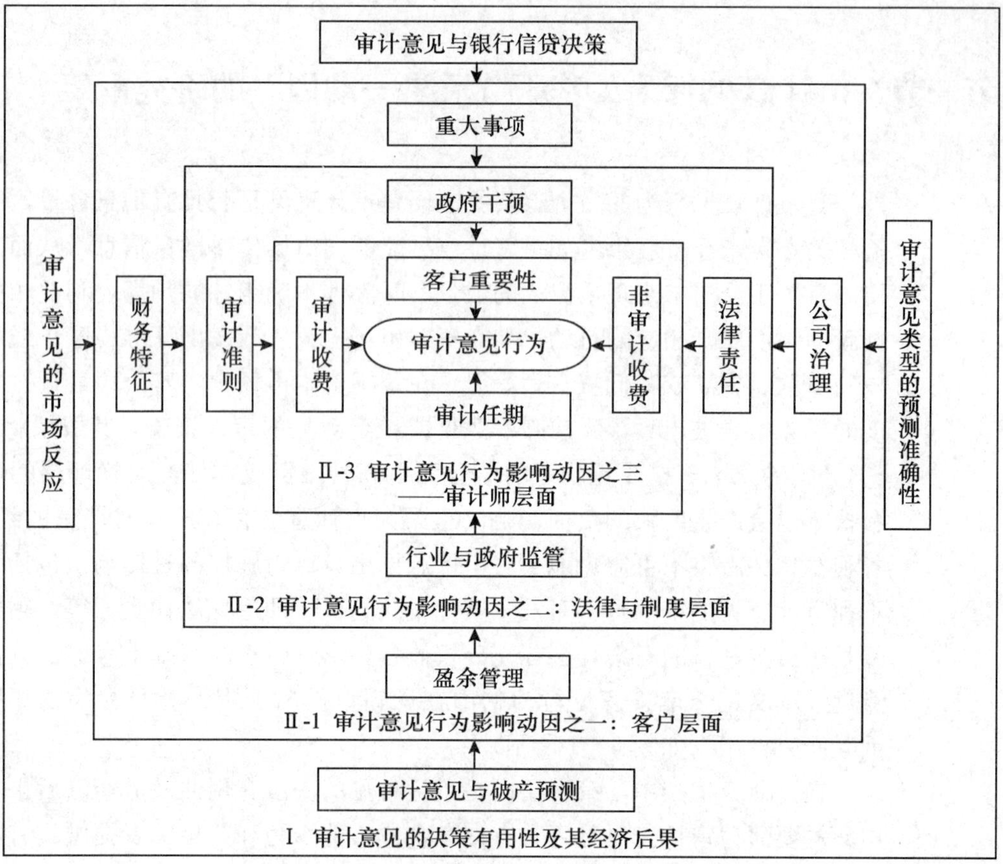

图 6—1　审计意见行为的"后果—动因"研究框架

担一定的损失，包括因监管行动而造成的损失、法律诉讼所导致的成本和声誉损失等；当审计师出具了非标意见而客户并未发生经营失败或者并不存在重大错报、漏报，审计师也将要承担一定的损失，具体包括被客户辞退而失去的未来审计收入、声誉损失等。因此，影响上述两类成本的因素也就构成了影响审计师出具不同类型审计意见的非技术性动因。

进一步地，我们可以按影响审计意见出具动因的主体类型，将其划分为客户层面动因、法律与制度层面动因和审计师层面动因。其中，客户层面动因包括客户的财务特征、重大不确定性事项、盈余管理程度以及客户的公司治理特征，前三项内容构成了审计师是否出具非标意见最基本的技术性判断标准，而公司治理特征可以通过影响审计师选择、审计独立性而影响具体的审计意见行为。法律与制度动因则包括审计准则、法律责任、行业与政府监管以及政府干预等方面，其中审计准则规定了出具非标意见的临界点；法律责任、行业与政府监管以及政府干预等方面则为审计意见行为施加了正面或负面的影响，即在政府监管严厉、法律责任严苛的背景下，审计师的意见出具行为将更为稳健，而政府干预程度过高将对审计意见行为产生不利的影响。审计师层面动因则包括审计收费与非审计收费、审计任期和客户重要性等，这些因素也将通过影响审计独立性而影响审计意见出具行为。

审计意见的经济后果和动因最终将影响审计意见行为。审计意见行为可以分为评估审计证据和审计意见决策两个阶段，动因层面的诸多因素同时影响着审计意见行为的这两个阶段，进而导致审计意见行为产生过程偏误和结果偏误。过程偏误是指审计师在审计过程中改变了对证据性信息的评估，从而得出了有利于或不利于客户的判断结论；结果偏误仅指审计师迫于压力调整他们的审计意见决策规则或直接选择了不同的审计意见类型。一般而言，审计过程偏误必然带来审计意见的结果偏误，而结果偏误却未必一定源于过程偏误，故而学术界的研究更多地只关注审计意见的结果偏误。

第二节 审计意见的信息含量与经济后果

一、审计意见的信息含量

针对审计意见能否为股票投资者提供决策有用的信息这一议题，Baskin（1972）最早采用超额收益法检验审计意见的信息含量。从检验结果中发现，因违反一贯性原则而被出具的保留意见对股价并无显著影响。随后，Banks & Kinney（1982）对因或有损失事项而导致的保留意见与股价的相关性进行了实证研究，发现因或有损失而被出具保留意见的公司与被出具无保留意见的公司累计非正常收益率存在差异，但该差异在统计上并不显著。Dodd. et al.（1984）则进一步考虑了审计意见披露前后市场模型中 β 系数可能的差异对已有研究结论的影响，同时 Dodd. et al. 还认为，审计意见的市场反应在很大程度上应该取决于最终被出具的审计意见类型是否为投资者所预期。若被出具的审计意见类型差于投资者的预期，市场反应将为负，反之将为正。改进研究设计后，Dodd. et al. 发现 ST 保留意见对股价有影响，但统计上并不显著，无法表明审计意见对股价有显著的负面影响。然而，通常审计意见和财务报告是同时发布的，因此实证研究必须有效控制财务报告信息的干扰。Frost（1991）以会计报表附注中披露了或有损失事项的公司为研究样本，以会计报表附注中未披露或有损失事项且收到无保留意见的公司作为控制样本，并进一步根据“附注披露”研究样本是否收到“ST 保留意见”将样本分为无保留意见/附注披露和 ST 保留意见/附注披露两个子样组。检验结果发现：（1）研究样本的 CAR 值显著小于控制样本的 CAR 值；（2）无保留意见/附注披露和 ST 保留意见/附注披露两个子样组的 CAR 值有差异但不显著。该研究在控制了财务报表附注信息的干扰之后，没有找到充分的证据证明 ST 保留意见具有信息含量。

不少实证研究也证明了审计意见对股权投资决策具有增量信息含量。Firth（1978）分别以被出具保留意见和无保留意见的公司为研究样本和控制样本，实证检验发现：（1）持续经营和资产计价保留意见可以向投资者传递负面信息；（2）不同事项导致的保留意见的信息含量有显著差异。Ball，Walker & Whittred（1979）以澳大利亚上市公司为研究对象，同样发现了保留意见的类型与股价有显著的相关性，股价反应因保留意见内容的不同而有所差异。Elliot（1982）专门研究了 ST 保留意见信息含量的问题。为控制其他因素的影响，Elliot（1982）选择被出具 ST 保留意见和无保留意见的公司作为研究样本和控制样本，并将保留意见样本根据不同的保留事项细分为五类。此外，出于控制会计盈余的目的，还根据未预期盈余的符号将所有样本分为未预期盈余为正和未预期盈余为负的子样本。检验结果表明，持续经营和资产计价两类 ST 保留意见在其公开披露前的第五周内股票市场有显著的负面反应；没有充分证据表明保留意见本身有信息含量，原因在于难以区分财务报表本身所披露的不确定性事项和 ST 保留意见对股票市场的影响。1988 年，AICPA 发布了 SAS NO. 58 和 SAS NO. 59，意味着 ST 保留意见从此被取消。在此之前，银行家及证券分析师强烈反对取消 ST 保留意见，他们声称这将使得 ST 保留意见所具有的"红旗"警讯消失殆尽。为检验 ST 保留意见是否会影响投资人的决策，Fields & Wilkins（1991）研究了 1970—1980 年间市场对收回 ST 保留意见的反应，研究发现当媒体公布 ST 保留意见被收回的消息时，会产生正的非正常收益，这说明 ST 保留意见能够向投资者传递有价值的信息。Loudder et al.（1992）将市场对审计意见的预期纳入事件研究模型，以验证取消 ST 保留意见是否为正确的选择。研究发现，在保留意见宣布日，如果市场没有预期到保留意见，那么保留意见会引发股价的负面反应，而已预期的保留意见如果被延迟披露，也会导致市场产生负面反应。Loudder et al. 还发现，当市场预期到了保留意见时，审计意见和股价反应之间则不存在显著关系。Choi & Jeter（1992）从盈余反应系数的视角检验了保留意见是否具有信息含量，实证结果发现保留意见会降低公司的盈余反应系数。

在我国，陈晓、王鑫（2001）和陈梅花（2001）较早发现审计意见对股票投资者决策的影响在统计上并不显著，但李增泉（1999）指出审计意见对投资者的决策行为会产生重要的影响。宋常等人（2005）以首次披露的非标准审计意见为研究对象，发现了证券市场对首次披露的非标准无保留意见有显著的负面反应。张晓岚、宋敏（2007）还发现 GCO 具有负面信息含量，市场能够区分不同类型非标意见的信息含量，而且 GCO 的信息含量大于非标审计意见的信息含量，但证券市场对 GCO 内部严重程度不同的意见类型无法区分。侯国民、恽碧琰、宋常（2007）发现我国证券市场中连续披露的带强调事项段的无保留意见具有信息含量，但市场对连续披露的保留意见反应不足。

在上述检验审计意见市场反应的研究中，通常使用市场模型来计算个股在事件窗口内的超额收益率，在计算个股日非正常收益率和累计非正常收益率等数据后，通常是在被出具非标意见与未出具非标意见的样本之间进行单变量检验。计算个股日非正常收益率和累计非正常收益率等指标的具体步骤为：

第一，使用事件日前 Q 至前 P 个交易日（估计窗口为 $[-Q, -P]$）的个股股票收益率和市场收益率数据通过以下回归模型估计个股市场模型常数项和系数：

$$R_{it}=\alpha_{it}+\beta_{it}R_{mt}+\varepsilon_{it}$$

式中，R_{mt} 为第 t 日市场收益率；R_{it} 为第 t 日个股收益率；α_{it}，β_{it} 为回归系数；ε_{it} 为随机误差项。

第二，在估计出每只股票在 $t\in[-Q, -P]$ 估计窗口内的回归系数 $\hat{\alpha}_{it}$，$\hat{\beta}_{it}$ 后，即可用估计的个股市场模型计算事件日前后各交易日个股的期望收益率，即：

$$E(\hat{R}_{it})=\hat{\alpha}_{it}+\hat{\beta}_{it}R_{mt}\quad(t\text{ 表示交易日})$$

第三，得到个股期望收益率后，用个股日实际收益率减去预期收益率就是个股日非正常收益率，即：

$$AR_{it}=R_{it}-E(\hat{R}_{it})\qquad(t\text{ 表示交易日})$$

最后，在计算了个股日非正常收益率之后，可以计算实验样本和控制样本① 不同时间窗内的平均累计非正常收益率。

检验样本与控制样本的日平均非正常收益率 AAR_t 的计算公式为：

$$AAR_t=\frac{1}{N}\sum_{i=1}^{N}AR_{it}$$

式中，t 为具体的交易日；N 为检验样本或控制样本的规模。

个股累计非正常收益率 CAR_{sei} 的计算公式为：

$$CAR_{sei}=\prod_{t=S}^{E}(1+AR_{it})-1$$

式中，S，E 分别为起始和终止日期，若要计算（-10，-1）时间窗内的 i 公司累计非正常收益率，则 S 和 E 分别代表第 -10 天与第 -1 天；AR_{it} 为 i 公司第 -10 天至第 -1 天的日非正常收益率。

样本的平均累计非正常收益率 $CAAR_{SE}$ 的计算公式为：

---

① 在审计意见信息含量的研究中，实验样本通常是被出具非标准无保留意见的样本，控制样本则是指根据年度、行业、总产规模等条件与实验样本配对的被出具标准无保留意见的样本。

$$CAAR_{SE}=\frac{1}{N}\sum_{i=1}^{N}CAR_{sei}$$

以上股票价格与审计意见关系研究的一个共同特点是采用单变量分析法，检验选定的窗口期内配对样本与实验样本 CAR 值的差异，进而得出审计意见是否有信息含量的研究结论。然而，单变量研究的致命缺陷是很难分离事件期内其他可能影响股票价格的重大事件，研究结论的可靠性存在一定程度的不足。有鉴于此，研究者开始运用多变量分析法对该问题展开研究。

Ameen，Kamt & Guffey（1994）以美国上柜公司为对象，发现在保留意见公布之前即有负的非正常收益产生，但在保留意见正式公布之时，市场却无明显的负面反应，即市场在审计报告公布之前已经先行反应了，这一研究结论并不能证明审计意见没有信息含量，只是表明可能存在与审计意见相竞争的信息源。Jones（1996）通过考察审计意见披露前后的市场反应发现，被出具 GCO 的公司股价平均非正常收益率为负，而那些被出具了标准无保留意见且处于财务困境的公司股价平均非正常收益率为正，这说明审计意见向市场传递了信息。Chen，Su & Zhao（2000）以上海证券交易所 1995—1997 年上市公司为样本，在控制了会计盈余的变化、事件窗内被其他公司合并或接管、控股股东的变化、高管变更、法律诉讼、现金股利的减少等重大不利事件后，多元回归结果发现首次发布的非清洁审计意见会带来显著的负的市场回报，而非违反公认会计原则导致的非标意见与违反公认会计原则导致的非标意见之间的市场反应没有显著差异，在非标意见与标准无保留意见加解释说明段的意见类型之间市场反应没有显著差异。分年度的检验显示，非标意见与盈余的交乘项在样本年度的第三年（1997 年）才显著为负，表明投资者运用了三年的时间才对非标意见对盈余信息的负面影响达成共识。

除常见的直接检验股票价格波动与审计意见的关系外，Chen & Church（1996）还检验了公司提出破产申请前是否被出具 GCO 与公司破产申请后股价波动的关系。如果 GCO 对预测公司破产具有增量信息含量，那么此前出具 GCO 将减少提出破产申请时市场的负面反应。在控制了其他影响因素后，其回归结果表明，“GCO/破产公司”样本组在研究窗口内股价的波动幅度显著小于“无保留意见/破产公司”，这间接证明了 GCO 具有信息含量。此外，一般认为 IPO 折价程度与股票价值的不确定性程度正相关。在 IPO 时，GCO 的存在将影响公司价值不确定性的概率分布，即增加或降低了投资者关于公司股票价值的事前不确定性。Ritter（1991）和 Willenborg &McKeown（2001）的实证检验结果均发现在 IPO 时被出具持续经营不确定性审计意见的公司股票折价程度更低。这就说明相对于没有被出具 GCO 的公司，GCO 确实减少了公司价值的不确定性。同时，Willenborg &McKeown（2001）还发现，在 IPO 时被出具 GCO 与公司在 IPO 后两年内退市的概率正相关，这表明 GCO 信息确实具有信息含量或者预测价值。

此外，寻找多个有效变量以预测公司可能被出具的审计意见类型，是检验审计意见是否具有增量信息含量研究的延伸。若预测研究表明，能找到恰当的变量准确地预测审计师将出具的意见类型，就说明审计意见不具有任何增量信息含量，反之则说明审计意见具有信息含量。其理论逻辑是，既然能依据已知的其他公开数据或信息推测审计师将出具的意见类型，说明审计意见所携带的信息对市场而言并非独特的。Mutchler（1985）检验了使用公开可获得的信息能否预测 GCO，检验发现多元判别模型能较准确地预测审计师是否出具 GCO。Levitan & Knoblett（1985）选择了 32 个被出具 GCO 的公司，并为这 32 个公司分别选择了财务状况健康的公司作为配对样本，检验结果发现判别模型的预测准确率达到 90%。Dopuch et al.（1987）发现将累计非正常收益、β 值等市场变量引入审计意见预测模型后，模型预测 GCO 的精确度最高，精确度区间为 66.7%～88.9%，而预测诉讼导致的保留意见的精确度最低，精确度区间为 12.8%～40.4%。由此 Dopuch et al. 认为，运用财务比率和市场变量能较准确地预测审计师是否将出具 GCO。Bell & Tabor（1991）发现仅有财务杠杆、流动比率、投资报酬率等变量对审计师的意见决策有较强的解释力，且对 GCO 的预测精确度显著高于因资产计价问题而出具的保留意见。Menon & Schwarta（1986）发现流动比率、财务杠杆等财务指标有助于预测 GCO。上述研究表明，审计意见类型，尤其是 GCO 在一定程度上是可以预测的，这对审计意见是否具有独特信息含量提出了挑战。

二、审计意见的经济后果

（一）审计意见与信贷决策

除股权投资者外，银行在做出信贷决策时是否会因不同的审计意见而产生决策差异？这引发了学术界针对审计意见与银行贷款决策关系的实证研究。该领域的研究按照研究结论同样可以细分为两类：一类研究发现审计意见对银行信贷具有决策有用性；另一类研究则没有发现审计意见对银行信贷具有决策有用性。

不少研究发现审计意见能够传递额外的信息，可以为银行信贷提供决策有用的信息。Firth 以英国银行家和信贷分析员作为被试，于 1979 年和 1980 年分别进行了两次实验研究。研究发现，被出具无保留意见的公司被给予的最高贷款额显著大于因持续经营和资产计价而被出具保留意见的公司；因违反一般公认会计原则（generally accepted accounting principles，GAAP）而被出具保留意见的公司被给予的最高贷款额显著大于因持续经营或资产计价而被出具保留意见的公司；但持续经营和资产计价这两类不同的保留意见对最高贷款额的影响差异并不显著，贷款决策者并不区分这两种类型的保留意见。可见，Firth 找到了保留意见对银行信贷决策有用性的实证证据，但并未发现因持续经营问题而签发的保留意见比其他类型保留意见具有更严重的经济后果。Gul（1987）经过对新加坡银行信贷经理的研究发现，保留意见对银行信贷经理“是否给予贷款”和“贷款利率溢价”的决策具有显著影响。Bamber & Stratton（1997）通过对77名银行信贷经理的问卷调查考察了不确定性保留意见对信贷经理决策的影响，研究发现：（1）在审计意见信息含量方面，不确定性保留意见显著地影响了信贷经理对风险评估、贷款利率溢价和是否发放贷款的决策，收到不确定性保留意见的企业，更有可能被拒绝贷款，银行对它们的信贷风险评估更高，要求的贷款利率更高，这支持了不确定性保留意见具有决策有用性的结论。（2）在审计意见向信息使用者传递信息的作用机理上，信贷经理对于审计意见在信贷决策中的重要性的评估有显著差异，而信贷经理对与保留意见有关的财务报表附注对信贷决策重要性的评估却没有显著差异，这说明保留意见并非通过指引信贷经理关注有关财务报表信息而发挥作用，而是直接作为一种独立的“第二意见”（second opinion）发挥作用的。Antonio（2003）对西班牙银行业进行的问卷调查也发现，在进行信贷限额、信贷期限、贷款利率、贷款担保等决策时，审计意见均是银行考虑的重要因素；在最相关的信贷决策信息中，审计意见仅次于西班牙中央银行的信贷数据、个人知识、财务报表而名列第四；关于何种原因导致的非标意见对银行决策影响最大，结果依次分别是持续经营不确定性、资产计价错误、未执行法律规定、审计范围受限、与集团及关联公司的关系、税务不确定性以及未恰当执行会计准则。可见，审计意见是银行进行信贷决策时较关注的一个重要方面。

也有一些研究发现审计意见对银行信贷不具有决策有用性。Estes & Reimer（1977）针对222个信贷经理的问卷调查结果表明，不同类型的审计意见对信贷经理的决策程序没有显著影响；Libby（1979）以34家美国银行贷款经理作为被试，发现财务报表中披露的不确定事项对贷款经理的风险评估有重大影响，而审计师因不确定事项出具的ST意见对贷款经理的风险评估并无增量影响；Johnson，Pany & White（1983）和Johnson & Pany（1984）以美国银行信贷经理为研究对象，实验研究结果表明，是否给予贷款、给予的最高贷款额及贷款利率等主要贷款决策并不会因财务报表是否经过审计或盈利预测、是否经过审核而有显著差异。此外，一些以加拿大的信贷经理为研究对象的检验（Abdel-Khalik et al.，1986）和以澳大利亚为背景的研究均发现审计意见对银行信贷决策无影响（Houghton，1983；Bessell & Umar，2003）。Contrera，Andgulo & Rodgers（2007）通过实验研究则发现，当审计意见与有利的财务预期相反时，对于信贷经理的决策而言，审计意见便是一种独立且具有决策有用性的信息。

以上针对审计意见与银行信贷决策关系的研究，并未取得一致性的结论。这类研究主要采用的是实验研究法，实验研究的最大缺陷在于外部有效性不足，尤其是信贷决策和监管本身往往涉及复杂的人际关系、制度背景等，故研究结论难以推广到一般情况。

针对我国资本市场，Lin（2003）证实了保留意见会在一定程度上影响投资者及信贷人员对财务报告可靠性的评估，但具体保留审计意见类型与信贷决策间的关系不显著。胡奕明、周伟（2006）发现审计意见仅与长期贷款余额显著负相关，进一步的研究也未发现审计意见与银行贷款决策存在一致性的确定关系（胡奕明、唐松莲，2007）。另一方面，李海燕、厉夫宁（2008）则发现非标意见会导致更高的借款利率。此外，部分研究指出了制度环境对审计意见的有用性会产生影响（王少飞、孙铮、张旭，2009；朱凯、陈信元，2009）。

（二）审计意见与破产预测

越来越多的公司被出具无保留意见后发生破产，而审计师未在审计报告中提示报表使用者关注公司的持续经营问题，利益相关者通常会据此起诉审计师。可见，社会公众对审计师的破产预警能力有着较高的期待，这促成了美国 AICPA 第 59 号审计准则的出台。该准则强调了审计师有责任评价客户的持续经营能力，若审计师对客户的持续经营能力持重大怀疑态度，则应考虑出具包括保留意见、否定意见和无法表示意见在内的非标准无保留意见。那么，审计意见对破产预测是否具有信息含量呢？Hopwood，Mckeown & Mutchler（1989）的检验结果表明，在多元判定模型中增加反映不确定性和一致性的非标审计意见后，预测模型的预测精确度将提高 20%～30%，这就说明审计意见对公司破产有增量解释力，能够用来预警公司的财务失败。Hopwood，Mckeown & Mutchler（1994）以持续经营审计意见为对象的研究也证明了 GCO 在预测破产方面并不低于其他破产预测模型。

Kennedy & Shaw（1991）进一步研究了审计意见类型与公司破产申请解决方案之间的关系。在 Hopwood，Mckeown & Mutchler（1989）的研究中，多元判定模型中的因变量为“公司是否提出破产申请”，这仅表明公司提出破产申请这一事实，而 Kennedy & Shaw 则将“公司破产解决方案成功与否”作为因变量，进一步考虑了公司提出破产申请后和解整顿的结果。Kennedy & Shaw 选择 165 家提出破产申请的公司作为研究样本，并根据破产申请结果区分“成功公司”和“失败公司”。多元判定模型的回归结果表明，审计意见是预测公司破产申请结果的重要解释变量，但审计意见并不比破产模型的预测精确度更高，故审计意见类型识别公司破产申请结果的能力是有限的。此外，Lennox（1999）的研究发现审计意见对预测公司破产并无增量信息含量。Altman & McGough（1974）的研究表明，依据 Altman（1968）破产判别模型能够准确地预测出样本中 82%的破产公司，而审计师的 GCO 只能准确地预测出 44%。显然，在预测持续经营问题上，审计师的预测能力和破产模型的预测能力存在显著差异。Kida（1980）认为，审计意见预测能力不高并非表明审计师没有能力识别客户的持续经营问题，而是由于审计师除了要考虑纯技术方面的因素外，还要考虑出具非标意见所导致的经济后果，这在一定程度上会干扰审计师出具审计意见的行为。

从另一个角度看，如果审计意见有助于利益相关者预测公司破产，那么公司破产前审计师出具保留意见可否避免或减轻审计师的诉讼风险或法律责任呢？Carcello & Palmose（1994）以1972—1992年655家破产公司为研究样本，将研究样本区分为三组：第一组是涉及针对审计师诉讼的样本；第二组是针对其他对象诉讼的样本；第三组是不涉及财务呈报方面诉讼的样本。单变量分析结果表明：（1）破产公司涉及的所有诉讼案中，审计师被起诉的比例高达80%；（2）在不涉及财务呈报与披露诉讼的破产公司样本中，被出具保留意见的比例显著高于涉及审计师诉讼的破产公司样本；（3）针对审计师诉讼结果的分析表明，对于在破产前被出具保留意见的公司，其诉讼被驳回的比例显著高于被出具无保留意见的公司，即使未被驳回，前者的被罚款金额也显著低于后者；（4）比较“涉及审计师的诉讼”和“涉及其他诉讼”的诉讼结果，前者的诉讼驳回率比后者显著更低，且前者被罚款金额比后者显著更高。可见，非标意见确实有利于审计师避免或减轻法律责任。多变量分析结果却表明，审计意见对于审计师是否涉及诉讼并无显著的解释力。因此，该研究并未找到充分的证据支持是否出具保留意见与审计师涉诉之间存在显著关联。

第三节 审计意见行为的影响因素

一、法律和制度层面的因素

AICPA于1988年发布了《审计准则公告第59号——审计师对主体持续经营能力的考虑》（SAS No. 59）。SAS No. 59强调了审计师在执行所有审计程序时均需要考虑持续经营的问题，这进一步加大了审计师的责任。因此，Raghunandan & Rama（1995）检验了SAS No. 59的发布对审计师出具GCO的影响。在控制了包括客户规模、财务变量、破产滞后期、审计报告出具滞后期等因素后，研究发现在SAS No. 59发布之后，无论对于随后发生破产还是未发生破产的财务困境公司，被出具GCO的可能性都均显著提高。DeFond，Wong & Li（1999）以1993—1996年上海和深圳证交所上市公司为样本，检验了中国新审计准则的实施对审计师独立性和审计市场集中度的影响。研究发现，新审计准则实施后审计师出具非标意见的频率是新准则实施前的9倍，研究证实了新审计准则的实施确实加大了对审计师独立性的要求，使得审计师更不可能由于审计单位的压力而出具不当的审计报告。Citron & Taffler（2004）针对英国上市公司的检验也证实了相关审计准则出台后 GCO 呈显著增长态势。

Geiger & Raghunandan（2001）通过检验破产公司在破产前是否被出具了 GCO，研究了美国《私人证券诉讼改革法案》对审计意见行为的影响。在控制了财务困境和公司规模等因素后，研究发现在该法案实施后，审计师针对破产公司出具 GCO 的概率更低。随后，Geiger & Raghunandan（2002）进一步检验了随着法律环境的变迁，在审计师法律责任轻重程度不同的各个阶段，审计意见行为是否存在显著差别。由于 1995 年美国国会通过的《私人证券诉讼改革法案》在一定程度上减轻了审计师的诉讼风险，因此他们重点比较了 1992—1993 年、1996—1997 年、1999—2000 年这三个阶段审计师出具 GCO 可能性的差异。在控制了公司财务困境、公司规模、无法清偿状态等因素后，他们发现相比 1992—1993 年，1996—1997 年审计师签发 GCO 的可能性更小，而相比 1996—1997 年，审计师在 1999—2000 年更少出具 GCO。此外，由于 21 世纪初安然事件和《SOX 法案》的出台，审计师法律责任空前增大，Geiger，Raghunandan & Rama（2005）以 2000—2003 年 226 家破产公司破产前的审计意见作为研究样本，检验了 2001 年和 2002 年后审计师出具审计意见行为的变化。研究进一步发现，2001 年 12 月以后审计师更倾向于出具 GCO。Chan，Lin & Mo（2006）以中国 1996—2002 年在上海和深圳证券交易所上市的公司为样本，研究审计意见是否会受到政治和经济因素的影响，研究结果发现，与非本地会计师事务所相比，本地会计师事务所更可能对本地政府控制的公司出具清洁审计意见；与获得清洁审计意见的公司相比，获得非清洁审计意见的公司更可能从非本地会计师事务所变更为本地会计师事务所；在改聘为本地会计师事务所后，先前被出具非标意见的当地政府所控制公司更可能获得清洁审计意见。Chen，Sun & Wu（2010）检验了中国法律和管制的变化如何影响审计师经济依赖性与审计质量之间的关系。研究发现，在 1995—2000 年，客户重要性与审计师签发非标意见的可能性负相关；2001—2004 年，随着对投资者保护程度的提高，客户重要性与审计师签发非标意见的可能性正相关。此外，吕伟、林昭呈（2007）从政府监管的视角，发现外部监管机构对关联方交易的监管强弱会影响审计意见出具行为。

上述研究进一步证明了审计师在出具审计意见时，除考虑审计准则等纯技术性问题外，还会综合考虑政府干预、法治程度等制度背景，在此基础上综合衡量出具与不出具非标意见的成本和收益后做出审计意见决策。

二、客户层面的因素

Carol & Frost（1997）将获得非标意见与未获得非标意见公司的财务特征进行对比后，发现第一次获得非标意见的公司财务状况相对较差，并具有更高的风险和更低的获利能力。Chen & Church（1992）的研究则检验了公司处于无力清偿的状态与审计师出具 GCO 的关联性，研究发现，将衡量公司处于无力清偿状态的变量纳入分析模型后，可以将仅包含财务变量的预测模型的预测准确性从 38%提高到 93%。除常规的公司特征变量外，Mutchler（1985）还将测度好消息与坏消息的变量一并纳入预测 GCO 的判别模型。出乎意料的是，增加了这两个变量后，判别模型的预测准确率并没有提高，Mutcher 对这一结果的解释是，好消息中包含的所有项目都被赋予了相同的权重，因此影响了这类变量的预测效果。Francis & Krishnan（1999）针对美国上市公司的研究发现，具有较高应计利润的公司，更有可能被出具非标意见。Bartov et al.（2000）检验了不同盈余管理检测模型的效率，并将盈余管理与审计意见类型联系起来，认为盈余操纵扭曲了会计信息，增加了企业可能面临的风险，在有效的审计市场上，注册会计师应能审计出企业的盈余操纵情况并考虑对审计意见的影响。Butler，Leone，Willenborg（2004）发现非标意见的出具与异常会计应计项目的大小正相关，而且获得非标意见的公司比获得标准审计意见的公司有更多的异常应计项目；获得 GCO 的公司有更多的负异常应计项目是由于审计师为了避免审计风险而提高了谨慎性，但是没有证据表明获得非标意见的公司比获得标准无保留审计意见的公司会进行更多的盈余管理。

Chen，Chen & Su（2001）以 1995—1997 年中国上市公司为样本，检验了盈余管理与出具非标意见的关系。他们以是否“保牌”（即净资产收益率大于零且小于 1%）和“配股”（即净资产收益率大于 10%且小于 11%）作为盈余管理的衡量指标，检验结果发现盈余管理会加大获得非标意见的频率。此外还发现，公司上市时间越久被出具非标意见的概率越大；上市公司审计报告出具时间（资产负债表日至审计报告日的时间间隔）越长，被出具非标意见的概率也越大。这一结论充分证明了审计师在出具审计意见时会充分考虑客户的盈余管理程度。李东平等人（2001）以应收账款变化率、存货变化率和非核心收益率作为盈余管理的替代变量，发现审计意见和盈余管理之间并无显著关系。夏立军和杨海斌（2002）则发现财务状况较差的公司容易被出具非标意见。陈关亭、高晓明（2004）及陈关亭（2005）指出，处于微利区间、重亏区间的公司更容易被出具非标意见，同时应收账款占总资产比重、资产负债率、以前年度审计意见和会计师事务所变更等对非标准审计意见具有重大影响。章永奎和刘峰（2002）运用结合中国背景改造后的修正横截面琼斯模型，发现盈余管理程度与被出具非标意见的可能性正相关。徐浩平（2004）进一步研究发现，当可操控应计大于零时，被出具不同审计意见公司的可操控应计无显著差异，但当可操控应计小于零时，被出具不同审计意见公司的可操控应计却存在显著差异，表明审计师能够区分负向盈余管理的程度，但不能鉴别正向盈余管理的程度。此外，在非标意见样本组中，负向可操控应计平均值的绝对值显著高于正向可操控应计，说明审计师对正向盈余管理行为容忍度更低。唐跃军（2008）还从公司治理角度指出相对于是否存在审计委员会，审计委员会的独立性和勤勉程度对审计师判断及其审计意见行为的影响更为显著，并认为设立并切实提高审计委员会的独立性和勤勉程度在一定程度上可以约束审计意见购买行为。刘继红（2009）证实了国有控股公司的正向盈余管理与被出具非标意见的概率正相关。

1988年，AICPA发布了SAS No.58和SAS No.59，其中SAS No.59要求审计师首先应判断对被审计单位的持续经营能力是否存在实质性怀疑，如果对持续经营问题不存在实质性怀疑，则直接出具无保留意见；若存在实质性怀疑，则需要进一步考察管理当局是否有针对性的改善计划，并在评估改善计划的基础上，考虑出具何种审计意见。这引发了对GCO出具影响因素的实证研究。Bell（1991）强调管理者改善计划的重要性，由于管理者的改善计划属于持续经营危机的缓解性因素，他认为如果没有在GCO的研究模型中加入管理当局改善计划这一变量，则存在重大的遗漏变量问题。这可以解释为什么早期研究模型的解释力比较低。Ellingsen（1989）也指出，一旦审计师对被审计单位能否持续经营存在实质性怀疑，那么最终是否出具GCO在很大程度上就取决于对被审计单位改善计划的评估。

Behn，Kaplan & Krumwiede（2001）专门检验了管理当局改善计划的披露对审计师出具GCO的影响。具体说来，他们主要检验了四个命题：第一，公开披露增发权益资本的公司将更不可能收到GCO；第二，公开披露增加债务融资的公司将更不可能收到GCO；第三，计划减少费用或处置资产与出具GCO的可能性无相关关系；第四，将管理当局改善计划变量纳入预测模型，可以显著提升模型的解释力。在控制一系列财务变量的基础上，实证研究结果支持上述四个命题。这一研究所带来的启示是，审计师出具GCO的决策过程十分复杂，需要整合包括传统财务报表信息在内的其他各种信息，甚至包括管理当局提出的改善计划。Behn，Kaplan & Krumwiede（2001），Mutcher（1985）与Chen & Church（1992）的研究相比，具有两个显著特征：第一，区分了SAS NO.59所提及的管理当局为克服财务危机所采取的改善计划，包括增发新股、举借债务、债务重组等；第二，使用了管理当局分析与讨论中所披露的信息，而以往的研究则基本将研究变量限制于财务报表及其附注。除了被审计单位的改善计划之外，Mutcher，Hopwood & Mckeown（1997）还检验了可能导致持续经营危机的负面因素及缓解性因素对审计师出具GCO的影响。其中，负面因素是指能够导致对客户持续经营存在疑虑的信息，如债务违约；缓解性因素是指抵消负面因素的事件，如新股发行等。研究结果表明，不利性因素与出具GCO的可能性正相关，而审计师出于保守性的原因，缓解性因素与出具GCO的可能性不相关。

除公司财务特征、会计审计等技术性层面因素外，公司治理特征也会影响审计意见的出具。Carcello & Neal（2000）以1994年美国的223家财务困境公司为研究样本，检验审计委员中关联董事的比例与审计师签发GCO的关系，发现审计委员会中关联董事、内部董事及灰色董事的比例越高，审计师越不可能签发GCO。此外，Krishnan，Raghunandan & Yang（2007）检验了新任审计师是否在出具审计意见时对前安达信的客户更稳健。研究表明，对于大客户而言，前安达信客户比非安达信客户更容易被出具GCO，这表明审计师对前安达信大客户评估的诉讼风险更高，而新任审计师对前安达信小客户的审计报告稳健性却要低于非前安达信的小客户，Krishnan，Raghunandan & Yang（2007）认为这是由于审计师在接受前安达信的小客户时会更为保守，由于事前的保守导致了出具审计报告时的相对激进。

Lennox（2005）研究了公司高层管理人员和会计师事务所之间的关联关系对审计质量的影响。如图6—2所示，他区分了三种类型的关联：第一种是随机型关联（chance affiliation），是指随机发生的，没有因果因素导致的关联。例如，A员工在B会计师事务所服务了N年，随后离开B会计师事务所，在其后的职业生涯中恰巧被C公司所雇用，而恰恰C公司是由B会计师事务所审计。第二种是雇佣型关联（employment affiliation），是指A员工最初被B会计师事务所雇用且在该期间参与了C公司的审计，随后他离职前往C公司任职，则C公司与B会计师事务所之间的关联为雇佣型关联。第三种是母校型关联（alma mater affiliation），是指A员工离开B会计师事务所成为C公司（此时主审审计师为Z会计师事务所）的高层管理人员，他若说服C公司的董事会将审计师从Z变更为B，

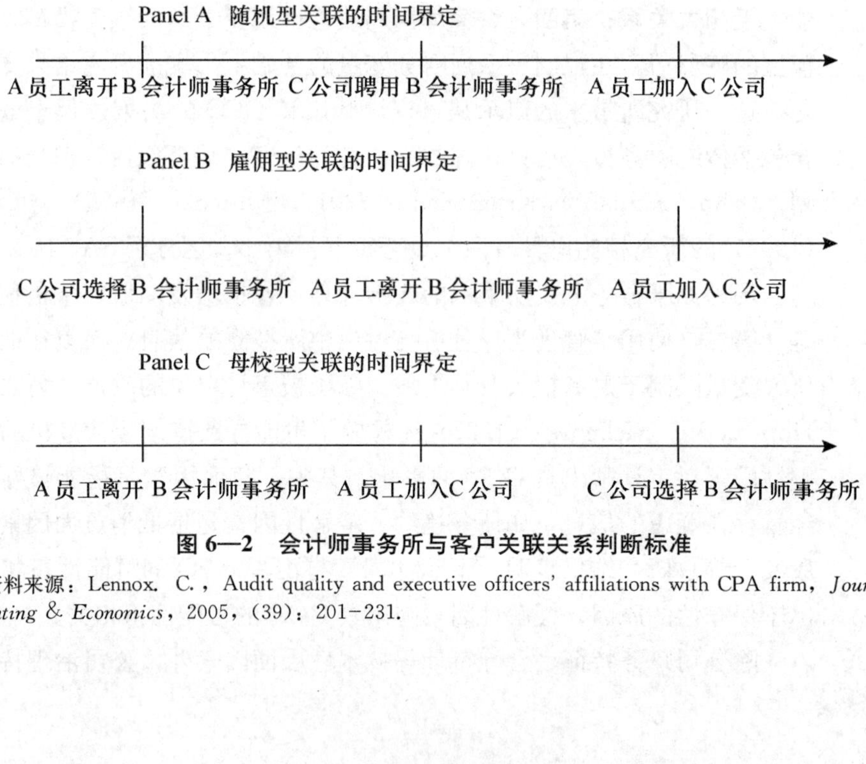

图6—2 会计师事务所与客户关联关系判断标准

资料来源：Lennox. C.，Audit quality and executive officers' affiliations with CPA firm，*Journal of Accounting & Economics*，2005，(39)：201-231.

则C与B之间即为母校型关联。Lennox检验了雇佣型关联和母校型关联对审计质量的影响。实证研究发现，公司高管和会计师事务所之间的关联有可能导致审计师更倾向于出具清洁审计意见，其中公司高管与会计师事务所属于母校型关联时，审计师出具清洁审计意见的概率最高。此外，被出具清洁审计意见后，关联管理层的离职频率显著低于非关联管理层；如果管理层与会计师事务所存在关联关系，非标意见与管理层变更之间的正相关关系更显著。

三、审计师层面的因素

如果经济依赖性影响了审计独立性，那么最终将影响审计意见行为。在众多的审计师经济依赖性的研究中，审计收费与非审计收费对审计意见行为的影响是实证研究所关注的重要问题之一。澳大利亚作为最早披露审计收费的国家，早期针对审计收费与审计意见行为关系的研究运用的都是澳大利亚的数据。Wines（1994）以1980—1989年76家澳大利亚公司为样本，发现非审计服务收费与出具非标意见的可能性显著负相关。在美国证券审计市场上，由于法律诉讼风险比较大，同时审计师更在意其声誉资本，因此一般认为澳大利亚的研究结论不能简单地适用于美国。为检验美国背景下非审计服务收费对审计独立性的影响，Craswell，Stokes & Laughton（2002）发现无论是基于国家层面还是地区层面的审计市场角度，审计收费都不会影响审计意见的出具行为。Firth（2002）发现非审计服务收费越高，审计师越不可能出具非标意见，导致这一结果可能是由于非审计服务损害了审计独立性，也有可能是由于非审计服务的提供减少了执行审计业务前客户的不确定性和审计师与客户之间的分歧，Firth认为上述两种原因本身难以区分，因此不能排除非审计服务对审计独立性的影响。DeFond et al.（2002）在控制了破产预测指数、公司风险、财务特征等变量之后，发现非审计服务收费占总审计收费的比率、非审计服务收费与总审计收费均与出具GCO的可能性不相关，即使以未预期审计收费作为测度变量，研究结论也不变；Geiger & Rama（2003）则认为，由于DeFond et al.（2002）的研究样本规模较大，因此没有充分收集公司是否陷于无力清偿境地、管理层的改善计划、审计委员会的组成等定性变量。Geiger & Rama（2003）以首次被出具GCO的制造业公司作为检验样本，分别依照破产概率、公司规模、行业代码从当年度未被出具GCO的财务困境公司中选择配对样本，在控制了财务特征、管理层改善计划和减缓因素、审计委员会是否全部由外部董事构成或至少包含一位财务专家、审计师规模等变量并充分考虑了内生性问题后，发现审计收费与被出具GCO的可能性显著正相关，但是非审计服务收费、非审计服务收费与总审计费用的比率与审计师出具GCO的可能性不相关。因此，Geiger & Rama（2003）认为，非审计服务对审计意见行为没有显著的负面影响。

Sharma（2001）和 Sharma & Sidhu（2001）以及 Callaghan et al.（2009）认为将单一变量作为财务困境的选择标准，会使得多数样本并不满足被出具 GCO 的条件，从而无法准确检验审计收费等因素如何影响审计独立性。因此，他们认为以破产公司作为研究样本更适合于检验审计师出具 GCO 时有关因素是否影响其独立性。Sharma（2001）和 Sharma & Sidhu（2001）以澳大利亚破产公司为研究样本，发现非审计服务收费与出具 GCO 的可能性负相关，即非审计服务降低了审计师的独立性。由于司法系统、困境公司与破产公司管理层激励、公司成本方面存在差异，Callaghan et al.（2009）以美国为背景的研究却发现审计收费、非审计收费、总审计收费以及非审计收费与总审计收费的比率等均与审计师出具 GCO 的可能性无关。

上述有关审计收费与审计意见出具行为关系的实证研究中，通常采用如下 Logistic 模型进行实证检验：

$$\begin{aligned}\ln(op) = {} & \alpha_0 + \alpha_1 \mathrm{FEE} + \alpha_2 \ln\mathrm{TA} + \alpha_3 \mathrm{SUB} + \alpha_4 \mathrm{CATA} + \alpha_5 \mathrm{Leverage} \\ & + \alpha_6 \mathrm{ROI} + \alpha_7 \mathrm{LOSS} + \alpha_8 \mathrm{BIG} + \alpha_9 \mathrm{OPINION}_{t-1} + \sum \eta \mathrm{IND} \\ & + \sum \mu \mathrm{YEAR} + \varepsilon\end{aligned}$$

式中，op 为哑变量，若被出具非标意见，则该变量取 1，否则为 0；FEE 为审计收费，在不同的研究中，根据其研究目的，可以是非审计服务收费占总审计收费的比率或者非审计服务收费与总审计收费的自然对数；lnTA 为总资产规模的自然对数；SUB 为子公司个数；CATA 为存货和应收账款等流动资产占总资产的比率；Leverage 为长期负债占总资产的比例；ROI 为息税前利润与总资产之比；LOSS 为虚拟变量，在多数研究中，一般规定连续三年亏损则该变量取 1；BIG 为审计师规模的变量，通常以是否为 N 大会计师事务所表示；$\mathrm{OPINION}_{t-1}$ 为上一期审计意见类型，若上期被出具的意见为非标意见，则该变量取 1；IND 和 YEAR 分别为年度和行业控制变量。

除直接检验审计收费与非审计收费对审计意见行为的影响外，Reynolds & Francis（2001）还以财务困境公司作为研究样本，检验了客户重要性对审计师出具 GCO 的影响。研究结果表明客户重要性水平越高，审计师越有可能出具 GCO。Reynolds &Francis 认为，针对财务困境公司的审计任务，审计师本身就面临较大风险，在这一情境下，在经济依赖性与声誉保护的权衡中，审计师更可能倾向于后者，因此这一研究结论的效度可能比较弱。进一步地，Hunt & Lulseged（2007）以 2001—2003 年由非“五大”会计师事务所审计的 996 家公司为样本，检验了经济依赖性和声誉机制对非“五大”会计师事务所审计师审计意见行为的影响。实证结果表明，如果大客户存在持续经营不确定性问题，那么客户重要性程度并不会影响非“五大”会计师事务所审计师出具 GCO 的可能性。这一结论进一步表明，声誉机制在非“五大”会计师事务所审计师中也是存在的，无论以分部层面或以会计师事务所总体层面来衡量客户重要性，客户重要性程度都不会影响非“五大”会计师事务所审计师的审计意见出具行为。

Chen，Sun & Wu（2010）区分会计师事务所层面的重要性水平和签字会计师层面的重要性水平，检验了中国法律和管制的变化如何影响审计师经济依赖性与审计质量之间的关系。研究发现，在 1995—2000 年，会计师事务所层面和签字会计师层面的客户重要性水平均与审计师签发非标意见的可能性负相关；2001—2004 年，随着投资者保护程度的进步，签字会计师层面的客户重要性水平与审计师签发非标意见的可能性正相关，而会计师事务所层面的客户重要性水平与签发非标意见的可能性不相关。在这一研究中，主要采用多元有序 Logistic 回归，具体模型如下：

$$\begin{aligned} OP = {} & \alpha_0 + \alpha_1 \mathrm{LagOP} + \beta_1 \mathrm{Quick} + \beta_2 \mathrm{ARINV} + \beta_3 \mathrm{Leverage} + \beta_4 \mathrm{Turnover} \\ & + \beta_5 \mathrm{ROA} + \beta_6 \mathrm{Loss} + \beta_7 \mathrm{Age} + \beta_8 \mathrm{lnTAST} + \beta_9 \mathrm{RET} + \beta_{10} \mathrm{Beta} \\ & + \beta_{11} \mathrm{STDRET} + \beta_{12} \mathrm{EM} + \beta_{13} \mathrm{Local} + \gamma_1 \mathrm{Expert}^o + \gamma_2 \mathrm{Expert}^A \\ & + \gamma_3 \mathrm{Size}^o + \gamma_4 \mathrm{Size}^A + \delta_1 \mathrm{CI}^O + \delta_2 \mathrm{CI}^A + \sum \eta_t \mathrm{YEAR}_t + \sum \vartheta_j \alpha_9 \mathrm{IND} \\ & + \varepsilon \end{aligned}$$

在上述模型中，$CI^O = \dfrac{\mathrm{lnTAST}_i}{\sum_{i=1}^{n} \mathrm{lnTAST}_i}$，用于衡量某 i 样本公司的会计师事务所层面的客户重要性，其中 lnTAST_i 为 i 客户资产的自然对数，$\sum_{i=1}^{n} \mathrm{lnTAST}_i$ 为某会计师事务所的 n 个客户的资产自然对数的总额。$CI^A = \dfrac{\mathrm{lnTAST}_i}{\sum_{k=1}^{m} \sum_{i=1}^{l} \mathrm{lnTAST}_i}$，用于衡量某 i 样本公司的会计师层面的客户重要性，其中 l 为审计师 k 审计的客户数量，m 为签署审计报告的审计师数量。① OP 为因变量，当公司被出具的是清洁意见、无保留意见加解释段、保留意见、否定或无法表示意见时，该变量取值为 0～3；LagOP 为表征上期审计意见类型的虚拟变量；Quick 为速动比率；ARINV 为公司应收账款与存货之和占总资产的比例；Leverage 为负债占总资产的比例；ROA 为总资产报酬率；Loss 为虚拟变量，若客户报告亏损则该变量取 1；Age 为公司上市年限；lnTAST 为总资产的自然对数；RET 为某公司当年 1—12 月市场调整的累计非正常收益；Beta 为采用全年的周回报率数据得到的市场模型的斜率；STDRET 为使用全年周回报率数据估计的市场模型残差的标准差；EM

① Chen，Sun & Wu（2010）指出，依据中国的审计准则通常审计报告由至少 2 个审计师签发，在其样本中，仅有 101 份审计报告由 3 个注册会计师签发，占全部样本的 1.13%，因此 m 在多数情况下等于 2，仅有 101 个样本中等于 3。

为虚拟变量，当公司存在为避免退市或权益增发而进行盈余管理行为时，该变量为1；Local为虚拟变量，当会计师事务所与客户处于同一省份时，该变量取1；$Expert^{o}$为虚拟变量，若某会计师事务所是某行业的领导者或者在该行业中的市场份额超过10%，则该变量取1；$Expert^{A}$也为虚拟变量，若某签字会计师是某行业的领导者或者在该行业中的市场份额超过10%，则该变量取1；$Size^{o}$为会计师事务所的规模；$Size^{A}$为签字会计师的规模；IND和YEAR分别为年度和行业控制变量。①

除审计收费与审计客户重要性之外，审计任期长短对审计质量的影响，从而对出具审计意见行为的影响也是学术界关注的重点之一。一般认为，审计任期越长，审计师与客户的亲密关系将影响审计独立性，从而使得审计师更不可能出具非标意见，而长审计任期将有助于审计师更多地获取客户信息，从而有利于提高审计质量。同样，短审计任期对审计质量的影响也是不确定的，短审计任期之下审计师更难以获取客户的信息，而低价揽客现象的存在将使得审计师为了在后续审计中收回专用资产投资而迎合客户。当然短审计任期之下审计师与客户的非亲密关系可能会有利于审计质量的提高。因此，审计任期对审计意见出具行为的影响是一个经验问题。Geiger & Raghuanadan（2002）以破产公司为样本，发现审计任期越长审计师越倾向于出具GCO，这一研究结论不支持应当进行强制性审计师轮换的观点。Knechel & Vanstraelen（2007）以比利时的非上市公司为样本，区分随后发生破产清算与未发生破产清算的公司，检验了审计任期对审计师发生第一类和第二类错误的影响。研究发现，对于随后进入破产清算的客户，审计任期的长短对于出具GCO无显著影响，而对于随后未进入破产清算的客户，审计任期越长，审计师越不可能出具GCO，即长审计任期有助于降低审计师的误拒风险。

四、上述三个层面的交互影响：审计意见购买行为

如前所述，按影响审计意见出具动因的主体类型，可将其划分为客户层面动因、法律和制度层面动因和审计师层面动因，这三个层面动因的交互影响集中体现在审计意见购买行为上。如果出具非标意见将使得审计师面临被解雇的威胁，那么缺乏独立性的审计师将不太可能出具非标意见，即使审计师具有足够的独立性，客户也将选择倾向于出具清洁审计意见的审计师，解雇倾向于出具非标意见的审计师，这就是通常所说的审计意见购买。针对审计意见购买行为，许多国家

① $Size^{o}=\sum_{i=1}^{n}\ln TAST_i$，其中，$\ln TAST_i$为客户$i$总资产的自然对数；$n$为某会计师事务所客户的数量；$Size^{A}=\sum_{k=1}^{m}\sum_{i=1}^{l}\ln TAST_i$；$m$为签署审计报告的审计师数量；$i$为审计师$k$审计的客户数量。

出台了不少管制措施以阻止审计意见购买，包括要求前任审计师与继任审计师、股东进行沟通，目的是防止客户通过审计师变更购买审计意见以隐瞒不利信息。然而，不少实证研究文献认为审计意见购买行为是不成功的，因为后任审计师出具的审计意见并不比前任更清洁（Chow &Rice，1982；Smith，1986；Krishnan & Stephens，1995）。Lennox（2000）认为上述研究方法存在瑕疵，他认为正确的比较方法应该是首先估计并考察如果不进行审计变更，公司将收到何种类型的审计意见，因为在变更了审计师之后，被审计单位的情势可能发生了变化，也许本来就不该继续被出具非标意见，所以如果仅仅依据后任审计师出具的是清洁审计意见就认为存在审计意见购买行为，显然是武断和片面的。Lennox（2000）的主要分析检验模型如图 6—3 和图 6—4 所示。

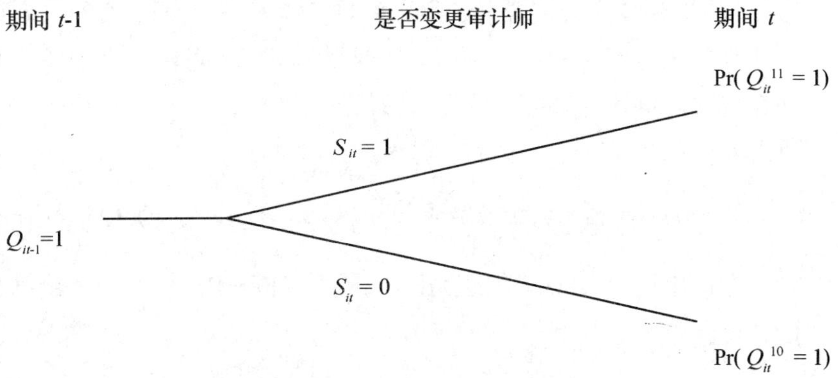

图 6—3　被出具非清洁审计意见

$$\Pr(Q_{it}^{11}=1)\equiv\Pr(Q_{it}=1|Q_{it-1}=1,S_{it}=1,X_{it})$$
$$\Pr(Q_{it}^{10}=1)\equiv\Pr(Q_{it}=1|Q_{it-1}=1,S_{it}=0,X_{it})$$

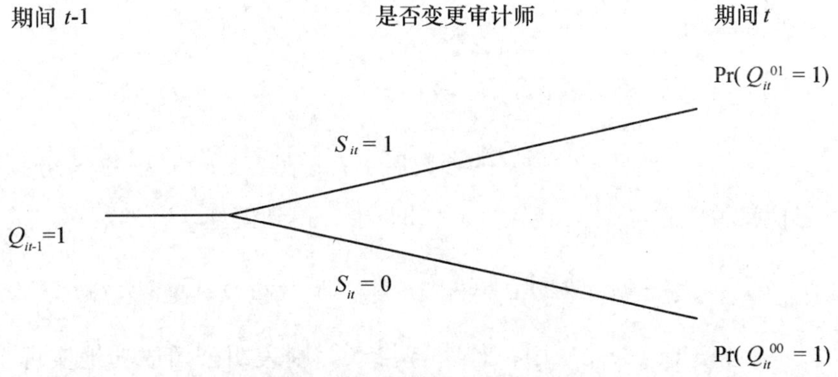

图 6—4　被出具清洁审计意见

$$\Pr(Q_{it}^{01}=1)\equiv\Pr(Q_{it}=1|Q_{it-1}=0,S_{it}=1,X_{it})$$
$$\Pr(Q_{it}^{00}=1)\equiv\Pr(Q_{it}=1|Q_{it-1}=0,S_{it}=0,X_{it})$$

在图 6—3 中，若 i 公司 t 期收到的是非清洁审计意见，则 $Q_{it}=1$；$S_{it}=0$ 表示 t 期未发生审计师变更，$S_{it}=1$ 表示 t 期发生审计师变更；X_{it} 表示其他公司特征变量。

$\Pr(Q_{it}^{11}=1)$ 表示 i 公司 $t-1$ 期被出具非清洁意见，t 期变更审计师后被出具非清洁意见的概率；$\Pr(Q_{it}^{10}=1)$ 表示 i 公司 $t-1$ 期被出具非清洁意见，若不变更审计师，t 期被出具非清洁意见的概率；当 $\Pr(Q_{it}^{11}=1)<\Pr(Q_{it}^{10}=1)$ 时，i 公司具有变更审计师进行审计意见购买的动机；$\Pr(Q_{it}^{01}=1)$ 表示 i 公司 $t-1$ 期被出具清洁意见，若 t 期变更审计师后被出具非清洁意见的概率；$\Pr(Q_{it}^{00}=1)$ 表示 i 公司 $t-1$ 期被出具清洁意见，若不变更审计师，t 期被出具非清洁意见的概率；若 $\Pr(Q_{it}^{01}=1)<\Pr(Q_{it}^{00}=1)$，$i$ 公司具有变更审计师进行审计意见购买的动机。因此，Lennox (2000) 认为，若审计师变更与 $\Pr(Q_{it}^{q1}=1)-\Pr(Q_{it}^{q0}=1)$（其中 $q=1$ 或 0，$t-1$ 期被出具清洁意见，则取 1，否则为 0）之间存在负相关关系，则可以支持存在成功的审计意见购买行为。为估计 $\Pr(\hat{Q}_{it}^{q1}=1)-\Pr(\hat{Q}_{it}^{q0}=1)$ 的值，建立以下 Probit 模型①：

$$Q_{it}^{qs\,*}=\gamma_0+\gamma_1 S_{it}+\gamma_2 X_{it}+\gamma_3 X_{it}S_{it}+\gamma_4 Q_{it-1}+\gamma_5 Q_{it-1}S_{it}+v_{it} \qquad (6\text{—}1)$$

在运用模型（6—1）推算出 $\Pr(\hat{Q}_{it}^{q1}=1)-\Pr(\hat{Q}_{it}^{q0}=1)$ 的基础上，建立以下 Probit 模型②：

$$S_{it}^{*}=\theta_0+\theta_1(\Pr(\hat{Q}_{it}^{q1}=1)-\Pr(\hat{Q}_{it}^{q0}=1))+\theta_2 X_{it}+u_{it}\text{，}(q=0,1) \qquad (6\text{—}2a)$$

运用模型（6—2a）进行回归时，若 $\theta_1<0$，则表明存在成功的审计意见购买。

此外，Lennox (2000) 还使用了预测相应变量之差（$\hat{Q}_{it}^{q1\,*}-\hat{Q}_{it}^{q0\,*}$）构建模型（6—2b）：

$$S_{it}^{*}=\theta_0+\theta_1(\hat{Q}_{it}^{q1\,*}-\hat{Q}_{it}^{q0\,*})+\theta_2 X_{it}+u_{it} \quad (q=0,1) \qquad (6\text{—}2b)$$

估计了模型（6—1）的参数后，将模型（6—1）中的 S_{it} 分别取 1 和 0，分别计算 $\hat{Q}_{it}^{q1\,*}$ 和 $\hat{Q}_{it}^{q0\,*}$，代入（6—2b）中，得到模型（6—3）：

$$S_{it}^{*}=\theta_0+\theta_1\hat{\gamma}_1+(\theta_1\hat{\gamma}_3+\theta_2)X_{it}+\theta_1\hat{\gamma}_5 Q_{it-1}+u_{it} \qquad (6\text{—}3)$$

在模型（6—3）中，若 $\theta_1\hat{\gamma}_5>0$，则表明公司成功地实现了审计意见购买（$\theta_1<0$），并且审计意见的持续性更差（$\hat{\gamma}_5<0$）。

---

① 在审计报告预测模型中，假设 $Q_{it}^{qs\,*}\geqslant 0$，如果 $Q_{it}^{qs}=1$；$Q_{it}^{qs\,*}<0$，如果 $Q_{it}^{qs}=0$，（其中 $q=0$，1；$s=0$，1）。

② 在审计师变更预测模型中，假设 $S_{it}^{*}\geqslant 0$，如果 $S_{it}=1$；$S_{it}^{*}<0$，如果 $S_{it}=0$。

在改进了研究方法后，Lennox（2000）发现公司收到非标准无保留意见后更多地发生审计师变更。更重要的是，通过建立预测模型比较公司变更与不变更审计师所收到的意见类型，发现变更审计师增大了获得清洁意见的可能性，因此Lennox（2000）的研究证实了存在成功的审计意见购买，并指出了与审计意见购买相关的两个值得进一步研究的领域。一是审计行业管制对审计意见购买的影响，例如，在英国由于前任审计师较少披露客户的会计违规问题，且后任审计师没有权利接触前任的审计工作底稿，因此一定程度上是前后任审计师缺乏交流导致了审计意见购买行为的存在。在美国，由于后任审计师有权利接触前任审计师的工作底稿，因此可以最大限度地减少审计意见购买的行为。从这个角度看，不仅审计行业管制对审计意见购买的影响是一个值得研究的话题，而且究竟是独立性还是审计专业胜任能力的缺失导致了成功的审计意见购买也是值得进一步深入研究的论题。Lennox（2000）还指出，审计意见购买究竟是增加了社会福利还是减少了社会福利，也是一个需要进一步通过实证研究加以验证的问题。因为在审计意见出具的决策过程中，一般会产生两类错误：第一类是公司本该被出具非标意见，而实际却被出具标准无保留意见；第二类是公司本该被出具标准无保留意见，而实际却被出具非标意见。审计意见购买行为显然会增加第一类错误和减少第二类错误。因此审计意见购买对社会福利的影响将取决于两类错误的社会成本和发生频率，这也是一个需要进一步实证检验的论题。

第四节 总结与未来研究方向

基于审计意见行为的内在逻辑，审计意见行为领域的研究遵循着“后果—动因”的研究框架。在该研究框架中，第一层次是审计意见的决策有用性及其经济后果层面，该层面主要研讨审计意见是否具有信息含量，能否为利益相关者提供具有决策有用性的信息，相关研究包括审计意见的市场反应、审计意见的银行信贷决策有用性、持续经营审计意见的破产预测价值等。第二个层次是出具审计意见行为影响动因，它们分为技术性动因与非技术性动因。技术性动因包括客户自身的公司治理状况、财务特征、盈余管理程度等。如果审计意见具有信息含量且会带来相应的经济后果，那么无论审计师是否出具非标意见都将承担一定的成本，审计师出具非标意见的决策实际上就是将出具与不出具非标意见的相对成本与收益进行权衡的过程，因此影响上述两类成本的因素也就构成了影响审计师出具不同类型审计意见的非技术性动因。进一步地，按影响审计意见出具动因的主体类型，可以将其划分为客户层面动因、法律和制度层面动因和审计师层面动因。其中，客户层面的动因包括客户的财务特征、重大不确定性事项、盈余管理程度以及公司治理特征等；法律和制度动因包括审计准则、法律责任、政府监管及政府干预等；审计师层面动因包括审计收费与非审计收费、审计任期和客户重要性等，这三个层面动因的交互影响集中体现在审计意见购买行为上。审计意见的经济后果和动因最终都将影响审计意见行为，审计意见行为可以分为评估审计证据和审计意见决策两个阶段，动因层面的诸多因素同时影响着审计意见行为的这两个阶段，进而导致审计意见行为产生过程偏误和结果偏误。

基于审计意见行为领域已有研究的评述，该领域未来的研究需要在以下几个方面加以拓展：第一，在审计意见行为影响因素的研究中，如何解决样本选择标准所可能导致的外部效度不足问题。如在研究 GCO 的影响因素时，早期文献通常采用配对法选择样本，但由于配对法在方法论上存在一定的缺陷，近期研究多选择财务困境公司进行大样本检验，然而财务困境公司选择标准的差异又将影响研究效度。第二，在研究审计意见的信息含量时，需要有效地分离财务报告信息和审计意见信息。第三，不少研究检验了盈余管理程度、财务指标及公司风险与审计师出具非标意见的关系，得出了一些有意义的结论，但从财务报表审计的角度来看，非标意见的出具除了源于一些强调事项外，主要应当是报表存在违反公认会计原则的事项，而盈余管理程度、财务指标及公司风险程度均与是否违反公认会计原则没有必然的因果关系。

[参考文献]

[1] 陈关亭，高晓明. 审计意见及其变通行为分析——来自 2001—2002 年的经验证据. 审计研究，2004 (3)：27～33.

[2] 陈关亭. 上市公司财务敏感区间与项目的审计意见. 会计研究，2005 (7)：32～38.

[3] 陈梅花. 股票市场审计意见信息含量研究：来自 1995—1999 年上市公司年报的实证证据. 中国会计与财务研究，2002 (4～1)：89～92.

[4] 陈晓，王鑫. 股票市场对保留审计意见报告公告的反应. 经济科学，2001 (3)：78～88.

[5] 侯国民，恽碧琰，宋常. 上市公司连续披露的非标准审计意见信息含量研究. 审计研究，2007 (4)：48～58.

[6] 胡奕明，唐松莲. 审计、信息透明度与银行贷款利率. 审计研究，2007，(6) 74～84.

[7] 胡奕明，周伟. 债权人监督：贷款政策与企业财务状况. 金融研究，2006 (4)：49～60.

[8] 李春涛，宋敏，黄曼丽. 审计意见的决定因素：来自中国上市公司的证据. 中国会计评论，2006 (2)：345～362.

[9] 李东平，黄德华，王振林．“不清洁”审计意见、盈余管理与会计师事务所变更．会计研究，2001（6）：51～57.

[10] 李海燕，厉夫宁．独立审计对债权人的保护作用——来自债权代理成本的证据．审计研究，2008（3）：81～92.

[11] 李增泉．实证分析：审计意见的信息含量．会计研究，1999（8）：16～22.

[12] 刘继红．国有股权、盈余管理与审计意见．审计研究，2009（2）：32～39.

[13] 陆正飞，童盼．审计意见、审计师变更与监管政策——一项以14号规则为例的经验研究．审计研究，2003（3）：30～35.

[14] 吕伟，林昭呈．关联方交易、审计意见与外部监管．审计研究，2007（4）：59～66.

[15] 吕先培，王伟．注册会计师非标审计意见影响因素的实证研究．审计研究，2007（1）：51～58.

[16] 宋常，恽碧琰．上市公司首次披露的非标准审计意见信息含量研究．审计研究，2005（1）：32～40.

[17] 唐跃军．审计委员会治理与审计意见．金融研究，2008（1）：148～162.

[18] 王少飞，孙铮，张旭．审计意见、制度环境与融资约束——来自我国上市公司的实证分析．审计研究，2009（2）：63～72.

[19] 王霞，徐晓东．审计重要性水平、事务所规模与审计意见．财经研究，2009（1）：37～47.

[20] 吴联生，谭力．审计师变更决策与审计意见改善．审计研究，2005（2）：34～40.

[21] 夏立军，杨海斌．注册会计师对上市公司盈余管理的反应．审计研究，2002（4）：28～34.

[22] 徐浩萍．会计盈余管理与独立审计质量．会计研究，2004（1）：44～49.

[23] 于鹏．公司特征、国际“四大”与审计意见．审计研究，2007（2）：53～60.

[24] 张晓岚，宋敏．上市公司持续经营审计意见信息含量的差异性研究．审计研究，2007（6）：59～66.

[25] 章永奎，刘峰．盈余管理与审计意见相关性实证研究．中国会计与财务研究，2002（4～2）：72～85.

[26] 朱凯，陈信元．金融发展、审计意见与上市公司融资约束．金融研究，

2009（7）：66～80.

［27］Abdel-Khalik，A. R.，Graul，P. R.，Newton，J. D. Reporting uncertainty and assessment of risk：replication and extension in a Canadian setting. Journal of Accounting Research，1986（24）：372－382.

［28］Craswell，A.，Stokes，D. J.，Laughtonc. J. Auditor independence and fee dependence. Journal of Accounting and Economics，2000（33）：253－275.

［29］Hunt. A. K，A.，Lulseged. V.，Client importance and non-big 5 auditors'reporting decisions. Journal of Accounting and Public Policy，2007（5）：212－248.

［30］Altman，E. I.，and T. McGough. Evaluation of a company as a going concern. Journal of Accountancy，1974.

［31］Ameen，Elsie C.，Chan，Kam&Guffey，Daryl M. Information content of qualified audit opinion for over-the-counter firms. Journal of Business Finance& Accounting，1994（7）：997－1011.

［32］Antonio Durendez Gomez-Guillamon. The usefulness of the audit report in investment and financing decisions. Managerial Accounting Journal. 2003，18（6/7）：549－559.

［33］Ball，R. Walker，and G. Whittred. Audit qualifications and shares prices. Abacus，1979（June）：234－256.

［34］Bamber，E. Michael&Stratton，Richard A. The information content of uncertainty-modified audit report：evidence from bank loan officers. Accounting Horizon，1997（June）11：1－11.

［35］Banks，D. W.，W. R. Kinney. Loss contingency reports and stock prices：an empirical study. Journal of Accounting Research，1982（spring）：240－254.

［36］Baskin，E. F.. The communicative effectiveness of consistency exceptions. The Accounting Review，1972. Jannuary（1）：123－140.

［37］Bell，T. B. and Tabor，R. H. Empirical analysis of audit uncertainty qualifications. Journal of Accounting Research，1991（Autumn）：234－256.

［38］Bessell，Maxwell，Anandarajan，Asokan&Umar，Ahson. Information content，audit reports and going-concern：an Australian study. Accounting & Finance，2003，43（3）：261－282.

［39］Behn. B. K.，Kaplan，S. E.，and Krumwiede. K. R. Further evidence on the auditor's going-concern report：the influence of management plans. Auditing：A Journal of Practice& Theory，2001. Vol. 20（1）：13－28.

［40］ Callaghan. J.，Parkash. M,. and Singhal R. Going-concern audit opinions and the provision of nonaudit services：implications for auditor independence of bankrupt firms. Auditing：A Journal of Practice & Theory Vol. 28，No. 1. may：153－169.

［41］ Carcello. J. V.，Palmrose，Z. V. Auditor litigation and modified reporting on bankrupt clients. Journal of Accounting Research，1994（Supplement），Vol. 32，Issue 3：1－30.

［42］ Carcello，V. j and Neal，L. T.. Audit committee composition and auditor reporting. Accounting Review，2000（75）：453－467.

［43］ Carol A. Frost.. Disclosure policy choices of UK firms receiving modified audit reports. Journal of Accounting and Economics，1997（2）：163－187.

［44］ Chen，K and. Church，B.. Default on debt obligations and the issuance of going-concern opinions. Auditing：A Journal of Practice & Theory，1992（11）：30－49.

［45］ Chen，K and. Church，B.. Going concern opinions and the market reaction to bankruptcy filings. The Accounting Review，1996（71）：117－128.

［46］ Chen. K. H,. Lin. K. Z & Mo,. P. L.. A political-economic analysis of auditor reporting and auditor switches. Review of accounting studies，2006（11）：21－48.

［47］ Chen. J. P，Chen. S.，and Su.. Profitablity regultion，earnings management，and modified audit opinions：evidence from China. Auditing：A Journal of Practice & Theory，2001，Vol. 20，No. 2，September：9－30.

［48］ Chen. J. P，Su.，and Zhao.. An emerging market's reaction to initial modified audit opinions：evidence from the Shanghai Stock Exchange. Contemporary Accounting Research，2000（fall）：429－455.

［49］ Chen. s，Sun. Y. J. and Wu. Client importance，institutional improvements，and audit quality in China：a office and individual auditor level analysis. Accounting Review，2010，Vol，85，No. 1：127－158.

［50］ Chow，C. W. and. Ricel. S. J.. Qualified audit opinions and auditor switching. Accounting Review，1982（2）：326－335.

［51］ Lennox. C.. Audit quality and executive officers' affiliations with CPA firms. Journal of Accounting & Economics，2005（2）：201－231.

［52］ Contreras. A. G，Angule. A. G.，and Rodgers. W.. Information content and recency effect of the audit report in loan rating decisions. Accounting and Finance，2007（47）：285－304.

[53] Citron. D. B. and Taffler. , R. J. The comparative impact of an audit report standard and an audit going-concern standard on going-concern disclosure rates. Auditing: A Journal of Practice& Theory, 2004, Vol. 23 (2): 119-130.

[54] DeFond, M. , K. Raghunandan, and K. Subramanyam. Do non-audit service fees impair auditor independence-evidence from going concern audit opinions. Journal of Accounting Research, 2002 (4): 1247-1274.

[55] Dodd, P. , Dopuch, N. , Holthausen, R. W. and Leftwich, R. W. Qualified audit opinions and stock prices: information content, announcement dates and concurrent disclosures. Journal of Accounting and Economics, 1984 (6): 3-38.

[56] Dopuch, N. , Holthausen R. W. , and Leftwich R. W. . Predicting audit qualifications with financial and market variables. The Accounting Review, 1987 (July): 121-134.

[57] Ellingsen J. E, Pany K, Fagan P. . SAS no. 59: how to evaluate going concern. Journal of Accountancy, 1989 (Jan): 24-31.

[58] Elliott, J. A. Autumn. "Subject to" audit opinions and abnormal security returns-outcomes and ambiguities. Journal of Accounting Research, 1982 (2): 617-638.

[59] Estes, R. and M. Reimer, A study of the effect of qualified auditors'opinions on bankers' lending decisions. Accounting and Business Research, 1977 (3): 167-187.

[60] Firth, M. , A. Note on the impact of audit qualifications on lending and credit decision. Journal of Banking and Finance, 1980 (4): 258-267.

[61] Firth, M. . Qualified audit reports and bank lending decisions. Journal of Bank Research, 1979 (Winter) (9): 237-241.

[62] Firth, M. . Qualified audit reports: their impact on investment decisions. The Accounting Review, 1978, VolⅢ, No. 3 (July): 642-50.

[63] Firth. . Auditor-provided consultancy services and their associations with audit fees and audit opinions. Journal of Business Finance & Accounting, 2002 (5): 661-693.

[64] Francis, J. , Krishnan, J. . Accounting accruals and auditor reporting conservatism. Contemporary Accounting Research, 1999 (16): 135-165.

[65] Jones. F. L. . The information content of the auditor's going concern evaluation. Journal of Accounting and public policy, 1996 (15): 342-356.

[66] Geiger M A. and Rama. D V. . Audit fees, nonaudit fees, and audit

reporting on stressed companies. Auditing：A Journal of Practice& Theory，2003，Vol. 22，No. 2，53－69.

[67] Gul F. A.. The effect of uncertainty reporting on lending officers' perception of risk and additional information required. Abacus，1987 (23)：172－181.

[68] Hopwood. W. S.，J. C.，MCkeown. and. J. F. Mutchler.. A test of the incremental explanatory power of opinion for consistencey and uncertainy. The Accounting Review，1989 (January)：28－48.

[69] Hopwood. W. S.，J. C.，MCkeown. and. J. F. Mutchler.. A reexamination of auditor versus model accuracy within the context of the going-concern opinion decision. Contemporary Accounting Research，1994 (spring)：409－431.

[70] Houghton K. A.. Audit reports：their impact on loan decision process and outcome：an experiment. Accounting and Business Research，1983 (66)：5－20.

[71] Johnson，D. A.，Pany，K. &White，R.. Audit reports and the loan decision：actions and perceptions. Auditing：A Journal of Practice &Theory，1983 (Spring) (2)：38－51.

[72] Johnson，Douglas A. &Pany，Kurt. Forecasts，auditor review，and bank loan decisions. Journal of Accounting Research，1984 (Autumn) 22 (2)：731－743.

[73] Kennedy D. B，Shaw WH.. Evaluating financial distress resolution using prior auudit opinions. Contemporary Accounting Research，1991 (Fall)：97－114.

[74] Kida. T. An investigation into auditors' continuity and related qualification judgments. Journal of Accounting Research，1980，18 (2)：506－523.

[75] Krishnan，J. and R. Stephens. Evidence on opinion shopping from audit opinion conservatism. Journal of Accounting and Public Policy，1995，14：179－201.

[76] Krishnan. J，Raghunandan. K.，and Yang J. S. Were former Andersen clients treated more leniently than other clients? evidence from going-concern modified audit opinions. Accounting Horizons，2007，Vol. 21，No. 4 (December) pp：423－435.

[77] Fields. L. P and Wilkins. M. S.. The information content of withdrawn audit qualifications：new evidence on the value of subject-to opinions. Auditing：A Journal of Practice & Theory，1991，Vol. 10 (2)：62－69.

[78] Lennox，C.. Do companies successfully engage in opinion-shopping?

evidence from the UK. Journal of Accounting and Economics, 2000 (29): 321-337.

[79] Lennox, C. S.. The accuracy and incremental information content of audit reports in predicting bankruptcy. Journal of Business Finance & Accounting, 1999, June: 234-254.

[80] Levitan, A. S. and J. A. Knoblett. Indicators of exceptions to the going concern assumption. Auditing: A Journal of Practice and Theory, 1985 (Fall): 26-39.

[81] Libby, R.. The impact of uncertainty reporting on the loan decision. Journal of Accounting Research, 1979 (Supplement): 35-71.

[82] Lin, Z. J, Tang, Q. L. & Xiao, J.. An experimental study of users' responses to qualified audit reports in China. Journal of International Accounting, Auditing and Taxation, 2003 (12): 1-22.

[83] Loudder, M. L., I. K. Khurana, R. B. Sawyers, C. Cordery, C. Johnson, J. Lowe&R. Wunderle. The information content of audit qualification. Auditing: A Journal of Practice&Theory, 1992, 11 (1): 69-82.

[84] DeFond, M. L., T. J. Wong, Li. Shuhua. The impact of improved auditor independence on audit market concentration in China. Journal of Accounting and Economics, 1999 (28): 269-305.

[85] Geiger. M. A and Raghunandan. K.. Auditor tenure and audit reporting failure. Auditing: A Journal of Practice& Theory, 2002, Vol. 21, No. 1, 67-78.

[86] Geiger. M. A and Raghunandan. K.. Bankruptcies, audit reports, and reform act. Auditing: A Journal of Practice& Theory, 2001, Vol. 20, No. 1, 187-195.

[87] Geiger. M. A., Raghunandan. K and Rama. D. V.. Recent changes in the association between bankruptcies and prior audit opinions. Auditing: A Journal of Practice& Theory, 2004, Vol. 24, No. 1, 21-35.

[88] Butler. M, Leone. A. J, Willenborg. M.. An empirical analysis of auditor reporting and its association with abnormal accruals. Journal of Accounting and Economics, 2004 (2): 139-165.

[89] Menon. K, and Schwartz. K.. An empirical investigation of audit qualification decisions in the presence of going concem uncertainties. Contemporary Accounting Research, 1986, Vol. 3. No. 2: 302-315.

[90] Mutchler J. F.. A Multivariate analysis of the auditor's going-concern opin-

ion decision. Journal of Accounting Research, 1985 (2): 668-682.

[91] Mutchler. J. F. Hopwood. W. and Mckeown. J. M.. The influence of contrary information and mitigating factors on audit opinion decisions on bankrupt companies. Journal of Accounting Research, 1997, Vol. 35. No. 2 Autumn: 295-310.

[92] Rama, D. V & K. Raghunandan.. Audit reports for companies in financial distress: before and after SAS NO. 59. Auditing: A Journal of Practice & Theory, 1995, Vol. 14. NO. 1 spring : 50-63.

[93] Reynolds Kenneth J., Francis Jere R.. Does size matter? the influence of large clients on office-level auditor reporting decisions. Journal of Accounting &Economic, 2001 (30): 375-400.

[94] Ritter, J.. The long-run performance of initial public offerings. The Journal of Finance, 1991 (46): 3-27.

[95] Sharma, D. The association between nonaudit services and the propensity of going concern qualifications: implications for audit independence. Asia-Pacific Journal of Accounting &Economics, 2001 (8): 143-156.

[96] Sharma, D., and J. Sidhu.. Professionalism versus commercialism: the association between nonaudit services (NAS) and audit independence. Journal of Business Finance & Accounting, 2001 (June/ July): 595-629.

[97] Smith. D. B. Auditor "subject to" opinion, disclaimers, and auditors changes. Auditing: A Journal of Practice & Theory, 1986. Vol. 6, No. 6, fall: 96-107.

[98] Choi, S. K., Jeter. D. C., The effects of qualified audit opinions on earnings response coefficients. Journal of Accounting and Economics, 1992 (15): 229-247.

[99] Knechel. W. R and Vanstraelen. A.. The relationship between auditor tenure and audit quality implied by going concern opinions. Auditing: A Journal of Practice & Theory, 2007, Vol. 26 (1): 113-131.

[100] Willenborg, M, McKeown, J. C.. Going-concern initial public offerings. Journal of Accounting and Economics, 2001 (3), 279-313.

[101] Wines, G. Auditor independence, audit qualifications and the provision non-audit services . 1994 (34) Issue 1: 75-86.

第七章 审计市场结构

本章导读

审计市场竞争的性质及在竞争环境中会计师事务所的行为与绩效是审计研究领域的一个重要议题，产业组织分析的结构主义为此提供了有用的框架。规模经济、产品差异性和服务多元化是决定审计市场结构的三个主要因素。审计市场中可能的规模经济在于审计师行业知识累积过程中的“干中学”效应和行业专家的某种程度上的“资产专用性”；审计的产品差异性包括审计意见质量差异、信号传递功能差异和保险功能差异；审计与咨询服务之间的交叉补贴使得服务多元化会改变审计的收费、成本以及审计市场的结构。与西方国家不同，目前我国审计市场结构呈现低集中度、分散与分割的特征，但已有的研究未能给出基于制度背景的系统解释。

审计市场竞争的性质及在竞争环境中会计师事务所的行为与绩效是一个被广泛关注的话题。在国际上，大型会计师事务所的持续合并现象①引起了人们对合并是否会妨碍有效竞争以及竞争的削弱是否会腐蚀审计独立性的担忧。2002 年，美国颁布的《萨班斯-奥克斯利法案》敦促美国审计总署（GAO）对会计师事务所的合并问题进行研究与报告，以确定导致会计师事务所合并的原因及其对现在和未来的影响，进而确定如何刺激竞争、解决因有限竞争而导致的高成本、低质

① 国际“八大”会计师事务所在 1989 年合并为国际“六大”会计师事务所，而在 1997 年又进一步合并为“五大”会计师事务所。在 2002 年，随着美国安达信会计师事务所被休斯敦地方法院做出妨碍司法调查的处罚，安达信会计师事务所已经分崩离析，从而使“五大”会计师事务所又变成了“四大”会计师事务所。需要特别指出的是，在审计文献中，“Big N”特指不同的特定时期国际上最大的几家会计师事务所。通常在特定的时期中，除国际“Big N”会计师事务所外，其他均为全国性或区域性的中小型会计师事务所。

量的审计服务等问题。以上关注暗示着审计市场的有效运行需要恰当的管制，而恰当的管制必须建立在对审计市场结构及其决定因素有着清晰理解的基础上。目前我国的审计市场正处于初步的发展进程中，关于我国审计市场的系统性的产业组织研究还处于初步的探索中，本章将利用结构主义的研究范式探讨审计市场的结构及其决定因素。

第一节　审计市场的产业组织分析：结构主义的观点

作为审计市场的供给方主体会计师事务所在本质上属于一种产业组织，对产业组织的一个首要关注便是产业市场上的公司能否按提高社会福利的方式行事。产业组织的市场结构、行为和绩效及其相互关系的分析构成了产业组织的分析框架。在产业组织理论中，产业的市场结构就是企业在市场中的联系方式，包括：(1) 卖方之间的关系；(2) 买方之间的关系；(3) 买卖双方的关系；(4) 市场内已有的买方和卖方与正在进入或可能进入市场的买方、卖方之间的关系。上述关系在现实市场中的综合反映是市场的竞争和垄断关系。因此，市场结构是一个反映市场竞争和垄断关系的概念，决定市场的价格形成方式，从而决定产业组织的竞争性质。

早在 1938 年，哈佛大学的梅森对市场竞争过程中的组织结构、竞争行为和市场竞争结果进行了经验研究。产业组织理论在 20 世纪 60 年代同时出现了“结构主义”(structuralism)（哈佛学派）和“行为主义”（芝加哥学派）两种理论流派。结构主义建立在贝恩的两项经验性研究基础之上，即对经济绩效的衡量以及市场结构与绩效的关系，得出市场集中度与经济绩效正相关的结论，并发现平均回报率在高壁垒条件下明显地高于低壁垒的现象。围绕着这些经验研究结论的解释，贝恩建立了市场结构决定市场行为，特别是市场绩效的理论假定。[①] 结构主义的一个中心思想是，有效的竞争依赖于市场结构，有效的竞争将导致改进社会福利的绩效。因此，结构主义遵循“结构 (structure)—行为 (behavior)—绩效 (performance)”的范式，即市场结构决定市场行为，在一定的市场结构下，市场行为又决定了市场绩效。好的绩效是由低集中度和具有竞争行为的市场结构

---

① 尽管芝加哥学派也是从主流的微观经济学理论出发，但在分析方法、思路及政策含义中存在许多差异：(1) 在分析方法上，结构主义强调经验性的检验过程，通过对现象的分析得出解释；芝加哥学派则通过理论模型分析，从价格理论固有的前提出发，演绎出各种结论。(2) 在分析角度上，前者强调如何改善资源的低效率配置等，将市场绩效作为产业组织的主要问题对象，讨论市场均衡势力形成所需的固有的结构条件；后者重视长期的竞争效率均衡，坚持短期的低效率、非均衡可以通过技术创新、自由进入和退出来得到解决。(3) 在政策含义上，前者强调政府对高集中度产业的反托拉斯干预；后者反对政府干预，认为政府干预本身会带来壁垒，降低市场机制的配置效率。参见周耀东《现代产业组织理论的沿革和发展》，载《经济评论》，2002 (4)，112～116 页。

所驱动的。图 7—1 给出了基于结构主义的审计市场分析框架。

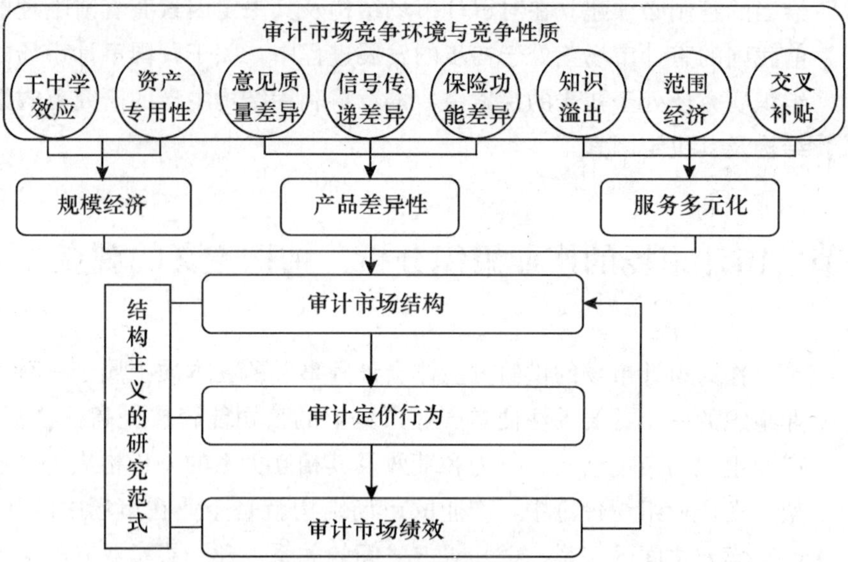

图 7—1　基于结构主义的审计市场分析框架

一、市场结构的计量：基于产业组织理论

根据竞争和垄断程度的不同，并参照厂商数目、产品差别程度、进入市场的难易程度以及厂商对产量和价格的控制程度等因素，一般把市场分为四种类型：(1) 完全竞争市场，又叫纯粹竞争市场，是指不受任何障碍和干扰，没有外力控制的竞争类型。完全竞争市场是不存在垄断、竞争程度最高的市场，任何一个买者或卖者都不能依据其个人的购买或销售行为影响价格，它是一种非常理想化的市场。(2) 垄断竞争市场，是既有垄断因素又有竞争因素，既不是完全垄断又不是完全竞争的一种垄断和竞争并存的市场类型。它是处于完全竞争与完全垄断但更接近于前者的一种市场。(3) 寡头垄断市场，是一种较为普遍的市场组织。它是一种同时包含垄断因素和竞争因素，但更接近于完全垄断的市场结构。寡头垄断市场的一个显著特征是一个行业中仅有少数几家厂商，而且这少数几家厂商之间也可能进行着激烈的竞争。(4) 完全垄断市场，可以定义为没有相近替代品的某种产品的唯一供给者，或称为垄断卖主；另一种情形是，市场上存在某种产品的唯一消费者，或称垄断买主。在完全垄断市场上作为某种产品的唯一供给者的垄断厂商，面对向下倾斜的需求曲线并在边际成本之上决定价格，而不必考虑其他厂商削减其价格的可能性。结果，其销售量小于竞争市场下（价格等于边际成本）的销售量，并存在对社会的净损失。

结构主义的分析起点是完全竞争和完全垄断的基本市场模型，它们是现实世界中所有市场状态分布的两个端点，在这两个极端之间，市场结构从完全竞争向完全垄断市场的移动必然导致市场行为的性质相应地发生变化，并最终导致市场绩效的所谓“由好向坏”的变化。在产业组织理论中，对市场结构的计量主要包括以下两个方面。

（一）对单个厂商垄断与竞争程度的计量

1. 勒纳指数（Lerner index）

勒纳提出，以厂商为产品所定的价格比其边际成本高多少作为衡量厂商垄断势力的标准。用 I_L 表示勒纳指数，计算公式为：

$$I_L=\frac{P-MC}{P}$$

式中，P 为产品价格，MC 为产品边际成本。因为 $P\geqslant MC$，且均为正值，故 $0\leqslant I_L<1$。勒纳指数在 0～1 之间变动，数值越大表明垄断势力越大。这个指数本质上是根据垄断厂商的行为来计量其垄断势力，它计量的是价格偏离边际成本的程度。例如，若 $MC=5$ 元，垄断价格 $=10$ 元，则勒纳指数等于 $(10-5)/10=0.5$。

勒纳指数有如下特点：(1) 边际成本的测算比较困难，价格往往同产品质量有关，因此在某一产业中厂商之间通过勒纳指数来比较垄断势力时，必须要考虑到产品质量因素，即在价格上要有可比性。(2) 勒纳指数是对厂商实际行为的一种度量，它没有测算厂商潜在的垄断力量。例如，某厂商从其规模或市场占有率来看，已经拥有较强的潜在垄断势力，但由于某种原因，其产品价格和边际成本相差不大，那么勒纳指数就无法计量该厂商的潜在垄断势力。(3) 勒纳指数是建立在对价格和边际成本进行静态比较的基础上，它没有深入考察造成价格和边际成本差异的具体原因，而把这种差异全部归于垄断行为，实际上在很多情况下，造成价格和边际成本差异的原因有多种，不单是垄断。

2. 贝恩指数（Bain index）

贝恩主张以厂商为其产品所定价格比其平均成本高多少作为衡量厂商垄断势力的标准。以 I_B 表示贝恩指数，计算公式为：

$$I_B=\frac{P-AC}{P}$$

式中，AC 为产品的平均成本（包括平均利润），因为 $P\geqslant AC$，且均为正值，故 $0\leqslant I_B<1$，即贝恩指数是在 0～1 之间变动，而且数值越大表明垄断势力越大。这个指数本质上是根据绩效来计量厂商的垄断势力，它计量的是厂商获取超额利润（$P-AC$）的程度。例如，若平均成本 $=6$ 元，垄断价格 $=10$ 元，则贝恩指数就等于 $(10-6)/10=0.4$。

贝恩指数有如下特点：(1) 平均成本的测算相对比较容易，但和勒纳指数一样，在价格上也要有可比性。(2) 贝恩指数是对超额利润的一种量度，它把超额利润等同于垄断。应该注意以下两种情况：一是在某些情况下，超额利润是由技术水平高或经营水平高引起的，并不是垄断的结果；二是在一些情况下，没有超额利润并不等于没有垄断势力，因为如果对产品需求不足，即使是一个纯粹的垄断厂商也无法获得超额利润，所以贝恩指数具有一定的不确定性。(3) 贝恩指数是建立在对价格和平均成本进行静态比较的基础上，这一点和勒纳指数特点相同。

（二）对整个产业垄断与竞争程度的计量

由于应用前两种方法时所遇到的困难及方法本身的局限性，促使人们去寻找其他更好的计量方法，现在已逐渐趋向于侧重考察产业内的厂商规模及其分布情况，即对整个产业垄断与竞争情况的计量，这方面的方法主要有以下几种。

1. 产业集中度（concentration ratio）

它是指产业内规模处于前几位的厂商的生产、销售、资产或职工的累计数量占整个产业的比重。计算公式为：

$$C_n = \sum_{i=1}^{n} X_i / \sum_{i=1}^{N} X_i$$

式中，C_n为 X 产业内规模最大的前 n 家厂商的集中度；X_i为 X 产业内第 i 家厂商的生产额或销售额，或资产额，或职工人数；N 为 X 产业的全部企业数；n 为前 n 家企业数。这一指数的测算相对比较容易，又能较好地反映产业内的生产集中状况，显示产业的垄断和竞争程度，因此是使用很广泛的反映市场结构的指数。由于该指标只考察少数大厂商的生产集中程度，而没有考察产业内厂商规模分布情况，因此该指标在运用中还有一点不足，如果 n 取的数值不同，不同产业集中度的大小关系可能会变化。表 7—1 是贝恩运用 C_n指数对市场结构的分类。

表 7—1　　　　贝恩的市场结构分类

市场结构 \ 产业集中度	C_4值（%）	C_8值（%）
寡占Ⅰ型	$85 \leqslant C_4$	—
寡占Ⅱ型	$75 \leqslant C_4 < 85$	$85 \leqslant C_8$
寡占Ⅳ型	$50 \leqslant C_4 < 75$	$75 \leqslant C_8 < 85$
寡占Ⅴ型	$35 \leqslant C_4 < 50$	$45 \leqslant C_8 < 75$
竞争型	$30 \leqslant C_4 < 35$	$40 \leqslant C_8 < 45$
分散竞争型	$C_4 < 30$	$C_8 < 40$

2. 洛伦兹曲线（Lorenz curve）

洛伦兹曲线反映的是产业中由小到大厂商数量的累计百分比与其规模（市场占有率）的累计百分比之间的关系。① 如果洛伦兹曲线与对角线重合，则说明该产业中所有企业都具有相同规模；如果洛伦兹曲线凸向右下角，则说明该产业中厂商规模分布是不均匀的；如果洛伦兹曲线偏离对角线的程度越大，则表明厂商

① 参见邬义钧，邱钧：《产业经济学》，140～141 页，北京，中国统计出版社，1997。

规模分布的不均匀程度也越大（如图 7—2 所示）。

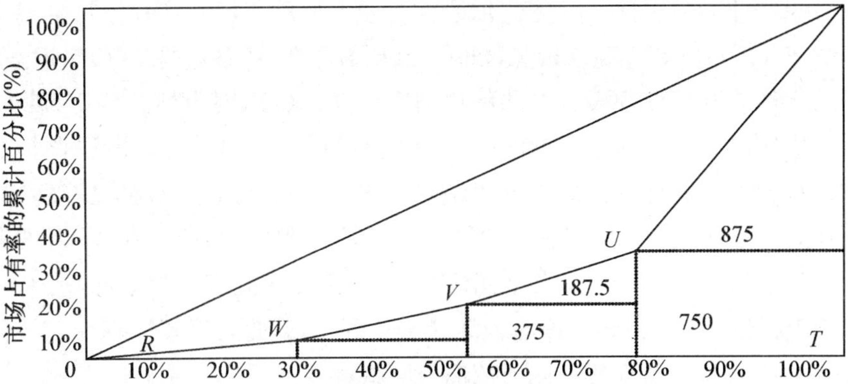

图 7—2　洛伦兹曲线

在一个仅由少数几家规模相同的厂商构成的产业中，其洛伦兹曲线和对角线重合，但该产业是高度集中的。这说明洛伦兹曲线仅仅是对产业内厂商规模分布不均匀性的反映，或者说它反映的是相对集中，而前面介绍的产业集中度则计量的是绝对集中。此外，洛伦兹曲线不能有效地反映集中程度的变化情况，例如产业中小厂商数目的减少使得剩余的厂商在规模上更接近了，于是产业内厂商规模分布不均匀度下降了，但集中度上升了。

3. 基尼系数（Gini coefficient）

基尼系数建立在洛伦兹曲线基础上，是把洛伦兹曲线所反映的不均匀度用数量表示出来。计算公式为：

$$G=\frac{L}{L+M}$$

式中，G 为基尼系数；L 为洛伦兹曲线与均匀分布线（对角线）之间的面积；M 为洛伦兹曲线与右下方两条直角边（OX 和 XP）之间的面积。基尼系数在 0～1 之间，若它的数值越小，则说明厂商规模分布越接近于均等；若数值越大，则说明不均等程度越高。

4. 赫芬达尔指数（Herfindahl index）①

赫芬达尔指数（离散度）也是一种反映产业中厂商规模分布的指标。计算公式为：

$$H=\sum_{i=1}^{N}\left(\frac{X_i}{T}\right)^2$$

① 赫芬达尔指数是一个通行的市场规模离散度指标。这是 O.C. 赫芬达尔 1950 年在哥伦比亚大学的博士论文《钢铁业中的集中》中提出来的。赫芬达尔指数倾向于一种急剧偏向低值的分布，除非垄断势力分布不均等，采用这一指数很容易看出市场份额的变动差异。

式中，H 为赫芬达尔指数；N 为产业中的厂商数目；X_i 为第 i 位厂商的规模；T 为产业的总规模。赫芬达尔指数有如下特点：（1）当独家厂商垄断时，该指数等于 1；当所有厂商规模相同时，该指数等于 $1/n$；它在 $1/n$～1 之间变动。数值越大，表明厂商规模分布的不均匀度越高。（2）因为前几位厂商的 X_i/T 数值对指数影响大，后面小厂商的 X_i/T 数值对指数影响很小，所以该指数具有前面几类指数的共同优点，既计量了绝对集中度，又计量了相对集中度。（3）该指数能较好地计量全产业生产集中度的变化情况。例如，某产业有 A，B 两家厂商，令 $S_A=X_A/T$，$S_B=X_B/T$，当这两家厂商合并时，恒有：$(S_A+S_B)^2-(S_A^2+S_B^2)=2S_AS_B>0$，即 $(S_A+S_B)^2>S_A^2+S_B^2$。因此，只要厂商合并，该指数值就会增大；只要厂商分解，该指数值就会减小。

5. 熵指数（entropy index）

熵指数是借用信息理论中熵的概念，它具有平均信息量的含义，简称 E 指数，其定义式为：

$$E=\sum_{i=1}^{N}S_i\log(1/S_i)$$

式中，E 为熵指数；S_i 为第 i 家企业的市场份额（销售额或增加值等）；N 为该市场中的企业总数。E 指数与 H 指数存在某些共同点：两者均属综合指数，即反映市场中所有企业的情况；两者均为企业的市场份额之和。E 指数与 H 指数也存在某些不同点：两者分配给各个企业市场份额的权数不同，H 指数的权数是市场份额的平方，而 E 指数根据的是市场份额的对数；两者都对大企业分配较重的权数，但重要程度有所区别。总而言之，H 指数和 E 指数都有较好的理论背景和实用性。

二、审计市场结构与审计定价行为

对于审计市场的开创性研究源自 Zeff & Fossum（1967）。他们指出，要深入地理解审计市场的竞争特性，就必须研究公共会计师事务所是如何成长、壮大及培育出其自身的品质的，在此基础上对会计师事务所的市场行为进行研究。自 Zeff & Fossum（1967）以来，产业组织分析的结构主义为此领域的研究提供了一个有用的框架。一般而言，审计市场中至少有 4～8 家相近的竞争对手，因此关键的问题是确定审计市场是属于寡头垄断（tight oligopoly）还是多头垄断(loose oligopoly)，共谋是否可能。寡头垄断有更少的竞争者、更高的集中度、稳定的市场份额及中等到较高程度的进入障碍；多头垄断有相对较低的集中度、不稳定的市场份额和较低程度的进入障碍。两者的主要区别在于共谋的可能性程度。Yardley et al.（1992）指出，在寡头垄断中，共谋通常是心照不宣的，会计师事务所建立一定程度的共享知识和信任以允许价格固定而没有外在的控制和惩罚机制；与之相反，在多头垄断中，很少可以促成心照不宣的垄断。

一些早期的研究应用描述性统计的方法对单个会计师事务所的市场份额进行计量，报告了高集中度的证据。Burton & Roberts（1967）指出，1952 年 92 家会计师事务所审计了 620 家在 1955—1965 年间至少有一次被列为《财富》500 强之列的公司。在 1965 年，只有 37 家不同的会计师事务所参与了这些公司的审计，其中的 599 家公司只由 16 家不同的会计师事务所审计。Zeff & Fossum（1967）描述了 1965 年《财富》500 强榜单上的上市公司中单个会计师事务所的份额，发现“八大”会计师事务所主导了整个市场，但主导的程度因不同的行业而不同。Schiff & Fried（1976）、Tomczyk & Read（1989）以及 Tonge & Wootton（1991）按照 Zeff & Fossum（1967）的方法报告了不同国家的类似结果。一般认为，C_4（即最大的四家会计师事务所所占的整个审计市场份额）大于 60%就是严重的卖方垄断，而低于 40%则属于轻微的卖方垄断。审计服务供应者的快速减少引起人们担心审计市场的结构已经发生变动，以及这种变动会对会计师事务所的竞争行为的影响。具体而言，即认为审计市场由自由竞争转入垄断竞争，指责大型会计师事务所垄断审计市场，并由此引发全社会的广泛关注和争论。上述研究通常采用产业集中度 C_n 和离散度 H 这两个指标。①

1. 产业集中度

$$C_n = \sum_{i=1}^{n} X_i / \sum_{i=1}^{N} X_i$$

式中，C_n 为审计市场前 n 家最大会计师事务所的有关数值的市场比重；X_i 为第 i 个会计师事务所的有关数值；N 为审计市场会计师事务所总数。这里 X 的取值可以采用客户的营业收入、营业收入的平方根、审计收费、客户数量、客户资产等。采用 C_n 指标对美国审计市场结构的研究结论如表 7—2 所示。

表 7—2　美国审计市场结构的相关研究结论

会计年度	C_4 值	C_8 值	研究者（研究时间）
1955	57%	88%	Dopuch and Simunic（1980）
1965	64%	95%	Zeff and Fossum（1967）
1966	58%	94%	Dopuch and Simunic（1980）
1971	63%	96%	Rhodest et al.（1974）
1973	62%	96%	Schiff and Fried（1976）
1977	60%	97%	Dopuch and Simunic（1980）
1983	51%	84%	Tomczyk and Read（1989）
1984	51%	84%	Tomczyk and Read（1989）
1985	50%	82%	Tomczyk and Read（1989）
1986	49%	82%	Tomczyk and Read（1989）
1987	52%	86%	Tomczyk and Read（1989）
1988	70%	96%	Tonge and Wootton（1991）

资料来源：李树华：《审计独立性的提高与审计市场的背离》，上海，上海三联书店，2000。

① 有趣的是，已有的有关审计市场结构的研究文献中没有发现采用洛伦兹曲线、基尼系数、熵指数等方法。我们认为，在理论上这三个计量方法仍然可以应用于审计市场结构研究，并可以更加全面地测度与刻画审计市场结构的特征。

2. 离散度

$$H=\sum_{i=1}^{N}\left(\frac{X_i}{T}\right)^2$$

式中，N 为审计市场会计师事务所总数；X_i 为第 i 家会计师事务所的规模；T 为审计市场的总规模。与 C_n 的计算一样，这里 X 的取值可以采用客户的营业收入、营业收入的平方根、审计收费、客户数量、客户资产等。

审计市场结构之所以会受到关注，是因为它可能会影响会计师事务所的行为与绩效。那么，审计市场的高集中度是否一定意味着共谋与垄断的存在以及竞争的缺失呢？高集中度是审计市场的内在要求还是共谋结果？① Dopuch & Simunic（1980）检验了会计师事务所之间市场份额的稳定性，发现即使只是考虑《财富》500 强的公司，在 1965—1975 年 32 个行业中有 24 个行业中“八大”会计师事务所的市场份额发生了变动，因此，他们认为，不稳定的市场份额不利于“八大”会计师事务所维持共谋，高集中度并不一定意味着竞争的缺失。

由于共谋的首要结果是使大型会计师事务所有能力获得对审计定价的控制权，因此一个自然的研究思路便是检验审计定价能否反映边际审计成本。如果审计市场存在竞争，那么审计费用也应该是竞争性的，它能反映边际审计成本。有关审计费用的研究试图发现审计费用与成本因素之间的一致性关系。审计市场的研究者可以直接从客户或公开信息中获得收费的数据，然而成本数据是不可获得的，研究者无法对成本进行直接的计量，只有采用审计成本因素的替代计量。Simunic（1980）的开拓性研究构造了一个将审计费用与潜在的第三方损失和产品的相对成本相联系起来的经济学模型。此模型的三个组成部分是：（1）客户损失暴露（client loss exposure），它代表会计师事务所的商业风险；（2）客户分享损失的能力，它代表客户承担部分审计师责任的能力；（3）审计师的生产函数。具体而言，Simunic（1980）所设定的经典审计定价模型如下：

$$\frac{\text{FEE}}{\text{ASSETS}^e}=b_0+b_1\text{Subs}+b_2\text{Divers}+b_3\text{Forgn}+b_4\text{Recv}+b_5\text{Inv}$$
$$+b_6\text{Profit}+b_7\text{Loss}+b_8\text{Subj}+b_9\text{Time}+b_{10}\text{Auditor}+\mu$$

式中，FEE 为外部审计费用；ASSETS^e 为被审计单位的总资产；Subs 为列入合并报表的子公司个数；Divers 为客户的行业；Forgn 为国外资产占总资产的比例；Recv 为应收款项占总资产的比例；Inv 为存货占总资产的比例；Profit 为资产净收益率；Loss 为虚拟变量，当被审计单位亏损为 1，否则为 0；Subj 为虚拟

① 若按照芝加哥学派“行为主义”的观点——企业的绩效决定行为进而决定市场结构，审计市场自身会拥有强大的反垄断力量，高集中度并不妨碍竞争自由，市场竞争形成的集中恰好是效率的证明，而不是相反。这样的话，检验审计市场是否属于一个有效竞争的市场的唯一方法就是直接测试会计师事务所是否存在操纵市场的行为，而不是从市场结构去推断审计师的行为。

变量，当被审计单位收到非标准审计意见为 1，否则为 0；Time 为审计师任期；Auditor 为虚拟变量，当审计师是在“八大”会计师事务所为 1，否则为 0。在该模型中，之所以对审计费用 FEE 用资产总额 ASSETS 的 e 次方来除，是为了得到审计费用与资产总额的线性关系，即 FEE$=g$(ASSETS)，由于缺乏明确的审计费用与资产总额函数关系，因此估计一个函数关系，即 FEE$=\omega$ASSETS$^e\mu$，那么，lnFEE$=\ln\omega+e$(lnASSETS)$+\ln\mu$，可以对 lnFEE 与 lnASSETS 进行线性回归。Simunic（1980）认为，决定审计定价的因素主要有客户的规模、客户经营活动的复杂性、客户的财务状况等。因此，在该模型中，总资产 ASSETS 表示客户的规模；列入合并报表的子公司个数 Subs、客户的行业 Divers、国外资产占总资产的比例 Forgn 这三个指标衡量客户经营活动的复杂性；资产净收益率 Profit、亏损情况 Loss、审计意见 Subj 这三个变量衡量客户的财务状况和审计风险；应收款项与总资产的比例 Recv、存货占总资产的比例 Inv 既衡量了客户经营活动的复杂性，又衡量了客户的审计风险。

在 Simunic（1980）之后，许多研究者纷纷效仿该模型，应用有关审计成本因素的多种经验计量作为控制变量，结果表明，审计费用变动的大部分可以由此审计定价模型来解释。审计收费行为的证据表明，审计定价反映了影响审计的边际成本因素，这为审计市场的竞争性质提供了证据。Simon & Francis 还发现了初始审计约定中的低价揽客行为，并持续到第三年。低价揽客是现任审计师预期能获取未来准租金的一种理性的竞争性反应，是现任审计师为以后获取竞争优势不得不付出的代价。这一结论也意味着审计市场上价格竞争行为是非常激烈的。

因此，已有的证据表明会计师事务所之间存在激烈的价格竞争，而且审计师变更也大量存在，尚未发现大型会计师事务所限定价格、分占市场的证据。于是，一个关键的问题便是，高集中度的审计市场结构与竞争激烈的审计定价行为并存的局面是如何形成的？对这一问题的解读需要进一步考察审计市场的性质及其结构的决定因素。

第二节 审计市场结构的决定因素：规模经济、产品差异性与服务多元化

审计市场的高集中度引起了对共谋行为损害竞争的关注。然而，相对市场份额的不稳定性又意味着审计市场并非处于寡头垄断的条件下。低价揽客以及审计收费与成本相关联的经验证据表明，价格竞争也许是市场中的主导行为，高集中度也许是基本审计市场条件的后果，而不是共谋行为。早在 1980 年，Simunic 就设计了一个审计市场竞争结构的研究框架，利用产品差异性（product differentiation）和规模经济（scale economies）这两个因素来解释审计收费差异，并判断

审计市场竞争结构，如表 7—3 所示。为对审计市场的高集中度与价格竞争行为这一结构主义观下的矛盾进行系统的解释，后来的经验研究者提供了有关审计市场结构的三个重要决定因素的大量证据：规模经济、产品差异性和服务多元化（diversification）。

表 7—3　　Simunic（1980）关于审计市场竞争结构的研究框架

<table>
<tr><td colspan="2"></td><td colspan="3">小客户市场</td></tr>
<tr><td rowspan="4">大客户市场</td><td></td><td>$B8>N8$</td><td>$B8=N8$</td><td>$B8<N8$</td></tr>
<tr><td>$B8>N8$</td><td>[1] C，P</td><td>[2] M</td><td>[3] M，S</td></tr>
<tr><td>$B8=N8$</td><td>[4] C，P，D</td><td>[5] C</td><td>[6] M，S</td></tr>
<tr><td>$B8<N8$</td><td>[7] C，P，D</td><td>[8] C，D</td><td>[9] C，S</td></tr>
<tr><td colspan="5">$B8$：“八大”会计师事务所审计收费　　$N8$：非“八大”会计师事务所审计收费</td></tr>
<tr><td colspan="5">C：在大客户市场上为竞争性定价　　M：在大客户市场上为垄断性定价</td></tr>
<tr><td colspan="5">P：“八大”会计师事务所能提供差异化产品　　S：“八大”会计师事务所存在规模经济
D：“非八大”会计师事务所规模不经济</td></tr>
<tr><td colspan="5">[1]：无论大客户市场还是小客户市场，$B8>N8$，即“八大”会计师事务所的审计收费都高于非“八大”会计师事务所的审计收费，说明审计市场是个竞争性市场，且“八大”会计师事务所能提供差异化产品</td></tr>
<tr><td colspan="5">[2]：在小客户市场中审计收费是相同的，但在大客户市场中，“八大”会计师事务所的审计收费高于非“八大”会计师事务所，说明“八大”会计师事务所在大客户市场中是垄断定价的</td></tr>
<tr><td colspan="5">[3] 和 [6]：在小客户市场中，$B8<N8$，说明“八大”会计师事务所存在规模经济现象，而在大客户市场中，$B8\geqslant N8$，说明“八大”会计师事务所是垄断定价的</td></tr>
<tr><td colspan="5">[4] 和 [7]：在小客户市场中，$B8>N8$，说明“八大”会计师事务所能提供异质产品；在大客户市场中，$B8\leqslant N8$，说明非“八大”会计师事务所规模不经济</td></tr>
<tr><td colspan="5">[5]：无论大客户市场还是小客户市场，“八大”会计师事务所与非“八大”会计师事务所的审计收费都是相同的，说明这个市场是一个竞争性的市场，既不存在差异化产品，也不存在规模经济</td></tr>
<tr><td colspan="5">[8]：在小客户市场中，两者收费相同说明是一个竞争性的市场；在大客户市场中，$B8<N8$，说明非“八大”会计师事务所存在规模不经济现象</td></tr>
<tr><td colspan="5">[9]：无论是大客户市场还是小客户市场，$B8<N8$，说明这是一个竞争性市场，同时“八大”会计师事务所存在规模经济现象</td></tr>
</table>

一、规模经济：行业专门化下的生产成本曲线

规模经济的存在可以解释为什么审计市场具有高集中度和由大型会计师事务

所主导的同时存在竞争性的审计定价行为。① 规模经济意味着长期平均成本曲线向下倾斜，长期平均成本曲线上的最低点就是最小最佳规模（minimum optimal scale），即最低平均审计成本只有在一定的批量产出时获得。规模经济的优势在于优越的运行效率，这种效率反映在较高的利润或较低的收费上。审计市场存在可能的规模经济的原因是审计师行业知识累积过程中的“干中学”（learning by doing）效应和行业专家的某种程度上的“资产专用性”。Moroney 以实验研究的方式发现，在审计判断过程的每一个阶段，行业专家比非专家具有更高的决策效率，决策效率的提高可能导致规模经济的产生。由于对审计市场规模经济的直接检验需要会计师事务所的成本数据，在成本数据缺乏的情况下，研究者除可以通过前述的审计定价行为对审计市场可能存在的规模经济现象加以考察外，尚可以借用产业组织理论中的以下两种方法对审计市场的规模经济现象加以间接考察②：

1. 生存竞争法

斯蒂格尔（Stigle）于 20 世纪 50 年代提出的生存竞争法，是一种判断规模经济存在与否的方法，涉及对厂商在较长时间内规模分布的检验。该方法测定规模经济存在的基本过程是：先把某一产业的厂商按规模分成不同的等级，然后计算各时期不同等级厂商所占份额及其变化，以此判断该规模等级厂商的效率和生存能力强弱。如果某等级厂商的产出份额下降，则说明该规模的厂商效率较低，一般而言，效率越低，份额下降越快；反之，如果某等级厂商的产出份额上升，则说明该规模的厂商效率较高，处于规模经济的范围之中。该方法应用于审计市场，首先需要将全部会计师事务所按规模加以分类（如从业人数），然后在一个较长的时间范围内观察不同类型会计师事务所市场份额的变动，以考察在某特定时点上特定类型的会计师事务所是否存在规模经济及其变化。

2. 规模报酬法

20 世纪 20 年代末，美国数学家查尔斯·科布（Charles Cobb）和经济学家保罗·道格拉斯（Paul Douglas）提出了著名的 Cobb-Douglas 生产函数：

$$Y = A(t)L^{\alpha}K^{\beta}\mu$$

式中，Y 为产出；A（t）为综合技术水平；L 为投入的劳动力数；K 为投入的资

① 需要指出的是，对于规模经济效应能否支持高集中度与竞争行为的并存，“结构主义”与“行为主义”也存在观点上的分歧。前者认为，由于在位者的效率优势，规模经济会造成进入壁垒，这最终会造成对竞争的削弱，因此，对由任何原因导致的高集中度行业和大企业需要实施严格的规制，甚至是解构大企业。而后者认为，规模经济不会造成进入壁垒，因为潜在进入者一旦进入，就与在位者面临同样的条件，也可以通过增加产量获得规模效应，大企业存在规模经济是市场效率的选择，而且由于潜在进入者的存在，大企业也不可能垄断定价。

② 在目前已有的审计文献中，通过对审计定价行为的观察来判定审计市场规模经济现象是最主要的方法，同时也有部分研究采用了生存竞争法，如 P. Danos & J. Eichenseher（1982）等。我们认为，若能进一步采用产业组织理论中的规模报酬法对审计市场可能的规模经济现象加以更全面的考察是未来值得拓展的一个有关审计市场的研究方向。

本；α 为劳动力产出的弹性系数；β 为资本产出的弹性系数；μ 为随机干扰的影响，$\mu \leqslant 1$。从这个模型看出，决定产出水平的主要因素是投入的劳动力数、资本和综合技术水平（包括经营管理水平、劳动力素质、先进技术等）。根据 α 和 β 的组合情况，可以分为三种类型：（1）$\alpha+\beta>1$，称为递增报酬型，表明按现有技术用扩大生产规模来增加产出是有利的；（2）$\alpha+\beta<1$，称为递减报酬型，表明按现有技术用扩大生产规模来增加产出是得不偿失的；（3）$\alpha+\beta=1$，称为不变报酬型，表明生产效率并不会随着生产规模的扩大而提高，只有提高技术水平，才会提高经济效益。

对上述模型两边取自然对数可以得到：$\ln Y=\ln A(t)+\alpha\ln L+\beta\ln K+\ln\mu$，因此，对应于审计市场研究，我们可以建立以下探测规模经济是否存在的线性回归模型：

$$\ln Y=\beta_0+\beta_1\ln L+\beta_2\ln K+\ln\mu$$

式中，Y 为会计师事务所的审计收入；L 为会计师事务所的人数，用来度量劳动投入情况；K 为会计师事务所其他资源投入情况（如技术资源、物质资本、员工培训等）；μ 为随机干扰项。若 $\beta_1+\beta_2$ 能在统计上显著大于 1，则表明该类会计师事务所存在显著的规模经济效应。

如果审计市场被视为同质的产品市场，存在价格竞争和价格非弹性，那么只有具有成本效益的公司能在较长的时间里获得市场份额。Eichenseher & Danos（1981）发现，在受管制的行业和 IPO 市场，会计师事务所的集中程度很高，而且在受管制的行业中，审计收费相对较低；在对“八大”会计师事务所进行分析时，客户在选择会计师事务所时，其行业专门化是客户进行选择的重要考虑因素。这些结果意味着，在受管制行业和 IPO 市场中审计师通过行业专门化获得规模经济。Danos & Eichenseher（1982）通过考虑会计师事务所在某一时点上的市场份额与之后市场份额的变动之间的关系，来探寻规模经济存在的证据，他们发现只有行业市场份额以及行业市场份额与总体市场份额的交互项对之后市场份额的影响是显著的。这些结果意味着，如果审计市场存在规模经济，它是行业特定的而不是所有行业的。Haskins & Williams（1988）考虑了客户公司的合并后，发现“八大”会计师事务所客户合并其他会计师事务所客户的显著证据，此外，其客户处于合并活动比较活跃的行业的会计师事务所也越趋于成长为行业审计的主导者。

在管制行业中相对较低的审计费用意味着可能的规模经济。如果大型会计师事务所和小型会计师事务所都包括在样本中，行业专门化对审计师选择的影响的研究没有发现显著的结果。然而，由于在仅考虑大客户的研究中行业专门化是显著的，因此规模经济可能在大客户市场中存在。对 IPO 市场的研究结果不支持规模经济的存在。Beatty（1989）认为，越有声誉的保险商越愿意接受大型会计师事务所的客户，聘请“八大”会计师事务所的 IPO 公司有更低的财务杠杆，并且它们的新股发行在市场上表现更佳，Beatty（1989）发现，大型会计师事务所在IPO审计中获得更高的审计费用。更大的需求和更高的审计费用这两者的合并说明的是产品的差异性而不是规模经济。然而，Beatty（1989）还发现了IPO审计市场中大会计师事务所之间存在的绩效差异，这又意味着规模经济可能在大客户市场中存在。Simunic（1980）假定小客户市场应该会表现出竞争性市场的特征，因为有数量众多的会计师事务所活跃在该市场上。他根据他的审计定价模型，通过比较大、小客户市场的结果，来推导审计行业的总体竞争水平。他认为，竞争性市场和大型会计师事务所的收费溢价这两者的合并意味着“八大”会计师事务所具有产品差异性。Francis & Simon（1987）发现大、小客户市场上有着不同的审计收费行为，即在小客户市场中存在大型会计师事务所的收费溢价，表明大型会计师事务所提供了异质产品；而在大客户市场中大、小会计师事务所的审计收费没有差别，这表明大客户市场受到规模经济效应的影响。Banker et al.（2003）发现，20世纪90年代后半期会计师事务所之间的并购活动增强了其盈利能力，并将此归因于有利的规模经济。

因此，尽管规模经济的直接证据是不可获得的，但在管制的行业和其他行业的大客户市场中存在可能的规模经济。然而，大型会计师事务所因为规模经济而具有的成本优势并不能解释其收取更高的审计费用。只有客户才能从大型会计师事务所那里获得额外的好处，客户才有可能向其支付更高的审计费用。为此，研究者又以产品差异性对大型会计师事务所的审计费用溢价进行解释。

二、产品差异性：质量差异、信号机制与保险功能

审计的最终产品是一份对客户财务报表公允性意见的报告，如果大型会计师事务所能使客户相信它们的产品具有差异性，那么它们就可以收取差异化的费用。审计产品可能的差异性包括三个方面：（1）审计意见质量差异，即不同的会计师事务所具有不同的审计技术和审计成本投入，导致审计意见本身的质量差异；（2）不同的信号传递功能，即不同的会计师事务所累积了不同的声誉与品牌，不同会计师事务所的审计意见具有能传递客户差异化的信息的功能；（3）不同的损失保险能力，即不同的会计师事务所具有不同的资本累积，从而在面临诉讼时有不同的赔偿能力。

（一）审计意见质量差异

审计意见质量的直接衡量指标（审计工作底稿和审计师的整个工作过程）是不可观察的。在理论上，审计意见质量是以下两者的联合：（1）用于收集支持证据的努力和技能，即发现错误与舞弊的概率；（2）审计师真实报告其发现的意愿，即报告所发现的错误与舞弊的概率。已有的用来度量审计意见质量差异的三个指标是：行业专长性（industry expertise）、意见兜售（opinion shopping）和

诉讼经历（litigation experience）。行业专长性可以代表更好的审计证据收集能力，意见兜售表明审计师不能抵制客户的压力，而诉讼经历则是审计失败的替代。

审计意见质量一定程度上是审计师的行业专门知识的函数，直觉地看，大型会计师事务所在行业专长性方面要优于小型会计师事务所。Beasley & Petroni（2001）的研究表明行业专家能提供更高质量的审计。Defond et al.（1992）指出具有行业专长性的会计师事务所收取了更高的费用。Basioudis et al.（2007）对英国审计市场的研究表明，与全国层次的行业专门化审计师和非行业专门化的审计师相比，区域层次的行业专门化审计师获取了更高的审计收费溢价。在有关审计师行业专长性的实证研究中，由于审计师行业专长的专有投资属于会计师事务所的内部资料，一般不易获得，且知识和经验等审计师的内在品质是难以观测的，所以通常采用以下替代变量进行衡量。

1. 行业市场份额法（IMS）

Zeff & Fossum（1967）最早提出行业市场份额法，用审计师的行业市场份额（客户总资产、营业收入或净利润等①）代表审计师的行业专长。行业市场份额法的计算公式如下：

$$MKTSHR_{ik}=\frac{\sum_{j=1}^{J_{ik}}\sqrt{REV_{ijk}}}{\sum_{i=1}^{I_k}\sum_{j=1}^{J_{ik}}\sqrt{REV_{ijk}}}$$

式中，$MKTSHR_{ik}$为审计师 i 在行业 k 中的市场份额；$\sum_{j=1}^{J_{ik}}\sqrt{REV_{ijk}}$ 为审计师 i 在行业 k 的客户 J_{ik} 的营业收入（或总资产、净利润）的平方根之和；$\sum_{i=1}^{I_k}\sum_{j=1}^{J_{ik}}\sqrt{REV_{ijk}}$ 为行业 k 中 I_k 家会计师事务所的客户营业收入（或总资产、净利润）平方根之和。行业市场份额法可以很好地衡量审计师在某行业的从业经验，但其缺点是：如果某行业市场容量很小，审计收费很低，审计师并没有更多的行业专长投入，但根据其所占有的市场份额，仍可认定为其具有行业专长；反之，对于审计收费较高的行业或总体规模很大的行业而言，可能很多审计师对该行业都进行了额外的投入，具有行业专长，但只将市场份额靠前的审计师认定为具有行业专长，就会忽略市场份额排名靠后的审计师。

2. 行业组合份额法（IPS）

Yardley，Kauffman & Cairney（1992）提出了另外一种衡量审计师行业专

① 之所以采用客户总资产、营业收入、营业利润等指标进行间接替代，是因为在当时的研究环境下审计费用信息是不公开披露的。我们认为，在审计费用信息公开披露的环境下，采用审计费用信息计量行业市场份额及后面讲到的行业组合份额、加权市场份额等指标将变得更为直接。

长性的方法，即审计师行业组合份额法，它以审计师在某个行业中的审计收入（用客户规模的平方根代替，客户规模用客户总资产、营业收入或净利润衡量）占该审计师全部审计收入总额的比例来衡量审计师是否具有行业专长，其计算公示如下：

$$SPEC_{ik}=\frac{\sum_{j=1}^{J_{ik}}\sqrt{REV_{ijk}}}{\sum_{k=1}^{K}\sum_{j=1}^{J_{ik}}\sqrt{REV_{ijk}}}$$

式中，$SPEC_{ik}$ 为审计师 i 在行业 k 中的审计收入（用客户规模的平方根代替，客户规模用客户总资产、营业收入或净利润衡量）占审计师 i 全部审计收入总额的比例；$\sum_{j=1}^{J_{ik}}\sqrt{REV_{ijk}}$ 为审计师 i 在行业 k 的客户 J_{ik} 的营业收入（或总资产、净利润）的平方根之和；$\sum_{k=1}^{K}\sum_{j=1}^{J_{ik}}\sqrt{REV_{ijk}}$ 为审计师 i 在所有 K 个行业中的客户营业收入（或总资产、净利润）平方根之和。行业组合份额法是从单个审计师出发，考察特定审计师在所有客户中的某个行业的市场份额，它衡量的是审计师行业专门化程度。它的不足表现为：如果某个审计师的总体规模较小时，其在某一个行业所获取的收入占其总收入的比例可能就会比较高，那么就会被认定为该行业的行业专家，事实上这是由其总规模较小所导致的，并不一定反映了审计师对该行业进行了多少额外的投入。

3. 加权市场份额法（WMS）

从 IMS 和 IPS 两种方法的比较中可以看出，IMS 的立足点是特定行业，然后考察特定行业中某家会计师事务所的市场份额，而 IPS 则是从特定会计师事务所出发，考察特定会计师事务所的所有客户中某个行业的市场份额占比，实际上衡量的是审计师的行业投资的专业化程度。Hogan & Jeter（1999）发现这两种方法衡量的审计师行业专长性呈正相关关系，但这两种方法的计算结果有着明显的差异。例如，大型会计师事务所因为在特定行业的市场份额较大，在采用 IMS 衡量时具有行业专长，但是此特定行业可能是该审计师市场份额较小的行业，因此在采用 IPS 衡量时不具有行业专长；相反地，小规模会计师事务所可能因为在特定行业中的市场份额较小，在采用 IMS 衡量时不具有行业专长，但是此特定行业可能是该会计师事务所市场份额最大的行业，因此在采用 IPS 衡量时则具有行业专长。

为此，Neal & Riley（2004）提出了加权市场份额法，就是将前两种方法结合起来，尝试以会计师事务所行业市场份额为基础，以会计师事务所行业投资组合份额为权重，来衡量会计师事务所的行业专门化程度，其计算公式如下：

$$WMS_{ik}=k\times MKTSHR_{ik}+(1-k)\times SPEC_{ik}$$

式中，WMS_{ik}为审计师i在行业k的加权市场份额；$MKTSHR_{ik}$为审计师i在行业k中的市场份额；$SPEC_{ik}$为审计师i在行业k中的审计收入（用客户规模的平方根代替，客户规模用客户总资产、营业收入或净利润衡量）占审计师i全部审计收入总额的比例；k为所设定的权重。我们认为，审计师行业专长来自于审计师对特定行业的从业经验以及对特定行业的专业投资，虽然从业经验和专业投资可能是正相关的，但是两者不能完全替代。IMS是测度从业经验的一种较好的方法，而IPS是测度专业投资的一种较好方法，WMS将IMS和IPS结合起来并对它们分别赋予一定的权重，能更好地衡量审计师的行业专长。

4. 自我标榜法（self-proclaimed measure of industry specialization）

Hogan & Jeter（1999）提出的所谓“自称的行业专门化度量”，即他们将在网址上进行特定行业专门化市场促销的会计师事务所认定为“某行业专长型事务所”，而将没有进行这种市场促销的会计师事务所认定为“非某行业专长型事务所”，这种“自我标榜”式的度量无疑带有很大的主观性。基于对行业专门化的高度重视，以及为了在一些行业审计市场上塑造独特的竞争优势，国际大型会计师事务所已形成了行业专门化的显著特征，对传统的按业务类型设立的组织机构进行了重组，转而按行业服务线来设立其内部机构。1993年，毕马威率先将公司的业务重组为以下五大部门，即金融服务，保健和生命科学，制造、零售和分销，信息、通信以及娱乐。至1998年，“六大”会计师事务所均在各自的网站上披露了其聚焦发展的行业。①

有关意见兜售的两个关键问题是：意见兜售能成功吗？大型会计师事务所比小型会计师事务所更会兜售意见吗？如果小型会计师事务所更倾向于意见兜售，那么意见兜售能够解释大型会计师事务所的费用溢价。研究者较少报告意见兜售以及不同的会计师事务所在意见兜售倾向上的差异的证据。特别是，研究者发现审计师变更与会计原则变更、管理层更换、在公司破产前收到保留意见、客户事后报告的财务业绩等之间不存在显著的相关关系。Smith（1984）指出，在1977—1982年变更了审计师的公司中，只有5家公司后任审计师发布了标准意见而其前任审计师可能会继续发布保留意见。诉讼活动与审计意见质量之间应该存在负相关关系。Palmrose（1988）发现，尽管“八大”会计师事务所之间是否存在显著的差异依赖于其使用的计量方法，但“八大”会计师事务所比“非八大”会计师事务所具有更好的诉讼记录。这些结果支持大型会计师事务所具有更高的

① 今天，国际“四大”会计师事务所继续提升其以行业为基础的专门技术（industry-based expertise）。这可以从它们网页上标识自己的语句中看出，比如毕马威网站上有以下一段话：各分部的专门化是我们的方法的基础。除非我们能对客户所在的行业在全世界有全面的理解，否则我们不能真正地为我们的客户提供增值服务。这就是为什么我们进行持续的投资以提高我们所服务行业的知识（KPMG website，2005）。

审计意见质量。然而，客户特征差异也可以用来解释会计师事务所之间的诉讼记录差异，不同的会计师事务所可能存在诉讼偏好的差别，这样报告的会计师事务所诉讼活动记录的差异可能包含了诉讼偏好的差异，就不完全是反映不同会计师事务所的审计意见质量差异。

因此，总体上很少有证据表明大型会计师事务所与小型会计师事务所之间存在显著的审计意见质量上的差异。如果审计意见质量差异驱动大型会计师事务所的费用溢价，那么质量差异应该可观察到。如果行业专长性、诉讼和意见兜售的经验研究没有为可观察的质量差异提供一致的证据，那么审计产品的差异性究竟是由什么因素驱动的？

（二）信号传递差异

会计师事务所类型作为一种信号（signaling），也许是不同会计师事务所之间的审计产品相区别的一个属性。审计师的类型可能向市场参与者传递了关于经理层对未来现金流的评估信号，从而能够在一定程度上将高质量的企业与低质量的企业区分开来，客户所聘请的会计师事务所类型能影响 IPO 定价。Beatty（1989）的经验证据表明，聘请全国知名的会计师事务所可在 IPO 时提高发行价格，而 IPO 时风险较大的客户会聘请小型会计师事务所，而这样它们要花更长的时间来登记其证券。Beatty（1989）直接测试了 Titman & Truman（1986）的分析性模型，结果发现投资于那些选择大型会计师事务所的 IPO 公司股票，其在一级市场的投资收益率较低，因此 IPO 公司能通过聘请大型会计师事务所提高股票发行价格。Defond（1992）研究了客户聘请会计师事务所类型与客户特征之间的关联性，结果表明，相对而言，将主审会计师事务所变更为“八大”会计师事务所的客户，其公司规模处于不断扩大的趋势中，具有更高的财务杠杆比率和较高的成长性。Healy & Lys（1986）研究了当主审会计师事务所被“八大”会计师事务所兼并时，客户在续聘会计师事务所方面的反应。结果发现，那些继续聘请兼并后的“八大”会计师事务所的公司大都具有以下特征：公司规模较大且在其主审会计师事务所被兼并前三年具有更高的增长率，且其经营风险较小。Wallace（2004）关于六个国家的证据显示，选择“五大”会计师事务所进行审计，利息成本更低。这些证据有力地证明了不同的会计师事务所能为客户传递不同特征的信号。

（三）保险功能差异

在《证券法》下，审计师要对因使用有问题的财务报表而遭受损失的第三方承担责任。自 20 世纪 60 年代以来出现了针对审计师的诉讼爆炸现象，审计理论界开始日益盛行审计需求的保险假说。审计需求的保险假说是以风险转嫁理论为基础，它认为审计具有保险价值，即能够在审计失败时向投资者提供赔偿，审计师被视作财务信息风险的保险人。由于审计师拥有“深口袋”，因此法院也通常认为审计师是财务信息准确性的担保人，也似乎将审计师作为一种风险社会化的工具。这样，不同的会计师事务所因不同的资本累积而具有不同的损失赔偿能力，大型会计师事务所对投资者而言就具有更高的保险价值，进而可以收取更高的审计费用。Wallace（2004）的研究表明，审计师充当了保险人的角色，与其监督角色不一致。审计师面临的固有风险是投资者面临的信息风险的函数，法院部分地通过分配审计责任来转嫁降低信息风险的成本，聘请大型会计师事务所审计是董事会对不断增加的法律风险所做出的反应。考虑代理人的代理关系以及大型会计师事务所的“深口袋”优势，必然产生对“五大”会计师事务所的审计需求。O'Railly et al.（2006）的经验研究也表明，审计兼具鉴证价值与保险价值，证券市场会对审计的保险价值做出反应。这些证据意味着，不同的会计师事务所类型因具有不同的保险功能而导致审计的产品差异性，进而可以收取差异化的审计费用。

三、业务多元化：知识溢出、范围经济与交叉补贴

随着社会需求及信息使用者的不断变化，审计师凭借其专业胜任能力方面的优势，从单一的审计服务扩展到包括簿记、评估、精算、系统设计等在内的一站式咨询服务（advisory service），审计师成为客户的商业伙伴和全方位的信息专家，以维持其总收入的持续增长。业务多元化对竞争的损害在于多元化所可能形成的业务间的交叉补贴（cross-subsidizing），许多人认为“审计是为了招揽客户而削本出售的商品”。由于审计服务与咨询服务之间的交叉补贴，咨询服务可能会影响审计服务的收费、成本及审计市场结构，从而会改变会计师事务所的特定竞争态势。审计与咨询服务之间交叉补贴形成的可能原因是知识溢出和范围经济。[①] 至于咨询服务到底如何影响审计的定价，理论界有两种不同的观点：一种观点认为，客户向同一会计师事务所同时购买审计与咨询服务时，提供咨询服务所获得的知识，可能向审计产品“溢出”，从而节省审计成本，提高审计产品的效率，会计师事务所可以据此提供价格折扣；另一种观点则认为，审计服务中所获得的知识向咨询服务“溢出”，这样会计师事务所可以为客户提供高质量的咨询服务，客户为此需要支付较高的审计费用。

Antle & Demski（1991）运用经济模型论证了客户和审计师的报酬取决于他们的预期报告，他们有动机去采取共同的行动，甚至是直接勾结起来，此时赚钱的咨询合同可能被当做“额外支付”的一种方便的隐瞒手段。Simunic（1984）

① 范围经济的概念是20世纪80年代初由美国学者Teece（1980）、Panzar & Willing（1981）以及Chandler et al.（1990）首先提出的。它是指企业通过增加产品种类而引起的单位成本降低，是企业采取多样化经营战略的理论依据。一个生产多种产品的企业，其生产过程可能不存在规模报酬递增（即规模经济），但可能获得范围经济；同样，一个企业用较大规模只生产某一种产品可能会产生规模报酬递增，但是同时生产两种以上产品却不一定会产生范围经济。因此，规模经济是指在一个给定的技术水平上，随着规模扩大，单位产出的平均成本逐步下降，而范围经济则是指多项活动共享同一种核心专长，从而导致各项活动的长期平均成本下降。

对审计与咨询服务之间的关系进行了实验分析，结果表明两者之间的成本与定价存在巨大的依赖关系。Palmorse（1986）根据 Simmnic（1984）的实验结果又进行了实证调查，发现审计费用与咨询费用之间有明确的关系：当咨询服务由现任审计师提供时，则审计费用比预计的要低，反之审计费用则比预计的要高，这进一步佐证了咨询服务与审计服务之间存在交叉补贴的可能。Butterworth & Houghton（1995）、Craswell & Francis（1999）、Bell，Landsman & Shackelford（2001）研究发现审计收费和非审计服务费用显著相关，再次确认了知识溢出效应的存在，且从审计师那里购买非审计服务的客户支付了更高的审计费用。Gul et al.（2007）则从审计师独立性的角度研究了咨询服务对审计服务的影响，他们的研究结果表明，咨询服务对审计师独立性的损害与审计任期有关，只有在短任期下（三年及以下）咨询费用才与可操控的流动性应计存在显著的正相关关系。Scott Whisenant et al.（2003）在审计与非审计服务联合定价模型中控制了审计收费和非审计服务收费的共同行为后，没有找到审计与非审计服务存在范围经济提高共同绩效的证据。

如果在审计过程中所获得的知识与信息能用于咨询服务，那么这种知识溢出可以提高审计的价值与审计收费，这样知识溢出可以解释大型会计师事务所的费用溢价。知识溢出是有关对特定客户执行审计与咨询服务成本的信息，这种信息可能导致范围经济。由此，对客户而言，从同一会计师事务所获得审计与咨询服务将更为有利。Antle & Demski（1991）的分析性模型研究了审计服务与咨询服务交叉补贴的条件，当审计服务的成本与咨询服务的成本正相关时，范围经济将不存在；当两者负相关时，范围经济将存在。Pany & Recker（1983）发现，同时提供咨询服务的会计师事务所收取了更高的审计费用，表明咨询服务与审计服务具有正协同效应。Palmrose（1986）则发现，购买了咨询服务的客户支付了更高的审计费用，而不管该客户是从对其执行审计的会计师事务所购买还是从其他渠道购买，这样知识溢出不可能存在，因为咨询与审计服务并非由同一会计师事务所提供。因此，有观点认为，对同时提供审计和咨询服务的会计师事务所而言，较高的审计费用可能是因为咨询服务能提供审计线索，从而使审计师要求同时购买两种服务的客户支付较高的审计费用，但较高的审计费用是与审计师额外的审计努力相联系的。Beck et al.（1988）则认为，重复发生与非重复发生的咨询服务可能有不同的溢出效应，但他们未能给出有关知识溢出的较强的经验证据。因此，从总体上看，潜在的知识溢出与范围经济可能因不同类型的咨询服务而存在。

上述有关审计服务与非审计服务之间可能存在的知识溢出和范围经济的实证研究中，通常采用以下模型的单一方程或联立方程加以检验：

$$\ln AF=\alpha_0+\alpha_1\ln NAF+\alpha'Dtmnts+e$$

$$\ln NAF=\beta_0+\beta_1\ln AF+\beta'Dtmnts+\varepsilon$$

式中，AF 为审计费用；NAF 为非审计费用；Dtmnts 为影响审计费用和非审计费用的各种因素，通常包括代理和契约成本（agency and contracting costs）、经营业绩和股票收益（operating and stock price performance）、商业复杂程度（business complexity）、风险（risk）、审计师类型（auditor type）以及审计服务年限（the length of the auditor-client relationship）等。单一方程估计模型（single-equation estimation）是假设客户对审计和非审计服务的需求函数是独立的，即不考虑审计费用与非审计费用的共同影响部分，或者说单一方程估计模型中审计费用与非审计费用都不是内生变量；在联合定价估计模型中，审计服务与非审计服务的需求并不是独立的，其定价也是共同决定的，互为内生变量，因此，联合定价估计模型通常可以消除单一方程估计模型所产生的估计偏差。

第三节　我国审计市场结构研究的暂行结论：分散、分割与低集中度

目前我国审计市场正处于初步的市场化进程之中，关于我国审计市场系统性的产业组织研究尚处于初步的探索之中。Defond et al.（2000）最早对我国审计市场结构展开经验研究，他们发现在审计独立性提高后的 1995 年和 1996 年度，中国“十大”会计师事务所在 IPO 市场上的份额显著下降，而独立性相对较低的“非十大”会计师事务所的市场份额则显著上升，即发现了审计独立性的提高与审计市场相背离的现象。易琮运用 1997—2000 年我国审计市场的数据，对这一现象做了进一步的研究。她的研究显示，近年来我国审计市场的集中度事实上呈现逐渐上升的趋势。这种结论的差异，一方面可归因于衡量指标的不同；另一方面也可能反映了自 1997 年以来会计师事务所脱钩改制的行业制度变革对于市场结构的影响。她的证据还表明，我国审计行业的盈利水平也呈上升趋势，审计市场的制度变迁带来了市场绩效的改进。

夏冬林和林震昃（2003）则以我国上市公司 2001 年年报披露的审计费用为分析依据，指出无论从行业集中度还是从收费水平、人均劳动生产率、利润率看，我国审计市场还是一个竞争性的市场。如果从过度竞争损害会计师事务所独立性的命题推论，目前我国审计质量不高的原因之一就是这种竞争性的市场结构。刘明辉等（2003）以 1998—2000 年所有 A 股上市公司为样本，对我国审计市场集中度和审计质量的关系进行了实证研究。其结果表明，我国会计师事务所审计质量与审计市场集中度之间存在一种倒 U 形函数关系，并且平均来说，当一个会计师事务所市场份额（按客户数量）达到 7%时，其审计质量达到最高。他们认为，有必要在我国构造“寡占型”的审计市场结构，大力培育较大规模的会计师事务所，以提高审计质量和会计师事务所的国际竞争力。张立民和管劲松

(2004）采用 2002 年度上市公司年报的公开数据对我国 A 股审计市场结构进行了分析，认为我国 A 股审计市场尚未形成垄断竞争，尚未表现出明显的专业化，存在明显的地区分割现象，虽然成熟度不高，但也不是一个行政性收费市场。

耿建新和房巧玲（2005）在采用聚类方法分析我国审计市场 2001 年和 2002 年的数据后发现，目前我国审计市场中已存在典型的十余家大型会计师事务所。刘明辉和徐正刚（2005）以 2002—2004 年我国审计市场的数据分析表明，“四大”会计师事务所在大客户市场上存在明显的规模经济效应，而本土会计师事务所则呈现规模不经济的状态。曹强等（2008）利用包络数据分析法（DEA）对 2004—2005 年我国审计市场上行业专门化对规模经济效应的影响进行了研究，结果表明会计师事务所的行业专门化与审计生产效率显著正相关。近年来，我国会计师事务所的持续合并与规模扩大[①]为会计师事务所走行业专门化的发展道路提供了现实的可能性，韩洪灵和陈汉文（2008）的经验研究结果表明，行业专门化的会计师事务所会基于其差异化能力在大客户市场上实施差异化的具体战略，而基于其规模经济优势在小客户市场上实施成本领先的具体战略；相对于非行业专家，行业专门化的会计师事务所在大小客户市场上均能获得超额利润。漆江娜等（2004）运用 2002 年度的相关数据，对“四大”会计师事务所在中国审计市场的审计收费和审计质量进行了检验，结果表明“四大”会计师事务所的审计收费显著高于本土会计师事务所，经“四大”会计师事务所审计的公司每单位资产操控性应计利润额略低于本土会计师事务所审计的公司。李爽和吴溪（2004）研究了监管信号对审计定价的潜在影响，发现监管诱致性变更的审计定价显著高于自愿性变更的审计定价。李眺（2005）以 2001 年和 2002 年我国 A 股上市公司为样本，研究了我国审计市场上是否存在低价揽客行为，其研究未发现我国审计师在初始审计业务中从事低价揽客的竞争行为。韩洪灵和陈汉文（2007）则利用 2002—2004 年我国审计市场的数据对初始审计的定价行为与特征进行了进一步的实证考察，结果发现大型上市公司在小型会计师事务所之间的变更存在初始审计业务的定价折扣现象。

第四节　总结与未来研究方向

主流的审计市场研究者根据市场结构去评估和理解会计师事务所的行为与绩效。在西方，审计市场呈现高集中度的特征，但有关审计定价方面的经验证据表

① 自 2000 年开始，我国审计市场上出现了持续不断的会计师事务所合并浪潮，据中国注册会计师协会的统计，截至 2007 年 3 月 31 日，全国已批准 411 家会计师事务所的合并申请，这些会计师事务所合并后减少为 152 家。合并形式的选择主要有吸收合并、新设合并和吸收专业人员三种形式，分别占总数的 36%、47%和 17%。

明，审计收费反映了审计的边际成本因素，会计师事务所之间存在激烈的价格竞争。于是，我们需要解决高集中度的审计市场结构与竞争激烈的审计定价行为并存的这一结构主义观下的逻辑悖论。审计市场的经验研究者为此提供了三个主要的研究视角，即规模经济、产品差异性和服务多元化。如果能够证明审计市场的结构受到这三者的影响，那么高集中度水平也许是基本审计市场条件的后果，而不是会计师事务所的共谋行为。审计市场中的规模经济在于审计师行业知识累积过程中的"干中学"效应和行业专家某种程度上的"资产专用性"。经验证据表明，在管制的行业和其他行业的大客户市场中存在规模经济，从而支持这些行业不损害市场绩效的高集中度。然而，大型会计师事务所因规模经济所具有的成本优势并不能解释其收费溢价，收费溢价的唯一合理理由是审计的产品差异性，它包括审计意见质量差异、信号传递功能差异和保险功能差异。此外，由于审计服务与咨询服务之间可能存在因知识溢出和范围经济而造成的交叉补贴，咨询服务可能会影响审计服务的收费、成本及审计市场结构，从而会改变会计师事务所的特定竞争态势和绩效。

与西方发达国家不同的是，处于初步发展阶段的我国审计市场结构呈现出低集中度、分散与分割的特征，但已有的研究未能基于结构主义的研究范式对此给出系统的制度背景解释，尚未对我国审计市场中可能存在的规模经济、产品差异性与服务多元化对现有市场结构的未来影响进行系统的经验检验，从而无法恰当地评估与预测我国会计师事务所的竞争行为及其绩效。

未来需要对我国审计市场结构及其决定因素展开研究的议题包括：(1) 在低集中度的市场结构下，会计师事务所之间是有效的竞争还是导致不良市场绩效的恶性竞争？政府对审计行业的管制如何影响会计师事务所的竞争格局？分散而分割的市场结构是政府管制的后果吗？(2) 我国正在进行中的会计师事务所合并将对审计市场造成何种影响？它会促使市场往高集中度的方向走吗？结构主义的思路为此能提供有用的方向吗？(3) 由于不同的法律与制度背景，国际"四大"会计师事务所在我国审计市场上会有什么竞争战略？"四大"会计师事务所能有更高的审计质量吗？如果不能，是我国特有的审计市场结构的一个自然结果吗？(4) 随着我国会计师事务所规模的不断壮大，潜在的规模经济、产品差异化及服务多元化将会呈现何种特征？

[参考文献]

[1] J. Yardley & N. Kauffman. Supply behavior in the U. S. audit market. Journal of Accounting Literature, 1992, Vol. 11, No. 1: 151-172.

[2] J. S. Bain. Industrial organization. New York: Harvard University Press, 1959.

[3] 施蒂格勒. 产业组织和政府管制. 上海：上海人民出版社，1996.

[4] 李眺. 审计市场：产业组织视角的分析. 上海：上海财经大学出版社，2005.

[5] A. Zeff & R. Fossum. An analysis of large audit clients. The Accounting Review，1967，Vol. 42，No. 2：298－320.

[6] J. Burton & W. A. Roberts. Study of auditor changes. Journal of Accountancy，1967，Vol. 123，No. 4：31－36.

[7] A. Schiff & H. Fried. Large companies and the big eight：an overview. Abacus，1976，Vol. 12，No. 2：116－124.

[8] S. Tomczyk & W. Read. Direct measurement of supplier concentration in the market for audit services. Auditing：A Journal of Practice and Theory，1989，Vol. 9，No. 1：98－106.

[9] S. Tonge & C. Wootton. Auditor concentration and competition among the large public accounting firms：post-merger status and future implications. Journal of Accounting and Public Policy，1991，Vol. 10，No. 1：157－172.

[10] N. Dopuch & D. Simunic. The nature of competition in the auditing profession：a descriptive and normative view. Regulation and the Accounting Profession，CA：Lifelong Learning Publications，1980，77－94.

[11] D. Simunic. The pricing of audit services：theory and evidence. Journal of Accounting Research，1980，Vol. 18，No. 1：161－190.

[12] D. Simon & J. Francis. The effects of auditor change on audit fees：tests of price cutting and price recovery. The Accounting Review，1988，Vol. 63，No. 2：255－269.

[13] R. Moroney. Does industry expertise improve the efficiency of audit judgment? Auditing：A Journal of Practice and Theory，2007，Vol. 26，No. 2：69－94.

[14] J. Eichenseher & P. Danos. The analysis of industry-specific auditor concentration：towards an explanatory model. The Accounting Review，1981，Vol. 56，No. 3：479－492.

[15] P. Danos & J. Eichenseher. Audit industry dynamics：factors affecting changes in client-industry market shares. Journal of Accounting Research，1982，Vol. 20，No. 2：604－616.

[16] M. Haskins & D. Williams. The association between client factors and audit fees：a comparison by country and by firm. Accounting and Business Research，1988，Vol. 18，No. 7：183－192.

[17] D. Williams. The potential determinants of auditor change. Journal of Business, Finance and Accounting, 1988, Vol. 15, No. 2: 243-262.

[18] R. Beatty. Auditor reputation and the pricing of initial public offerings. The Accounting Review, 1989, Vol. 64, No. 4: 693-709.

[19] J. Francis & D. Simon. Test of audit pricing in the small-client segment of the U. S. audit market. The Accounting Review, 1987, Vol. 62, No. 1: 145-157.

[20] R. Banker & H. Change, Cunningham, R. The pubic accounting industry production function. Journal of Accounting and Economics, 2003, Vol. 35, No. 2: 255-281.

[21] Y. Beasle & M. Petroni. Board independence and audit firm type. Auditing: A Journal of Practice and Theory, 2001, Vol. 20, No. 1: 97-114.

[22] DeFond, Francis & Wong. Auditor industry specializations and market segmentation: evidence from Hongkong. Auditing: A Journal of Practice and Theory, 2000, Vol. 19, No. 1: 49-66.

[23] I. Basioudis & J. Francis. Big 4 audit fee premiums for national and office-level industry leadership in the United Kingdom. Auditing: A Journal of Practice and Theory, 2007, Vol. 26, No. 2: 143-166.

[24] Z. Palmrose. An analysis of auditor litigation and audit service quality. The Accounting Review, 1988, Vol. 63, No. 1: 55-73.

[25] S. Titman & Truman. Information quality and the valuation of new issues. The Journal of Accounting and Economics, 1986, Vol. 8, No. 2: 159-172.

[26] M. DeFond. The association between changes in client firm agency costs and auditor switching. Auditing: A Journal of Practice and Theory, 1992, Vol. 11, No. 1: 16-31.

[27] P. Healy & T. Lys. Auditor changes following big eight mergers with non-big eight audit firms. Journal of Accounting and Public Policy, 1986, Vol. 5, No. 4: 251-265.

[28] W. Wallace. The economic role of audits in free and regulated markets: a look back and look forward. Research in Accounting Regulation, 2004, Vol. 17, No. 1: 267-298.

[29] M. O'Reilly, R. Leitch & B. Tuttle. An experimental test of the interaction of the insurance and information-signaling hypotheses in auditing. Contemporary Accounting Research, 2006, Vol. 23, No. 1: 267-289.

［30］R. Antle & J. Demski. Contracting frictions，regulation，and the structure of CPA firms. Journal of Accounting Research，1991，Vol. 29，No. 3：1-24.

［31］D. Simunic. Auditing，consulting，and auditor independence. Journal of Accounting Research，1984，Vol. 22，No. 2：679-702.

［32］Z. Palmrose. The effect of nonaudit services on the pricing of audit services：further evidence. Journal of Accounting Research，1986，Vol. 24，No. 2：405-411.

［33］F. Gul，B. Jaggi & G. Krishnan. Auditor independence：evidence on the joint effects of auditor tenure and nonaudit fees. Auditong：A Journal of Practice & Theory，2007，Vol. 26，No. 2：117-142.

［34］K. Pany & P. Reckers. Auditor independence and non-audit services：director views and their policy implications. Journal of Accounting and Public Policy，1983，Vol. 2，No. 1：43-62.

［35］P. Beck，T. Frecka & I. Solomon. A model of the market for MAS and audit services：knowledge spillovers and auditor-auditee bonding. Journal of Accounting Literature，1988，Vol. 7，No. 1：50-64.

［36］DeFond，Wong & Li. The impact of improved auditor independence on audit market concentration in China. Journal of Accounting and Economics，2000，Vol. 28，No. 3：269-305.

［37］易琮. 行业制度变迁的诱因与绩效——对中国注册会计师行业的实证考察. 北京：中国财政经济出版社，2003.

［38］夏冬林，林震昃. 我国审计市场的竞争状况分析. 会计研究，2003（3）：40～46.

［39］刘明辉，李黎，张羽. 我国审计市场集中度与审计质量关系的实证分析. 会计研究，2003（7）：37～41.

［40］张立民，管劲松. 我国A股审计市场的结构研究——来自2002上市公司年度报告的数据. 审计研究，2004（5）：31～36.

［41］耿建新，房巧玲. 我国会计师事务所规模研究——基于审计市场经验数据的聚类分析. 会计研究，2005（3）：22～27.

［42］刘明辉，徐正刚. 中国注册会计师行业的规模经济效应研究. 会计研究，2005：（10）71～75.

［43］曹强，陈汉文，胡南薇. 事务所特征、行为与审计生产效率. 南开管理评论，2008（2）：84～91.

［44］韩洪灵，陈汉文. 会计师事务所的行业专门化是一种有效的竞争战略

吗——来自中国审计市场的经验证据. 审计研究，2008 (1)：53～60.

[45] 漆江娜，陈慧霖，张阳. 事务所规模·品牌·价格与审计质量——国际“四大”中国审计市场收费与质量研究. 审计研究，2004 (3)：59～65.

[46] 李爽，吴溪. 监管信号、风险评价与审计定价：来自审计师变更的证据. 审计研究，2004 (1)：13～18.

[47] 韩洪灵，陈汉文. 中国上市公司初始审计的定价折扣考察——来自审计师变更的经验证据. 会计研究，2007 (9)：83～89.

第八章 审计委员会

本章导读

审计委员会是当今审计理论和公司治理研究的热点问题之一，国内外学者从多角度对审计委员会进行了大量研究。本章基于信息经济学的视角构建了一个审计委员会的研究框架。审计委员会的设立是为了规范外部审计师的选聘，保证审计师的独立性，促进财务报告内部控制的建立与完善，提高财务报告质量，缓解股东与经理人之间的信息不对称。由于代理成本、公司特征等存在差异，股东对审计委员会的期望也有所不同，因此，在审计委员会的设立成为强制要求前，不同公司设立审计委员会的动机存在差异。另外，由于存在逆向选择与道德风险问题，审计委员会职责与效率的发挥与其组成（包括独立性与专业能力）、权威、资源、勤勉与激励等因素有关。

自《萨班斯-奥克斯利法案》（SOX-2002）颁布实施以来，世界范围内掀起了公司治理改革，其中关于审计委员会的地位与作用受到进一步的重视与强调，将其视为确保审计独立性与财务报告质量的一个重要环节。美国证券交易委员会于 2003 年 4 月颁布了《与上市公司审计委员会相关的准则》（Final Rule Standards Relating to Listed Company Audit Committees），进一步明确了有关审计委员会的相关规定。英国财务报告报告会（FRC）于 2003 年 1 月 20 日在征求社会各界意见的基础上，发布了《审计委员会——联合法案指南》（Audit Committees-Combined Code Guidance，又称 Smith 报告），进一步强调了审计委员会在董事会中的地位与职权。我国证监会于 2002 年 1 月发布《上市公司治理准则》，规定上市公司董事会可以按照股东大会的有关决议设立审计委员会。审计委员会已成为国内外审计理论与公司治理研究的热点之一。本章从信息经济学的角度出发，考察了审计委员会的本质与作用机理，分析了审计委员会的职责和设立的动机，探讨了审计委员会设立后的职责与效率发挥的影响因素，并对相关的文献进行了较为系统的述评，希冀为审计委员会的研究提供一个较为全面的分析框架和研究思路。

第一节 审计委员会：基于信息经济学的分析框架

企业是由市场中人力资本所有者和非人力资本所有者签订的一组不完备的要素使用权交易合约所组成的契约联合体。其中，作为非人力资本中股权资本提供者的股东与作为人力资本提供者的经理人（高管层）之间存在着信息的不对称。具体的表现形式包括签约前的逆向选择问题与签约后的道德风险问题。因此，要缓解股东与经理人之间的代理冲突，公司治理机制要发挥作用，就必须减少股东与经理人之间的信息不对称。为有效缓解信息不对称，公司治理中的一项重要举措就是股东在聘请经理人时，在经理人的聘任合约中约定，经理人必须定期向股东报告企业的财务状况和经营成果（通过财务报告的方式），并以此作为对经理人经营才能和经营努力的间接衡量，即经营业绩评价。目前，这一制度安排经过长期的演进发展已成为各国公司法的法定要求，财务报告也成为缓解经理人与股东签约后信息不对称的主要方式。

经过长期的演进发展，现代企业会计规则制定权的合约安排范式是：由政府行使通用会计规则制定权，由经理人来行使剩余会计规则制定权（谢德仁，1997）。经理人享有剩余会计规则制定权意味着财务报告最终由经理人负责领导制定。由于人的机会主义倾向和在信息处理上的优势地位，经理人很可能利用其信息提供方面的优势做出有损股东利益的道德风险行为，即提供低质量的财务报告。为此，需要外部独立的注册会计师对财务报告质量进行监督。

为保证财务报告的质量，需要外部独立的注册会计师对财务报告进行审计。财务报告的质量取决于注册会计师的审计质量，而注册会计师的审计质量又取决于其能否独立、客观和公正地行使审计监督权。其中，独立性是注册会计师职业道德的核心，包括实质上（精神）的独立与形式上的独立。为保证注册会计师的独立性，由谁来负责注册会计师的选聘与激励问题就显得尤为关键。从经济逻辑来说，在现代企业中，由于股东承担着企业的剩余索取权和最终的风险，因此股东享有选聘和激励经理人在内的企业控制权，注册会计师的审计事务的管理权也应归属于股东。但是，在实践中，由股东自身来直接负责管理注册会计师审计事务操作起来较难，因为在股权分散的情况下，股东人数众多，另外股东可能缺乏对注册会计师审计质量进行评价的相应专业知识，因此由股东来直接负责管理注册会计师的审计事务会导致交易成本太高而不可行。另外，如果由经理人来负责注册会计师的选聘与激励，则会影响注册会计师的独立性，因为注册会计师审计的对象就是经理人本身，这样就会形成由被审计对象决定注册会计师审计的制度安排，显然会影响注册会计师的独立性。此外，注册会计师还可能为经理人提供管理咨询以及税务服务等非审计服务并收取相应的费用，这也会使其丧失形式上的独立性（谢德仁，2006）。那么应通过什么样的制度安排来保障注册会计师的独立性呢？

一般来说，这一问题的解决可以通过如下的制度安排来实现，即通过股东的提名、任命的人员成立一个专门的委员会，这些人员对企业的经营管理和内部控制有所了解，并具备一定的会计、审计或财务等方面的专业知识和经验，然后由这个专门的委员会代表股东负责管理企业的注册会计师审计事务，这个专门的委员会就是审计委员会（谢德仁，2006）。由于设立审计委员会的目的就是为了在企业的注册会计师事务管理方面降低股东的交易成本并保障注册会计师的独立性，因此为保证其有效地履行职责，审计委员会的成员须具备下列条件：由股东直接选聘和激励、完全独立于经理人，具有一定的财务知识（至少有一名财务专家[①]，《SOX 法案》407 条款规定在编制定期报告时，须披露是否在审计委员会中至少有一名财务专家，如果没有须说明原因），以及有时间和精力投入企业注册会计师审计事务的管理等。

因此，审计委员会的本质就是由股东选聘的，代表股东利益，负责管理企业的注册会计师审计事务以确保注册会计师对经理人的独立性，并降低企业的治理成本的一个治理机构，它直接对股东负责。由此，从企业作为市场中人力资本所有者和非人力资本所有者签订的一组不完备的要素使用权交易合约所组成的契约联合体的本质（谢德仁，2001）来看，股东与审计委员会之间实际上形成了这一组合约中的其中一个合约，在这个合约中，股东通过对审计委员会成员的选聘、激励和其他制度安排获取审计委员会及其成员所提供的关于注册会计师事务的管理服务，以及对内部会计事务如内部审计部门的审计活动等的改进建议等服务。

由于审计委员会所提供的服务的质量和效率较难观察，为保证股东与审计委员会之间所签订合约得到有效履行，须对合约的相关内容进行界定，包括：(1) 审计委员会如何向股东进行独立报告，股东如何评价审计委员会及其成员的资格与业绩，如何激励审计委员会成员努力工作；(2) 如何清晰界定审计委员会与董事会

---

① 关于审计委员会中财务专家的界定，最初《SOX 法案》407 条款的定义是，具有会计专业的教育背景，具有 CPA、公司 CFO、会计主管、财务主管等经历的专业人士。但这一界定，遭受了广泛的质疑，认为这一界定太过于狭窄（Dhaliwal et al.，2010），随后，SEC 对《SOX 法案》的这一条款进行了修订，将财务专家的定义扩展到能够理解财务报告和相关的内部控制的专业人士（SEC Rule 33 - 8177，2003）。这样财务专家实际包括两类：一类是《SOX 法案》最初界定的财务专家，包括具有会计专业的教育背景，如具有 CPA、公司 CFO、会计主管、财务主管等经历的专业人士；另一类是没有会计专业的教育背景与会计工作经历，但熟悉财务报告与相关内部控制的专业人士，包括公司的 CEO、总裁、董事会主席，风险投资、投资银行的合伙人、董事或执行官等人。

之间的控制权边界，如审计委员会是否有权对注册会计师提供的审计服务和非审计服务施加控制；(3) 如何清晰界定审计委员会与注册会计师之间的权限，如注册会计师是否应尊重审计委员会及其成员对财务报告相关事项的判断；(4) 审计委员会的规模、成员任期，以及审计委员会开展工作所必需的资源保证，如审计委员会成员的培训和教育费用以及审计委员会成员开展工作所需的正常经费预算等。

另外，随着公司治理的演进以及审计委员会工作的深入发展，关于审计委员会与股东之间所签订合约的部分内容得以标准化与规范化，并以法律规范的形式颁布实施，从而从企业的合约组中独立出来成为一份公共合约。如美国 2002 年颁行的《SOX 法案》就对审计委员会制度进行了安排。① 就我国的情况来看，2002 年中国证监会、国家经济贸易委员会发布的《上市公司治理准则》和 2005 年国务院批转的证监会《关于提高上市公司质量意见的通知》中都明确要求设立以独立董事为主的审计委员会。②

尽管有关审计委员会成员的组成、权责、工作程序等公共合约的内容已通过法律规范的方式得以标准化与规范化，但是审计委员会能否充分地发挥作用及其效率还跟审计委员会成员是否充分履行其职责有关，而这又与审计委员会成员的组成、勤勉、权威、激励机制等相关，但这部分内容会因公司的具体情况存在差

① 按照《SOX 法案》，公开发行证券的公司董事会应设立专门委员会包括审计委员会，其目的在于监控公司的会计和财务报告过程以及公司财务报表的审计；审计委员会应全部由独立董事组成，其中至少包括一名 SEC 定义的财务专家，以董事会下属委员会的身份直接负责公司的外部会计事务（包括直接负责对提供外部独立审计服务的注册会计师事务所的聘用、报酬与监督，处理管理层与审计师之间关于财务报告所产生的争议）；受聘的注册会计师直接向审计委员会报告，其提供给公司的所有审计服务和非审计服务须事先获得该公司审计委员会的许可；另外，审计委员会应建立程序来接收、保管和处理公司收到的关于会计、内部控制以及审计事项的投诉以及公司员工对有疑问的会计与审计事项的秘密、匿名举报；当审计委员会认为履行职责必需时，有权聘请独立的顾问；公司应提供适量的资金用来支付公司聘用注册会计师事务所出具审计报告的费用和前述审计委员会聘请独立顾问的费用等。

② 关于审计委员会的相关法律法规，美国与我国有一定的区别。例如：《SOX 法案》规定，美国上市公司中审计委员会的设立是强制要求，而且要求审计委员会的成员全部由独立董事组成且至少包括一名 SEC 界定的财务专家；而根据我国上市公司的治理准则，上市公司董事会可以设立审计委员会，其中审计委员会中独立董事应占多数并担任召集人，审计委员会中至少应有一名独立董事是会计专业人士，但并没有通过法律法规的方式加以强制规定。此外，关于审计委员会的独立性，《SOX 法案》与国内的法律法规也有很大的区别。如根据《SOX 法案》和 SEC 的新规，为确保审计委员会的独立性，除费用额度极小的非审计服务外，外部审计师提供的所有审计服务和未被禁止的非审计服务，均须先经审计委员会预批，预先审批政策由公司自行制定，但不得将审计委员会的责任委托给管理层；凡在上市公司会计监管委员会注册的会计师事务所，在完成上市公司财务报表的审计工作后，均要在将相关审计报告提交 SEC 之前，以口头或书面形式向审计委员会报告；除对较小的交易事项所采取的会计原则无须披露外，会计师事务所必须向审计委员会详细说明其采用的一切重要会计政策、实务及理由，当前及未来事件对此决定的影响等；曾与管理层讨论过的所有重要的替代性会计处理方法须清楚说明，并对其使用后果及审计师倾向的处理方法分别予以阐述；内部控制报告及管理层与会计师事务所之间的来往信函等，只要有利于审计委员会对审计师和管理层实施监督，均须向审计委员会报告。我国多数上市公司除强调对内部审计进行监督外，对审计师独立性、财务报表的完整性和会计师提供的非审计服务三方面的监督职责鲜有涉及。审计委员会各项职责的规定也不够细致和深入，涵盖面还比较狭窄。最后，美国审计委员会制度特别强调与注册会计师、公司高级管理人员以及董事会的交流，如就重要的会计政策、可选择的会计处理方法、主要会计事项等与注册会计师进行讨论或交流，有权组织独立于管理当局的会议等，而目前我国上市公司的审计委员会制度中类似的要求较少。

异，因此只能成为不同公司的股东与审计委员会及其成员签订的私人合约的内容而无法成为公共合约。因此，尽管审计委员会成员的组成、权责、工作程序等公共合约的内容已通过法律规范的方式得以标准化与规范化，但不同公司的审计委员会的作用与效率的发挥仍存在差异。

此外，为保证财务报告的质量，《SOX 法案》302 条款与 404 条款提出与强化了有关财务报告内部控制的要求。因此，审计委员会还应当监控公司财务报告内部控制的完整性，评价管理层用于辨认、监控财务和非财务风险的管理体系的范围及其有效性。

综上所述，从信息经济学的角度，公司成立审计委员会的目的是增强注册会计师的独立性，促进财务报告内部控制的建立与完善，监控财务报告的编制过程，保证经审计的财务报告的质量，从而缓解股东与经理人之间的信息不对称。由于公司特征、信息风险与代理成本的不同，在审计委员会的设立成为强制要求前，不同公司设立审计委员会的动机与审计委员会的独立性存在差异。此外，由于选聘的审计委员会成员存在逆向选择与道德风险问题，审计委员会的作用与效率的发挥受到审计委员会成员的组成、勤勉、权威、激励机制等相关因素的影响，进而影响到财务报告的质量（如盈余管理程度、财务报告的重述、财务舞弊等）、注册会计师的选聘与独立性、财务报告内部控制的建立与完善等。

20 世纪 80 年代以来，关于审计委员会的研究逐渐增多。至今，该领域研究成果较为丰富，但尚缺乏一个完整的分析框架对其进行梳理。本章从信息经济学角度出发，构建了一个研究框架（如图 8—1 所示）。该框架遵循三条主线：一是

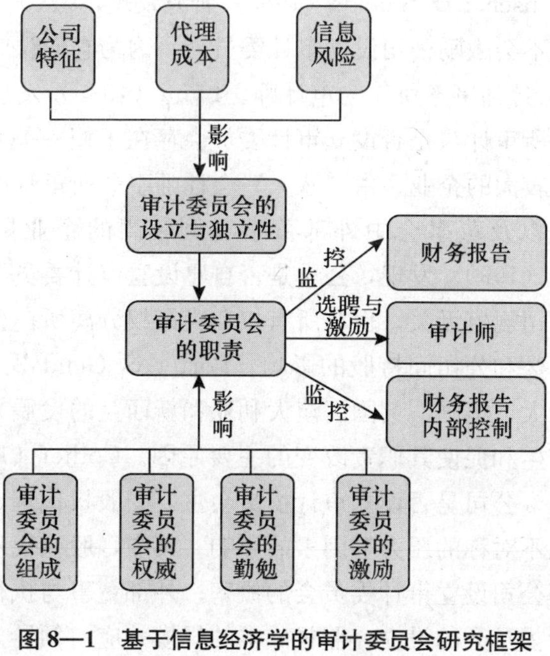

图 8—1 基于信息经济学的审计委员会研究框架

在审计委员会的设立成为强制要求前，公司特征、信息风险与代理成本对设立审计委员会的动机与审计委员会的独立性的影响；二是审计委员会设立后职责的履行情况，如对注册会计师的选聘与独立性、财务报告编制的监控以及财务报告内部控制的完善等；三是审计委员会成员的组成、权威、勤勉与激励等因素对其职责与效率发挥的影响。基于这一研究框架，本章对西方主流的有关审计委员会的实证研究进行了梳理与总结。

第二节　审计委员会：设立与职责

一、审计委员会设立的影响因素：代理成本、公司特征及其他因素

设立审计委员会的本质是为了提高注册会计师的独立性，保证注册会计师的审计质量与财务报告的质量，从而缓解股东与经理人之间的信息不对称，降低代理成本。但是，由于不同公司的代理成本（包括股权代理成本与债权代理成本）存在差异，公司聘请的外部注册会计师的规模与质量存在差别，公司的特征与股东对审计委员会的期望也有所不同，因此，在审计委员会的设立成为强制要求前（如上文所述，关于审计委员会的设立成为法律规定应该是《SOX 法案》颁行以后，我国目前还没有通过立法的形式对审计委员会的设立进行规定，只是在《上市公司治理准则》和国务院转发的证监会《关于提高上市公司质量意见的通知》中提出了设立审计委员会的要求），不同公司设立审计委员会的动机存在差异。

Eichenseher & Shields（1985）研究发现，“八大”会计师事务所以外的会计师事务所不会激励公司设立审计委员会，因为它们认为审计委员会更加愿意聘请“八大”会计师事务所作为审计师。Lynn（1985）发现公司是否聘请“八大”会计师事务所审计与是否设立审计委员会存在正相关关系。Pincus et al.（1989）发现，规模较大的企业、由“八大”会计师事务所审计的企业、经理人持股比例较低的企业以及董事会中外部董事比例较高的企业更有可能设立审计委员会。Bradbury（1990）发现，公司是否自愿设立审计委员会既与审计师的激励、财务杠杆和公司规模无关，也与所有权和决策权分离所产生的代理成本无关，而是受董事会人数和公司间持股的影响。Porter & Gendall（1993）认为，从审计委员会在加拿大、美国、英国、澳大利亚和新西兰的发展来看，公司失败是激发审计委员会产生和促使其职责改变的主要原因。Collier（1993）通过英国上市公司的研究发现，公司是否设立审计委员会主要受股权代理成本、债权代理成本、董事减少信息不对称的压力等因素的影响。其中，股权代理成本与债权代理成本的增加会提高公司设立审计委员会的概率；外部董事与执行董事间的信息不对称也会导致审计委员会的设立；监督成本的规模效应、领导人的性格和审计师也会影响

审计委员会的设立；此外，设立审计委员会的公司还存在管理层持股比例低、高负债、公司规模较大、属于“六大”会计师事务所的客户等特征。Garson（2002）对澳大利亚公司的研究发现，公司是否自愿设立审计委员会受到审计师的质量、董事会中董事与外界联系情况等因素的影响。

总体来看，关于公司设立审计委员会的动机，文献结论并未取得完全一致的意见，这可能是因为不同证券市场上市公司的规模、股权的分散程度、代理冲突的种类以及股票市场的流通性影响了代理成本变量与审计委员会设立之间的关系（Collier & Gregory，1999）。另外，随着《SOX 法案》以立法的形式明确规定上市公司必须设立审计委员会制度后，国外特别是美国关于审计委员会的学术研究重点已经从公司设立审计委员会的影响因素转向研究影响审计委员会效率发挥的因素。

二、审计委员会的职责：审计师选聘、财务报告监控与内控评价

如前文所述，随着安然、世通等一系列重大的财务舞弊案的发生，美国通过了《SOX 法案》。在该法案中继续强调了审计委员会的重要作用，将其视为确保审计独立性和财务报告质量的一个重要环节。为了贯彻该法案关于审计委员会的相关规定，美国 SEC 于 2003 年 4 月颁布了《与上市公司审计委员会相关的准则》（以下简称“SEC 新规则”）。

《SOX 法案》和 SEC 新规则在审计委员会职责方面，主要发展了对外部审计师所提供的非审计服务进行审查的责任，具体内容如下：（1）审计委员会对外部审计师的聘用、薪酬以及监督，包括公司管理当局与外部审计师关于财务报告差异的协调负直接责任；（2）审计委员会有责任对外部审计师所提供的审计服务进行审查，并评估相关的内容对财务报告的影响；（3）除费用额度占同年公司支付给外部审计师费用总额不足 5%的非审计服务无须预先审批外，外部审计师提供的所有审计服务（包括必须提供的与证券包销有关的信用保证）和未被禁止的非审计服务都必须经审计委员会的预先审批。围绕着审计委员会职责的发挥，国外众多文献对此进行了分析。

（一）审计委员会与财务报告监控

DeFond & Jiambalvo（1991）发现，在 1977—1988 年高估年度盈余的公司更小可能设立审计委员会。McMullen（1996）利用 1982—1988 年的样本研究发现，审计委员会的设立与更少的股东对公司财务报告的舞弊诉讼、更少的季度财务报告重述、更少的 SEC 行动、更少的违法违规行为以及更少的审计师更换（由于审计师与公司的会计处理意见不一致）联系在一起，这意味着审计委员会的设立可以改进财务报告与披露的质量。DeChow（1996）也发现，发生财务欺诈的企业在欺诈发生时设立审计委员会的概率更低。Wild（1996）研究发现，公

司在设立审计委员会后，财务报告的信息含量提高了。Agoglia，Doupnik & Tsakumis（2011）通过试验研究的方法考察了在原则导向和规则导向两种会计准则体系下，审计委员会对财务报告编制过程的监督作用。研究发现，在规则导向的会计准则体系下，随着审计委员会监督作用的加强，CFO 不太可能提供更激进的财务报告，但在原则导向的会计准则体系下，审计委员会的监督作用被大大削弱。

（二）审计委员会与外部审计师的选聘与监控

Lee，Mande & Ortman（2004）考察了审计委员会和董事会的独立性与注册会计师辞聘之间的关系。研究发现，审计委员会和董事会的独立性与注册会计师辞聘的概率呈显著的负相关关系，独立的审计委员会与董事会会降低注册会计师辞聘的可能性。此外，审计委员会的独立性还与继任的注册会计师的审计质量呈正相关关系，如果审计委员会不独立，则继任的注册会计师品质会下降。

Gaynor，McDaniel & Neal（2006）通过对 100 个有经验的公司董事进行试验模拟（假设他们是审计委员会成员或普通投资者），如果注册会计师同时提供审计服务与非审计服务有助于提高审计的质量，则审计委员会成员会倾向于推荐审计师同时提供这两种服务；与此同时，如果注册会计师所提供的服务及相关费用需要披露，那么他们不倾向于做类似的推荐，尽管这可能有助于审计质量的提高，可能的原因是避免被投资者误解其独立性受到损害。

Lennox & Park（2007）以 1995—2000 年发生的 1 198 起审计师变更并转向聘请“五大”会计师事务所为新任审计师的公司作为研究样本，发现在其中 189 个公司的高管层（如 CFO、分管会计的副总裁、会计主管等）有过在会计师事务所工作经历的公司样本中，有 105 个公司倾向于选择其高管层曾经工作的会计师事务所作为新的审计师，但如果公司审计委员会由外部的独立董事组成，那么这一事实发生的概率会下降，表明审计委员会能够更有效地规范审计师的选聘，从而保证注册会计师的独立性与审计质量。

Beasley，Carcello，Hermanson & Neal（2009）通过与 42 个上市公司审计委员会成员进行深入访谈的方式考察了审计委员会的运作过程。研究发现，审计委员会成员都试图履行其有效的财务报告监督职责而避免仅是一种形式上的安排，但在其履行职责的过程中受到很多因素的影响，无论是代理理论（认为审计委员会是公司治理中一种有效的监督机制）还是制度安排理论（认为审计委员会只是一种形式上的制度安排并传递一种信息）都无法完整地解释上述过程。此外，审计委员会作用的发挥还与公司的具体特征以及个人因素有关，如是否为财务专家以及被任命的时间（是在《SOX 法案》颁布前还是颁布后）。

Carcello，Neal，Palmrose & Scholz（2011）考察了审计委员会成员的选聘过

程及对其独立性及财务报告质量（以财务报告重述作为替代变量）的影响。研究发现，当CEO未参与审计委员会成员的选聘时，独立的审计委员会及其财务专家与更少的财务报告重述显著相关，表明审计委员会及其中的财务专家有效地履行了其职责，但当CEO参与审计委员会成员的选聘时，审计委员会的独立性受到损害，其对财务报告重述的影响变得不显著。

（三）审计委员会与公司内部控制评价

Wu，Wang & Ding（2005）考察了审计委员会对财务报告及时性的影响，发现盈余质量、外部审计质量与公司财务报告的及时性正相关，而审计委员会的设立有助于提高财务报告的及时性。

Zhang，Zhou & Zhou（2007）通过配对样本考察了审计委员会的品质、审计师的独立性与内部控制缺陷之间的关系。研究发现，审计委员会中财务专家（包括有会计专业背景的财务专家，如CPA、CFA，以及非会计专业背景的财务专家，如CEO等）的比重与内部控制存在的缺陷有显著的负相关关系，审计师的独立性也与内部控制存在的缺陷存在显著的负相关关系，另外更多的审计师变更也与更多的内部控制的缺陷有关。

Goh（2009）针对《SOX法案》302条款与404条款的要求，研究了审计委员会与董事会的组成与效率对内部控制重大缺陷进行整改及时性的影响，以2003年7月—2004年12月依据302条款披露至少一次内部控制重大缺陷的208家公司作为研究样本，以披露内部控制重大缺陷后收到无保留的财务报告内部控制的审计意见报告时间作为内部控制缺陷整改及时性的替代变量。研究发现，审计委员会中财务专家所占的比重与内部控制缺陷的整改时间呈显著的正相关关系，但与其他研究不同的是，这一结果只与非会计专业背景的财务专家在审计委员会中所占的比重有关；另外，内部控制缺陷整改的及时性还与更大的审计委员会规模、更独立的董事会、是否任命新的有经验的CFO有关。

Hoitash，Hoitash & Bedard（2008）考察了公司治理机制与财务报告内部控制之间的关系。研究发现，在《SOX法案》第404条款下披露的内部控制重大缺陷与审计委员会中有会计专业背景的财务专家及非会计专业背景的财务专家的比重显著负相关（但两种类型的财务专家的影响有差异），此外内部控制的重大缺陷还与董事会的有效性等其他公司治理机制有关。

为考察审计委员会职责的履行情况，如注册会计师的选聘、财务报告的监控与内部控制的评价，以往的文献设立了如下模型：

$$Y=\alpha+\beta \text{AuditCommittee}+\text{controlvariables}+\delta$$

式中，Y为因变量，分别代表注册会计师的选聘、财务报告的监控与内部控制的评价；测试变量AuditCommittee主要代表审计委员会职责的发挥，具体又通过审计委员会的设立与否，以及审计委员会的品质、独立性、效率等衡量，另外还包括若干控制变量。以往的文献中因变量与测试变量的主要衡量方式如表 8—1 所示。

表 8—1　　审计委员会的职责发挥的实证研究变量及定义

变量指标	研究者（研究时间）
因变量	
财务报告的监控：	
公司的盈余管理水平	DeFond & Jiambalvo（1991）
股东是否对公司财务报告的舞弊提起诉讼、季度财务报告重述的可能性、SEC 是否采取了行动、公司是否有违法违规行为以及审计师更换的可能性	McMullen（1996）
是否发生了财务欺诈	DeChow（1996）
财务报告的信息含量	Wild（1996）
审计委员会对财务报告编制过程的监督	Agoglia，Doupnik & Tsakumis（2011）
外部审计师的选聘与监控	
注册会计师被辞聘的可能性	Lee，Mande & Ortman（2004）
审计师发生变更并转向聘请“五大”会计师事务所为新任审计师的可能性	Lennox & Park（2007）
CEO 是否参加审计委员会成员的选聘过程	Carcello，Neal，Palmrose & Scholz（2011）
公司内部控制评价：	
公司内部控制的重大缺陷	Zhang，Zhou & Zhou（2007）；Hoitash，Hoitash & Bedard（2008）
公司对内部控制重大缺陷进行整改的及时性（以披露内部控制重大缺陷后收到无保留的财务报告内部控制的审计意见报告时间来表示）	Goh（2009）
自变量	
是否设立审计委员会	DeFond & Jiambalvo（1991）；McMullen（1996）；DeChow（1996）；Wild（1996）
审计委员会的品质、独立性（包括其组成、财务专家的比重、有会计专业背景的财务专家比重等）	Lee，Mande & Ortman（2004）；Lennox & Park（2007）；Zhang，Zhou & Zhou（2007）；Goh（2009）；Hoitash，Hoitash & Bedard（2008）

第三节 审计委员会效率的影响因素：组成、权威、勤勉与激励

如果审计委员会能够按其本质发挥有效的作用与效率，则可以提高财务报告的质量（如降低盈余管理程度、减少财务报告的重述、减少违规信息披露与财务舞弊等），增强注册会计师的独立性，促进公司内部控制机制的建立与完善，缓解股东与经理人之间的信息不对称，降低代理成本。然而，由于选聘的审计委员会及其成员与股东也存在着信息的不对称，审计委员会成员的选聘前后存在逆向选择与道德风险问题，因此其效率的发挥受到审计委员会的组成、权威、勤勉与激励的影响。其中，审计委员会的组成主要指审计委员会组成人员所应具备的品质，包括独立性、专业能力、经验、正直和客观性等。审计委员会的权威包括审计委员会的职责和影响，审计委员会的权威来自于法律、证券交易所的要求和董事会，例如《SOX法案》要求公众公司审计委员会对外部审计师的聘任、薪酬负责，并监督其工作；审计委员会的权威（影响）也取决于审计委员会与管理层、外部和内部审计师的关系。例如，美国注册会计师协会（AICPA，2000）给予了审计委员会一定的权威，因为它要求审计师应当与审计委员会交流所发现的舞弊、非法交易、与管理层的冲突和重要性等问题。审计委员会的勤勉是指审计委员会的组成人员主观上愿意履行其职责的程度。DeZoort et al.（2002）认为组成人员、权威是影响审计委员会效率的基本因素，勤勉是影响审计委员会的过程因素。关于审计委员会的许多研究报告都对其组成人员的勤勉提出了要求。例如，蓝带委员会（Blue Ribbon Committee，BRC，1999）建议，审计委员会至少每季度召开一次会议，与外部审计师讨论财务报告。Kalbers & Fogarty（1993）认为勤勉是衡量审计委员会效率最重要的要素。此外，审计委员会成员的激励也是影响其充分履行职责的重要因素。

一、审计委员会的组成与效率

1. 审计委员会的独立性

在审计委员会的组成对其效率的影响中，最主要的两个方面是审计委员会的独立性与专业能力。关于审计委员会的独立性，Knapp（1987）的研究发现，聘任“八大”会计师事务所的公司，其审计委员会在外部审计师与管理层的冲突中，向外部审计师提供了更多的支持。Beasley（1996）的发现，发生财务报告舞弊公司的董事会以及审计委员会中外部董事的比例显著低于没有发生财务报告舞弊的公司。McMullen & Raghunandan（1996）的研究也发现，对于那些财务报告存在问题的公司，其存在完全由独立董事组成的审计委员会的概率更低。Beasley

(2000) 通过对技术、健康保险与金融保险三个行业中发生财务报告欺诈的公司进行研究发现，发生欺诈的公司董事会与审计委员会的独立性更低。Abbott et al.(2000) 发现，审计委员会由独立董事组成的公司，较少因财务舞弊或披露误导性的财务报告而被 SEC 处罚。Carcello & Neal (2000) 通过研究处于财务困境的公司后发现，公司审计委员会中关联董事（包括内部董事与灰色董事）所占的比重越高，这些处于财务困境的公司被注册会计师出具非标准的审计意见报告的可能性越低。Archambeault & DeZoort (2001) 发现，那些发生非正常更换注册会计师的公司审计委员会中，独立董事的比例相对于未发生非正常更换注册会计师的公司来说更低。Abott et al. (2002) 发现，审计委员会的独立性与公司出现财务报告重述（financial restatement）的可能性显著负相关。Klein (2002b) 以标准普尔 500 公司作为样本研究后发现，审计委员会的独立性与操控性应计利润 (discretionary accruals，DA) 显著负相关，审计委员会独立性的下降会引起操控性应计利润的大幅增加，但是他也发现，审计委员会的完全独立与盈余管理程度无关，即要求所有审计委员会的成员都独立无助于减少盈余管理行为。Carcello & Neal (2003a) 以 1988—1999 年被“六大”会计师事务所出具持续经营审计意见报告的公司为样本，研究发现，当注册会计师出具了对客户不利的审计报告时，独立性更高和持股量更少的审计委员会能更有效地保护这些注册会计师不被解聘，而且随着时间的推移，审计委员会的独立性与对注册会计师的保护之间的相关性越来越高。此外，审计委员会中关联董事（即内部董事和灰色董事）比例越高的公司，在被出具持续经营的审计意见报告后，其所聘用的注册会计师被解聘的概率更高。Carcello & Neal (2003b) 以财务困境公司为样本的研究发现，审计委员会中关联董事所占的比例同企业财务报表附注及管理层分析与讨论 (management's discussion and analysis，MD&A) 中对企业持续经营能力讨论的乐观程度显著正相关。Ng & Tan (2003) 通过调查问卷发现，审计委员会的独立性对审计师的讨价还价能力（审计调整时）会产生影响。Abbott，Parker & Peters (2004) 通过配对样本，分析了审计委员会的特征与财务报告重述之间的关系，实证结果发现，审计委员会独立性（包括是否全部由独立董事组成、是否至少有三个以上的董事）及活动情况（作为审计委员会勤勉的替代变量）与财务报告出现重述的可能性显著负相关；此外，审计委员会中是否至少包括一名财务专家也与财务报告出现重述的可能性显著负相关。

2002 年，随着安然、世通等公司财务舞弊丑闻的发生，美国通过了《SOX 法案》，在该法案中明确提出，公司的审计委员会必须完全由“独立董事”组成，独立董事不得是公司或者其子公司的关联人士，其中至少一人应是财务专家（当然，这个议案的提出也可能是基于审计委员会独立性的学术研究的大量文献）。另外，独立董事不得从公司中接受任何咨询费、顾问费或者其他酬金，这就从根本上保证了审计委员会的独立性，因此有关审计委员会的独立性的研究文献逐渐减少。

2. 审计委员会的专业能力

在审计委员会的组成对其效率的影响中，另外一个重要方面是审计委员会成员的专业能力。很多文献对此进行了考察与分析，并认为审计委员会成员的专业能力是审计委员会有效性的重要影响因素。另外，如上文所述，由于《SOX法案》对审计委员会的组成有了明确的规定，从而保证了审计委员会的独立性，因此，在颁布此法案后，关于审计委员会的研究重点转向研究审计委员会的专业能力。在这些文献中，根据研究方法的不同，可分为利用调查问卷进行的研究、利用档案数据进行的研究和利用实验方法进行的研究。

利用调查问卷进行的研究中，有一类是通过对审计委员会组成人员的调查进行的。GAO（1991）发现在被调查的美国大型银行的40位审计委员会主席中大约有一半的人认为他们所属的审计委员会的成员并不完全具有履行职责所需的会计、审计、银行经营和法律的专业能力。DeZoort（1997）经调查发现，审计委员会的成员一般都认为应具备充分的会计、审计和法律专业能力。另一类研究是通过对与公司利益相关的人士调查进行的。Raghunandan et al.（2001）对内部审计主管的调查发现，至少拥有一名会计或财务背景成员的审计委员会：（1）与内部审计人员召开更长时间的会议；（2）与内部审计人员单独接触；（3）评价内部审计建议和结论。Kalbers（1992a，1992b）对外部审计师和内部审计师的调查发现，与参加审计委员会的审计师相比，他们对审计委员会专业能力的评价相对较低。

除了通过问卷调查进行研究的文献外，利用档案进行研究的文献，从更广泛的角度对专业能力与审计委员会效率的影响进行了分析。McMullen & Raghunandan（1996）指出，出现财务报告问题的公司，其审计委员会成员拥有CPA资格的比例相对较低。DeZoort et al.（2001）发现，发生非正常变更外部审计师公司的审计委员会成员在会计、审计或财务方面的专业能力水平相对较低。Beasley & Salterio（2001）的研究发现，审计委员会是否自愿提高其成员财务报告等方面的专业能力，与公司董事会规模、外部董事占董事会的比例和总经理与董事长职务是否相分离显著相关。Abbott et al.（2002）发现，审计委员会成员中会计知识的缺乏与公司财务报告中出现错报的概率显著正相关。Xie et al.（2003）发现，当公司的审计委员会成员中，其他公司的经理人或投资银行家所占的比例越大时，公司财务报告的盈余管理程度越小。Abbott et al.（2003b）发现，审计委员会成员的财务专业能力与审计收费的高低显著正相关，即专业能力越高，公司的审计费用越高。Felo et al.（2003）研究发现，在控制了企业规模、董事会构成、机构投资者持股比例等因素后，审计委员中财务专家的比例与财务报告质量显著正相关。此外，还有部分利用实验方法进行研究的文献调查了更多的专业能力属性（如知识、能力和经验等）与审计委员会效率之间的关系。DeZoort & Salterio（2001）进行了一项实验，目的在于检查审计委员会成员的知识和经验对其处理外部审计师和管理层冲突的影响。他们的研究发现，具有独立董事经验和审计知识的成员在一项外部审计师和管理层关于“实质重于形式”的冲突中，向外部审计师提供了更多的支持。相反，具有董事和高级管理人员经验的成员给予管理层更多的支持。财务会计知识和解决问题的能力与给予哪方支持并不相关。McDaniel et al.（2002）在进行的一项实验中，让会计师事务所的经理和EMBA毕业生评论财务专家和财务学者在评价财务报告质量方面存在的差异。他们发现，专家主要将注意力集中在重复发生和正常的问题上，而财务学者主要将注意力集中在非重复发生和特别的问题上。他们得出结论，设法加强审计委员会的财务专家能力将对审计委员会评价财务报告质量产生影响。

针对关于审计委员会成员中财务专家的界定，Krishnan & Lee（2005）考察了影响公司选择具有会计专业背景的财务专家（有会计专业背景，如CPA，CFO等）作为审计委员会成员的因素，研究发现，公司面临的诉讼风险越高，越有可能任命具有会计专业背景的财务专家作为审计委员会的成员，但这种关系只在公司治理较好的公司中存在，在公司治理不好的公司中不存在这种关系。Krishnan & Visvanathan（2008）针对《SOX法案》中审计委员会中应有财务专家的规定，探讨了财务专家的内涵及其对财务报告质量的影响，以2000—2002年标准普尔500的公司作为研究样本，以会计稳健性（三种方式计量）作为财务报告质量的替代变量，研究发现，有会计专业背景（如CPA、CFO）的财务专家与会计稳健性显著正相关，而无会计专业背景的财务专家（如CEO等）以及非财务专家都与会计稳健性无显著的相关关系，但这一结果只在有良好公司治理机制的公司样本中存在，表明在良好的公司治理机制下，审计委员会中的财务专家有效地发挥了对审计师的监督职能，提高了注册会计师的独立性与财务报告质量。

DeFond，Hann & Hu（2005）针对《SOX法案》中要求公司审计委员会成员中至少有一名财务专家的要求，采用事件研究法，考察了702家公司新任命的审计委员会成员的市场反应。研究发现，如果新任命的审计委员会成员是有会计专业背景的财务专家，那么任命发生后三天的累计非正常收益（CAR）显著为正，但如果新任命的审计委员会成员是非会计专业背景的财务专家或者非财务专家，那么CAR不显著；此外，这一效应只发生在那些在任命前公司治理机制较好的公司中。

Bedard，Chtourou & Courteau（2004）探讨了审计委员会内的财务专家及其独立性和活动对激进盈余管理的影响。他们发现，审计委员会内财务专家与治理专家的比例与激进的盈余管理水平（无论是导致收益增加的应计项目还是收益减少的应计项目）显著负相关，另外，如果审计委员会的职责能更清晰地界定也会降低激进的盈余管理水平。

Carcello，Hollingsworth，Klein & Neal（2006）考察了审计委员会内的财务专家与其他公司治理机制在减少公司盈余管理方面的关系（是互补关系还是补充关系）。研究发现，在公司治理机制较差的公司里，审计委员会内是否有会计专业背景的财务专家与公司的盈余管理行为显著负相关（以操控性应计表示），如果审计委员会内的财务专家具有较强的独立性，那么其监督效用更强；但没有发现非会计专业背景的财务专家（除非其是公司目前或前任的主管）与公司的盈余管理行为有显著的相关关系。此外，审计委员会内是否有会计专业背景的财务专家与公司的盈余管理行为的关系只在公司治理机制较差的公司中存在，而在公司治理机制较好的公司中并不存在，表明其他的公司治理机制与审计委员会内财务专家对财务报告的监督机制是一种相互替代的关系。

Krishnan & Visvanathan（2007）探讨了审计委员会中财务专家的存在对注册会计师审计定价的影响，以 2000—2002 年标准普尔 500 中的公司作为研究样本，研究发现，在控制了董事会的其他特征及公司特征后，审计定价与审计委员会中有会计专业背景的财务专家的比例显著负相关，但这一关系只在总的公司治理情况良好的公司样本中存在。此外，审计定价与审计委员会中无会计专业背景的财务专家的比例无显著的关系，表明注册会计师认为在一个拥有好的公司治理的公司中，有会计专业背景的财务专家能够有效地发挥监督财务报告编制过程的作用，从而降低审计风险，因此可以收取相对较低的价格。

上述关于审计委员会的组成与效率的研究所得出的结论主要包括两个方面：一方面认为提高审计委员会的独立性有助于提高其效率。一般而言，审计委员会独立性的影响主要表现在：（1）聘任更高质量的外部审计师，与内部审计进行更多的交流，保护外部审计师免受客户的压力；（2）降低财务报告出现差错的可能性。另一方面认为审计委员会组成人员的专业能力和经验对其效率有重要影响。主要表现在：（1）与内部审计更广泛的交流；（2）降低财务报告出现差错的可能性；（3）在管理层与外部审计师的冲突中能给予外部审计师更多的支持。

二、审计委员会的权威与效率

在《SOX 法案》对审计委员会的独立性与权威性进行界定之前，关于审计委员会效率的研究的部分文献对此进行了考察，但随着《SOX 法案》的颁布实施，关于这一部分的研究文献逐渐减少。

关于审计委员会权威与效率关系的研究文献，主要通过调查问卷的方法，集中对审计委员会的职责进行了研究。Cooper & Lybrand（1995）提供的证据表明，在他们研究之前的 20 年，审计委员会的活动范围发生了很大的变化，同时，他们所调查的审计委员会履行监督职责的范围也很大。DeZoort（1997）调查了审计委员会成员在财务报告、审计以及整个公司治理领域内对其职责的理解。调查对象一致认为，对内部控制的评价是最重要的监督领域；同时，对财务报表的审查和内、外部审计的评价也被认为很重要。Lee & Stone（1997）的研究指出，审计委员会成员所具备的专业能力（如在会计、审计和控制问题上的技能）与其所应当履行职责的要求并不匹配。Haka & Chalos（1990）调查了审计委员会主席、管理层、外部审计师和内部审计师对代理冲突的理解。他们发现，审计委员会与管理层在财务报告披露和操控性会计程序问题上的确存在代理冲突，同时，审计委员会主席在影响会计选择问题上的意见与外部审计师及内部审计师都有所不同。Kalbers & Fogarty（1993）就审计委员会的权力与效率之间的关系，调查了90家公司审计委员会的成员。他们对调查结果的分析指出，审计委员会的效率体现在对财务报告、外部审计师和内部控制的监督上。在组织内部，审计委员会的权力来自于明确的章程和高层管理人员明确的支持。

三、审计委员会的勤勉与效率

在关于审计委员会的勤勉与效率关系的研究中，主要以每年审计委员会召开会议的次数作为衡量其勤勉程度的变量。研究结果表明，充足的会议次数对于审计委员会有效履行其职责极为重要。更多的审计委员会会议可降低财务报告出现问题的可能性，同时可以提高外部审计质量。Beasley et al.（2000）指出，发生舞弊案的公司，其审计委员会每年召开会议的次数少于不存在舞弊的公司。他们的研究还指出，发生舞弊公司的审计委员会一般每年仅召开一次会议，而不发生舞弊的公司，其审计委员会每年召开会议的次数大概有两三次。Abbott et al.（2000）的研究也得出类似的结论，审计委员会每年至少召开两次会议的公司因财务报告问题受到SEC处罚的可能性较小。McMullen & Raghunandan（1996）发现，存在财务报告问题的公司，其审计委员会召开会议的频率较低。Abbott & Parker（2000）在研究500家公司对外部审计师的聘任时发现，审计委员会每年至少召开两次会议的公司更有可能聘用具有行业专家地位的会计师事务所。Archambeault & DeZoort et al.（2001）发现，发生非正常外部审计师变更的公司，其审计委员会召开会议的频次低于没有发生非正常外部审计师变更的公司。Raghunandan & Rama（2007）以审计委员会会议次数作为审计委员会勤勉的替代变量，考察了影响审计委员会勤勉的因素，研究结果发现，若公司的规模越大，外部机构投资者持股比例越高，董事会会议次数越多，则审计委员会会议越多。另外，若审计委员会中有会计专业背景的财务专家越多，则审计委员会会议越多，但没有发现审计委员会中非会计专业背景的财务专家的比例与审计委员会会议次数的关系。

此外，也有一些文献采用其他的变量衡量审计委员会的勤勉。Kalbers & Fogarty（1993）通过调查公司 CFO、CIA 和会计师事务所合伙人对审计委员会勤勉的理解，以准备水平（level of preparation）、警惕性（vigiliance）、独立性（independence）和审计委员会主席及成员的活动水平综合衡量审计委员会的勤勉，研究发现，审计委员会的勤勉与其效率正相关。Turpin & DeZoort（1998）以年度财务报告中是否自愿披露审计委员会报告衡量审计委员会的勤勉，研究发现，自愿披露审计委员会报告与公司规模、外部董事的比例、负债水平及发生重大股权交易正相关。Carcello et al.（2002）的研究发现，自愿披露审计委员会报告与公司规模、是否在纽约证券交易所上市、审计委员会的独立性等正相关。

四、审计委员会的激励与效率

审计委员会效率的发挥除与其组成（主要包括独立性与专业能力）、权威、勤勉有关外，近来还有很多文献认为其与审计委员会成员的薪酬激励有一定的关系。Archambeault，Dezoort & Hermanson（2008）考察了审计委员会的薪酬计划安排与财务报告重述之间的关系，研究结果发现，与预期的一致，审计委员会成员获得的短期股票期权与财务报告出现重述的可能性显著正相关，这可能是因为短期股票期权激励的增加会导致审计委员会更加关注当期的业绩从而会降低对财务报告的监督质量，但是与预期的相反，审计委员会成员获得的长期股票期权与财务报告出现重述的可能性也显著正相关，这可能是因为长期的激励计划可能无法有效地激励审计委员会成员勤勉地履行其职责。

Magilke，Mayhew & Pike（2009）通过实验的方法验证了审计委员会成员的薪酬激励对其客观性的影响，研究发现，当审计委员会成员领取固定薪酬时，其公司的财务报告最为稳健；当审计委员会成员的薪酬激励包括受限制的股票或股票期权时，财务报告的稳健性次之；当审计委员会成员的薪酬激励包括不受限制的股票或股票期权时，其公司的财务报告最不稳健。Engel，Hayes & Wang（2010）分析了对财务报告过程监督需求的增强与审计委员会成员薪酬（包括现金报酬与会议费）之间的关系。他们以审计费用作为公司内部审计监督需求的替代变量，以《SOX 法案》颁布作为财务报告监督外部需求增强的替代指标，研究发现，审计委员会成员的薪酬与审计费用显著正相关；同时，在《SOX 法案》颁布后，审计委员会成员的薪酬有显著增长。研究结果表明，随着对财务报告过程监督的内部需求和外部压力的增强，对审计委员会及其成员的职责提出了更高的要求，因此对其的薪酬激励也相应增加了。

为衡量审计委员会的组成、权威、勤勉与激励对审计委员会效率的影响，以往的研究文献建立了如下模型：

$$\text{AuditCommitteeEfficiency} = \alpha + \beta \text{testvariable} + \text{controlvariables} + \delta$$

式中，因变量代表审计委员会的效率，测试变量代表审计委员会的组成、权威、勤勉与激励，另外还包括其他控制变量。以往文献中关于上述因变量与测试变量的具体衡量方式如表 8—2 所示。

表 8—2　审计委员会的组成、权威、勤勉与激励对审计委员会效率影响的主要变量及定义

变量指标	研究者（研究时间）
1. 因变量：审计委员会的效率	
(1) 财务报告是否发生重述	Abbott，Parker & Peters（2004）；Archambeault，D. S.，F. T. Dezoort & D. R. Hermanson（2008）
(2) 财务报告过程的监督需求（以审计费用作为公司内部审计监督需求的替代变量，以《SOX 法案》颁布作为财务报告监督外部需求增强的替代指标）	Engel，E.，R. M. Hayes & X. Wang（2010）
(3) 是否发生财务舞弊	Beasley，M. S.，J. V.，Carcello，D. R. Hermanson & P. D. Lapides（2000）；McMullen & Raghunandan（1996）
(4) 因财务报告问题受到 SEC 处罚的可能性	Abbott，L. J.，S. Parker（2000a）
(5) 是否更有可能聘用具有行业专家地位的会计师事务所	Abbott，L. J.，S. Parker（2000b）
(6) 处于财务困境的公司被出具非标准的审计意见报告的可能性	Carcello & Neal（2000）
(7) 是否发生非正常更换注册会计师的情况	Archambeault & DeZoort（2001）
(8) 操控性应计利润（DA）的大小	Klein（2002b）；Felo，Krishnamurphy & Solieri（2003）；Bedard，Chtourou & Courteau（2004）；Carcello，Hollingsworth，Klein & Neal（2006）
(9) 是否被出具持续经营意见的审计报告	Carcello & Neal（2003a）
(10) 企业财务报表附注及管理层分析与讨论（MD&A）中对企业持续经营能力讨论的乐观程度	Carcello & Neal（2003b）
(11) 审计收费的高低	Abbott，Parker，Peters & Raghunandan（2003b）；Krishnan & Visvanathan（2007）
(12) 如何处理外部审计师和管理层冲突	DeZoort & Salterio（2001）
(13) 会计稳健性（用三种方式计量）	Krishnan & Visvanathan（2008）
(14) 公司新任命的审计委员会成员的市场反应	DeFond，Hann & Hu（2005）
2. 自变量：审计委员会的组成、权威、勤勉与激励等	
(1) 审计委员会组成	

续前表

变量指标	研究者（研究时间）
● 审计委员会中内部董事、独立董事以及灰色董事（包括内部董事与关联董事）的比例，审计委员会是否完全由独立董事组成	Beasley（1996）；McMullen & Raghunandan（1996）；Abbott & Parker（2000）；Archambeault & DeZoort（2001）；Klein（2002b）；Carcello & Neal（2003a）；Carcello & Neal（2003b）；Abbott，Parker & Peters（2004）
● 审计委员会成员拥有 CPA 资格的比例	McMullen & Raghunandan
● 审计委员会成员在会计、审计或财务方面的专业能力水平	DeZoort & Salterio（2001）
● 公司的审计委员会成员中，其他公司的经理人或投资银行家所占的比例	Xie，Davidson & DaDalt（2003）
● 审计委员会中财务专家的比例	Felo，Krishnamurphy & Solieri（2003）
● 审计委员会中财务专家有无会计专业背景	Carcello，Hollingsworth，Klein & Neal（2006）；Krishnan & Visvanathan（2008）
● 审计委员会中财务专家与治理专家的比例	Bedard，Chtourou & Courteau（2004）
● 审计委员会中有会计专业背景的财务专家的比例	Krishnan & Visvanathan（2007）
（2）审计委员会的权威	
● 审计委员会的活动范围	Cooper & Lybrand（1995）
● 是否有明确的公司章程和高层管理人员的支持	Kalbers & Fogarty（1993）
（3）审计委员会的勤勉	
● 审计委员会会议的频率（包括是否多于一次、是否一年至少召开两次等）	McMullen & Raghunandan（1996）；Abbott & Parker（2000）；Beasley，Carcello，Hermanson & Lapides（2000）；Archambeault & DeZoort（2001）；Raghunandan & Rama（2007）
● 年度财务报告中是否自愿披露审计委员会报告	Turpin & DeZoort（1998）；Carcello，Hermanson & Neal（2002）
● 准备水平、警惕性、独立性以及审计委员会主席及成员的活动水平的综合衡量	Kalbers & Fogarty（1993）
（4）审计委员会的激励	
● 审计委员会的薪酬计划（包括短期股票期权与长期股票期权所占的比例）	Archambeault，Dezoort & Hermanson（2008）
● 是否领取固定薪酬，以及审计委员会成员的薪酬激励是否包括受限制的股票或股票期权	Magilke，Mayhew & Pike（2009）
● 审计委员会成员的薪酬（包括现金报酬与会议费等）	Engel，Hayes & Wang（2010）

第四节　总结与未来研究方向

公司成立审计委员会的目的是增强注册会计师的独立性，保证经审计的财务报告的质量，从而缓解股东与经理人之间的信息不对称。由于公司特征、信息风险与代理成本的不同，在审计委员会的设立成为强制要求前，不同公司设立审计委员会的动机与审计委员会的独立性存在差异。① 此外，由于选聘的审计委员会成员存在逆向选择与道德风险问题，因此审计委员会的作用及其效率的发挥受到审计委员会成员的组成、勤勉、权威、激励机制等相关因素的影响，进而影响到财务报告的质量（如盈余管理程度、财务报告的重述、财务舞弊等）、注册会计师的选聘与独立性以及内部控制机制的建立与完善等。

本章从信息经济学的视角出发，构建了一个关于审计委员会的研究框架，并对相关的文献进行了梳理与总结。考察了审计委员会的本质与运作机理，梳理并回顾了审计委员会的职责，分析了影响审计委员会设立的机制，探讨了影响审计委员会效率发挥的主要因素，对上述方面的主要文献进行了回顾。

与西方国家相比，我国审计委员会的理论研究以及实务运用起步较晚，还未形成体系，也不够深入。《SOX 法案》颁布之后，我国在这方面的研究也取得了长足发展，特别是随着 2007 年证监会《公开发行证券的公司信息披露内容与格式准则第 2 号〈年度报告的内容与格式〉(2007 年修订)》中关于审计委员会履职情况的信息披露要求的颁布实施，给我国学者在该领域开展研究提供了一个契机。未来关于审计委员会领域的研究议题包括：(1) 审计委员会成员的激励机制对其效率作用的影响，国内以往的研究更多关注于审计委员会的组成（包括独立性与专业能力）、勤勉等对其效率的影响；(2) 审计委员会的组成、权威、勤勉与激励对其效率的影响在不同的公司治理机制下（包括终极控制人、股权结构等）是否有差异，审计委员会的效率与其他公司治理机制之间是互补关系还是替代关系；(3) 审计委员会对财务报告内部控制的影响，以及随着我国上市公司财务报告内部控制基本规范及配套指标的颁布实施，审计委员会及其履职情况对其会产生的影响；(4) 市场会对审计委员会的履职情况产生的反应，对于审计委员会的组成、权威、勤勉与激励不同的公司，市场会做出的不同反应。

［参考文献］

［1］陈汉文，夏文贤，陈秋金. 上市公司审计委员会：案例分析与模式改

① 在审计委员会的设立成为强制要求后，此问题已不复存在。

进——公司治理、受托责任与审计委员会制度（下）. 财会通讯，2004（1）：10～13.

[2] 陈汉文，夏文贤，黎代福. 受托责任、信息披露与规则安排——公司治理、受托责任与审计委员会制度（上）. 财会通讯，2003（12）：19～21.

[3] 王平心，吴清华，殷俊明. 审计委员会、董事会特征与会计盈余质量——一项基于上市公司的实证研究. 西安交通大学学报，2006（3）：13～19.

[4] 王跃堂，涂建明. 上市公司审计委员会治理有效性的实证研究——来自沪深两市的经验证据. 管理世界，2006（11）：135～143.

[5] 吴清华，田高良. 终极产权、控制方式与审计委员会治理需求. 管理世界，2008（9）：124～138.

[6] 夏文贤，陈汉文. 股权结构与上市公司审计委员会的设立. 中国会计与财务研究，第8卷，2006（3）：40～73.

[7] 夏文贤. 大股东股权特征与审计委员会设立. 审计研究，2005（6）：45～50.

[8] 夏文贤. 上市公司审计委员会制度研究. 大连：大连出版社，2008.

[9] 谢德仁. 审计委员会：本质性质与作用机理. 会计研究，2005（9）：69～74.

[10] 谢德仁. 上市公司审计委员会制度研究. 北京：清华大学出版社，2006.

[11] 谢永珍. 中国上市公司审计委员会治理效率的实证研究. 南开管理评论，2006（1）：39～44.

[12] 杨忠莲，徐政旦. 我国公司设立审计委员会动机的实证研究. 审计研究，2004（1）：19～24.

[13] 杨忠莲，杨振慧. 独立董事与审计委员会执行效果研究. 审计研究，2006（2）：81～85.

[14] 卓传阵. 财务治理机制——审计委员会制度研究. 博士论文. 厦门大学，2001.

[15] Blue Ribbon Committee（BRC）. Report and recommendations of the Blue Ribbon Committee on improving the effectiveness of corporate audit committees. New York，NY：New York Stock Exchange and National Association of Securities Dealers. Available at：http://www.nyse.com，1999.

[16] General Accounting Office（GAO）. Audit committees：legislation needed to strengthen bank oversight. Washington，D.C.：Report to Congressional committees，1991.

[17] PricewaterhouseCooper（PwC）. Audit committees：best practices.

Washington, DC: National Association of Corporate Directors, 1999.

[18] Abbott, L. J., S. Parker, G. F. Peters, K. Raghunandan. The association between audit committee characteristics and audit fees. Auditing: A Journal of Practice & Theory, 2003, 22: 17-32.

[19] Abbott, L. J., S. Parker, G. F. Peters. Audit committee characteristics and restatements: a study of the efficacy of certain Blue Ribbon Committee recommendations. Auditing: A Journal of Practice & Theory, 2004, 23 (March): 69-87.

[20] Abbott, L. J., S. Parker. Auditor selection and audit committee characteristics. Auditing: A Journal of Practice & Theory, 2000, 19: 47-66.

[21] Abbott, L. J., S. Parker. Audit committee characteristics and auditor selection: evidence from auditor switches. Research in accounting regulation, 2001, 15: 151-167.

[22] Abbott, L. J., Y. Park and S. Parker. The effects of audit committee activity and independence on corporate fraud. Managerial Finance, 2000, 26: 55-67.

[23] Adams, M. Determinants of Audit Committee Formation in the life insurance industry: New Zealand evidence. Journal of Business Research, 1997, 38: 123-129.

[24] Anderson, D., J. R. Francis, and D. J. Stokes. Auditing, directorships and the demand for monitoring. Journal of Accounting and Public Policy, 1993, 12, 4: 353-375.

[25] AICPA. The AICPA audit committee toolkit. American Institute of Certified Public Accountants, Inc. New York, 2004.

[26] Archambeault, D., T. DeZoort. Auditor opinion shopping and the audit committee: an analysis of suspicious auditor switches. International Journal of Auditing, 2001, 5 (March): 33-52.

[27] Archambeault, D. S., F. T. Dezoort and D. R. Hermanson. Audit committee incentive compensation and accounting restatement. Contemporary Accounting Research, 2008, 25 (4): 965-992.

[28] Bean J R and James W. Audit committee roadmap. Journal of Accountancy, 1999, Vol. 187, Issue 1, p47-54.

[29] Bedard, J., S. M. Chtourou and L. Courteau. The effect of audit committee expertise, independence, and activity on aggressive earnings management. Auditing: A Journal of Practice & Theory, 2004, 23 (2): 13-35.

[30] Beasley, and S. Salterio. The relationship between board characteristics and voluntary improvements in audit committee composition and experience. Contemporary Accounting Research, 2001, 18 (winter): 539-570.

[31] Beasley, M. S. , J. V. Carcello, D. R. Hermanson and T. L. Neal. The audit committee oversight process. Contemporary Accounting Research, 2009, 26 (1): 65-122.

[32] Bradbury, M. E. . The Incentives for voluntary audit committee formation. Journal of Accounting and Public Policy, 1990, 9 (1): 19-36.

[33] Cadbury Sir Adrian. The financial aspect of corporation governance—a report of the committee on corporate governance. http://www. ecgi. org/codes/all_codes. htm, 2003.

[34] Carcello, J. V. and T. L. Neal. Audit committee composition and auditor reporting. The Accounting Review, 2000, 75 (4): 453-467.

[35] Carcello, J. V. , D. R. Hermanson, and T. L. Neal. Disclosures in audit committee charters and reports. Accounting Horizons, 2002, 16 (December): 291-304.

[36] Carcello, J. V. and T. L. Neal. Audit committee characteristics and auditor dismissals following "new" going-concern reports. The Accounting Review, 2003a, 78 (1): 95-117.

[37] Carcello, J. V. and T. L. Neal. Audit committee independence and disclosure: choice for financially distressed firms. Corporate Governance, 2003b, 11: 289-299.

[38] Carcello, J. V. , C. W. Hollingsworth, A. Klein and T. L. Neal. Audit committee financial expertise, competing corporate governance mechnisms, and earnings management. Working Paper, 2006.

[39] Caskey, J. , V. Nagar and P. Petacchi. Reporting bias with an audit committee. The Accounting Review, 2010, 85 (2): 447-481.

[40] Carcello, J. V. , T. L. Neal, Z. Palmrose and S. Scholz. CEO involvement in selecting board members, audit committee effectiveness, and Restatements. Contemporary Accounting Research, 2011, 28 (2): 385-395.

[41] Carson, E. Factors associated with the development of board sub-committee. Corporate Governance, 2002, 10: 4-18.

[42] CGAA. Co-ordinate group on audit and accounting issues: final report. http: //www. frc. org. uk/images/uploaded/documents/acreport. pdf, 2003.

[43] Christopher P. A., T. S. Doupnik, and G. T. Tsakumis. Principles-based versus rules-based accounting standards: the influence of standard precision and audit committee strength on financial reporting decisions. The Accounting Review, 2011, 86, (3): 747-767.

[44] Chen, K. Y. and J. Zhou. Audit committee, board characteristics and auditor switch decisions by Anderson's clients. Contemporary Accounting Research, 2007, 24 (4): 1085-1117.

[45]Church, B. K., S. M. Davis and S. A. McCracken. The auditor's reporting model: a literature overview and research synthesis. Accounting Horizons, 2008, 22 (1): 69-90.

[46] Collier, P. A. and Gregory A.. Audit committee activity and agency costs. Journal of Accounting and Public Policy, 1999, 18: 311-331.

[47] Collier, P. A. Factors affecting the voluntary formation of audit committees in major UK listed companies. Accounting and Business Research, 1993, 23 (91A): 421-430.

[48] Coopers & Lybrand. Audit committee guide. New York: Cooper & Lybrand, 1995.

[49] Daniel N. Deli, and Stuart L. Gillan. On the demand for independent and active audit committees. Journal of Corporate Finance, 2000, 64: 427-445.

[50] DeFond, M. L., R. N. Hann and X. Hu. Does the market value financial expertise on audit committees of boards of directors? Journal of Accounting Research, 2005, 43 (2): 153-193.

[51] DeZoort, F. T., A. Friedberg, and J. T. Reish. Implementing a communications program for audit committees: comments from internal audit directors. Internal Auditing, 2000 (July/August): 11-18.

[52] DeZoort, F. T., Hermanson D. R., and Houston R. W. Audit committee support for auditors: the effects of materiality justification and accounting precision. Journal of Accounting and Public Policy, 2003a, 22: 175-199.

[53] DeZoort, F. T., Hermanson D. R., and Houston R. W. Audit committee member support for proposed audit adjustments: a source credibility perspective. Auditing: A Journal of Practice & Theory, 2003b, 22 (2): 189-205.

[54] DeZoort, F. T., Salterio, S. The effects of corporate governance experience, financial reporting and audit knowledge on audit committee members' judgments. Auditing: A Journal of Practice and Theory, 2001, 20 (2), 31-47.

[55] DeZoort, F. T. An investigation of audit committees' oversight respon-

sibilities. Abacus，1997，(September)，208－227.

[56] Engel，E.，R. M. Hayes and X. Wang. Audit committee compensation and the demand for monitoring of the financial reporting process. Journal of Accounting and Economics，2010，49：136－154.

[57] Eichrnseher，J. W. and Shields，D. Corporate director liability and monitoring preferences. Journal of Accounting and Public Policy，1985，4：13－31.

[58] F. T. DeZoort，D. R. Hermanson，D. S. Archambeault，S. A. Reed. Audit committee effectiveness：a synthesis of the empirical audit committee literature. Journal of Accounting Literature，2002，21，38－75.

[59] Felo，A. J.，S. Krishnamurphy and S. A. Solieri. Audit committee characteristics and the perceived quality of financial reporting：an empirical analysis. Working Paper，2003.

[60] Frank M Burck and Dan M. Guy. Audit committees：a guide for director，management，and consultants. 北京：中信出版社，2002.

[61] Gaynor，L. M.，L. S. McDaniel and T. L. Neal. The effect of joint provision and disclosure of non-Audit services on audit committee members' decisions and investors' preferences. The Accounting Review，2006，81 (4)：873－896.

[62] Goh，B. W. Audit committees，boards of directors，and remediation of material weaknesses in internal control. Contemporary Accounting Research，26 (2)：549－579.

[63] Haka，S. and P. Chalos. 1990. Evidece of agency conflict among management，auditors，and the audit committee chair. Journal of Accounting & Public Policy，2009，9 (winter)：271－292.

[64] Hoitash，U.，R. Hoitash，J. C. Bedard. Corporate governance and internal control over financail reporting：a comparison of regulatory regimes. The Accounting Review，2009，84 (3)：839－867.

[65] Jean，B.，Sonda，M.，Lucie C. The effect of audit committee expertise，independence，and activity on aggressive earnings management. Auditing：A Journal of Practice & Theory，2004，23 (2) ：13－35.

[66] Kalbers，L. P. An examination of the relationship between audit committees and external auditors. The Ohio CPA Journal，1992a，51 (6)：19－27.

[67] Kalbers，L. P. Audit committees and internal auditors. Internal Auditor，1992b，(December)：37－44.

[68] Kalbers, L. P., and T. J. Fogarty. Audit committee effectiveness: an empirical investigation of the contribution of power. Auditing. A Journal of Practice & Theory, 1993, 12 (Spring): 24-49.

[69] Klein, A. Economic determinants of audit committee independence. The Accounting Review, 2002a, 77 (April): 435-452.

[70] Klein, A. Audit committee, board of director characteristics, and earnings management. Journal of Accounting and Economics, 2002b, 33: 375-400.

[71] Knapp, M. C. An empirical study of audit committee support for auditors involved in technical disputes with client management. The Accounting Review, 1987, 62: 578-588.

[72] KPMG. Audit committee quarterly update—Fall 2001. Montvale, NJ: KPMG., 2001.

[73] Krishnan, J. and J. E. Lee. Audit committee financial expertise, litigation risk and corporate governance. Audit: A Journal of Practice and Theory, 2005, 28 (1): 241-261.

[74] Krishnan, G. V. and G. Visvanathan. Does the SOX definition of an accounting expert matter? the association between audit committee directors' accounting expertise and accounting conservation. Contemporary Accounting Research, 2008, 25 (3): 827-857.

[75] Krishnan, G., and G. Visvanathan. Do auditors price audit committee's expertise? the case of accounting versus non-accounting financial experts. Journal of Accounting, Auditing and Finance, 2009, 24: 115-144.

[76] Lee, T. and M. Stone. Economic agency and audit committees: responsibilities and membership composition. International Journal of Auditing, 1997, 1: 97-116.

[77] Lee, H. Y., V. Mande and R. Ortman. The effect of audit committee and board of director independence on auditor resignation. Auditing: A Journal of Practice & Theory, 2004, 23 (2): 131-146.

[78] Lennox, C. S. and C. W. Park. Audit firm appointments, audit firm alumni, and audit committee independence. Contemporary Accounting Research, 2007, 24 (1): 235-258.

[79] Louis Braiotta. The audit committee handbook. Third Edition. New York: John Wiley & Sons, Inc, 1999.

[80] Magilke, M., B. W. Mayhew and J. Pike. Are independent audit-committee members objective? experimental evidence. The Accounting Review,

2009, 84 (6): 1959-1981.

[81] McMullen, D. A. Audit committee performance: an investigation of the consequences associated with audit committees. Auditing: A Journal of Practice & Theory, 1996, 15 (Spring), 87-103.

[82] Menon, K., and J. D. Williams. The use of audit committees for monitoring. Journal of Accounting and Public Policy, 1994, 13 (Summer): 121-139.

[83] Ng, T. B. and H. T. Tan. Effects of authoritative guidance availability and audit committee effectiveness on auditors' judgments in an auditor-client negotiation context. The Accounting Review, 2003, 78 (3): 801-818.

[84] Pincus, K., Rusbarsky, M., and Wong, J. Voluntary formation of audit committees among NASDAQ firms. Journal of Accounting and Public Policy, 1989, 8 (4): 239-265.

[85] Parker, S. The effect of audit committee characteristics on financial reporting. Working Paper, 1998.

[86] Pomeroy, B. Audit committee member investigation of significant accounting decisions. Auditing: A Journal of Practice and Theory, 2010, 29 (1): 173-205.

[87] Raghunandan, K. and J. A. McHugh. Internal auditors' independence and interactions with audit committees: challenges of form and substance. Advances in Accounting, 1994, 12: 313-333.

[88] Raghunandan, K., W. J. Read, and D. V. Rama. Audit committee composition, "grey directors," and interaction with internal auditing. Accounting Horizons, 2001, 15 (June): 105-118.

[89] Raghunandan, K. and D. V. Rama. Determinants of audit committee diligence. Accounting Horizons, 2007, 21 (3): 265-279.

[90] Robert Smith. Audit committees combined code guidance-A report and proposed guidance by an FRC-appointed group chaired by Sir Robert Smith. http://www.frc.org.uk/images/uploaded/documents/acreport.pdf, 2003.

[91] Scarborough, P., D. V. Rama, and K. Raghunandan. Audit committee composition and interaction with internal auditing. Accounting Horizons, 1998, 12 (March): 51-62.

[92] SEC. Final rule standards relating to listed company audit committees. http://www.sec.gov/rules/final/33-8220.htm, 2003.

[93] Xie B., W. N. Davidson and P. J. DaDalt. Earnings management and

corporate governance: the role of the board and the audit committee. Journal of Corporate Governance, 2003, 9 (3): 295−316.

[94] Zhang, Y., J. Zhou and N. Zhou. Audit committee quality, auditor independence, and internal control weakness. Journal of Accounting and Public Policy, 2007, 26: 300−327.

第九章　审计行业管制

本章导读

本章构建了一个关于审计行业管制的研究框架，并对该领域的相关研究进行了系统的评述。审计行业的发展经历了一个从放任主义到逐步加强管制的历史过程，促使审计行业管制发展的主要原因在于审计服务的外部性、审计市场中的信息不对称以及审计行业发展的自身需求。审计行业管制的主要要素包括：执业许可、准则制定、价格管制及法律责任。其中，对执业许可制度的分析涉及公共利益理论及ETR理论；关于审计准则的制定则存在着经济与政治的双重解释视角；审计价格管制涉及高价及低价管制两个方面，审计法律责任则同时兼顾了事前、事后两种管制效果。在此基础上，本章总结并评析了现行中比较普遍的三种管制模式，即自我管制、独立管制与政府管制。

审计行为作为信息增信及投资者利益保护的重要手段，在资本市场中起着举足轻重的作用。由于审计行为直接影响各方的利益选择，因此如何对审计行业进行规范就成为审计师、监管者、上市公司以及投资者共同博弈的对象，而这一博弈的焦点之一就是审计行业的管制模式与管制内容。美国21世纪初的一系列公司丑闻打破了原有博弈的均衡，使得管制模式发生了彻底的改变，并进一步对市场上的审计活动产生了直接而深刻的影响。因此，要探究审计市场及市场中各方的行为，就需要对审计行业整体的管制背景及内容有所了解。此外，我国的审计行业尚处于发展调整阶段，行业的管制模式也需要进一步完善。基于此，本章将构建框架分析美国审计行业一个多世纪以来的管制过程，并对管制模式加以归纳评价。

第一节　审计行业管制：成因分析与历史演进

与会计行业的管制相比，审计行业的管制过程更加平缓与顺利（Dividson & Anderson，1987）。20世纪初，审计服务开始逐步发展，早期的审计行业处于一种放任状态（laissez faire），随着资本市场公众信任危机的不断爆发，审计行业放任自由的弊端逐步显现，由此审计行业开始进入了管制时期。图9—1构建了一个审计行业管制的分析框架，该分析框架的内容包括审计行业管制的成因、内容及模式，本章后续部分的研究评述将围绕这一框架展开。

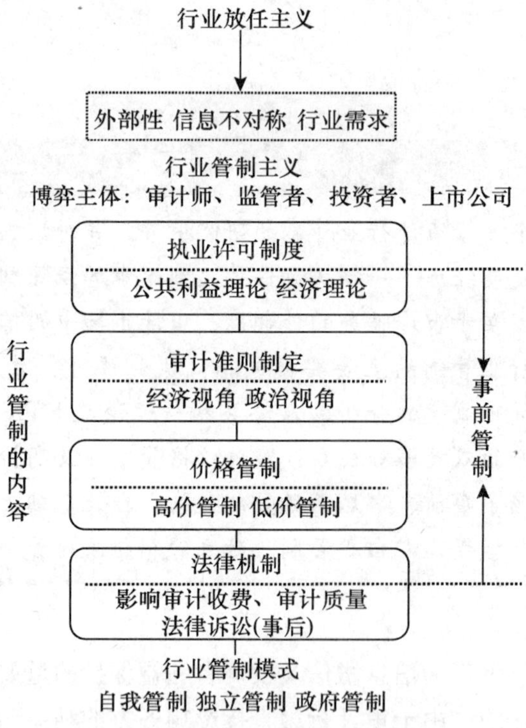

图9—1　审计行业管制的分析框架

从上述审计行业管制的分析框架可以看出，审计行业在发展的初期处于放任主义阶段，促使审计行业管制发展的主要原因在于审计服务的外部性、审计市场中的信息不对称以及审计行业发展的自身需求。从管制要素来看，审计行业管制主要包括四个部分：执业许可制度、审计准则制定、价格管制和法律责任机制。审计行业的管制模式总体上可以划分为三种，即自我管制、独立管制以及政府管制。

一、审计行业管制的成因分析

以美国资本市场审计行业管制发展的历程为例，几乎每次管制的实施都伴随着公众信任危机以及审计未能保护投资者利益的广泛批评。按照管制经济学的观点，这实际上是对行业放任主义所导致的两大缺陷的反应，即外部性以及信息不对称。就审计市场而言，除外部性和信息不对称的弊端外，审计行业管制还存在另一个成因，即行业的自身需求，这种需求既可能源自保护行业从业者的既有垄断私利，又可能出于保护行业的健康发展。

（一）审计服务的外部性

外部性是指一个厂商的经济活动附带对其他厂商、消费者和社会整体造成有害或有利的影响，但该厂商并不承担相应的成本或获得相应的报酬。审计服务具有公共物品的属性（Scott，2006）。就独立审计的购买方而言，企业支付了全部的审计成本，向社会披露的审计信息可以同时满足其他相关者的需求，如股票购买者、政府部门以及债权人等。由于这些相关者在使用审计信息时是免费的，此时审计服务就具有了正外部性。

虽然这种基于审计服务公共物品属性的搭便车行为可以增进社会福利，但是这种外部性却会抑制审计信息的数量及质量达到最优水平。造成这一现象的原因在于，披露审计信息后公司的成本效益不同于社会的成本效益（Scott，2006），因此在企业看来正外部性的存在并不一定是有利的。过多的信息或者会吸引潜在竞争者进入市场而加剧行业内竞争，削弱现有的竞争优势，或者带来被并购的风险，或者直接暴露企业的不利信息等。在这种情况下，为了满足公众利益的最大化，促进企业与审计师提供“适当数量与质量”的审计信息，就需要通过引入管制来解决外部性问题（Ledyard，1991）。

在早期的美国资本市场上，大多数公司的审计信息仅限于公司内部，而不向外部使用者甚至股东披露，这直接导致了弗朗西斯（Francis）所说的公司不透明（corporate opacity）。在20世纪中期，审计信息是否应该对投资者负责又经历了很长时间的法律争议。虽然后期法庭判例倾向于认为审计师应该对可预见的第三方负责，从而促使审计师的信息披露，但审计服务的外部性依旧没有解决。20世纪80年代美国信用危机时期纳税人损失了5 000多亿美元，对此审计的外部性仍然扮演了重要的角色（Colbert & Murray，2003）。

（二）审计服务的信息不对称

古典经济学理论认为，市场竞争机制可以达到资源的优化配置，因此无须进行管制。该理论的一个重要基本假设就是“经济人”拥有完备信息（Dupuit，1952；Hotelling，1938）。然而现实中由于人的有限理性以及信息搜寻成本的存在，信息在契约双方之间存在不完全性与不对称性（Kenneth J. Arrow，1963）。在审计服务中，审计师具有有关自身能力以及相应审计程序的私人信息，而审计客户更了解其自身组织结构及风险等因素，因此他们之间存在着信息的不对称（Palmrose，1989；Jerry Thorne et al.，2001）。如果不存在任何的管制，那么审计师就有可能利用信息不对称损害市场效率。在审计市场中，事前的信息不对称会引起逆向选择，事后的信息不对称又会引起道德困境。

在签约阶段，审计师与公司管理者之间的信息不对称，可能会使得审计师谎报专业胜任能力以获取与自身能力不匹配的审计业务（AICPA，1992）；在审计师与客户签订审计合约、形成代理关系之后，审计师则可能基于自身的私利减少审计程序、不履行必要的关注义务以节约成本；由于审计的职业性、技术性，企业管理当局或信息使用者又很难察觉此类行为。此外，由于企业管理当局与审计师拥有比财务报告使用者更多的信息，如果他们选择合谋，那么公众也很难察觉。因此，信息的不对称会给管理者或公众造成损失，解决信息不对称的途径主要有两种，即信誉及管制（张维迎，2002）。由于信誉机制发挥作用需要多次博弈，因此在一次博弈中信誉机制难以促进信息的均衡，此时就需要对审计行业加以必要的管制。

（三）审计行业发展的自身需求

早在乔治·阿克尔洛夫（George A. Akerlof）的经济学理论中就注意到了由于信息不对称导致的"柠檬困境"。按照该理论，如果信息不对称比较严重，那么市场就会出现劣币驱逐良币的现象，导致提供较高质量的会计师事务所在与低质量的会计师事务所的竞争中丧失优势，此时行业就会自发地要求政府管制来驱逐欺诈以及能力较低的从业者，从而保护行业利益以及投资者利益。[①] 在分析审计行业自发要求管制的研究中，几乎所有的结论都倾向于审计师游说政府进行管制的动机在于获得垄断利益。

管制经济学理论认为，私人利益团体会为了租金生产而主动要求监管介入（Buchanan & Tullock，1965；Olson，1965），私人代理方可以从这种增加管制的寻租战略中获得额外的收益机会。因此，管制法规的实施是由行业组织的经济利益所推动的（Stigler，1971；Elzinga，1980）。在审计行业中，这一现象主要体现在现有审计师积极推行更加严格的执业许可的管制上。[②] 通过提高执业许可要求可以提高行业壁垒（Laffont & Tirole，1991），抬高其他对手的竞争成本，从而削弱竞争并保护现有服务者的垄断利益（Murray，1978；Watts & Zimmerman，1986；Reger et al.，1992）。这一结论也获得了众多实证及分析研究的证实。

① 从已有的文献看，将该理论应用于审计市场的详细分析较少见到。之所以缺乏此类的分析，可能是因为审计师行业的许可制度在审计服务初步产生时就已经开始出现了。这一管制措施避免了审计市场的"柠檬困境"。例如，早在1896年纽约州就成立了CPA组织并开展审计服务，但是审计业务的全面发展则是在20世纪早期。

② 审计师也可以通过其他途径来促使管制部门制定保护自身利益的管制措施。在20世纪90年代前后的诉讼爆炸中，审计师就游说审计准则制定机构制定了"Expectation Gap"准则，意在降低市场对审计师的法律责任预期（Ping Zhang，2007）。由于这些准则并没有起到降低审计师法律风险的目的，审计师又游说国会于1995年制定了《私人证券责任改革法案》，这一法案减少了审计师在多数情况下的连带法律风险（Zeff，2003b）。

二、审计行业管制的历史演进

（一）20 世纪初至 70 年代末：从放任主义到自我管制

以美国资本市场为例，较正式的会计准则直到 1917 年才加以采用（Carey，1969）。1917 年，在美国联邦贸易委员会（Federal Trade Commission，FTC）的催促下，美国会计师协会（American Institute of Accounting，AIA）发布了第一份名字颇为奇怪的官方会计公告《资产负债表审计》，1929 年该公告又修改为《财务报表审计检查》。虽然存在这一正式的报告准则，而且截止到 1926 年大部分在纽约证券交易所上市的公司都自愿进行了审计（Chow，1982），但是此时上市公司并不需要向任何人，包括股东提供年度报告，自然也就更谈不上对独立审计的要求。在这一阶段，审计行业基本处于放任状态。

1929 年股市崩盘后，市场上充满了对投机泡沫以及股市垮台的谴责，并要求监管机构对众多华尔街业务进行改革。在罗斯福总统上台前 100 天所制定的种种危机应对策略中，一个重要的措施就是 1933 年《证券法》与 1934 年《证券交易法》的出台。这两个法案要求更透明的财务报告以及对财务报表的年终审计，同时指定 FTC（后改为 SEC）负责审计准则的制定并决定谁有资格实行审计。不久，SEC 出于对审计师独立性降低的忧虑（当时没有对审计师独立性的任何要求，审计师甚至被鼓励在客户的董事会担任董事），SEC 又第一次制定了审计师独立规则，禁止审计师在客户董事会担任董事，并直接对审计师与客户之间的经济利益行为进行了约束。自此，上市公司的审计业务开始受到联邦政府的初步干预。

20 世纪 30 年代中期出现的一系列会计丑闻，特别是 McKesson & Robbins 公司通过存货及应收款虚构资产一案，促使 1939 年正式出台审计准则，但此后的一段时期内审计准则的发展一直比较缓慢。严格来说，就审计行业而言，一直要等到 1977 年才开始受到监管部门特别是 SEC 的直接管制。造成这一变化的外部因素是，在 20 世纪 70 年代爆发的储蓄及贷款危机中的一系列会计丑闻直接促使国会对于审计行业管制的质询（美国国会，1976）。审计行业在国会的批评下，一直处于自我辩护状态，并于 1974 年成立了审计师责任委员会（Commission on Auditors' Responsibilities）。1977 年，AICPA 又成立了 SEC 实务部门（SEC Practice Division）以及私人公司实务部门（Private Company Practice Division）。在这两个部门注册的会计师事务所被要求满足一系列的质量控制准则，同时继续教育、三年一次的同业复核以及七年一次的强制审计师轮换也开始在审计行业实施。不久，AICPA 又成立了新的准独立机构公共监督委员会（POB）来对新的实务部门加以监督，负责实施质量控制评估，并对违规的会计师事务所进行处罚。自此，审计行业全面进入了自我管制时期。

（二）1980 年至今：从放松管制到独立管制

20 世纪初至 70 年代末可以看做审计从放任走向管制的阶段，而从 20 世纪

80年代到21世纪初，审计行业则是先经历了一段放松管制的时期，随后以2002年《SOX法案》的颁布以及PCAOB的产生为标志，结束了这一放松管制时期并进入了更严厉的独立管制时代。这一时期审计行业管制的发展如图9—2所示。

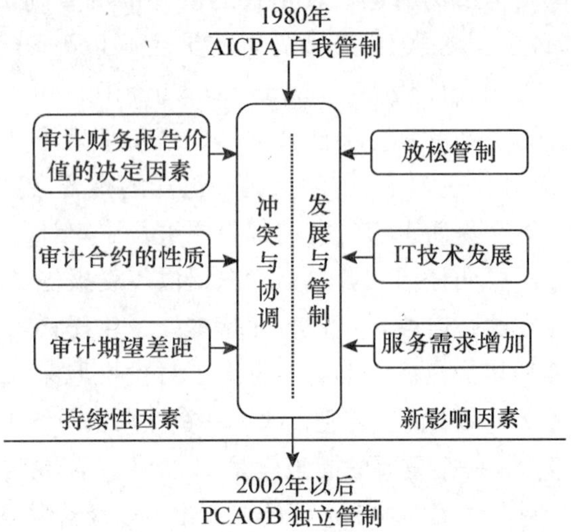

图9—2　1980—2002年审计行业管制发展

资料来源：William R. Kinney：Twenty-five Years of Audit Deregulation and Re-regulation：What Does It Mean for 2005 and Beyond? 2005. 有改动。

从20世纪80年代到21世纪初，有三个持续性的影响因素贯穿于审计行业的管制发展。首先，投资者对待财务报告价值的评价标准依然取决于会计计量标准的相关性、可靠性以及会计计量结果的可信性。由于财务报告的提供者为基于私人利益的管理层，因此投资者仍然依赖于审计师的审计工作来确保会计信息是可信的。然而，审计师与客户之间的合约性质，却造成了审计师职责的矛盾：审计师与客户签订合约，但同时要对相关的第三方负责。如果审计师的审计不利于客户，那么可能遭到解聘；如果不利于投资者，那么又可能被起诉。在这种情况下，审计师就不得不面对投资者的审计期望差距（expectation gap）：投资者无法区分审计失败是源于审计准则的固有限制，还是审计师的责任。在这种情况下，就直接造成了审计师与客户之间的冲突——诉讼爆炸。

新影响因素的出现又促进了该时期审计行业管制的发展。受20世纪70年代末自由化浪潮的影响，在联邦贸易委员会（FTC）的督促下审计行业放松了管制，从此审计师可以开展竞价服务与广告宣传，审计行业迅速发展。此外，IT技术的进步降低了业务处理成本，审计师关注的焦点开始转向通过控制来防止差错的出现，从而改变了传统审计程序。随着全球化浪潮的兴起以及大公司业务的拓展，对于审计之外的咨询服务、内控设计、信息系统整合等服务需求也越来越多。由于审计师具有专业及声誉上的优势，因此这些需求的出现，客观上促进了审计业务的扩展与发展。

面对法律诉讼的冲突与增加，AICPA 游说国会通过制定法案来降低审计师的法律风险，同时又制定了大量准则并与投资者进行沟通，以使其降低对审计师的期望。然而这些措施最终都无济于事（Wyatt，1997）。首先，伴随着自由化浪潮的审计竞价服务引起了 SEC 及国会对于低价揽客降低审计质量的担忧。为此 AICPA 一方面成立了 Cohen 委员会对此进行调查，另一方面则制定诸如审计抽样等准则以求保持审计效果。其次，以咨询为代表的非审计服务的增加，也使得监管者开始担忧非审计服务导致的客户经济依赖是否会影响审计质量。不过，对此 AICPA 却没有进一步的反应，相反 AICPA 对非审计服务的拓展却持鼓励态度。最后，由于 20 世纪 90 年代之后股票市场的蓬勃发展，新的激励方式开始出现，客观上导致了管理层的盈余操控行为。由于当时审计准则对于管理者的一些操控行为定性为非重大（immaterial），使得审计师放纵了对管理层盈余操控的监督。随后，该行为引起了 SEC 主席莱维特的注意，并施压通过审计委员会来增强公司的自我监管。为此，审计准则委员会颁布了 SAS 89 号，要求审计师必须就某些更正及非重大事项与审计委员会进行沟通。

总体而言，自 20 世纪 80 年代到 2002 年，这一时期是审计行业管制发展的重要阶段。伴随着法律诉讼的不断增加，审计行业积极进行协调；随着业务的逐步放宽，监管者对行业的管制也时有发生。在自由化的浪潮下，这一阶段的管制已放松了很多。2000 年以后，美国陆续爆发了一系列的财务丑闻并导致股市急转直下。在一系列的公司破产中，审计师都扮演了重要的角色。[①] 为此，美国国会议员抓住了审计行业自我管制的弊端大做文章，最终促成《SOX 法案》的迅速出台。在制定《SOX 法案》的过程中，SEC 对审计行业管制模式进行了彻底的改变。按照该法案要求，审计行业的监管将由一个独立的部门 PCAOB 代替，该部门不受政府干预而且其经费来源也独立，不过 SEC 仍然会对该部门进行监督。该部门取代 AICPA 进行审计准则与职业道德准则制定以及审计检查并对违规的会计师事务所进行处罚。PCAOB 最大的特点在于它不再代表审计行业的利益，而是采取独立的态度注重对公众的保护。至此，审计行业进入了严格的独立管制时期。

第二节 审计行业管制：管制要素与研究述评

审计行业管制在实施上主要包括四个主要方面：市场准入、审计准则、法律责任以及价格管制（Willekens，Steele & Miltz，1996）。在审计行业管制的

① 例如，安然于 2001 年 12 月倒闭，翌年 5 月世通公司也深陷其中。这两家公司都是安达信会计师事务所的客户，而且德勤在对安达信进行同业复核时，也没有对安达信的审计程序提出任何异议。

发展过程中，最早出现的是行业许可制度，随后由于众多审计失败的发生以及会计准则的制定，审计行业管制又引入了审计准则。20 世纪 80 年代之后的诉讼爆炸增加了审计师的执业风险，法律责任亦成为审计行业管制的重要内容。此外，在审计市场中，价格干预机制也是审计行业管制中的一个独特要素。

一、市场准入：注册会计师执业许可制度

有关注册会计师执业许可制度的分析存在两种理论：公共利益理论和管制的经济理论（economic theory of regulation，ETR）。公共利益理论的支持者多是监管机构，而管制经济理论则多在研究中被证实。

（一）公共利益理论

公共利益理论认为，由于审计服务市场中充满了信息不对称，投资者很可能因为不具备相关能力对审计质量的优劣加以甄别而导致利益受损。虽然投资者可以通过积累相关信息对审计服务质量加以评判，来减缓信息不对称的问题，但是信息搜寻成本非常高昂，而且这种信息搜寻只会导致社会福利减少（Hirschleifer，1971）。此时，许可制度通过设定较高的进入门槛与较高的从业技能要求，就可以保证市场上现有的服务质量（David Young，1991；Walker & Shacklton，1998）。

Lelan（1979）、Shaked & Sutton（1981）和 Shapiro（1986）基于信息不对称导致的道德困境与逆向选择问题对许可制度展开了经济分析，并认为许可制度通过提高行业门槛可以避免信息不对称引起的道德困境或者逆向选择，从而保证较高的服务质量，保护公共利益。Parshigian（1980）对许可行业，Schaefer & Zimmer（1995）对会计行业的收益水平进行了实证分析，他们以收入水平作为因变量，分析了许可制度的存在与否对于收益的影响。结论表明获得许可资格的从业者收益水平较高，研究将这种较高的收益归因于许可制度带来了高质量服务。

在审计市场上，监管部门一直是这一理论的支持者。20 世纪初美国众多州要求审计师获得执业许可之前必须具有若干年的从业经验，其理由是监管者认为一定的工作经验是保证审计师服务质量，保护公共利益的基础（Sigel & Rigsby，1989）。1969 年，AICPA 进一步要求审计从业人员必须具有五年以上的大学教育水平，AICPA 认为，这一措施可以提高审计服务水平并提高市场投资者对于 CPA 的信心。随后在采取 150 小时职业许可制度[①]时，AICPA 依旧争论道，这一措施是与公共利益及质量需求理论相关的，管制是保证投资者获得适当审计质量的措施（Donabedian，1991）。在 1981 年的《标准会计法案》（Model Ac-

① 150 小时制度是指，审计师从业前必须具有 150 小时的大学教育经历。

countancy Act）中，AICPA 进一步对会计师行业做了总结：“投资者依赖于审计师制定重要经济决策……投资者假定行业内注册会计师所拥有的专业胜任能力要远胜于那些不具备这种执业资格的人……而且投资者（基于这种信任）不会对审计师的潜在从业资质加以审查。”可见，在监管者看来，执业许可的管制总是基于公众利益的最大化（BASBA，2010）。

（二）管制的经济理论

管制的经济理论认为，个体或组织都基于自身的利益而游说政府采取有利于自身的措施。虽然消费者可以从管制中获得某些程度的益处，但是服务的提供者才是管制的最大受益方（Stigler，1971；Pottenberg，1980）。该理论认为，如果行业许可制度的目的在于提高审计服务的质量，那么作为管制主要受益人的消费者应当积极推行许可制度，但在现实中，行业许可制度多是由行业从业者提倡的（David Young，1988）。① 监管者总是鼓吹管制的目的在于使公众利益最大化，这只不过是监管者的一个托词而已（Roberts & Kurtenbach，1998）。

ETR 理论得到了众多研究的证实。Friedman & Kuznets（1945）对包括会计行业在内的众多行业管制进行了开创性的研究。他们认为，执业与非执业人员在收益上的巨大差异难以简单地归因于较高的技能或教育水平，他们认为这种收益溢价实际上源自许可制度带来的垄断收益。Pfeffer（1979）利用 1950—1960 年美国的普查数据研究了保险代理人、房地产从业人员的收益情况，也发现行业准入考试的严格程度（以通过率衡量）与现有从业者较高的收益水平存在适度的显著性。

David Young（1986）较早地专门应用管制经济理论对审计师行业展开了分析。他比较了注册会计师与非注册会计师在收费结构及从业失误上是否存在统计显著的差异。研究发现，行业许可制度并没有提高审计服务质量，因为注册会计师从业失职的发生与非注册会计师从业失职的发生在统计上并没有显著差别，然而规模较小的公司聘请注册会计师所付出的审计费用却显著高于同等规模的非注册会计师，因此他认为许可制度还导致小公司付出了更多的费用。David Young（1988）又以 CPA 考试作为研究对象进行了回归检验。他以 1919—1977 年的数据为样本，以历年 CPA 的不及格率的变化率为因变量，在控制了美国经济萧条时期及第二次世界大战的影响后，对经济的不景气状况（以失业率代替）进行了的简单回归，结论表明不及格的变化率与不景气直接相关。或者说，经济越不景气，通过率越低，作者认为这是现有审计公司为保护自身利益而有意为之。此

① 例如，1979 年之前非注册会计师可以从事审计之外的其他业务，但是随着审阅及验证业务在审计服务中越发重要，CPA 积极游说 AICPA 在这两种新兴业务上实施许可制度。此外，会计师事务所也与 AICPA 合作，限定市场对诸如公众审计师头衔的使用许可。这就从侧面支持了行业组织热衷于推进行业管制的目的就在于提高自身利益的说法。

后，David Young（1991）又以执业许可是否严格作为二值因变量，全面地检验了影响许可制度管制程度的因素，其研究设计如下①：

$$\text{Regulation}=\alpha+\beta_1\frac{\text{CPA}}{\text{NPA}}+\beta_2\%\text{SSOC}+\beta_3\text{IC}+\beta_4\text{TOV}+\beta_5\text{INCOME}+\varepsilon$$

该模型中，$\frac{\text{CPA}}{\text{NPA}}$为CPA与非CPA之比，衡量现有审计师力量的强弱；其余四个变量分别代表：SSOC为CPA在州会计师事务所中的比例；IC为党派之争；TOV为立法者变动；INCOME为资本收益能力；它们用以作为其他影响因素的替代变量。研究发现，CPA势力越大，该州越有可能实行严格的准入制度，这从侧面证明了CPA游说监管机构进行管制的观点。Roberts & Kurtenbach（1998）在控制了与公共利益相关的变量之后，以是否采取150小时制度作为因变量，对模拟审计师私人经济利益的替代变量进行了回归，发现CPA力量（CPA人数比率）越强则越有可能采取这一执业许可制度。继Roberts et al.（2003）研究发现了审计行业对政治行动委员会（Political Action Committee，PCA）中国会成员的政治捐款与有利于审计行业的投票结果存在相关关系之后，Thornburg & Roberts（2008）又进一步以《SOX法案》的投票为契机，以审计行业的政治捐款数额为自变量，检验了捐款与作为因变量的投票结果之间的关联，其分析模型如下：

$$\text{VOTE}=\alpha+\beta_1\text{PAC}+\sum\beta_1\text{Control}+\varepsilon$$

模型中，VOTE为投票结果是否有利于审计行业；PAC为政治捐款数额。系数β_1的大小及显著性衡量了审计行业政治捐款的效果。研究发现，行业政治捐款越多，通过有利于审计行业法案的可能就越高（亦即β_1显著为正）。因此作者认为，虽然审计行业总是以公众利益导向为标榜，但是其仍然基于自我考虑在政治管制中谋取私利。

二、审计准则制定：历史回顾与双重视角

（一）美国审计准则制定的历史回顾

在美国资本市场上，虽然第一份审计报告在1903年就已经产生，但是有关审计准则的正式文件则始见于1917年。1917年联邦储备公告（Federal Reserve Bulletin）中正式提到了“统一会计”（随后更名为编制资产负债表方法），其目的在于处理统一的会计准则及审计准则。虽然该文告中提及了对单个会计项目的

① 就现有文献来看，戴维·扬（David Yong）是较早地在会计领域探讨管制经济理论的学者。其1991年的研究亦即本处模型，是严格意义上的实证分析模型。在他之前的相关研究或者仅从统计学上分析差异性（1986），或者仅仅将因变量对一个变量回归（1988）。需要补充的是，虽然此处的模型是多元回归，但研究仍没有控制其他影响变量。

审核，但是并没有规定如何审计与呈报，而且该文件也没有对审计师鉴证提出任何准则与标准。此后多年中，审计师的审计报告中的用词非常模糊与随意，很多审计意见都诸如“按照以往经验，现金可能偏多，应收账款可能偏少”。鉴于此，1929 年出台的《财务报表查证》则开始更注重制定详细的审计准则，1936 年第三次修订后该文告正式更名为《独立公众审计师财务报表检查》。

《独立公众审计师财务报表检查》文告虽然包含了很多推荐的审计方式与程序，但包括存货的检查及应收账款的验证等却并非必须实施的。1939 年爆发的 McKesson & Robbins 财务丑闻①，促使监管者成立了审计程序委员会（Committee on Auditing Procedure，CAuP），该委员会数月后就颁布了《审计程序公告 1 号》（SAP No. 1），要求审计师必须对存货及应收款进行查证。同时该公告又对审计意见的措辞进行了规范，最重要的是开始通过检查公司的内部控制质量来安排审计工作。此后，该委员会针对各种审计问题继续发布 SAP。截止到 1963 年，已经发布了 32 项具体公告，随后这些公告汇编为《审计准则及程序》，审计准则开始初具框架。

20 世纪 70 年代末由于自由化浪潮的影响，审计行业管制有所放松，监管者允许审计竞价服务和广告宣传，但是随后又导致国会及 SEC 对放松管制引起审计质量下降的担忧。为此，审计准则执行委员会（AudSEC）成立了 Cohen 委员会，调查审计师的工作是否符合市场投资者的预期。由于 Cohen 报告认为审计师低价揽客等行为造成了独立性的下降，随后取代 AudSEC 的审计准则委员会（ASB）紧急颁布了一系列新的关于审计抽样、风险及重要性的准则。80 年代经历了储蓄及贷款危机之后，美国审计市场针对审计师的诉讼开始增加。在 Treadway 委员会的压力下，AICPA 又制定了一系列新的准则，称为“Expectation Gap”准则，包括定义内部控制、审计师对舞弊的责任、可持续经营报告准则等，意在降低投资者对审计师的过高预期。至此，审计准则框架的内容得到了初步完善。

进入 21 世纪后，有关审计准则的最大变化就是由于一系列审计失败导致的财务丑闻迫使国会通过了《SOX 法案》，该法案明确要求审计师在执行审计的过程中需要对客户的内部控制情况加以鉴证，从而使得已有审计准则对内部控制的关注进一步增加。此外，该法案规定由独立的管制部门 PCAOB 取代原有行业组织 AICPA 执行行业管制的职责，作为这一职责的重要部分，PCAOB 取代 AICPA 获得了准则制定权。按照 PCAOB 的章程与讨论意见，PCAOB 将重新制定一套新的审计准则并使得新准则尽可能简化，不过在新准则颁布之前（2006 年 PCAOB 开始颁布其制定的审计准则）PCAOB 仍然采用 AICPA 制定的准则加以

---

① McKesson & Robbins 公司通过虚构存货及应收账款虚高资产 1 900 万美元，由于审计程序并不要求必须查验存货或函证应收款项，因此该公司的舞弊行为并没有被审计师发觉。

过渡。至此，美国的审计准则制定开始进入了一个新的时期。

（二）审计准则制定：经济视角

从审计准则制定的历史过程中不难看出，准则的制定几乎总是伴随着市场的批评与一系列的危机，这就使得审计准则成为弥补审计市场缺陷的重要措施（David，1989）。对于外部性而言，审计师不能提供足够数量的审计信息；对于信息失衡而言，则在于难以保证投资者所需的审计质量。审计准则的制定，就是一种促进多方均衡的措施。监管者制定审计准则的重要目的，就是对提供的审计信息的形式及数量做出明确规定，促进审计师披露恰当质量的审计信息（Aus-SEC，1976），向投资者提供有信息价值的财务信息（Kinney，2005），从而增进投资者的信心，提高流动性，降低资本成本（Levitt，1998）。从经济学的角度来讲，制定审计准则的作用还表现在两个方面：

第一，按照契约理论的观点，由于有限理性以及契约不完备的限制，交易双方在初始交易契约中确定了权利与义务之后仍然有可能面临着权利的再次界定，也就是说审计师与被审计者交易的全部内容并不能被最初的审计合约所涵盖，后续的审计过程仍然需要某些规定来明确双方的责任义务，补充合约的不足。如果对于所有的新事项都通过重新签订合约加以解决，那么协商及沟通成本将是极其巨大的。由于审计准则界定了审计师的责任义务与应当履行的审计程序，因此可以充当补充合约的角色，从而节省了审计双方的沟通及交易成本（Lee，1993）。

第二，在诉讼爆炸之后，审计准则又成了减少审计师的法律风险的保障，这也是在诉讼爆炸时期 AICPA 采用“Expectation Gap”准则的原因。在实务中，审计师应该对已完成的审计的质量负责，但审计师是否应该对财务信息使用者的损失承担责任并非取决于损害是否存在，而主要取决于审计师在审计过程中是否存在疏忽（negligence）。不过，法律并没有对审计师是否存在疏忽或者说是否做到了应有关注（due care）做出直接说明。应有审计质量（due audit quality）的确定标准仍然取决于诉讼中的法律定夺。那么是否就不存在一种审计师的自我保护机制？

Willekens，Anthony & Miltz（1996）对此展开了研究，其分析依据如下的基本模型展开：

$$\min SC(q)=C(q)+L(q)\times p(L\mid q)$$

式中，$SC(q)$ 为总审计成本；q 为审计工作量；$L(q)$ 为审计失败的社会成本；$p(L\mid q)$ 为损失发生的概率。作者在按照 $\partial(q)=0$ 推导最小成本后发现，在审计应有关注认定标准不确定性的情况下，审计准则可以用来对这些模糊的标准加以最低限度的界定。只要审计师遵循必要的审计程序，就可以向信息使用者提供一定保证程度的审计质量从而减少法律风险；如果审计师没有遵循审计准则，就存在疏忽或者未尽应有关注而需要承担法律责任。此外，Dye（1993）的研究还发现由于法律风险的存在，使得审计师更可能遵守审计准则，Ping Zhang（2007）在推导审计质量与审计准则遵循的相关关系时，也辅证了法律责任的此种效果。正如 Schwartz（2002）所说，审计准则成为审计师面对法律风险的不确定性时的一种自我保护措施。

（三）审计准则制定：政治视角

准则的制定不仅是一个经济问题，同时也是一个政治问题（Scott，2006）。与许可管制类似，有关准则制定的政治理论也有两种：公共利益理论和集团利益理论。公共利益理论认为，各管制措施是管制成本与管制所带来的社会改善收益权衡取舍后的最优结果。审计准则的确定是为了保护市场投资者利益的最大化，监管者事前能够确定准则的制定及实施成本以及审计准则所带来的社会效益，从而制定适当的审计准则。有学者认为，实际上公共利益理论的观点是幼稚且不认真的。首先，对于信息这一复杂的商品而言，监管者并不能有效地协调每个公众的利益；其次，由于难以对管制机构进行监督，很可能导致管制机构按照自身利益行事而非代表公众（Scott，2006）。

集团利益理论认为，任何一个行业都是由多个利益不同的集团协调存在的。各个利益集团基于自身利益最大化的考虑，对管制措施的制定加以游说。因此管制措施就是管制机构在考虑了自身利益之后，与集团博弈协调的产物。此时，管制就成为一种商品，存在供给与需求。就审计而言，对审计准则的需求涉及审计师、公众、上市公司及监管者等多方，审计准则的制定并非是由监管者基于社会福利最大化的独立判断，否则公众、审计师及上市公司等利益集团将没有动机与激励对审计准则的制定加以干预，这明显是不符合现实的。①

（四）审计准则的实施效果

对审计准则实施效果的评价方面，已有的研究多集中于审计准则与审计质量的关系上。Defond，T. J. Wong & Shuhua Li（1999）以中国实施新的审计准则为契机，基于以下模型研究了新审计准则实施之后对审计师独立性的影响。

$$\text{OPINION} = \alpha + \beta_1 1994 + \sum \beta_i \text{Control} + \varepsilon$$

式中，OPINION 为是否获得不清洁审计意见，以此作为审计质量的替代变量。

① 可以从 PCAOB 的准则制定中理解利益集团理论。PCAOB 委员会包含五名专业成员，其中注册会计师只有两名，其他三名则来自于非会计专业人士。审计准则的具体制定由委员会下设的首席审计师办公室负责，成员都来自不同的社会经济领域。此外，委员会还根据《SOX 法案》的规定成立了常设咨询组（SAG），成员主要来自会计师事务所、投资者、公众公司等，同时还邀请来自 FASB、审计总署、证券 SEC、劳工部、国际审计与鉴证准则理事会（IAASB）以及 ASB 六家职业组织作为观察员。咨询组下设临时的工作组开展工作。在准则制定的过程中，咨询组虽然不负责起草准则，但是可以对准则的起草提供各自的建议及意见。委员会采用公开的准则制定程序，准则的制定程序包括：委员会批准发布准则征求意见稿；征求各方意见后并进行分析汇总；委员会批准修改后的准则，并将修改后的准则提交 SEC；SEC 发布准则草案并向各方征求意见；批准后的准则发布施行，不批准的将退回委员会重新修订。

在控制了客户规模、存货比率以及权益回报率等因素后，对时间哑变量 1994 年进行回归，因为作者认为 1994 年可以衡量审计准则的实施效应。研究发现，新准则实施后会计师事务所发表不清洁审计意见的可能性更大，因此新审计准则提高了审计师的独立性与审计质量。

Zhou（2007）以买卖价差作为衡量信息不对称的替代变量，以实施新审计准则作为自变量检验了审计准则的实施对缓解市场信息不对称，提高会计信息质量的作用。回归模型如下：

$$S_{it}=\alpha+\beta_1 \text{Period}+\beta_2 \text{MV}+\beta_3 \text{VOK}_{it}+\beta_4 \text{VAR}_{it}+\beta_5 \text{NFLOAF}_{it}+\varepsilon_{it}$$

式中，S_{it} 为平均的周买卖价差；Period 为哑变量，如果审计公司采用了新的审计准则，则赋值 1，否则为 0，MV、VOK、VAR 以及 NFLOAT 等变量则分别为控制市值、转手率、周回报率的平均方差以及前十大股东的持股比例。回归发现，新审计准则的实施显著降低了资本市场上的买卖价差，因此作者认为新审计准则提高了信息披露的质量。

然而，不少分析性文章却表明审计准则的实施，也可能导致审计质量的下降。这类分析主要基于收益最大化以及成本最小化的两类模型：

1. $R = W + r - C(q)$　(Dye, 1993)　　(9—1)

2. $C = C(q,n) + (1-p)(1-q)A$　(Frantz, 1999)　　(9—2)

模型（9—1）中，R 为审计师的财富或收益；W 为审计师初始财富；r 为审计收费；q 为代表审计工作量的审计质量。Dye 认为，在权衡审计准则提高带来的边际收益与边际成本时，如果审计师的收益可以被外部使用者观察，那么愿意遵循审计准则的审计师更倾向于遵守更严格的审计准则；如果已经存在较多的法律制度，那么提高审计准则的要求会使得部分审计师降低审计质量而导致平均审计质量下降。Pascal Frantz（1999）在分析审计师行业技能、审计质量及法律责任的关系时也佐证了 Ronald A. Dye 的观点。在模型（9—2）中，C 为审计成本；A 为法律成本；总审计成本即为两者之和。作者认为新审计准则所要求的审计质量的提高，会使得某些技能不高的审计师的审计质量反而有所下降，导致平均审计质量及社会福利随着审计准则的提升而有所降低。Doogar，Sivadasan & Solomon（2010）基于 PCAOB 新审计准则第 2 号（AS 2）到第 5 号（AS 5）的转变过程，以审计费用作为审计工作量的替代变量研究了准则管制的效率问题。研究表明，虽然 AS 2 是比 AS 5 更为苛刻的管制准则，但 AS 2 的实施引起的过度管制反而导致了无效率与管制成本过高，从而佐证了 Dye 以及 Frantz 的推导结论。

Frantz（1999）和 Zhang（2007）从不同的角度推导了最佳审计准则的确定标准。Frantz（1999）通过对模型（9—2）的推导认为，如果审计师的技能是不可观察的，那么那些技能较低而不严格遵守审计准则的审计师要比那些技能较高而严格遵守准则的审计师更喜欢严格的审计准则；反之，如果审计师的能力是可观察的，那么审计师所依赖的审计准则就是那些使得审计质量可以随技能而提高的准则，也就是说，审计师的专业能力是关键因素。Zhang（2007）考虑了审计师收益、法律损失及诉讼概率等因素后构建了一个均衡模型，该模型分析了公众对审计质量预期与审计准则遵循的关系。他认为，投资者对于审计师的质量预期总是高于审计师的自我感觉。如果审计行业组织致力于制定准则并要求审计师遵守审计准则，且投资者对于审计质量的预期高于审计准则的要求，那么在这种压力下审计师会比较好地遵守审计准则。如果法庭不以审计准则作为判断审计师应尽义务的标准，那么由于诉讼成本的存在使得投资者进行诉讼的可能性减小，因此审计师可能并不会遵守审计准则，此时就需要以诸如同业复核或者行业检查的形式加以弥补。

上述关于审计准则与审计质量的不确定关系以及准则管制引起的低效率与高成本的研究表明，审计准则的制定也是一个成本收益的权衡过程。如果成本明显高于收益，那么制定准则的效果反而会下降。这也就验证了监管者在制定准则前并不具有有关被监管者的技术及成本构成的完全信息，因此制定的准则很可能是不合理的（Baron & Besanko，1984）。

三、价格管制：审计收费干预机制

监管者对于审计行业的价格管制属于事前管制，它分为高价管制与低价管制。就高价管制而言，经济理论认为在形成行业垄断的情况下，如果市场难以对厂商的私人成本加以评判，厂商就可能借此虚报成本提高产品价格（Willenkens，Steele & Milta，1996）。现实中的审计市场是一个竞争市场（DeAngelo，1981；Dye，1991；Magee & Tseng，1990），在该市场中投资者享有较多的信息并与审计师讨价还价，因此就没有必要进行高价管制。

虽然没有从垄断损害市场利益的角度进行高价管制的必要，但也有部分文献分析了较高审计收费与审计质量的关系。早在 Dye（1991）的分析中就曾指出，审计师如果过度收费，则可能影响审计质量。Kinney & Libby（2002）注意到，安然在破产前的 2000 年的审计费用高出估计的正常费用 250%，因此他们认为，非正常审计费用可以用来衡量审计师—客户之间经济联结的程度。Higgs & Skantz（2006）认为，较高的审计收费其实与较高的审计质量相关。其研究发现，公司很可能通过购买较多的审计服务，来显示其较高的盈余质量。其经验证据是正的非正常审计费用[①]与较高的盈余反应系数（earnings response coefficient，ERC）相关，而与负的非正常审计费用不相关。Krishnan et al.（2007）用几乎同

① 非正常审计费用的概念与非正常盈余类似，其计算为实际审计费用与估计审计费用之差。

样的方法，却发现正的非正常审计费用与较低的盈余反应系数相关。Choi，Kim & Zang（2010）以盈余数量作为审计质量的替代，发现正的非正常审计费用与盈余质量负相关，从而表明较高的审计收费会影响审计质量。这是因为，审计师的额外收益会高出由于审计质量下降而带来的诸如法律风险、名誉损失等成本。

在审计市场上，低价管制主要针对审计师的低价揽客行为。如果审计师收费太低，则可能会通过减少审计程序等措施来节约审计成本，导致审计质量下降。另外，如果低价揽客引起行业不正当竞争，则会引起审计市场竞争混乱，效率下降。① 低价揽客与审计质量的关系具有很大的不确定性，已有的研究大部分停留在分析性的研究层次上，并未取得一致的检验结果。

对审计师低价竞争行为是否要进行管制最早源于监管机构对独立性降低的忧虑（AICPA，1978；SEC，1977；U. S. Senate，1977）。基于此，1978 年 Cohen 委员会对低价揽客行为进行调查并出具了报告。该报告认为，低价揽客实际上为审计师创造了等价的保证金，如果审计师的报告对管理层造成了威胁，则审计师将得不到这一保证金，从而会屈从于管理层，这一结论与众多的实证研究结果一致（Francis，1984；Francis & Simon，1987；Magee & Tseng，1990；Palmrose，1986；Schatzberg，1990）。

然而，也有不少研究否认 Cohen 报告的结论的可靠性，他们认为低价揽客对审计质量并不会造成影响。早在 1981 年，迪安杰洛（DeAngelo）认为审计师可以基于技术优势等从未来的服务中获得准租（quasi-rents），而低价揽客就是获得这种竞争优势的手段。因此，只要存在客户准租，就一定存在低价揽客行为，而且是准租影响了审计师的独立性。Schatzberg（1994）以一个包含信息不对称及审计意见购买的模型分析低价揽客时也发现，在审计的第一阶段，虽然审计师的收益可能为负，但是在第二阶段审计师可能获得超额利润，这证实了迪安杰洛的观点：审计师可以基于技术优势从以后的服务中弥补低价揽客的损失。Lee & Zhao Yang Gu（1998）从另一个角度对低价揽客行为进行了分析。他们构建了一个多重代理模型，在该分析模型中，审计师对管理层进行监督，而所有者又对审计师的监督行为进行监督。他们认为，虽然表面看是管理层雇用了审计师，但审计师的变更或者被起诉都是所有者的行为，因此审计师有动机站在所有者利益的一方，从而提高独立性。Chan（1999）构建了一个两阶段模型分析审计市场竞争的初始成本，通过构建一个非完善的审计市场进行分析发现，如果对低价揽客进行管制或者不允许低价竞争，则会导致审计成本的降低以及审计师收费和审计利润的增加。

① 在 20 世纪末，只有美国的得克萨斯州对低价揽客行为进行了管制，但是根据 Chan（1999）的研究结论，这一管制措施不大可能起到预期的效果。

四、法律责任：影响审计收费与审计质量

虽然针对审计师的诉讼在20世纪中期就已经开始，但在当时法庭对于审计师是否应当对合约以外的第三方负责并没有明确的定论与界定。20世纪后期诉讼爆炸之后，法律责任对审计师行业造成了直接的影响，至此这一管制机制开始发挥重要的影响。需要注意的是，虽然习惯上将法律责任视为事后管制的措施，但是实际上法律责任仍然也起到了事前管制（威慑）的作用。这是因为，审计师基于法律风险的考虑会改变审计收费行为并影响预期审计质量。

早在Simunic（1980）开创的审计收费模型中，预计诉讼损失就是审计费用的重要决定因素。Beatty（1993）基于以下模型第一次直接研究了法律风险与审计费用的关系：

$$\log(\text{compensation}) = \alpha + \beta_1 \text{lawsuit} + \beta_2 \text{bankruptcy} + \sum \beta_i \text{control} + \varepsilon$$

式中，因变量为审计费用，lawsuit为衡量诉讼风险，研究结论表明lawsuit系数为正且显著，即审计费用与法律损失风险直接正相关，这说明审计师需要提高审计收费来弥补可预见的法律诉讼损失（Willenborg，2002）。B. Bell et al.（2000）以422位审计师的问卷数据为基础，分析了审计业务风险与审计收费的关系，发现业务风险的增加会显著增加审计师的审计时间，导致审计收费提高，不过单位小时的审计费用并没有改变。因此，他们认为，业务风险对费用的影响，只是影响了审计工作量。

Lyon & Maher（2005）从另一个独特的视角研究了法律风险与审计费用的关系。他们研究的假设前提是：违背美国资本市场监管制度，特别是存在行贿行为的上市公司具有更高的法律风险，其研究模型如下所示：

$$\log(\text{fee}) = \alpha + \beta_1 \text{Bribe} + \sum \beta_i \text{Control} + \varepsilon$$

式中，log(fee)为审计费用取对数值；Bribe为是否存在行贿的哑变量；Control为其他控制变量。回归结果表明，存在行贿行为的公司往往要支付更高的审计费用（$\beta_1>0$），平均高出43%。审计师通过这一途径，将可能的法律成本转嫁给客户。此后，Griffin & Lont（2007），Ghosh & Pawlewica（2009）研究了由于《SOX法案》颁布造成审计师法律责任的加重对审计收费的影响。研究发现，虽然审计收费的增加部分源于《SOX法案》增加了审计师的工作量，但是因为审计失败风险及责任的加重，也使得审计师的审计收费在该法案颁布前后有着显著的变化。

那么法律风险的增加使得审计师增加审计工作量（审计费用）的同时，是否可以带来审计质量的提升？Palmrose（1988）研究审计质量与法律风险时得出了

两者互为相反关系的结论。他认为，较低的法律风险可以作为高审计质量的替代，其分析逻辑为：审计师如果面临较高的法律风险，则会增加审计投入，提供高的审计质量，进而使得法律风险减少，从而肯定了风险对审计质量的正面作用。随后，Kinney & Smith（1992），Frost（1994），Carcello & Palmrose（1994）研究了破产公司与审计意见的关系，证实了法律风险与审计质量之间的正相关关系。

Khurana & Raman（2004）基于以下的模型对比了美国资本市场与诉讼可能性较低的资本市场上，"四大"与非"四大"会计师事务所提供的审计质量的差别：

$$r = \alpha + \beta_1 \text{big4} + \sum \beta_i \text{Control} + \varepsilon$$

式中，r 为事前权益资本成本，用以作为财务报告可信度的替代变量，其计算为 $r=\sqrt{\frac{eps_2 - eps_1}{p\alpha}}$；big4 为是否"四大"会计师事务所的二值变量。研究分别针对美国、澳大利亚以及英国等资本市场。其研究思路为，如果是法律风险而非声誉机制直接促进了审计质量的提高，则在法律风险较高的美国资本中，该模型的 β_1 系数将较小，反之在法律制度不严格的澳大利亚等资本市场中，该系数将较大。回归的结果证实了这一点：是法律风险而非声誉机制对审计质量的提高起到了直接作用。Seetharaman et al.（2002）也研究了不同资本市场中，审计费用与法律风险的关系。其样本分为两类，即英国的公司以及在英、美同时上市的公司，其结论与 Khurana & Raman 类似：在法律风险高的情况下，审计师收费更高以保证审计质量。

Venkataraman，Weber & Willenborg（2008）利用美国资本市场上新上市公司的数据，研究了 IPO 前后审计师审计费用及审计质量的变化。由于 IPO 之前审计师的法律风险要高于 IPO 之后的风险①，因此他们以盈余的质量及数量作为审计质量的替代变量，进行如下多元回归分析：

$$\text{AbnormalAccruals} = \alpha + \beta_1 \text{IPO} + \sum \beta_i \text{Control} + \varepsilon$$

式中，AbnormalAccruals 为异常盈余。回归结果发现，IPO 之前上市公司的异常盈余较少而且为负，他们由此认为 IPO 之前的高法律风险促进了审计质量的提高。

第三节　审计行业管制：管制模式及其评价

目前，世界各国审计行业的管制模式主要包括三种类型，即自我管制、独立

① IPO 之前，上市公司应遵循 1933 年《证券法》的规定，上市之后则遵循 1934 年《证券交易法》的规定，前者更为严格。

管制以及政府管制。自我管制模式是指行业内的事务由注册会计师行业组织来实施并控制。行业组织（如 AICPA）的成立并不需要经过政府的批准，而且政府也不干涉组织的管理事务。为了实现自我管制的目标，行业组织一般都有完整的自我管理机构。组织的存在是为了更好地服务于全体成员的利益，促进行业社会声誉的提升与长远发展等。独立管制模式的特点是注册会计师行业的管理由既独立于行业又独立于政府的专门管制机构（如 PCAOB）执行。独立管制机构运作所需的资金或其他资源由行业内成员提供，为了保证行业内成员不干涉独立管制机构的运作，资源提供者一般会将资金提供给一个专门的基金会，然后由该基金会对独立机构进行支持。政府管制模式是指政府直接对审计行业的微观事务加以管制。此时，政府会代替行业组织或者独立管制部门颁布具体的审计行业法规，同时对行业内执业资格的认定及监督处罚等内容进行规定。在政府管制的模式下，行业组织仍然可能存在，但该模式下行业组织的成立及组织章程等都需要经过政府的批准，而且其职能的发挥也只是作为政府职能的补充。

从前述各管制模式的内容可以看出，自我管制模式的优势在于能够较好地发挥注册会计师职业组织的专业知识优势并快速解决行业发展中存在的问题，但由于行业组织缺乏形式上的独立性，缺乏有效的外部监管容易导致自我管制失效。政府管制由于具有国家强制力做后盾，因此管制成本较低而且管制效果也较好，但是政府管制模式的灵活性较差，政府与被监管者之间的信息不对称更为凸显，因此不能及时针对行业发展出现的问题做出反应，监管效率较低。从理论上讲，独立管制模式是融合了自我管制与政府管制两种模式长处的最佳模式，不但做到了形式上和实质上的双重独立，而且兼容自我管制与政府管制的长处。

由于管制模式很少能随意更改，而且不同国家的具体情况不同，因此难以对不同管制模式做出直接的对比。Lennox & Pittman（2009）以美国审计行业从自我管制到独立管制为契机，基于信息价值的角度分析了 PCAOB 模式下复核行为与 AICPA 管制时期同业复核的差异。他们认为 PCAOB 管制模式缺乏信息价值，因为这种模式并不报告有关审计师总体审计质量的意见，以及有关审计师质量控制的信息，而 AICPA 的管制模式则具有这一优势（Hilary & Lennox，2005）。不过他们并不认为独立管制会引起信息质量的降低。

既然各有优劣，那么管制模式的选择标准是什么？Defond（2010）认为两种复核措施（同业复核与检查复核）的选择其实是一个权衡取舍的过程（Stigler，1971；Peltzman，1976）。自我管制模式比较专业，但是其独立性较差；政府管制模式的专业性虽然不强，但是其独立性很高。例如，PCAOB 的复核人员都不允许来自于审计行业，而 AICPA 下的同业复核人员则主要为从业的审计师。因此，他们认为，自我管制与独立管制的选择其实一直是一个基于专业性与独立性的权衡结果。

回顾美国自我管制过程中的若干细节，有助于理解自我管制与独立管制的关系。早在1933年的《证券法》及1934年的《证券交易法》中，就指定了由SEC来制定审计准则并决定谁或者什么样的会计师有资格来进行审计，管制的权利并非在行业组织手中。由于当时SEC主要将披露及透明化作为其进行财务市场管制的主要措施与工作重心（Merino & Neimark，1982；Seligman，1985），因此在一场委员会投票中以一票之差将准则的制定权赋予了行业组织，同时SEC也给予了会计行业以独立审计的垄断权。需要注意的是，SEC的这一决定是一个妥协的结果，而且SEC也从未丧失对审计行业的监管权。此后，由于担心垄断权的存在会导致SEC更严格地监管，审计行业一直积极寻求完全的自我管制来摆脱政府监督的可能（Robertshe & Kurtenbach，1998）。不过，自我管制的实施效果一直滞后于SEC的要求①，国会也一直没有放弃取缔自我管制的选择。1980年AICPA主席威廉·格雷戈里（William Gregory）在解释为什么未经投票即决定迅速成立下属的CPA事务所部门及SEC实务部门时就提及：如果不立即采取措施来保护行业的自我管制模式，那么国会很可能会通过新的法案对审计行业加以管制（Gregory，1980）。AICPA成立POB和SEC实务部门来推行质量控制准则以及同业复核的重要原因就是安抚国会议员的一项提案——在SEC成立新的监管部门来取代行业自我管制。

从自我管制与独立管制的渊源不难看出，自我管制模式自成立之初一直受到独立管制的威胁。自我管制与独立管制之间并非存在明显的分界，对于某一模式的选择也并非是一种基于经济历史环境自然选择的过程。甚至可以说，如非SEC的一票之差，或许美国审计管制之初实行的就是独立管制。正如Defond（2010）所言，对于哪种模式的选择只是一个权衡的过程罢了。

第四节　总结与未来研究方向

审计行业因涉及普遍性的公众利益保护而成为一个被管制的行业。以美国资本市场为例，审计行业的发展经历了放任—初步管制—放松管制—加强管制的历史过程。在这一审计行业管制的历史演进中，审计行业为自身利益的需要而进行去管制化的努力，而投资者及监管者为保护公众利益则逐步增加对管制的诉求。总体来看，这一历史过程中审计行业管制的发展趋势是加强管制。从20世纪初期行业许可的建立，到历经大半个世纪之后审计准则的逐步完善，再到20世纪后期法律诉讼机制的产生，都证实了这一点。在美国资本市场100多年的审

① 例如，直到1962年行业行为准则修订时，会计行业才限制了大多数可能影响独立性的与客户之间的经济联系行为，如审计师在客户董事会中的任职行为。实际上，这些行为早在20世纪30年代就被SEC禁止。

计行业管制史上，管制模式也完成了从相对宽松的行业管制到更为严格的独立管制的彻底改变。本章对审计行业管制的历史做了具体而详细的描述，同时对行业许可、审计准则、法律诉讼以及价格管制等管制要素进行了理论上的解释与研究述评。由于很多管制措施都具有不同的解释视角，因此已有的研究结论也不尽一致。

我国审计行业的发展历程较短，近期国际上对我国审计质量的质疑也意味着我国审计行业的秩序有待进一步规范与提高。此时对我国审计行业的发展与管制进行理论与实践上的研究就显得尤为必要。该领域未来的研究议题包括：(1) 理论与经验证据表明，政府管制存在着低效率、低灵活性以及滞后于行业发展需求的特点，那么我国审计行业的政府管制模式是否应该做出相应的调整？(2) 作为规范审计行业、提高审计质量重要措施的法律诉讼机制，虽然在我国已经产生，但寥寥无几的案例说明其远未发挥应有的作用。那么在我国尝试通过诉讼机制进行事前管制的时机是否已经成熟？是否可以实现应有的目的？(3) 诚如前述，审计准则的严格化既可能提升审计质量，也可能起到负面的作用。既然我国的行业状况与美国资本市场截然不同，那么提高审计准则的要求将如何影响我国的审计质量？(4) 在我国的审计行业中，四大会计师事务所与本土会计师事务所在审计收费的标准上存在显著的差异，这种差异是否会对审计质量产生影响？在我国审计市场应该运用何种价格干预机制以提高审计市场效率与审计质量？

[参考文献]

[1] 谢德仁. 注册会计师行业管制模式：理论分析. 会计研究，2002 (2).

[2] William R. Scott. 财务会计理论，3 版. 北京：机械工业出版社，2006.

[3] AICPA. A brief history of self regulation. http: //www. aicpa. org/.

[4] PCAOB. Board funding and establishment of accounting support fee. PCAOB Release No. 2003-003，2003.

[5] S. David Young. The economic theory of regulation: evidence from the uniform CPA examination. The Accounting Review，1988，Vol. 63 and No. 2: 283-291.

[6] Richard S. Sathe. CPA licensure without examination: legitimation and resistance. Critical Perspectives on Accounting，2010：496-509.

[7] Haiyan Zhou. Auditing standards，incerased accounting disclosure，and information asymmetry: evidence from an emerging market. Journal of Accounting and Public Policy，2007 (26)：584-620.

[8] Ping Zhang. The impact of the public's expections of auditor on audit quality and auditing standards compliance. Contemporary Accounting Research，

2007, Vol. 24 and No. 2: 631-654.

[9] James Schaefer, Michael Zimmer. Occupational licensure in the accounting profession effects of public regulation on accountings' earnings. Journal of Applied Business Research, 1995, Spring: 9.

[10] Pascal Franta. Does an auditor's skill matter? responses to and preferences amongst auditing standards. International Journal of Auditing, 1999 (3): 59-80.

[11] Sidney Davidson, George D. Anderson. The development of accounting and auditing standards. Journal of Accountancy, 1987, 163, 5: 110.

[12] Gary Colbert and Denis Murray. The economic theory of regulation and sunset reviews of public accountancy laws: the role of political ideology. Research in Accounting Regulation, 2003, Vol. 16: 105-119.

[13] Robin W. Roberts, James M. Kurtenbach. State regulation and professional accounting educational reforms: an empirical test of regulation capture theory. Journal of Accounting and Public Policy, 1998 (17): 209-226.

[14] Mark T. Law, Sukkoo Kim. Specialization and regulation: the rise of professionals and the emergence of occupational licensing regulation. The Journal of Economic History, 2005, Vol. 65 and No. 3: 723-756.

[15] Carl Shapiro. Investment, moral hazard, and occupational licensing. The Review of Economic Studies, 1986, Vol. 53 and No. 5: 843-862.

[16] Marco Pagano, Giovanni Immordino. Optimal regulation of auditing. CESIFO Working Paper, 1980.

[17] Patti A. Mills, Joni J. Young. From contract to speech: the courts and CPA licensing laws 1921-1996. Accounting, Organizations and Society, 1999 (24): 243-262.

[18] Gary Fooks. Auditors and the permissive society: market failure, globalization and financial regulation in the US. Risk Management, 2003, Vol. 5 and No. 2: 17-26.

[19] David P. Baron, David Besanko. Regulation, asymmetric information, and auditing. Rand Journal of Economics, 1984, Vol. 15 and No. 4.

[20] Rajib Doogar, Padmakumar Sivadasan and Ira Solomon. The regulation of public company auditing: evidence from the transition to AS 5. Journal of Accounting Research, 2010, Vol. 48 and No. 4: 795-814.

[21] Gilles Hilary and Clive Lennox. The creditability of self-regulation: evidence from the accounting profession's peer review program. Journal of Ac-

counting & Economics，2005 (40)：211－229.

[22] S. David Young. Interest group politics and licensing of public accountants. The Accounting Review，1991 No. 4：809－817.

[23] William R. Kinney，JR. Twenty-five years of audit deregulation and re-regulation：what does it mean for 2005 and Beyond? Audit：A Journal of Practice & Theory，2005，Vol. 24：89－109.

[24] David P. Baron and David Besanko. Regulation，asymmetric information，and auditing. The Rand Journal of Economics，1984，Vol. 15 and No. 4：447－470.

[25] Marleen Willekens，Anthony Steele and David Miltz. Audit standards and auditor liability：a theoretical model. Accounting and Business Research，1996 (26)：249－264.

[26] Ronald A. Dye. Auditing standards，legal liability，and auditor wealth. The Journal of Political Economy，1993，Vol. 101 and No. 5：887－914.

[27] Rachel Schwartz. Auditors' liability，vague due care，and auditing standards. Review of Quantitative Finance and Accounting，1998，Vol. 11 and No. 2：183－207.

[28] William R. Kinney，Jr.. Audit technology and preference for auditing standard. Journal of Accounting and Economics，1986 (8)：73－89.

[29] Stephen A. Zeff. How the U. S. accounting profession got where it is today：part Ⅱ. Accounting Horizons，2003，Vol. 17 and No. 4：267－286.

[30] Avner Shaked and John Sutton. The self-regulating profession. The Review of Economic Studies Ltd.，1981，Vol. 48 and No. 2：217－234.

[31] George J. Stigler. The theory of economic regulation. The Bell Journal of Economics and Management Science，1971，Vol. 2 and No. 1：3－21.

[32] Richard A. Posner. Theories of economic regulation. The Bell Journal of Economics and Management Science，1974，Vol. 5 and No. 2：335－358.

[33] Ross L. Watts and Jerold L. Zimmerman. The demand for and supply of accounting theories：the market for excuses. The Accounting Review，1979 Vol. 54 and No. 2：273－305.

[34] Joshua Aizenman. Financial crisis and the paradox of under-and over regulation. Working Paper，http：//www. nber. org/paper/w15018.

[35] Kent St. Pierre and James A. Anderson. An analysis of the factors associated with lawsuits against public accountants. The Accounting Review，1984，Vol. 59 and No. 2：242－263.

[36] William G. Heninger. The association between auditor litigation and abnormal accruals. The Accounting Review, 2001, Vol. 76 and No. 1: 111-126.

[37] Charles D. Kolstad, Thomas S. Ulen and Gary V. Johnson. Ex post liability for harm vs. ex ante safety regulation: substitutes or complements? The American Economic Review, 1990, Vol. 80 and No. 4: 888-901.

[38] Oliver Hart. Regulation and Sarbanes-Oxley. Journal of Accounting Research, 2009 Vol. 47 and No. 2: 437-445.

[39] Pascal Frantz. Auditor's skill, auditing standards, litigation and audit quality. The British Accounting Review, 1990, Vol. 31 Issue 2: 151-183.

[40] Schatzberg, Jeffrey W.. A new examination of auditor "low balling" pricing: theoretical model and experimental evidence. Auditing: A Journal of Practice & Theory, 1994, Vol. 13.

[41] Chi-Wen Jevons Lee, Zhaoyang Gu. Low balling, legal liability and auditor independence. The Accounting Review. 1998, Vol. 73 and No. 4: 533-555.

[42] Aloke Ghosh, Robert Pawlewicz. The impact of regulation on auditor fees: evidence from the Sarbans-Oxley Act. Auditing: A Journal of Practice & Theory, 2009, Vol. 28 and No. 2: 171-197.

[43] Timothy B. Bell, Wayne R. Landsman, Douglas A. Shackelford. Auditors' perceived bussiness risk and audit fee: analysis and evidence. Journal of Accounting Research, 2001, Vol. 39 and No. 1: 35-43.

[44] Ramgopal Venkataraman, Joseph P. Weber, Michael Willenborg. Litigation risk, audit quality, and audit fees: evidence from initial public offerings. The Accounting Review, 2008, Vol. 83 and No. 5: 1315-1345.

[45] Mark L. DeFond. How should the auditors be audited? comparing the PCAOB inspection with the AICPA peer reviews. Journal of Accounting and Economics, 2010, 49: 104-108.

[46] John D. Lyon, Michael W. Maher. The importance of business risk in setting audit fees: evidence from cases of client miscondeuct. Journal of Accounting Research, 2005, Vol. 43 and No. 1: 133-151.

[47] R. Ramy Elitzur, Haim Falk. Auctions for audit services and low-balling. Auditing: Journal of Practice & Theory, 1996, Vol. 15: 41.

[48] Zoe-Vonna Palmrose. An analysis of auditor litigation and audit service quality. The Accounting Review, 1988 (63): 55.

[49] Derek K. Chan. "Low-balling" and efficienty in a two-period specialization model of auditing competition. Contemporary Accounting Research, 1999,

16，4：609.

[50] Joseph V. Carcello，Zoe-Vonna Palmrose. Auditor litigation and modified reporting on bankrupt clients. Journal of Accounting Research，1994，Vol. 34：1-30.

[51] Jong-Hag Choi，Jeong-Bon Kim，Yoonseok Zang. Do abnormally high audit fees impair audit quality? Auditing：A Journal of Practice & Theory，2010，Vol. 29 and No. 2：115-140.

[52] Inder K. Khurana，K. K. Raman. Litigation risk and the financial reporting credibility of big 4 versus non-big 4 audit：evidence from anglo-American countries. The Accounting Review，2004，Vol. 79 and No. 2：473-495.

[53] Jere R. Francis. Auditing，trust and governance regulation in Europe，2008.

[54] Steven Thornburg，Ribin W. Roberts. Money，politics，and the regulation of public accounting services：evidence from the Sarbanes-Oxley Act of 2002. Accounting，Organizations and Society，2008 (33)：229-248.

[55] Donabedian. The economic rationales of CPA licensing. Journal of Accounting and Public Policy，1991 (10)：85-103.

[56] Stanley Baiman，John H. Evans，James Noel. Optimal contracts with a utility-maximizing auditor. Journal of Accounting Research，1987，Vol. 25 No. 2：217-255.

第十章 审计失败与责任

本章导读

在国内外资本市场上，重大审计失败案件层出不穷，这使得审计责任逐渐成为审计理论界和实务界关注的焦点问题，法经济学为此提供了可借鉴的框架。该框架的总体逻辑是：审计师与审计市场其他主体间的信息不对称引发审计师的机会主义行为，导致审计失败，审计失败造成的严重经济后果使审计市场各主体出于自利目的内生出各种制度对信息不对称进行矫正，从而形成对审计责任法的内在需求；诉讼成本、第三方的信息不完全、审计市场各主体的不同利益诉求以及特定社会发展目标，又进一步使各主体用具有事前规制功能的审计责任规则作为对事后规制的审计责任法的补充，而规则的累积效应又进一步影响审计责任法的更迭，从而形成一个“从不完全信息的非均衡到信息矫正后的均衡再到更高的不完全信息非均衡”的循环演进过程；不同的审计责任制度及其变迁将会对审计质量产生直接的影响，增强或者减弱审计的投资者保护作用，从而表现出不同的审计责任制度绩效。

近年来，国外成熟的市场经济国家先后经历了多次重大审计失败案件，引起了资本市场的轩然大波。在我国，由于资本市场仍属于转轨经济中的新兴市场，仍然存在许多新兴市场中的共性问题，这使得我国资本市场中的审计失败案件更是层出不穷。例如，2001 年的银广夏事件导致中天勤会计师事务所退出了审计市场，2005 年科龙事件导致德勤会计师事务所接受证监会的传讯听证。这些重大的审计失败案件及其随之而来的严重经济后果使审计责任制度成为学术界和理论界关注的重要议题。本章基于法经济学的研究范式，探讨审计失败的经济后果，审计责任的变迁等，并对已有研究进行评述，旨在为审计责任研究提供一个适宜的分析框架。

第一节　审计责任的研究范式：基于法经济学

依据新古典法经济学，任何责任制度都可被视为一种通过内在化因信息不完全所产生的外部成本，最小化损害风险的激励制度（Coleman，1984）。责任制度的法经济学研究总体上是在不完全信息框架下进行的。换言之，如果信息是完全的，那么现代社会的责任制度不过是合同法的特例，市场机制的作用足以使权利的初始界定不会对资源配置产生影响。市场主体的信息不完全导致拥有信息优势的一方可能采取机会主义行为，从而对整体社会福利产生不利的影响，此时就需要责任制度对其进行矫正，从而产生了对责任制度的需求。

静态而言，特定的责任制度是责任各方参与人在激励兼容约束下基于各自的机会集博弈均衡的结果（Mercuro & Medema，1997）。机会集的微小差异将会导致责任制度的迥然不同。沿着这样的研究思路，法经济学对不同机会集约束下的各方责任主体与各种责任制度的交互作用进行静态与比较静态分析，并试图对各种责任制度进行“效果评估”与比较。

动态而言，责任制度还受制于一个社会所存在的机会集，而不仅仅是一部只含有逻辑性定理或公式的数学著作。在这个层面上法经济学所做的工作是，为作为长期博弈均衡解的责任制度勾勒出一条内生性的演进轨迹，并试图在理论上为现代社会提供了一张在不完全信息条件下，能够满足各方责任主体的最优责任制度的蓝图。

因此，法经济学遵循“责任制度需求—责任制度演进—责任制度绩效”的研究范式。基于法经济学的研究范式，图 10—1 给出了基于法经济学的审计责任分析框架。该框架的总体逻辑是：审计师与审计市场其他主体间的信息不对称引发审计师的机会主义行为，导致审计失败，审计失败造成的严重经济后果使审计市场各主体出于自利目的内生出各种制度对信息不对称进行矫正，从而形成对审计责任法的内在需求；诉讼成本、第三方的不完全信息、审计市场各主体的不同利益诉求以及特定社会发展目标，进一步使各主体用具有事前规制功能的审计责任规则作为对事后规制的审计责任法的补充，而规则的累积效应又进一步影响审计责任法的更迭，从而形成一个“从不完全信息的非均衡到信息矫正后的均衡再到更高的不完全信息非均衡”的循环演进过程；不同的审计责任制度及其变迁将会对审计质量产生直接的影响，增强或者减弱审计的投资者保护作用，从而表现出不同的审计责任制度绩效。

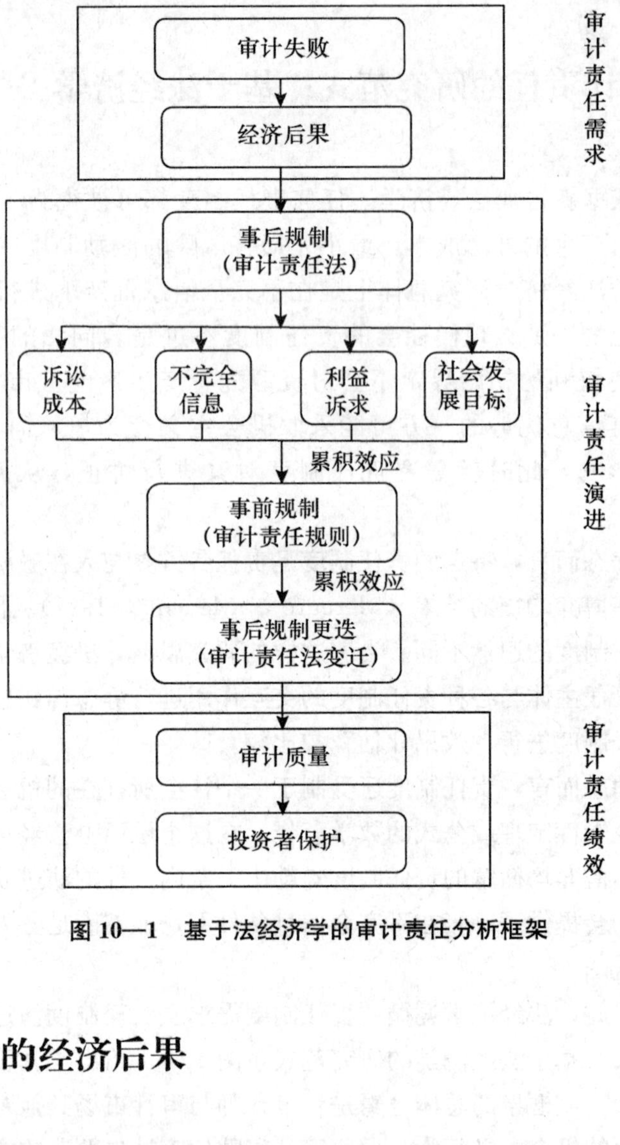

图 10—1　基于法经济学的审计责任分析框架

第二节　审计失败的经济后果

历史经验显示，重大的审计失败对资本市场的冲击是巨大的，可能会改变资本市场中各方参与者对公司价值的预期，进而促使其做出反应。本章首先试图从投资者、会计师事务所以及监管者的角度来阐述审计失败可能产生的经济后果。

一、投资者的反应

（一）保险假说

Wallace（1987）和其他的相关研究（Chow et al.，1988；Schwartz & Mwnon，1985）认为，审计能向投资者提供保险。当投资者依赖被审计的财务报表进行证券交易而发生损失时，如果审计师存在一些审计失败的事实，那么投资者往往会通过法律诉讼的形式向审计师索取损失补偿（Simunic，1980；Mednick，

1987)。Palmrose & Scholz (2004) 以财务重述公司为样本深入考察了审计失败与诉讼的关系，其研究模型如下：

$$\begin{aligned}Litigation = \beta + \beta_0 Core\_accounting\_issues \\ + \beta_1 Number\_of\_accounting\_issues + \beta_2 Fraud\_or\_irregularities \\ + \beta_3 Percentage\_change\_in\_net\_income \\ + \beta_4 Number\_of\_years\_restate + \beta_5 Total\_assets \\ + \beta_6 Bankrupt\_or\_delisted + \beta_7 Resent\_IPO \\ + \beta_8 Sales\_growth + \beta_9 Security\_price\_change \\ + \beta_{10} Type\_auditor + \beta_{11} Year\_indicator \\ + \beta_{12} Industry\_indicator \\ + \beta_{13} Interim\_only\_statement + \varepsilon\end{aligned}$$

式中，Litigation 为因变量，其为虚拟变量，如果审计师被诉讼取值为 1，否则为 0；Core_accounting_issues 与 Number_of_accounting_issues 为检验变量，Core_accounting_issues 也是虚拟变量，如果财务重述涉及核心会计项目（收入与成本）取值为 1，否则为 0；Number_of_accounting_issues 为财务重述涉及的会计项目的数量。式中其他变量分别用于控制其他财务重述特征、公司特征和会计师事务所特征的影响。研究表明，审计师未发现的会计差错越是涉及核心会计项目，或者审计师未发现的会计差错项目数量越多，那么其被诉讼的可能性越大。

投资者能否获得赔偿取决于审计师的赔偿能力。当会计师事务所经营状况不好，甚至破产时，审计师的保险价值明显降低。审计师保险价值的降低反映在证券价格上就表现为被审计客户证券价格的下跌。会计师事务所保险价值的降低对于财务困境之中的公司影响更大。因为相对于有能力参与投资者损失补偿的公司来说，当公司陷入财务困境时，投资者将更为依赖审计师的赔偿。此时，证券市场的负向反应将更为强烈。

（二）审计质量假说

对于审计失败，投资者可能认为，处于审计失败的审计师比状况良好的审计师更容易产生道德风险问题。因为有偿付能力的审计师考虑到他们的声誉 (Simunic & Stein, 1987) 以及客户的准租金 (DeAngelo, 1981)，有动机保持较高的审计质量，而处于审计失败中的审计师，可能过多地强调他们短期的利益，很少关心长期的声誉，他们缺乏动机去实施昂贵的审计程序来发现财务报表的错报和漏报，这样，处于审计失败中的审计师比起状况良好的审计师为了保住客户更可能放弃他们的独立性，也就是说，他们更不可能披露发现的错报和漏报。投资者注意到了这些动机，当披露审计师所在的会计师事务所破产时，加强了投资者的怀疑，他们可能更会预期审计师没有披露可能存在的错报和漏报，这反过来导致其客户证券价格下跌。同时，审计质量假说也能够预测到会计师事务所破产会对处于财务困境的客户产生更强烈的影响。如果投资者预期到处于财务困境的公司管理层更有动机操纵会计报表（Palmrose，1987），那么证券的市场价格将对处于财务困境的公司反应更为强烈。

（三）声誉假说

大量经验研究显示，管理者和企业家愿意支付较高的审计费用来获取被认为是高质量的审计服务，这种高质量的审计服务进而被认为是一种良好的声誉。Beatty（1993）研究发现，在IPO市场上“六大”会计师事务所比非“六大”会计师事务所获得显著较高的审计费用。Craswell el at.(1995）不仅发现“八大”会计师事务所会获得超额费用，而且证明行业专家也会获得超额费用。Balvers et al.(1988）和Beatty（1989）研究也发现“八大”会计师事务所比非“八大”会计师事务所能显著地降低IPO抑价。

审计失败的成本对于会计师事务所来说是巨大的。从长期来看，会计师事务所声誉受损肯定会降低其吸引新客户或留住客户的能力（Wilson & Grimlund，1990）。希望公开上市的公司更愿意聘用高质量的审计师，以此向潜在的投资者保证财务报表符合公认会计准则的要求。当会计师事务所的声誉受到损害后，其客户有动机去寻找新的会计师事务所，这种影响可能也会波及投资者。这样，当会计师事务所面对审计失败，其声誉严重受损后，投资者很可能会降低对该会计师事务所客户的市场预期，进而表现在证券价格上。

（四）投资者反应的经验证据

1990年11月21日，美国第七大会计师事务所——拉文索（Laventhol & Horwath，LH）依据《美国联邦破产法》第11章的相关规定申请破产。2001年12月2日，美国最大的天然气能源公司——安然公司——宣布申请破产保护。随后，2002年6月15日，安然公司聘用的“五大”会计师事务所之一的安达信被联邦陪审团判决妨碍司法公正，并于同年8月被禁止对SEC注册的公司进行审计。这是美国历史上为数不多的大型会计师事务所审计失败的案例。之后许多学者试图围绕这两起事件进行实证检验，以验证投资者反应的上述三种解说。

Menon & Williams（1994）首先提出了保险假说。他们研究发现，聘用LH进行审计的公司在其宣布破产时经历了显著负向证券价格反应。他们将这种负向价格反应归结为LH不能再为这些公司的股东提供保险。Baber et al.(1995）的研究进一步验证了保险假说和审计质量假说，他们认为会计师事务所破产会对客户证券价格产生不利的影响，而且处于财务困境的公司对于LH的破产会产生更强烈的负向反应。

Baber et al.(1995）依据Schipper & Thompson（1983）和Binder（1985）的做法，运用LH客户组合日回报的时间序列来评估超额回报。具体模型如下：

$$\gamma_{pt}=\beta_0+\beta_1\gamma_{mt}+\sum\nolimits_j\gamma_j D_{jt}+e_t$$

式中，r_{pt}为时间 t 的加权组合回报；r_{mt}为时间 t 的市场回报。如果 D_{jt}对于时间 t 来说是第 j 个事件日，那么被赋值为 1，否则为 0。β_0，β_1和 r_j为要估计的参数。e_t为误差项。估计区间是从 1990 年 2 月 1 日—1991 年 6 月 30 日（378 个交易日）。哑变量 D_{jt}用来区分潜在的价值相关性的披露是否发生。因此，估计值 r_j用来判定披露是否影响第 j 天的客户回报分布。

研究结果显示，LH 客户在 LH 破产披露期获得统计上显著的－1.91%的超额回报，同时处于财务困境公司的 LH 客户组合存在－5.27%的超额回报。这验证了保险假说和审计质量假说。

Chaney & Philipich（2002）利用安达信破产案首次研究了会计师事务所声誉受损时市场投资者的反应。该研究文章主要阐述了对安达信声誉有巨大影响的四个事件①的市场反应。如果安达信提供高质量审计服务的声誉受到损害，那么安达信客户的财务报表的可信性将会遭到质疑，其盈利被高估而没有被揭示的可能性将增大，最终导致负面的证券市场反应。

Chaney & Philipich（2002）用 CAR② 值来衡量市场反应，并用以检验四个事件日的影响。结果发现，影响安然声誉的最重要事件发生在 2002 年 1 月 10 日。这一天安然宣布大量有关安然的审计文件被销毁。在这个声明发布后的几天里，CAR 的范围在－2.10%～－1.17%。由此证明，文件销毁事件直接导致了安达信声誉的下降，并最终引起安达信在 SEC 注册的客户的损失。经验证据显示在文件销毁声明日安达信客户的证券价格普遍下降，而且安达信休斯敦分所的客户证券市场价格下跌的幅度更大。Chaney & Philipich（2002）认为这种证券市场的反应源于会计师事务所声誉的下降。

二、会计师事务所的反应

会计师事务所面对审计失败所导致的诉讼危机不可能无动于衷。更为严峻的事实是，不管审计是否失败，审计师都会面临被诉讼的风险（Palmrose，1988；Stice，1991；Sullivan，1992）。Sullivan（1992）发现，“六大”会计师事务所由于审计上市公司而涉及的诉讼案件数量是发生真正审计失败数量的 3 倍。会计师事务所必须评估审计业务所带来的不确定性风险。这种不确定性是源于财务报告存在大量的不实披露而只在出具审计报告后才得以发现。这可能会引起对审计师

① 这四个事件分别是：(1) 2001 年 11 月 8 日，这一天安然宣布进一步进行报表重述，而且安达信被 SEC 传讯，要求其提交与安然相关的文件；(2) 2001 年 12 月 12 日，这一天安达信的首席执行官约瑟夫·贝拉迪诺（Joseph Berardino）在国会问讯前宣布安然的审计团队在判断上存在偏差；(3) 2002 年 1 月 10 日，这一天安达信宣布大量关于安然的文件被销毁；(4) 2002年 2 月 4 日，周末后的第一个交易日，这一天安达信宣布组成由沃尔克（Volcker）领衔的独立检查委员会。

② $CAR=\sum_{t=0}^{T}AR_{it}$，式中 AR_{it}为实际回报与市场模型估计出的期望回报的差值，即第 t 日的非期望回报。

缺乏应有谨慎的指控，最终导致诉讼成本或者声誉损失。会计师事务所为减少审计失败，补偿未来的诉讼损失，不得不采取相应的措施，而其中最有效的应对措施是调整审计定价以及加强客户管理。①

（一）诉讼风险与审计定价

审计师面对未来可能发生的诉讼成本，其执业的主要回报仅依赖于客户支付的审计费用。而来自于特定或者多个客户事后的诉讼成本会减少审计师的回报。由于审计定价不能根据事后事项进行调整来弥补诉讼损失，所以审计师都希望审计定价能考虑到预期的损失，并将这种损失最小化。在均衡的竞争市场中，审计费用等于审计成本加上审计服务的正常利润。审计成本由两部分组成，即审计师努力工作的实际成本和对未来诉讼损失的预期。之前的研究认为尽管审计师的努力程度与未来可能发生的诉讼并没有直接的联系，而且未来的诉讼损失也很难预期，但是审计师还是会预期未来诉讼损失并相应改变审计定价。

来自美国证券市场的经验研究基本支持诉讼风险对审计定价的正向影响。Palmrose（1986）检验了1980—1981年的361个样本，并按照客户行业进行分组。模型中有两个代表诉讼风险的变量，即是否为上市公司和是否出具了非标准审计意见，它们均与审计定价显著正相关。Francis & Simon（1987）以1985年规模较小的上市公司为样本，研究发现客户被出具非标准审计意见的可能性与审计定价高度正相关。Turpen（1990）检验了1982—1984年所有变更会计师事务所的146家上市公司样本，结果发现，如果客户存在经营损失，那么审计定价会显著提高，而被出具非标准审计意见的可能性与审计定价不存在显著的相关关系。不过，Simon & Francis（1988）发现，如果客户被出具了非标准审计意见，那么审计定价会显著提高。另外，Simunic & Stein（1996）研究认为，虽然审计定价与诉讼风险存在正相关关系，但是提高审计定价并不仅仅是单纯的价格溢价，还包括对审计师工作努力程度的回报。

基于诉讼风险对审计定价的影响，Dopuch & King（1992）及Dopuch et al.（1994）还考察了不同审计责任制度对定价机制产生的作用。结果发现，在严格的审计责任和自愿审计情况中，审计师会高估风险，从而高估审计费用；而在连带审计责任、客户无偿债能力和强制审计的情况下，审计师又会低估风险，从而低估审计费用。

从严格意义上讲，实证检验诉讼风险与审计定价的关系需要同时满足两个条件，即较好的法律诉讼环境和公开披露的审计师赔偿。由于诉讼环境最好的美国不要求公开披露审计师的赔偿，而要求公开披露审计师赔偿的国家或地区的诉讼

① 会计师事务所还有一种方案是购买更多的保险。不过近几年免赔额的提高（Arthur Andersen et al.，1992）减少了这一方案的优势，而且更为重要的是，审计师行业的保险补偿也不可能弥补会计师事务所在声誉方面的损失（Simunic and Stein，1990）。

环境通常较差，因此上述实证研究结果并没有很强的说服力。为此，Seetharaman et al.（2002）重新考察了诉讼风险与审计定价的关系。他们选择在美国交叉上市的英国公司为样本，这些样本很好地满足了实证检验所需的两个条件。其研究模型如下：

$$\begin{aligned}\ln f = &\beta_0 + \beta_1 \text{Crosus} + \beta_2 \text{Crosoth} + \beta_3 \text{Both} + \beta_4 \ln \text{Ta} + \beta_5 \text{Cratio} + \beta_6 \text{Qratio} \\ &+ \beta_7 \text{Acqdiv} + \beta_8 \text{Dblaud} + \beta_9 \text{For} + \beta_{10} \text{De} + \beta_{11} \text{Loss} + \beta_{12} \text{ROA} \\ &+ \beta_{13} \text{Bigs} + \varepsilon\end{aligned}$$

式中，$\ln f$ 为审计费用的自然对数，是该式的因变量；Crosus 为检验变量，如果公司在美国交叉上市，则取值为 1，否则为 0。为了控制公司在非美国上市对审计师赔偿的影响，模型中还包含 Crosoth 和 Both 两个控制变量。如果公司在非美国交叉上市，Crosoth 取值为 1，否则为 0。如果公司在美国和非美国同时交叉上市，Both 取值为 1，否则为 0。另外，模型中还包含一系列变量以控制公司特征、会计师事务所特征和审计合约特征的影响。研究结果表明，在控制了其他因素的影响后，会计师事务所更倾向于对在美国交叉上市的英国公司收取较高的审计费用，这进一步验证了诉讼风险与审计定价的正相关关系。

（二）诉讼风险与审计师的客户管理

由于审计市场的高度竞争，会计师事务所面临的费用压力越来越大，这使得会计师事务所只能通过调整审计定价部分补偿未来的诉讼成本。在这种情况下，客户管理变得越来越重要，其主要包括客户保留管理和客户接受管理。对于老客户，如果预期的风险和回报不在可接受范围内，那么会计师事务所规避风险的最直接的方法就是将这部分客户剔除出自身的客户组合。相关文献表明，会计师事务所客户组合决策导致会计师事务所剔除不愿保留的客户，这些客户除包括不再符合会计师事务所组合目标的客户（例如，会计师事务所之前因客户具有较好的增长前景而接受该客户，而在之后却没有实现增长）外，还包括会计师事务所认为高风险的客户（例如，会计师事务所通过分析所掌握的客户信息，认识到管理层忠诚存在严重的问题）。已有的实证研究结果也给予了充分的证明。Krishnan & Krishnan（1997）研究表明，会计师事务所辞聘的客户比自愿解聘的客户具有更高的诉讼风险（如财务困境、异常回报的变动、较低的审计师独立性和非标准审计意见）。Shu（2000）进一步改进了 Krishnan & Krishnan（1997）的实证研究设计，将会计师事务所辞聘客户分别与一个随机保留客户配对样本和一个自愿解聘客户样本进行比较。她发现，会计师事务所辞聘的客户具有更高的诉讼风险（以财务困境、股票回报波动性和非标准审计意见进行计量）。

除客户保留管理以外，潜在客户的接受决策也是会计师事务所客户管理的重要组成部分。Johnstone & Bedard（2004）基于一家会计师事务所对 7 000 家客户财务风险、审计风险和会计师事务所经营风险的评估数据，深入考察了会计师事务所客户保留决策管理。其研究模型如下：

$$\begin{aligned}&New\_Discontinue/New\_Continue\\&=\beta_0+\beta_1 Leverage+\beta_2 ROA+\beta_3 Strategic\_position+\beta_4 Controls+\beta_5 Finrptng\\&+\beta_6 Mgtinteg+\beta_7 Public+\beta_8 Blilitate+\beta_9 Lnasset+\beta_{10} Ind\_ratail\\&+\beta_{11} Ind\_finserv+\beta_{12} Ind\_manufacturing+\beta_{13} Ind\_hightech+\varepsilon\end{aligned}$$

式中，New_Discontinue 与 New_Continue 是因变量。New_Discontinue 为虚拟变量，如果客户是当期接受的新客户，New_Discontinue 取值为 1；如果客户是当期不再保留的老客户，New_Discontinue 取值为 0。New_Continue 也是虚拟变量，如果客户是当期接受的新客户，New_Continue 取值为 1；如果客户是当期仍然保留的老客户，New_Continue 取值为 0。式中其他变量均为检验变量，分别用于衡量特定客户的财务风险、审计风险和会计师事务所经营风险。研究发现，新接受的客户较之不再保留的客户具有较低的与内部控制、财务报告质量和管理层忠诚相关的审计风险，而且更不可能是公众公司，会计师事务所经营风险较小，而且新接受客户与保留客户相比也具有较低的审计风险和会计师事务所经营风险。这些结果表明，会计师事务所有目的地管理潜在的新客户，以应对可能的诉讼风险。

三、监管者的反应

财务丑闻与上市公司的破产总是伴随着会计师事务所的审计失败。当然，在一段较长的时期内，市场应当能发现有效的治理措施并找出资本市场中的漏洞，但是面对公众越来越多的质疑，监管者已经失去了耐心，他们应对危机的反应就是将审计失败和财务危机直接作为对行业实施额外监管的理由（Bentio，2004）。自 2001 年年底开始，美国大规模爆发的公司造假事件引发了一系列的审计失败案件，“五大”会计师事务所之一的安达信宣告破产，另一家“五大”会计师事务所之一的毕马威也被 SEC 提起民事欺诈罪。监管者对此做出的反应是美国国会于 2002 年 6 月实施了包罗万象的改革，出台了《萨班斯-奥克斯利法案》。该法案涉及范围较广，关于审计师法律责任的内容主要有审计独立性的强化、处罚措施的细化、刑事责任的加重以及诉讼时效的延长。① 其中最为明确的规定是对审计咨询服务的严格限制以及审计轮换制，这也引起了学术界的广泛讨论。

（一）对非审计服务的限制

《SOX 法案》禁止执行公众公司审计的会计师事务所为审计客户提供列入禁止清单的非审计服务，这些非审计服务包括代理记账、财务信息系统服务、估价服务、精算服务、内部审计、管理服务、投资服务以及与审计无关的法律服务。

① 具体内容可参见陈汉文：《审计理论》，100 页，北京，机械工业出版社，2009。

对于会计师事务所来说，非审计服务范围的受限显然是不受欢迎的。它们认为，如果会计师事务所被禁止执行某些种类的非审计服务，那么将会失去协同效应。Simunic（1984）利用模型研究了审计服务和非审计服务的协同效应。研究发现，由于知识溢出效应，审计师同时提供两种服务会降低成本，从而为会计师事务所带来了利益。尽管DeAngelo（1981）认为同时提供两种服务很可能会损害审计师的独立性，但是她认为会计师事务所一般不会只有一个客户，因此不会对一个客户产生经济依赖，而声誉成本会保证审计师保持独立性。Goldman & Barlev（1974）认为同时提供两种服务能给客户带来更大的价值增值，因此客户反而会更依赖于审计师。《SOX法案》颁布后，许多学者对非审计服务的危害性作了进一步的经验分析，但是并没有得到一致的研究结论。Chaney et al.（2002）的研究试图检验安达信会计师事务所非审计费用与审计费用的比值越高的客户将经受更加负向的证券价格反应。结果发现，即使非审计费用的系数均为负，在统计意义上均不显著。不过，Bajaj et al.（2003）的研究发现，对于市场反应强烈的涉嫌欺诈的公司，其非审计费用的比重显著高于其他公司，但是这也可能是由于这类公司使用了较多的咨询服务所导致的，并不能直接作为损害审计师独立性的证据。

（二）审计轮换制①

《SOX法案》要求审计公众公司的会计师事务所，如果其负责特定审计项目的合伙人或负责复核该审计项目的合伙人已连续执业超过五年，那么该会计师事务所提供上述审计业务的行为是非法的。美国的监管措施对许多国家都产生了重要影响。欧洲委员会于2004年3月提出新的议案，议案中建议其成员国应当实施七年一换的审计机构轮换制度，或者五年一换的审计合伙人制度。日本从2004年4月起要求实施审计合伙人和复核合伙人轮换。我国财政部也于2004年1月发布规定，“为同一企业连续执业五年的签字审计师，企业应当要求会计师事务所予以更换”。

虽然审计轮换制已开始为各国监管机构重视或采用，但其是否有利于提高审计质量，防范审计失败，目前学术界尚未定论。一种观点认为，会计师事务所任期越长，审计师的独立性就越容易受到损害。这是因为，随着会计师事务所任期的延长，审计师和客户管理层的沟通不断增多，其关系也越来越密切，此时，审计师会自觉或非自觉地关心客户的利益，从而可能为了避免审计意见对客户产生不利影响而慢慢地、逐渐地放弃独立性的原则（Mautz & Sharaf，1961；余玉苗与李琳，2003）。随着审计师对客户管理层信任的加深，审计师可能会更多地依赖客户管理层提供的证据，而缺乏深入了解客户真实情况的动力（Berton，

① 关于审计师强制轮换的制度变迁及其相关争论的理论解说请详见本书第五章第三节。

1991)。Gao（2003）进一步分析指出，当会计师事务所任期较长时，审计师与客户的关系变得越来越密切，更容易受到自利威胁（self-interest threat）、自查威胁（self-review threat）、倾向威胁（advocacy threat）、熟悉或信任威胁（familiarity or trust threat）及胁迫威胁（intimidation threat）的影响，从而使审计师的独立性受到损害。理论分析之外，相关实证研究也为长任期损害审计师的独立性提供了一些间接证据。Deis & Giroux（1996）以质量控制回顾（quality control reviews）作为衡量审计质量的替代指标，研究发现会计师事务所任期越长审计质量越低。Davis et al.（2002）、刘启亮（2006）以及罗党论与黄旸杨（2007）以上市公司的盈余管理程度作为审计质量的衡量指标，考察了会计师事务所任期与审计质量的关系，发现会计师事务所任期与上市公司的盈余管理程度正相关。虽然这些研究无法确切了解会计师事务所任期影响审计质量的机制，但都以长任期审计师独立性的降低来解释其实证结果。

相反的观点则认为，随着会计师事务所任期的延长，审计师的独立性非但不会受到损害，还可能得以加强。余玉苗与李琳（2003）通过理论模型的构建，指出在聘请会计师事务所的早期，客户管理层影响审计意见的动机更大，而随着会计师事务所任期的延长，此动机逐渐减弱，从而减少了对审计师独立性的威胁。因此，长任期不仅不会损害审计师的独立性，而且在一定程度上有助于维护审计师的独立性。Geiger & Raghunandan（2002）以1996—1998年的破产公司为研究样本，发现会计师事务所任期与破产公司在破产前被出具持续性经营审计意见的可能性正相关，他们将该结果归因于长任期审计师的独立性更不容易受到客户的影响。夏立军等（2005）和Stanley et al.（2007）所提供的较为直接的经验证据也支持上述观点。夏立军等（2005）以中国证券市场上1996—1998年可能具有盈余管理行为的公司（ROE介于10%～11%的公司）为样本，对会计师事务所任期与审计意见的关系进行了实证检验。研究表明长任期并没有损害审计师独立性。Stanley et al.（2007）以美国2000—2004年104家长任期财务重述公司为检验样本，以同期间104家长任期非财务重述公司为配对样本，通过检验非审计费用与财务重述的关系考察会计师事务所任期对审计师独立性的影响，其研究模型如下：

$$\begin{aligned}\text{Restate}=&\beta_0+\beta_1\text{Nonauditfee}+\beta_2\text{Auditfee}+\beta_3\text{Indspec}+\beta_4\text{Zfc}+\beta_5\text{Age}\\&+\beta_6\text{Merger}+\varepsilon\end{aligned}$$

式中，Restate为因变量，也是虚拟变量，如果公司当期进行财务重述，则取值为1，否则为0；Nonauditfee为会计师事务所收取的非审计费用的自然对数，是该式的检验变量。式中其他变量分别用于控制审计费用、会计师事务所行业专长、财务状况、上市年限和兼并重组的影响。研究结果发现，长任期时非审计费用与财务重述的可能性并不存在显著的正相关关系，表明审计师的独立性没有因长任期而受到损害。

第三节 审计责任的变迁——从连带责任制到比例责任制

一、对连带责任制的质疑

基于美国法理学的基本原则，被告人应当按照差错承担责任，有罪的一方应当承担相应的损失。尽管这种论点公正而且符合逻辑，但是法律中也有许多例外，《证券交易法》规定审计师需要承担无限连带责任。由于实施的是连带赔偿责任制，而且在公司经营失败之后往往只有会计师事务所是唯一具有赔偿能力的“深口袋”，因此不管其应当承担多少法律责任，都需要连带承担所有被告方的法律责任。这种连带赔偿责任制实际上不是基于罪行的大小来赔偿，而是基于赔偿能力的大小来实施赔偿，而审计师就算只有1%的责任却需要承担100%的赔偿显然是有失公允的。20世纪60年代后期，随着涉及会计师事务所的诉讼案件急剧增加，审计师面临的诉讼压力越来越大，无限连带责任制遭到了来自各方的质疑。

（一）连带责任制对审计师的影响

连带责任使会计师事务所面对的诉讼风险越来越大，诉讼成本越来越高。由于公司经营失败后，会计师事务所往往是与公司经营直接相关的唯一存在的实体，因此也成为投资者和债权人获得经济赔偿的重要目标。Dunbar & Juneja（1993）研究发现，审计师成为具有“深口袋”的被告会提高诉讼的预期价值。因此，连带责任制促使律师毫无根据地争取更多的案件，以试图将越来越多的审计师送上法庭获得“深口袋”。1992年，“六大”会计师事务所涉及《证券交易法》10b-5规定的案件有62起。其中有25起案件在开庭前就因审计师成功辩护而撤诉。[①] 会计师事务所已经沦为律师赚取利益的牺牲品。由于会计师事务所涉及的诉讼案件越来越多，其所负担的诉讼成本也越来越重。1993年“六大”会计师事务所在向SEC提交的一份报告中披露了会计师事务所的收入和成本，显示诉讼成本目前已经占到了会计师事务所收入的14%。预计1993年的比重还会有所上升。会计师事务所负担的诉讼成本已远远大于美国其他行业诉讼产生的费用。

（二）连带责任对投资者的影响

无限连带责任制使会计师事务所承担了沉重的诉讼成本，其法理本原是为了保护投资者，但研究发现，在连带责任制下，投资者也没有得到应有的补偿。在无限连带责任法律形式下，律师为了谋求利益鼓励投资者向会计师事务所提起诉

① 尽管“六大”会计师事务所成功驳回了25起案件，但代价昂贵，共花费1 000万美元。

讼。投资者尽管从集体诉讼中获得赔偿，却也需要支付高额的交易成本。NERA（1993）的报告显示，1991年7月—1993年6月，除律师费用外，投资者平均能获得损失额7%的赔偿，而Brien（1993）的研究显示这一比例只有4%。很明显，如果投资者败诉，那么投资者得不到赔偿，律师得不到酬金；而如果投资者胜诉，那么投资者只能得到较少的赔偿，而律师则能获得高额的律师费（Macey & Miller，1991）。在这场游戏中，投资者已经沦为律师赚取利益的牺牲品。

（三）连带责任制对资本市场的影响

无限连带责任制对会计师事务所的影响会扩大到资本市场。在连带责任制下，不管审计业务本身是否遵循了合理谨慎，一旦公司因经营失败而破产，唯利是图的律师都会将审计师作为连带被告，此时审计师可能承担全部的赔偿责任。因此，Kelly & Larry（1993）认为会计师事务所会改变其风险管理战略，在选择客户时将更加关注客户未来的诉讼风险，而非审计业务本身。例如，“六大”会计师事务所其中的一家在过去的几年里拒绝为20多家公司进行IPO审计，有些事务所甚至拒绝为金融类公司提供审计服务（Kelly & Larry，1993）。在资本市场中，高风险的公司一般多为金融保险业公司、房地产公司、高科技创新型企业或者首次上市的公司，这类公司具有天生的风险性，也同时具有促进资本积累、提供就业机会、加速经济发展的诸多优势。如果这类公司长期得不到高质量的审计服务，势必削弱其在资本市场中披露信息的质量，影响资本市场的良性发展。

二、比例责任制的确立

进入20世纪90年代，学术界、法律界、会计界等各方对无限连带责任制展开了讨论，直接结果是催生了1995年《私人证券诉讼改革法》[①]的出台。1992年“六大”会计师事务所联合发布了名为“责任危机”的声明，要求联邦政府和各州对审计师法律责任形式做出改革，以比例责任制代替无限连带责任制（Michael，1992）。1993年AICPA的内部研究报告也提出建议联邦政府采用比例责任制。1994年联邦最高法院在丹佛中央银行诉丹佛第一州际银行案（Central Bank of Denver v. First Interstate Bank）中，否定了会计师事务所因公司信息披露存在瑕疵而要承担连带责任。[②] 1995年12月22日美国国会颁布了《诉讼改革法》，改变了之前让各被告承担连带责任的做法，以限制一个被告被要求为其他被告的行为造成的损害赔偿的情形。在被告因过失（negligence）行为而违反10(b)-5规定时，除个别情况外，仅按其责任比例承担最终判决的赔偿数额的相应部分，即比例责任制。值得注意的是，实行比例责任制也并不会放过真正的违

① 《私人证券诉讼改革法》(Private Securities Litigation Reform Act of 1995)，以下简称《诉讼改革法》。

② 参见Central Bank of Denver，NA v First Interstate Bank of Denver，NA，511 US 164，191 (1994).

法者。《诉讼改革法》规定，当原告（包括审计师在内）被发现有故意违法行为，为了激励相关人员保持和提高专业技能和职业道德仍采用连带责任制。①

比例责任制将会在很大程度上缓解会计师事务所日益严重的诉讼危机。一方面，比例责任制减少了会计师事务所承担的诉讼成本。由于比例责任制要求在一定情况下各被告按照比例承担责任，因此限制了一个被告为其他被告承担全部赔偿责任，审计师在审计过程中即便存在过失行为也不必承担超出其过失的赔偿责任，大大降低了会计师事务所的诉讼成本。另一方面，比例责任制也减少了会计师事务所可能涉及的诉讼。Palmrose（1993）认为如果每个被告的赔偿责任仅限于其责任的比重，那么诉讼的价值将更取决于原告律师本身而不是被告“口袋”的深浅。律师难以寻求“深口袋”而且也无利可图，会计师事务所从而能有效地避免陷入毫无法律根据的诉讼纠纷中。

三、审计责任变迁的经济后果：经验证据

（一）拯救审计行业

1995年《诉讼改革法》颁布前，支持对《证券交易法》进行改革的观点认为，首先，连带责任制下产生了许多毫无事实根据的起诉，使审计师承担其他被告的连带责任，并在此过程中损失惨重。那么国会对连带责任制的改革就存在一个疑问——审计师行业是否存在责任危机？如果存在，那么对连带责任制的改革能否挽救审计师行业？

为了检验这一观点，Palmrose（1994）试图展开经验分析，他将针对审计师的“无事实根据的起诉”界定为律师最终没有得到报酬，并对所有涉及“六大”会计师事务所的诉讼案件中将会计师事务所赔偿的数额和其他被告赔偿的数额进行了比较。经验数据显示，大部分针对审计师的起诉都是“毫无根据的”，其中，只有一部分诉讼中审计师支付了大额的赔偿，大部分诉讼中审计师没有向原告支付任何赔偿或者只支付很少。经验数据同样显示，大部分审计师是被作为连带责任人接受诉讼。不过，审计师最终被撤诉的要远远多于最终真正成为被告的。这也说明，连带责任制使审计师更容易成为连带责任被告，而且更容易遭到毫无事实根据的起诉。即便是毫无事实根据的起诉，会计师事务所也要花费时间和精力去辩护。经验数据还显示，会计师事务所至少需要用3.7年的时间来对最缺乏事实根据的诉讼进行辩护，在时间与成本相关的情况下，这显然是一个代价昂贵的过程。

除上述无价值的诉讼带来沉重的司法负担外，审计师更有可能成为连带责任制下典型的“深口袋”被告。来自会计实务界的观点认为，审计师面对的诉讼压

① 《证券交易法（1934）》（1998年修订）也进行了相应的修改。

力主要是需要承担其他被告的赔偿责任。Marino & Marino (1994) 发现，对于破产客户，审计师的偿付比率明显较大。Carcello & Palmrose (1994) 研究发现，破产客户审计诉讼样本中的审计师偿付数额和总的偿付数额显著较高。Holloway et al. (1995) 基于连带责任制构建的模型表明，当诉讼成本很低，管理者有赔偿能力时，审计师的判决赔偿数额低于其应该赔偿的数额；而当诉讼成本比较高，或者管理者没有偿付能力时，审计师的判决赔偿数额明显高于其应该赔偿的数额。因此，支持对《证券交易法》进行改革的观点认为，恰当的责任体制应当依据被告的过失程度来确定其应承担的赔偿责任。

（二）降低审计质量

不赞成对连带责任制进行改革的力量主要来自于证券市场中的投资者。他们认为加大审计责任能够督促审计师发现错报漏报，提高审计质量。之前的研究也显示，审计质量与审计师承担的诉讼责任相关（DeJong，1985；Palmrose，1988）。一些学者认为提高审计责任就能提高审计质量。Nelson et al. (1988) 通过构建审计师行为和审计师—客户相互作用的模型发现，当审计师是独立方时，加大审计师责任会导致审计师增加工作的努力程度并提高审计收费。由于上述观点的存在，美国国会对审计师连带责任制的改革就存在这样的疑问，如果减轻会计师事务所承担的责任，从连带责任制变为比例责任制，那么审计质量会不会下降。

许多研究也给出了相应的经验证据。Shibano (1994) 研究发现提高审计责任会引起不合理的审计投入，由此会对审计质量产生负面影响。Balachandran & Nagarajan (1987) 借鉴 Simon (1982) 针对医疗纠纷诉讼的模型，分析审计师的决策过程，结果发现无论从风险分担还是信息成本的角度来看，提高审计责任反而不利于审计服务的质量。Narayanan (1994) 首次将不同法律责任产生的经济后果进行了比较。他通过构建模型比较赔偿比例为 $\gamma(a)$ 的责任制度与可能承担全部赔偿的连带责任制对审计师努力程度的影响。结果显示，在比例责任制下，会计师事务所只需要承担属于自己那部分的责任，因此审计师工作的努力程度对诉讼费用更为敏感，他们会通过更为努力工作以降低未来可能发生的诉讼费用。事实上，由于存在比例 $\gamma(a)$，使得在比例责任制下审计人员的努力程度总会大于连带责任制下的努力程度。当然，模型结果显示，在比例责任制下，虽然审计质量提高会带来审计成本的提高，但是减少的诉讼费用完全能弥补提高的成本，而且对于公司股东来说，这也能减少他们的诉讼成本，毕竟诉讼的可能性大大降低了。不过，律师显然不会因此而受益，因为诉讼减少了，而且他们也很难从被审客户破产中得到利益了。

继 Narayanan (1994) 研究之后，Chan & Pae (1998) 也构建了简单的模型对会计师事务所的法定组织形式变化的经济后果进行了分析。与 Narayanan (1994) 不同的是，他们考虑了不同法律责任对审计师的投入选择和投资者诉讼行为的综合影响。由于比例责任制在一定程度上减少了审计师可能承担的赔偿，因此也削弱了投资者对具有“深口袋”的审计师进行起诉的动机。一旦考虑了投资者诉讼决策产生的影响，模型结果显示，尽管比例责任制对审计师投入决策的影响与 Narayanan（1994）一致，但是从连带责任制到比例责任制会导致审计投入和诉讼的同时降低，其中的关键就在于比例责任制减少了投资者的诉讼行为，进而导致审计师投入的减少。从这一角度来说比例责任制会降低审计质量，这与投资界持有的观点一致，而且模型的静态比较分析预测，比例责任制还会减少公司的价值，这与 Ali & Kallapur（1996）的实证发现一致。不过，文章还进一步放大了研究视角，检验了不同法律责任制度对社会整体福利的影响。模型将公司初始所有者、新投资者和审计师的期望收益的总和界定为社会福利。模型假定独立的审计师为现实或潜在投资者提供鉴证服务以提高他们的投资决策，审计师提高工作努力程度会提高信息披露的质量，进而改善投资者投资决策的效率，最终获得审计收入。法律责任制度的改变会导致审计师审计投入的变化，进而影响审计收入和审计成本。同时，法律责任制度的改变也会导致投资者诉讼决策的变化，进而影响整个法律成本。模型结果显示，综合各种因素，即使比例责任制减少了审计投入，实际上却提高了社会福利。如果在连带责任制下审计投入高于最优水平，那么选择比例责任制，会导致审计和整个法律成本的节约。

第四节　投资者保护

证券赋予其所有者以明确的权力（Hart，1995），而当管理者或者控股股东（简称内部人）出现自利行为时，这种权力对外部股东是至关重要的。在证券上市之后的法律、司法系统维护法律的意愿和能力以及发现和揭露违背投资者利益的可能性都决定了这些权力的价值，而这些因素在特定司法环境下共同决定了投资者保护水平。[①] 近几年，许多公司治理舞弊中都涉及了内部人转移公司资源为己所用，这都显示了制度上的缺陷。La Porta et al.（2000）认为金融市场的发展程度最基本的就是要看投资者保护的预期。更为严格地避免内部人对资源的不当利用会提高证券价格，也会为股票上市创造良好的环境。股东保护与企业价值、上市公司的数量，以及上市公司的比率紧密相关（La Porta et al.，1997）。

传统的观点认为审计的作用就是鉴证——审计师对管理层提供的财务报告发表意见，而近几年公司治理丑闻中审计在发现和防止投资者资金不当使用中发挥

① La Porta et al.（1998）考察了法律对投资者保护的区别，法律在执行上的差别以及这些差别对公司所有制的影响。结果显示，在普通法系国家投资者保护力度最强，法国的大陆法系最弱，德国和斯堪的纳维亚地区的成文法居中。

着越来越重要的作用。在投资者保护较弱的市场中，投资者会识别资源使用不当。① 由于内部人发行股票要承担一定的成本，因此他们有动机采取措施来防治资源的滥用，包括雇用外部审计师来监督自身的行为并对外部投资者披露相关信息（Jensen & Meckling，1976）。LLSV（2000）发现证券法以及证监会要求审计师对财务报告的真实性承担更多的责任。这样，审计师将在投资者保护中发挥重要作用。② 审计师的作用是发现内部人滥用资源的行为，并揭露这种行为。

一、法律环境的影响

在不同的司法环境中，虽然审计师想要发现内部人的资源滥用行为，但是审计师的这种行为的效率和有效性首先会受到法律制度和法律环境的影响。审计服务作为投资者保护的手段也会与法律环境的变量相关。国际会计师联合会（International Federation of Accountants，IFAC）在 1995 年对各国审计师法律责任系统进行了调查研究，其中涉及 47 个成员。该调查关注各种影响审计师法律责任的变量。例如，在比利时，律师缺乏诉讼的动机，因为他们既不能获得收益又不能进行集体诉讼。在法国，第三方需要证明审计失败与损失结果具有直接的因果关系。这些实例提供了法律环境的相关变量：审计责任是连带责任还是比例责任；是否可以提起集体诉讼；律师能否获得报酬；合伙人是否存在无限连带责任；等等。

Choi & Wong（2002）的研究为审计服务的投资者保护作用提供了经验证据。他们从 Worldscope 数据库收集了来自 39 个国家上市公司的数据以分析不同法律环境对审计市场的影响。结果显示，与法律制度严格的国家相比，在法律制度宽松的国家中，规模较大的公司往往更倾向于聘用“五大”会计师事务所。他们认为，这是由于在宽松的法律环境下缺乏有效的公司治理机制，规模较大的公司需要向外部投资者、债权人以及合作方承担受托责任，往往更加需要外部监督机制，而外部审计师可以发挥相对更为重要的监督功能，来解决代理人的问题。因此，这就在经验数据上支持了审计服务可以发挥投资者保护的作用。Francis & Khurana（2001）试图通过经验数据考察有效的审计服务是否会导致资本市场的快速发展。结果显示，虽然有效的审计服务能够在一定程度上起到投资者保护的作用，但是审计的作用会受到投资者法律制度的制约，因此验证了 La Porta et

① 资源的不当使用有多种形式。内部人可能只是简单地偷窃或者疏漏。另外，内部人还可以向另一家企业以低于市场的价格卖出本公司的产品、资产或者股票。Johnson et al.（2000）列举了控股股东机会主义行为的实例。最近典型的案例为安然、世通（具体参见 Eichenwald，2002）。

② 近期的实证研究多关注于投资者保护对盈余管理、会计准则以及审计的影响。Leuz et al.（2003）发现较好的投资者保护会通过减少盈余管理提高财务报告质量。Francis et al.（2001）发现，在投资者保护更为严格的国家，会计准则更加符合实际、更加透明。Fan & wong（2001）研究“五大”会计师事务所能否减少控股股东与小股东之间的代理成本，进而扩大了传统的公司治理机制。

al.（1998）构建的投资者保护法律框架（见图 10—2）。在该框架下，对于某一国家资本市场的投资者保护，其决定作用取决于投资者保护的法律，而不能仅仅依赖于审计服务质量。

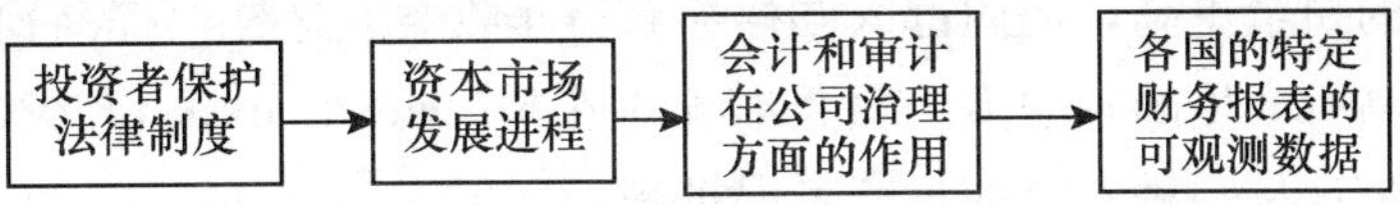

图 10—2 投资者保护法律框架

另外，许多文献还关注法律责任体制对审计工作努力程度，进而对投资者福利的影响。Chan & Pae（1998）在将公司区分为好与坏两种类型的情况下，比较了连带责任制和各种比例责任制，发现比例责任制会降低审计工作的努力程度、审计费用、企业的市场价值，与此同时提高社会的整体福利。Radhakrishnan（1999）同样将公司区分为好与坏两种类型，比较了两种责任制——合理谨慎和严格责任。在 Radhakrishnan（1999）的分析中，管理层的工作影响公司类型，这样在管理者层面引入道德风险。不过，Radhakrishnan（1999）将投资者投资决策简化为二元，投资或者不投资。审计师负责提供公司类型的信息。Radhakrishnan（1999）认为在合理谨慎的体制下，投资者的福利更大。不过相对于严格赔偿责任体制，合理谨慎体制会造成审计工作的努力程度形成两个极端。

二、审计的投资者保护作用

多数学者主要关注了审计师在特定的审计法律环境中对投资者保护的影响。Newman et al.（2005）首次构建模型分析审计师在竞争审计市场中对投资者保护发挥的作用。他认为投资者保护取决于发现内部人机会主义行为并给予惩罚，因此模型应当关注自利行为的审计师在竞争性审计市场中监督内部人机会主义行为所发挥的作用。Newman et al.（2005）对 Shleifer & Wolfenzo（2002）构建的内部人融资上市模型进行了扩展。Shleifer & Wolfenzon（2002）将法律保护的变量界定为内部人机会主义行为被发现的可能性，并假设这个可能性是外生的，而这个可能性将作为投资者的一种保护。Newman et al.（2005）在 Shleifer & Wolfenzon（2002）的模型基础上增加了提供审计服务的审计师，这就形成了两种投资者保护机制。模型在检验内部人道德风险方面考虑了投资水平，内部人首先选择出售剩余索取权是否有利可图以及是否聘用审计师。接下来内部人决定侵占多少资产，审计师选择审计投入的水平。对预期发现的内部人资源滥用处以罚金的投资者保护制度会使外部投资相对更为合理。这样，内部人由于降低的资源滥用的可能性可能会减少对外部投资的需求，而对审计失败处以高额的罚金可能会导致较高的审计费用，两种投资者保护制度促使内部人更不倾向于聘用审计师或者降低外部投资比例。研究发现，审计师由于未发现侵占行为而受到处罚的罚金的提高会导致投资总额的提高，尽管审计费用会提高，但是内部人还是会获益更多。同样的，提高内部人侵占行为的罚金也会导致投资总额的提高，尽管预期的罚金更高，但内部人同样会获得净收益。这样，提高罚金导致的投资总额的提高所产生的收益多于罚金本身的成本。Newman et al.（2005）的模型构建证明了审计是一种有效的投资者保护制度。

第五节　总结与未来研究方向

虽然审计师一直被称为是资本市场的“看门狗”（watch dog），但是资本市场上审计失败案件层出不穷，公众对审计法律责任的质疑也从未间断。历史经验显示，重大的审计失败案对资本市场的巨大冲击是不容小觑的。因此，审计责任一直是资本市场中备受关注的议题。本章以法经济学为基础，沿着“需求—演进—绩效”的经典范式对审计责任制度的经典文献进行回顾。首先，经验研究致力于考察审计失败案发生后资本市场各方参与者的反应，以发现审计失败对资本市场带来的影响。其次，由于审计失败产生的严重经济后果，经验研究开始考察不同审计责任制度对参与各方行为的影响，并致力于对审计法律责任进行设计安排，以更好地完善审计市场，并提高社会整体福利。接下来，诉讼成本、第三方的信息不完全、审计市场各主体的不同利益诉求以及特定社会发展目标又使得审计责任制度不断地发生演变，经验研究则试图理清其内在的演进逻辑。最后，审计作为一种投资者保护制度，其作用的发挥取决于特定的审计责任制度。经验研究致力于考察不同审计责任制度及其演进对审计的投资者保护作用的影响。

与西方发达国家不同的是，我国目前较为缺乏对审计失败和审计责任的研究，这主要是由于我国资本市场及其中的审计市场中仍存在下述新兴市场中普遍存在的问题，导致该领域的研究存在一定的局限性。

其一，上市公司制度缺陷是审计失败的主要原因。西方资本市场中发生的审计失败往往会引起各方参与者的反应，并引发对审计行业甚至审计法律责任的质疑，而反观我国资本市场，由于起步较晚、发展不完善，上市公司的内部人控制的现象严重，公司治理结构不健全，存在许多漏洞和缺陷（宣言，2002），因此直接导致被审计客户的经营风险普遍较大。马兰、王延明（2003）以我国 2001 年暂停上市的 21 家公司为样本，研究了经营失败、审计失败与审计风险的关系，发现经营失败导致审计损失的概率较高，即经营失败易使或然的审计损失现实化。另外，由于我国目前审计市场处于供求失衡的状态，市场竞争较为激烈，审计供给过剩，上市公司对高质量审计的自愿性需求不足。高克智（2003）认为证券发行市场和证券交易市场对高质量审计的自愿性需求不足以及内部人控制现象严重制约审计师审计意见的公允表达等问题是导致审计失败的一个重要外因。在上述两方面外部环境的影响下很难针对审计失败案件进行审计责任制度本身的合理安排和设计。

其二，法律制度的不健全制约审计责任功能。之前许多研究显示，审计的投资者保护作用会受到法律环境和法律制度的制约。现阶段我国约束审计师的法律法规偏重行政责任，关于民事责任的规定较少，即使有规定也较笼统，或过于简单。在具体操作上起诉审计师的主体受到限制，审计师不作为诉讼对象，不接受集团诉讼，这使得审计师承担的法律责任比较低。林峰和许菲（2002）的研究表明，在我国审计市场中，审计师和会计师事务所的法律风险，特别是民事赔偿责任风险近乎于零，对会计师事务所及审计师的处罚主要是行政处分。上市公司的经营失败，甚至审计失败本身对会计师事务所没有显著的影响，很少有投资者起诉审计师，审计师因审计失败而承担法律责任的更是凤毛麟角。由此，我国学术界目前也缺乏对审计法律责任讨论的动机。

不过，近年来，我国不断完善证券市场法律制度，强化公司治理水平和内部控制，优化审计市场竞争结构，逐步改善了我国审计责任制度实施的内外部环境。特别要提到的是，2010 年 7 月 23 日，财政部与国家工商行政管理总局联合发布了《关于推动大中型会计师事务所采用特殊普通合伙组织形式的暂行规定》。《暂行规定》要求，大型会计师事务所应当于 2010 年 12 月 31 日前转制为特殊普通合伙组织形式，鼓励中型会计师事务所于 2011 年 12 月 31 日前转制为特殊普通合伙组织形式。《暂行规定》明确界定了在该组织形式之下合伙人的法律责任，即“特殊普通合伙会计师事务所，其合伙人在执业活动中因故意或者过失造成会计师事务所债务的，应当承担无限责任或者无限连带责任，其他合伙人以其在会计师事务所中的财产份额为限承担责任。合伙人因非执业活动造成的债务，由全体合伙人承担无限连带责任”。可见，特殊普通合伙组织形式重新构建了审计责任分担机制，同时也是我国审计责任制度的重大转变。因此，研究审计责任的需求和演进的内在机制以及相应的绩效是未来审计责任研究的重要方向。

[参考文献]

[1] 陈汉文，王华，郑鑫成．安达信：事件与反思．广州：暨南大学出版社，2003.

[2] 陈汉文．审计理论．北京：机械工业出版社，2009.

[3] 陈信元，夏立军．审计任期与审计质量：来自中国证券市场的经验证据．会计研究，2006（1）：44～53.

[4] 高克智．我国审计失败的成因与对策探讨．华东经济管理，2003（4）：

151～152.

[5] 李爽，吴溪. 审计定价研究：中国证券市场的初步证据. 北京：中国财政经济出版社，2004.

[6] 刘峰，许菲. 风险导向型审计·法律风险·审计质量——兼论“五大”在我国审计市场的行为. 会计研究，2002（2）：2～27.

[7] 刘启亮. 事务所任期与审计质量——来自中国证券市场的经验证据. 审计研究，2006（4）：40～49.

[8] 马兰，王延明. 经营失败、审计失败与审计风险——来自暂停上市公司历年审计报告的经验分析. 中国审计师，2003（3）：23～25.

[9] 夏立军，陈信元，方轶强. 审计任期与审计独立性：来自中国证券市场的经验证据. 中国会计与财务研究，2005（1）：54～78.

[10] 宣言. 审计师为何屡屡卷入上市公司“造假”漩涡. 中国审计师，2002（2）：24～26.

[11] 余玉苗，李琳. 审计师任期与审计质量之间关系的理论分析. 经济评论，2003（5）：124～128.

[12] Aleznder, J. Do the merits matter? a study of settlements in securities class actions. Stanford Law Review，1991，43（3）：497-598.

[13] American Institute of Certified Public Accountants (AICPA). Code of professional conduct. New York, NY：AICPA，1994.

[14] Arthur Andersen, Coopers & Lybrand, Deloitte & Touche, Ernst & Young, KPMG Peat Marwick, and Price Waterhouse. The liability crisis in the United States：impact on the accounting profession. Journal of Accountancy，1992，174 (November)：18-23.

[15] Balachandran, B. V. and Nagarajan, N. J. Imperfect information, insurance, and auditor's legal liability. Contemporary Accounting Research，1987，3 (1)：281-301.

[16] Balvers, R., McDonald, B. and Miller, R. Underpricing of new issues and the choice of auditor as a signal of investment banker reputation. The Accounting Review，1988，63（4）：605-622.

[17] Beatty, R. P. Auditor reputation and the pricing of initial public offerings. The Accounting Review，1989，64（4）：693-709.

[18] Beatty. R. The economic determinants of auditor compensation in the initial public offerings market. Journal of Accounting Research，1993，31（2）：294-302.

[19] Binder, J. Measuring the effects of regulation with stock price data.

Rand Journal of Economics, 1985, 16 (2): 167-83.

[20] Carr, J. and Mathewson, G. F. Unlimited liability as a barrier to entry. Journal of Political Economy, 1988, 96 (4): 766-784.

[21] Chan, D., and Pae, S. An analysis of the economic consequences of the proportionate liability rule. Contemporary Accounting Research, 1998, 15 (4): 457-480.

[22] Chaney, P. K. and Philipich, K. L. Shredded reputation: the cost of audit failure. Journal of Accounting Research, 2002, 40 (4): 1221-1245.

[23] Choi, J. and Wong, T. J. Audit markets and legal environments: an international investigation. Working Paper, The Hong Kong University of Science and Technology, 2002.

[24] Chow, C, Kramer, L. and Wallace, W. The environment of auditing. In Research Opportunities in Auditing: The Second Decade (A. R. Abdelkhalik and I. Solomon, editors). Sarasota, FL: American Accounting Association: 155-183, 1988.

[25] Coleman, J. L. Economics and the law: a critical review of the foundations of the economic approach to law. Ethics, 1984, 94 (4): 49-79.

[26] Craswll, A., Francis, J and Taylor, S. Auditor brand name reputations and industry specializations. Journal of Accounting and Economics, 1995, 20 (3): 297-322.

[27] Deangelo, L. Auditor independence, "low balling", and disclosure regulation. Journal of Accounting and Economics, 1981, 3 (2): 113-127.

[28] Deis, D., Giroux, G. The effect of auditor changes on audit fees, auditor hours, and audit quality. Journal of Accounting and Public Policy, 1996, 15 (1): 55-76.

[29] Dopuch, N. and King, R. R. Negligence versus strict liability regimes in auditing: an experimental investigation. The Accounting Review, 1992, 67 (1): 97-120.

[30] Dopuch, N., King, R. R., and Jeffrey, W. S. An experimental investigation of alternative damage-sharing liability regimes with an auditing perspective. Journal of Accounting Research, 1994, 32: 103-130.

[31] Dye, R. Auditing standards, legal liability, and auditor wealth. Journal of Political Economy, 1993, 101: 887-914.

[32] Fan. J. and Wong, T. J. Do external auditors perform a corporate governance role in emerging markets? evidence from east Asia. Working Paper, The

Hong Kong University of Science and Technology, 2001.

[33] Francis, J. R., and Simon, D. T. A test of audit pricing in the small-client segment of the U. S. audit market. The Accounting Review, 1987, 62 (1): 145-157.

[34] Francis. J., Khurana, I., and Pereira, R. Investor protection laws, accounting and auditing around the world. Working Paper, University of Missouri-Columbia, 2001.

[35] Geiger, M., Raghunandan, K. Auditor tenure and audit reporting failures. Auditing: A Journal of Practice and Theory, 2002, 21 (1): 68-78.

[36] International Federation of Accountants (IFAC). Auditors' legal liability in the global marketplace: a case for limitation. New York, NY: IFAC, 1995.

[37] Jensen, M., and Meckling, W. Theory of the firm: managerial behavior, agency costs, and ownership structure. Journal of Financial Economics, 1976, 3: 305-360.

[38] Johnson, S., La Porta, R., Lopez-de-Silanes, F., and Shieifer, A. Tunneling. American Economic Review, 2000, 90: 22-27.

[39] Johnstone, K., and Bedard, J. Risk management in client acceptance decisions. The Accounting Review, 2003, 78 (4): 1003-1026.

[40] Klein, B., and Leffler, K. B. The role of market forces in assuring contractual performance. The Journal of Political Economy, 1981, 89 (4): 615-641.

[41] La Porta, R., Lopez de-Si lanes, F., Shieifer, A., and Vishny, R. Legal determinants of external finance. Journal of Finance, 1997, 52: 1131-1150.

[42] La Porta, R., Lopez de-Si lanes, F., Shieifer, A., and Vishny, R. Law and finance. Journal of Political Economy, 1998, 106: 1113-1155.

[43] La Porta, R., Lopez de-Si lanes, F., Shieifer, A., and Vishny, R. Investor protection and corporate governance. Journal of Financial Economics, 2000, 58: 3-27.

[44] Mednick, R. Accountant's liability: coping with the stampede to the courtroom. Journal of Accountancy, 1987 (September): 118-22.

[45] Mercuro, N. and Medema, S. G. Economics and the law: from posner to post-modernism. Published by Princeton University Press, 1997.

[46] Menon, K., and Williams, D. The insurance hypothesis and market prices. The Accounting Review, 1994, 69 (2): 327-342.

[47] Nelson, J., Ronen, J., and White, L. Legal liabilities and the market for auditing services. Journal of Accounting, Auditing and Finance, 1988, 3

(3): 255-285.

[48] Newman, P., and Noel, J. Error rates, detection rates, and payoff functions in auditing. Auditing: A Journal of Practice & Theory, 1989, 8 (Supplement): 50-63.

[49] Newman, P., Park, J., and Smith, R. Allocating audit resources to minimize detection risk due to theft. Auditing: A Journal of Practice & Theory, 1998, 17: 69-82.

[50] Newman, P., Rhoades, S., and Smith, R. Allocating audit resources to detect fraud. Review of Accounting Studies, 1996, 1: 161-182.

[51] Palmrose, Z-V. Litigation and independent auditors: the role of business failure and management fraud. Auditing: A Journal of Theory and Practice, 1987, (Spring): 90-103.

[52] Palmrose, Z-V. An analysis of auditor litigation and audit service quality. The Accounting Review, 1988, 63 (January): 55-73.

[53] Palmrose, Z-V. and Scholz, S. The circumstances and legal consequences of non-GAAP reporting: evidence from restatements. Contemporary Accounting Research, 2004, 21 (1): 139-180.

[54] Ponemon, L. A. Discussant's response to: litigation risk broadly considered. In Auditing Symposium XI: Proceedings of the 1992 Deloitte & Touche/University of Kansas Symposium on Auditing Problems, 60-72. University of Kansas, KS: School of Business, 1992.

[55] Pratt, J., and Stice, J. D. The effects of client characteristics on auditor litigation risk judgments, required audit evidence, and recommended audit fees. The Accounting Review, 1994, 69 (October): 639-656.

[56] Radhakrishnan, S. Investors' recovery friction and auditor liability rules. The Accounting Review, 1999, 74 (2): 225-240.

[57] Schipper, K., and Thompson, R. The impact of merger-related regulations on the shareholders of acquiring firms. Journal of Accounting Research, 1983 (Spring): 184-221.

[58] Schwartz, K., and Menon, K. Auditor switches by failing firms. The Accounting Review, 1985, 60 (April): 248-261.

[59] Seetharaman, A., Gul, F. A., and Lynn, S. G. Litigation risk and audit fees: evidence from UK firms cross-listed on US market. Journal of Accounting and Economics, 2002, 33: 91-115.

[60] Shieifer. A., and Woifenzon, D. Investor protection and equity mar-

kets. Journal of Financial Economics，2002，16：3-28.

[61] Simon，D.，and Francis，J. The effects of auditor change on audit fees：tests of price cutting and price recovery. The Accounting Review，1988，63 (2)：255-269.

[62] Simunic，D. A. The pricing of audit services：theory and evidence. Journal of Accounting Research，1980，18 (1)：161-190.

[63] Simunic，D. A.，and Stein，M. T. Audit risk in a client portfolio context. Contemporary Accounting Research，1990，6 (Spring)：329-343.

[64] Simunic，D.，and Stein，M. Product differentiation in auditing：auditor choice in the market of unseasoned new issues. Canadian Certified General Accountants' Research Foundation，Vancouver，BC，1987.

[65] Stanley，J. D.，DeZoort，F. T. Audit firm tenure and financial restatements：an analysis of industry specialization and fee effects. Journal of Accounting and Public Policy，2007，26：131-159.

[66] Stice，J. D. Using financial and market information to identify pre-engagement factors associated with lawsuits against auditors. The Accounting Review，1991，66 (July)：516-533.

[67] Sullivan，J. D. Litigation risk broadly considered. In Auditing Symposium XI：Proceedings of the 1992 Deloitte & Touche/University of Kansas Symposium on Auditing Problems，49-59. University of Kansas，KS：School of Business，1992.

[68] Wallace W. The economic role of the audit in free and regulated markets：a review. Research in Accounting Regulation，1987，1：7-34.

[69] Wilson，T.，and Grimlund，W. An examination of the importance of an auditor's reputation. Auditing：A Journal of Practice and Theory，1990，9：43-59.

[70] Woodward，S. The economics of limited liability. Journal of Economic Theory and Institutions，141：601-611. http：//dx. doi. org/10. 1016/S0165-4101 (01) 00046-5，1985.

图书在版编目（CIP）数据

实证审计理论/陈汉文主编. —北京：中国人民大学出版社，2012.12
高等院校研究生用书
ISBN 978-7-300-16780-0

Ⅰ.①实… Ⅱ.①陈… Ⅲ.①审计学-研究生-教材 Ⅳ.①F239.0

中国版本图书馆 CIP 数据核字（2012）第 289237 号

高等院校研究生用书
实证审计理论
陈汉文 主 编
韩洪灵 副主编
Nan Zhou 主 审
Shizheng Shenji Lilun

出版发行	中国人民大学出版社		
社　　址	北京中关村大街 31 号	邮政编码	100080
电　　话	010－62511242（总编室）		010－62511398（质管部）
	010－82501766（邮购部）		010－62514148（门市部）
	010－62515195（发行公司）		010－62515275（盗版举报）
网　　址	http://www.crup.com.cn		
	http://www.ttrnet.com（人大教研网）		
经　　销	新华书店		
印　　刷	北京密兴印刷有限公司		
规　　格	185 mm×260 mm　16 开本	版　　次	2012 年 12 月第 1 版
印　　张	18 插页 1	印　　次	2012 年 12 月第 1 次印刷
字　　数	368 000	定　　价	46.00 元

教师教学服务说明

中国人民大学出版社工商管理分社以出版经典、高品质的工商管理、财务会计、统计、市场营销、人力资源管理、运营管理、物流管理、旅游管理等领域的各层次教材为宗旨。为了更好地服务于一线教师教学，近年来工商管理分社着力建设了一批数字化、立体化的网络教学资源。教师可以通过以下方式获得免费下载教学资源的权限：

（1）在“人大经管图书在线”（www.rdjg.com.cn）注册并下载“教师服务登记表”，或直接填写下面的“教师服务登记表”，加盖院系公章，然后邮寄或传真给我们。我们收到表格后将在一个工作日内为您开通相关资源的下载权限。

（2）如果您有“人大出版社教研服务网络”（http://www.ttrnet.com）会员卡，可以将卡号发到我们的电子邮箱，无须重复注册，我们将直接为您开通相关专业领域教学资源的下载权限。

如您需要帮助，请随时与我们联络：

中国人民大学出版社工商管理分社
联系电话：010－62515735，62515749，82501704
传真：010－62515732，62514775　　　电子邮箱：rdcbsjg@crup.com.cn
通讯地址：北京市海淀区中关村大街甲59号文化大厦1501室（100872）

教师服务登记表

姓名		□先生　□女士	职　称		
座机/手机			电子邮箱		
通讯地址			邮　编		
任教学校			所在院系		
所授课程	课程名称	现用教材名称	出版社	对象（本科生/研究生/MBA/其他）	学生人数
需要哪本教材的配套资源					
人大经管图书在线用户名					

院/系领导（签字）：

院/系办公室盖章